JN451110

동주집

이 책은 2013년도 정부(교육부)의 재원으로 한국고전번역원의 지원을 받아 수행된 '권역별거점연구소협동번역사업'의 결과물임.

This work was supported by Institute for the Translation of Korean Classics - Grant funded by the Korean Government.

한국고전번역원 한국문집번역총서 / 충남대학교 한자문화연구소

동주집 4

東州集

이민구 지음
李敏求

강원모 김문갑 오승준 정만호 옮김

일러두기

1. 이 책의 번역 대본은 한국고전번역원에서 간행한 한국문집총간 94집 소재 《동주집(東州集)》으로 하였다. 번역 대본의 원문 텍스트와 원문 이미지는 한국고전종합DB(http://db.itkc.or.kr)에서 확인할 수 있다.
2. 내용이 간단한 역주는 간주(間註)로, 긴 역주는 각주(脚註)로 처리하였다.
3. 한자는 필요한 경우 이해를 돕기 위하여 넣었으며, 운문(韻文)은 원문을 병기하였다.
4. 맞춤법과 띄어쓰기는 한글 맞춤법과 표준어 규정을 따랐다.
5. 이 책에서 사용한 부호는 다음과 같다.

( ) : 번역문과 음이 같은 한자를 묶는다.
〔 〕: 번역문과 뜻은 같으나 음이 다른 한자를 묶는다.
" " : 대화 등의 인용문을 묶는다.
' ' : " " 안의 재인용 또는 강조 문구를 묶는다.
「 」: ' ' 안의 재인용을 묶는다.
『 』: 「 」 안의 재인용을 묶는다.
《 》: 책명 및 각주의 전거(典據)를 묶는다.
〈 〉: 책의 편명 및 운문·산문의 제목을 묶는다.

차례

일러두기 • 4

동주집 시집 제9권

시詩

아성록2 牙城錄二

을유년 설날에 동파의 〈혜주팔수〉에 맞춰 짓다
乙酉元日 次東坡惠州八首 • 27

입춘 立春 • 33

〈침해당 8수〉를 차운하다 次韻枕海堂八首 • 34

이산 현감 김경조를 곡하다 哭金尼山 慶祖 • 39

압해정에 차운하다 壓海亭次韻 • 42

수탉이 이웃집 개에게 물려 죽었다. 두보의 〈계책〉에 차운하여 짓다
雄鷄爲隣犬所斃 次杜陵鷄柵韻 • 43

봄날 春日 • 46

밭을 사다 買田 • 47

한가한 삶 閑居 • 48

역병을 피해 네 번 이사한 끝에 파천에 이르다 避疫四徙至坡川 • 49

4월 22일 된서리가 눈처럼 내리다 四月二十二日 繁霜如雪 • 50
참봉 홍절 만사 洪參奉𥥫挽 • 51
고을 노인 홍탁 만사 洪鄉老鐸挽 • 53
홀로 서서 獨立 • 54
천천히 걸으며 徐步 • 55
동악의 침해당 운자에 맞춰 짓다 次東嶽枕海堂韻 • 56
소현세자를 애도한 시 昭顯世子哀詩 • 58
한풍행 旱風行 • 62
역려행 疫癘行 • 63
높은 곳에 오르다 憑高 • 64
초가 정자 草亭 • 65
《본초》를 보다 覽本草 • 66
포정 십영 浦亭十詠 • 69
백석촌의 고기잡이 횃불 白石漁火 • 69
신평의 연기에 싸인 숲 新坪煙樹 • 69
두포의 돌아오는 배 斗浦歸帆 • 69
가산의 낙조 伽山落照 • 69
용성의 꽃구경 龍城賞花 • 70
작서의 조수 구경 鵲嶼觀潮 • 70
계양의 아침노을 桂陽朝霞 • 70
동림의 가을 달 桐林秋月 • 71
판교의 저물녘 눈 板橋暮雪 • 71

영암의 새벽 구름 令巖曉雲 • 71

황혼 黃昏 • 72

오의로 돌아가며 파천의 친구들과 헤어지다 還烏衣 別坡川親故 • 73

형님의 시에 차운하여 권 참봉의 강가 누각에 지어 보내다
次伯氏韻 寄題權參奉江閣 • 75

윤달에 일을 기록하다 閏月書事 • 76

봄과 여름 동안 대단히 가물어 새로 돋은 대나무가 자라지 못했다
春夏大旱 新竹不成 • 81

텃밭 채소 園蔬 • 82

윤 유월 17일에 비로소 비가 내렸다 閏六月十七日始雨 • 84

사방을 바라보다 四望 • 85

학질에 걸리다 痁作 • 86

가을날 秋日 • 88

가을 갑자일에 비가 내리다 秋甲子雨 • 90

《초사》에 "지금까지 9년 동안 돌아가지 못했네."라고 하였는데 내가 서울을 떠난 지 마침 9년이 되었기에 감회를 적다 楚辭曰 至今九年而不復 余之去國 恰是九年 仍而紀感 • 91

한 恨 • 92

가을장마 秋霖 • 93

고을 수령과 소산을 유람하고 다시 만나기로 약속하다
同邑宰遊小山 有再會之約 • 95

고을 수령이 화답한 시에 거듭 차운하다. 마지막 구절은 "가을꽃이 일을 재촉한다."라는 말에 답한 것이다 重次邑宰和韻 末句答秋花辦事催之語 • 97

집오리가 병아리를 기르다 家鴨乳鷄雛 • 98

가을날 느낌이 있어서 感秋 • 100

저녁 경치 夕望 • 102

백석을 유람하고 대 자 운을 써서 읊다 遊白石 用臺韻 • 103

길가의 묵은 소나무 道傍古松 • 104

중추절에 달을 마주하고 中秋對月 • 106

김이창에게 주다. 재능이 있지만 향시에 떨어졌으므로 시로 권면하다
贈金爾昌 抱材見屈 詩以勖之 • 107

국화 노래 時菊篇 • 110

진사 권후 만사 權進士 垕 挽 • 111

황곡 노래 黃鵠行 • 113

춥고 배고픈 지 오래되었는데 홀연 꿈에서 주 자 운으로 한 연을 지으니 꿈과 현실이 어쩌면 이렇게 서로 다를 수 있단 말인가. 인하여 율시 한 편으로 엮었다 素寒餓久矣 忽夢得株字一聯 是何想與境相戾耶 因綴成一律 • 114

신심사 神心寺 • 115

을해년 가을에 풍악산을 유람하고……감회가 있어 이어 짓다
乙亥秋游楓嶽……感而續賦 • 117

저물녘에 돌아오다 暮歸 • 119

신심사 앞 누각에 죽은 친구 이생인의 이름이 있었다
神心寺前樓 有亡友李生寅題名 • 120

진사 목낙선을 곡하다 哭睦進士樂善 • 121

한겨울 方冬 • 123

겨울철에 눈은 내리지 않고 때때로 차가운 비가 내렸다
冬月無雪 時有凍雨 • 124

성천 부사를 지낸 이정오의 한가한 거처를 생각하다
懷李成川靜吾閑居 • 126

대사간 조일장이 소장을 올려 시정에 대해 말하였다. 임금께서 부르는 명령을 받고 달려가며 출발에 앞서 시를 부쳐오므로 그 운자에 맞춰 짓다
趙大諫日章拜疏言時政 仍趨召命 臨行寄詩 次韻 • 127

늙고 병들다 老病 • 128

입춘 立春 • 130

새벽에 일어나 曉起 • 131

섣달 그믐의 노래 除夕行 • 132

동주집 시집 제10권

시詩

아성록3 牙城錄三

병술년 설날에 눈이 내리다 丙戌元日雨雪 • 137

김선술의 〈상억〉 운자에 맞춰 짓다 次金善述相憶韻 • 138

1월 7일에 술을 마주하고 人日對酒 • 139

딱따구리 啄木 • 140

뻐꾸기 布穀 • 141

뱁새 鷦鷯 • 142

황새 鸛雀 • 143

바다 학 海鶴 • 144

만아가 말하기를 "귀신과 물은 서로 유사한 점이 있으니……재미삼아 일전어를 짓는다 萬兒曰 鬼與水相似……戲下一轉語 • 145

호남으로 가는 이생을 전송하다 送李生赴湖南 • 147

마포 강가에 있는 집이 생각나서 허유선에게 부치다. 그곳에는 꽃나무가 많이 있었다 有懷麻浦江舍 因寄許惟善 以有花木之饒 • 148

비가 개다 雨晴 • 149

흰 두견화가 활짝 피다 白杜鵑盛開 • 151

황어 黃魚 • 152

꽃 일 花事 • 153

지겨운 장마 愁霖 • 154

산에서 살다가 공진으로 이사하다 自山居移寓貢津 • 155

한원부원군 만사 조창원 漢原府院君挽詞 趙昌遠 • 157

만개했던 모란이 지고 작약이 비로소 꽃망울을 터뜨렸다
牧丹盛開既衰 芍藥始綻 • 161

배를 띄우다 泛舟 • 162

백작약 白芍藥 • 163

청선옹의 양어를 놀리는 노래 이지정 嘲聽蟬翁養魚行 李志定 • 164

담장 너머의 백규화 墻外白葵花 • 167

이정오와 함께 성씨의 정자에서 술을 마시다 同李靜吾飮成亭 • 168

이진복을 곡하다 哭李生震復 • 169

이웃사람 다섯 수 隣人 五首 • 170

말리던 보리가 비에 떠내려가므로 자조하다 曬麥爲雨所漂 自哂 • 174

경치를 바라보며 臨眺 • 175

거울을 들고 攬鏡 • 176

들에 나가다 出田 • 177

배를 타다 乘舟 • 179

조용주의 시에 맞춰 짓다. 아울러 보내온 뜻에 화답하다
次趙龍洲韻 兼和來意 • 180

칠월에 대단히 가물다가 처서일에 비가 조금 내리더니 곧 그치므로 두보 시의 운자를 써서 짓다 七月大旱 處暑日小雨卽止 用杜詩韻 • 183

이웃사람과 못에서 물고기를 잡아 밥을 먹다 同隣人澤中漁飯 • 185

날이 저물다 日暮 • 186

8월 4일에 외출하여 술을 마시다 八月初四日 出飮 • 187

들에서 술 마시고 돌아와 용주가 화답한 혼 자 운을 거듭 사용하여 짓다
野飮歸 疊龍洲見和渾韻 • 188

벗을 그리는 노래 병서 感友篇 幷序 • 190

한가위 中秋 • 194

신풍령을 유람하다 병서 游新豐嶺 幷序 • 195

정거원에 이르다 병서 至淨居院 幷序 • 197

호수 경치 湖望 • 200

세모의 노래 歲暮行 • 201

민이정을 꿈꾸다. 일찍이 들으니 선달 매화라는 시를 지었다기에 그 운자를 써서 감회를 쓰다 응회 夢閔而靖 曾聞賦臘梅詩 用其韻寫懷 應恢 • 203

거듭 화 자 운으로 지어서 조계언에게 부치다 疊花韻 寄趙季彦 • 204

새로 작은 집을 지었는데 비구의 집과 이웃하였다. 거듭 화 자 운으로 짓다 新營小築 與比丘舍接隣 疊花韻 • 205

밤에 꿈을 꾸면 대부분 옛 친구들과 노닐던 곳이 평소처럼 선한데 어느덧 저승 사람이 되었다. 동회와 백주의 경우는 더욱 빈번한데 그들이 돌아간 뒤에 상상으로 서로 만났기 때문이다 夜夢多與舊故游處如平生 率泉下人 至東淮白洲尤數當 以徂謝後 想與因相遭故耳 • 206

차가운 비 寒雨 • 208

차가운 밤 寒夜 • 210

용주 옹이 시와 술을 보내주므로 그 운자에 맞춰 지어 사례하다 龍洲翁惠詩及酒 次韻奉謝 • 212

지평 이성항이 소명을 받고 달려가는 길에 일부러 들러서 시를 지어달라고 하였다 李持平性恒赴召迂訪 因索詩章 • 214

경현옹의 〈산거〉에 맞춰 짓다 2율 次警弦翁山居 二律 • 215

강가에서 江干 • 218

소 장공의 〈여주사상표〉를 읽고 병서 讀蘇長公汝州謝上表 幷序 • 219

12월 27일에 갑자기 추워지다 臘月廿七日猝寒 • 222

섣달그믐 밤에 除夜 • 224

취해서 쓰다 醉筆 • 225

동주집 시집 제11권

시詩

아성록4 牙城錄四

정해년 설날 입춘일에 丁亥元日 立春 • 229

혼자 노닐다 獨游 • 231

함께 과거에 급제한 신자장은 지금 일흔두 살인데 수염과 머리털이 그대로이고 걸음과 용모가 사오십 대 같다. 그가 찾아왔기에 시를 지어 특이함을 기록하다 同年申子長 今七十二歲 髭髮不變 蹈履顔貌如四五十人 因其來訪作詩志異 • 232

청선옹이 배를 타고 찾아오니 기뻤다 喜聽蟬翁乘舟來訪 • 233

청선옹이 술을 싣고 와서 성씨의 정자에서 술자리를 열었다……모두 사실을 기록한 것이다 蟬翁載酒惠然 宴款成亭……皆紀實耳 • 234

3월 3일 청명절. 내일은 상사일이다 三三淸明節 明日乃上巳 • 241

소나무 널을 만들어 반드시 다가올 날을 기다리다 營松板以俟必至 • 242

들을 가며 즉흥적으로 읊다 野行卽事 • 243

사월 초파일에 모란이 활짝 피다 四月初八日 牡丹盛開 • 244

임금의 은혜로 풀려났다. 정축년 4월에 서울을 떠난 때로부터 금년 정해년 4월까지 꼭 11년이다. 이때 오래도록 가물다가 마침 단비가 내렸다 蒙恩疏釋自丁丑四月去國 距今丁亥四月 恰十一年 時久旱 適得澍雨 • 245

행함과 그침 行止 • 247

이징이 두 마리 학과 송골매를 그렸다 李澄畫二鶴二鶻 • 248

사계절의 산수를 그린 여덟 폭 그림 畫四時山水八幅 • 250

홍 운판관의 〈해정십이운〉에 맞춰 짓다 次洪運判海亭十二韻 • 253

장차 북쪽으로 돌아가려고 서호에 배를 띄우고 술에 취해서 여덟 수를 지은 뒤 청선옹에게 써달라고 요청하다 將北歸 泛舟西湖 醉占八絶 請蟬翁放筆 • 257

배를 돌리다 舟回 • 259

소희를 읊다 賦小姬 • 260

공진을 지날 때 마을 아이들이 길가에 늘어서서 절하였다. 배 안에서 입으로 읊다 過貢津 村童列拜道左 舟中口占 • 261

여관에서 비로 길이 막히다 旅店阻雨 • 262

동주집 시집 제12권

시詩

서호록1 西湖錄一

새 거처. 허유선에게 주다 新棲 贈許惟善 • 266

비 내리는 가운데 입으로 불러 읊다 雨中口占 • 267

허씨의 정자에서 여덟 가지 경물을 노래하다 許亭賦八物 • 268

서호를 꿈꾸다 夢西湖 • 271

민이정이 매화첩을 보여 주기에 거듭 화 자 운에 맞춰 짓다 閔而靖示梅帖 再次花韻 • 272

홍수를 바라보는 노래 觀漲行 • 274

경현옹의 운에 맞춰 지으며 그 작품 안의 뜻을 서술하다 次弦翁韻 因述篇內之意 • 276

강나루에서 江浦 • 278

유선이 철성에 있을 때 수창한 시 두 수를 보여주므로 거듭 맞춰 짓다 惟善示鐵城時酬唱二詩 再次 • 279

배를 띄우고 泛舟 • 281

이 첨지·유수·판서의 어머니 유씨 만사 李僉知留守判書大夫人柳挽詞 • 283

경현옹이 정월에 시를 보냈는데 가을에야 전해졌다. 그 운에 맞춰 짓다 弦翁正月寄詩 至新秋始傳 次其韻 • 284

영서역에서 迎曙驛 • 286

추석날 선친 묘소를 성묘하였다. 묘소 아래 길이 있는데 지나가는 사람들이 대부분 말에서 내리는 것을 보고 감회를 적다
中秋省先墓 墓下有路 見過者多下馬 紀感 • 287

연경으로 사신 가는 한성부 판윤 민성휘를 전송하다
送閔京兆使燕 聖徽 • 288

책을 배에 싣고 오다가 침수되어 책상 위에 오직 사마천의 사기와 두보의 시집만 마주하고 있다 書籍舡運臭載 案上唯對馬史杜集 • 290

이 안성 현감의 집에 배가 막 익었다 李安城家雪梨方熟 • 291

조용한 삶 端居 • 292

억규가 문득 말하기를 "하늘은 위로 텅 비어 아무것도 없는데 만물을 낳습니다." 하니 그 말이 우연히 이치에 맞았다. 이에 하늘이 도를 아끼지 않음을 알았다 億也忽曰 天者上虛無物而生萬物 其言偶契於理 乃知天不愛道 • 293

부강정에서 이 통례를 위해 짓다. 원운에 맞춰 짓다
浮江亭 爲李通禮賦 次原韻 • 295

병사 정호서 만사 丁兵使 好恕 挽詞 • 296

사인 이일상의 부채에 쓰다 書李舍人 一相 扇面 • 298

구십주의 상림도 仇十洲上林圖 • 299

연경으로 가는 사간 이시만을 전송하다 送李司諫赴燕 時萬 • 303

감사 목성선 만사 睦監司 性善 挽詞 • 304

연경으로 사신 가는 영안위를 전송하다 送永安尉使燕 • 306

해진 솜옷 敝袍 • 307

강을 지나 산사로 가다 첩운 過江將詣山寺 疊韻 • 309

당산에 있는 권씨의 정자에서 옛 생각에 잠기다 삼첩
棠山權氏亭感舊 三疊 • 311

삼막사 사첩 三藐寺 四疊 • 313

집으로 돌아오다 오첩 歸舍 五疊 • 315

감우 육첩 感遇 六疊 • 317

강원도 관찰사로 가는 조자실을 전송하다 送曺子實按關東 • 319

경술년에 나암에 기거한 적이 있으니 이제 삼십팔 년이 되었다……시를 지어 감회를 기록한다 庚戌歲 來棲蘿庵 今三十八年……賦詩志感 • 320

관서에 사는 김대진이 추위를 무릅쓰고 멀리 찾아오다
關西金生大振冒寒遠來 • 321

박천에 사는 임백무가 왔는데 마침 계미년에 서로 이별했던 날과 같은 날이었다. 그가 돌아갈 때 써서 주다 博川林生栢茂來 適是癸未相別日 其歸書贈 • 322

판서 이자연이 술을 보내오다 李判書 子淵 送酒 • 323

허유선의 집에 있는 화분에 심은 매화가 동짓날 꽃을 피웠다
惟善家盆梅 至日始開 • 324

심광한 만사 沈生 光漢 挽詞 • 326

저녁 경치 夕望 • 327

기마대가 도로를 내달리니 다 관마라고 한다
馬隊馳驟道路 皆官馬云 • 328

선달그믐 밤에 除夜 • 330

동주집 시집 제13권

시詩

서호록2 西湖錄二

무자년 설날. 이때 임금께서 신궁으로 옮기셨다
戊子元日 時上移御新宮 • 333

눈 수레를 타고 당산에 도착하여 짓다 乘雪車至棠山作 • 335

1월 7일의 청명한 날씨가 좋았다 喜人日淸明 • 337

이웃사람과 쑥국을 끓여 함께 술을 마시기로 약속하다
約隣人煮艾會飮 • 338

사촌 누이 이 부인 만사 從姊李婦挽詞 • 339

술자리에서 여주 목사 이정오를 전송하다 酒次送李靜吾牧黃驪 • 340

이른 봄에 많은 비가 내리다 早春多雨 • 341

수명정으로 거처를 옮기다 水明亭移居 • 343

수명정에서 연구체로 짓다 水明亭聯句體 • 344

판서 민성휘 만사 閔判書 聖徽 挽詞 • 347

봄날 春事 • 349

영흥으로 부임하는 신공보를 전송하다 送申功甫赴永興 • 350

심 자 운으로 지어서 죽소 김광욱이 차운하여 보여준 시에 화답하다
尋字韻 和金竹所次視 光煜 • 352

삼첩 三疊 • 353

사첩 四疊 • 354

오첩 五疊 • 355

육첩 六疊 • 356

봄이 다하다 春盡 • 357

승평부원군 김류 만사 昇平府院君 金瑬 挽詞 • 358

정선 군수 박경응을 전송하다 送朴旌善 慶應 • 361

한욱재가 술병을 들고 찾아와 준 것에 감사하다. 아울러 매계에게 부치다 謝韓勖哉携壺臨枉 兼柬梅溪 • 363

비를 맞으며 배를 타고 당산을 지나가다 冒雨乘舟過棠山 • 364

숭녕통보 동전 崇寧通寶錢 • 365

참판 변삼근 만사 卞參判 三近 挽詞 • 366

호남을 안찰하러 가는 유 감사를 전송하다 送兪監司按湖南 • 371

높은 곳에 올라 登高 • 374

멀리 바라보며 臨眺篇 • 375

옥과 현감이 부채를 보내 주고 시를 써 달라고 하였다 玉果宰惠扇索詩 • 377

종형 이 단양에게 부치다 寄從兄李丹陽 • 378

채백창이 남곽의 우사를 방문하여……내게 마무리해 달라고 요청하였다 蔡伯昌訪南郭寓舍……請余終篇 • 379

도성 남쪽 의원과 가까운 곳으로 가서 지내다가 강가 집으로 돌아와 입으로 불러 짓다 就城南近醫 旣還江舍口占 • 380

연경으로 사신 가는 판서 오여완을 전송하다 送吳判書 汝完 使燕 • 381

임백무가 향시에 합격하여 서울에 왔다가 시험을 앞두고 병에 걸려 돌아가므로 시를 지어 권면하다 林生栢茂發解入洛 臨試遇疾而歸 詩以勖之 • 384

단양의 종형이 화운한 부채 머리의 시에 차운하다 次丹陽兄和扇頭詩 • 386

팔일에 비바람이 불다 八日風雨 • 387

구월 보름에 달을 마주하니 옛적 양진에서 놀던 때가 떠올랐다. 도장과 극보는 모두 이미 운명하고 오직 유선만 나와 함께 마포에서 지내고 있으니 대단히 서글프다. 앞의 운에 맞춰 짓다 九月望 對月懷養珍舊遊時 道章克甫俱已下世 獨惟善同在麻浦 感慨甚焉 次前韻 • 388

좌의정 남이웅 만사 南左相 以雄 挽詞 • 389

참의 조경진 만사 趙參議 景禛 挽詞 • 393

밀양 부사 나위소에게 부치다 寄羅密陽 • 397

청선옹이 간전을 탈루했다는 이유로 여주 목사에서 파직되어 돌아왔다. 말하는 사람이 고의로 범한 것이라고 하여 남은 논란이 있었다 聽蟬翁用墾田脫漏罷黃驪歸 言者認爲故犯 有餘論 • 398

청송 부사 최유연을 전송하다 送崔青松 • 400

울산 부사 노준명을 전송하다 送盧蔚山 • 401

거듭 최성지에게 보내다 再柬崔聖止 • 405

이징이 그린 산수화 열 첩 李澄畫山水十帖 • 406

동짓달 그믐밤에 일어나서 至月晦日夜起 • 410

회갑이 되는 해 입춘에 동갑내기 가운데 살아 있는 이가 대단히 적은 것을 보고 가장 일찍 죽은 사람과 최근에 죽은 사람을 우선 기록하여 나의 감회를 적는다 回年立春 見同甲在世眇然甚尠 姑紀最早亡者與新逝者以志吾感 • 412

선달 그믐밤 除夜 • 414

동주집 시집 제14권

시詩

서호록3 西湖錄三

기축년 설날 己丑元日 • 417

16일에 허보의 정자에서 생일 술을 마시다 十六日 飮許亭初度 • 418

감사 유성증 만사 兪監司 省曾 挽詞 • 419

잠두봉 유람 蠶頭游覽 • 421

태안 군수 김중문에게 부쳐 사례하다 寄謝泰安守金仲文 • 422

강행 江行 • 424

현옹의 시에 맞춰 지어 보내다 次弦翁韻却寄 • 425

가는 세월 徂歲 • 427

참봉 이곽 만사 李參奉 漷 挽詞 • 429

안개비 煙雨 • 431

학사정의 운자에 맞춰서 김 응교를 위해 짓다
次鶴沙亭韻 爲金應敎賦 • 432

파주 목사 이공익 만사 李坡州 公益 挽詞 • 433

현옹이 내 시 두 편을 소매 속에 넣고 한강을 건너다가 물에 떨어뜨려 잃어버리고……내가 최신명의 일을 들어 답하였다 弦翁袖余二詩 渡漢落水失去……余擧崔信明事答之 • 436

한낮 정경을 바라보며 午望 • 438

밤에 앉아서 夜坐 • 440

야정 팔영 野亭八詠 • 441

행촌의 옛 자취 杏村遺躅 • 441

원수의 큰 비석 元帥穹碑 • 441
압도의 풀밭 鴨島平蕪 • 442
파릉의 푸른 안개 巴陵翠靄 • 442
해문의 저녁 조수 海門晩潮 • 442
강어귀의 봄 배 江口春帆 • 443
앞 시내에 뜬 가을 달 前溪秋月 • 443
후포의 비 갠 풍경 後浦霽雨 • 443
상촌과 월사 두 공이 수창한 여섯 수. 그 글을 보니 눈물이 흘러 운에 맞춰 감회를 적다 象村月沙二公酬唱六篇 淚灑遺墨 次韻紀感 • 444
대행대왕의 대행산릉에서 삼가 곡하며 불러 짓다 장릉 大行大王大幸山陵 奉哭口占 長陵 • 449
교외로 나가 연서에서 묵다 出郊宿延曙 • 452
여덟 폭 그림에 쓰다 題畫八幅 • 455
학 그림 畫鶴 • 458
영흥으로 부임하는 이정오를 전송하다 送李靜吾赴永興 • 460
오여완에게 부치다. 청나라 사신을 전송하려고 용만에 있었다 寄吳汝完 伴送北使在龍灣 • 461
동래 부사 유심을 전송하다 送柳東萊淰 • 463
농사 爲農 • 467
조카 동규가 지어 올린 50운 시에 맞춰 짓다 次家姪同揆獻詩五十韻 • 468
함경 감사로 가는 판서 정세규를 전송하다 送鄭判書 世規 按關北 • 478
가묘를 옮긴 후에 조카의 시에 맞춰 짓다 家廟奉遷後 次家姪韻 • 482
선달 그믐밤의 노래 除夜行 • 484

섣달 그믐밤에 입으로 불러 짓다 除夜口占 • 486

동주집 시집 제15권

시詩

서호록4 西湖錄四

경인년 설날 庚寅元日 • 489
홍양으로 부임하는 참지 목행선을 전송하다 送睦參知 行善 赴洪陽 • 490
처마 밑을 거닐며 步檐 • 494
이 좌랑 만사 李佐郎挽詞 • 495
즉흥적으로 읊다 卽事 • 497
만흥 漫興 • 499
원주 목사 이침과 헤어지다 別李原州梣 • 500
김생 만사 金生挽詞 • 503
현오의 시축에서 오봉의 운에 맞춰 짓다 玄悟軸 次五峯韻 • 504
소나기 快雨 • 505
메뚜기 시에 맞춰 짓다 次蝗詩 • 506
박 은율과 이별하다 別朴殷栗 • 511
죽소옹이 소주를 보내오다 竹所翁惠燒酒 • 513
강가에 거주하는 청송 부사 최유연에게 부치다 寄崔青松江居 • 514

가뭄이 지속되자 임금께서 국사에서 제사하셨는데 이튿날 단비가 내리므로 시를 써서 기쁨을 기록하다 효종 원년
久旱 上禱祀國社 翌日澍雨 書以志喜 孝宗元年 • 516

현주 도위가 편지를 보내 "한 시대에 몇 안 되는 분……드디어 한 수를 이루었다 玄洲都尉書擧一代不數人……遂成一篇 • 517

차운하여 조계언에게 주다 次贈趙季彦 • 519

송생 만사 宋生挽詞 • 520

서호의 가을 흥취 西湖秋興 • 522

최성지의 시를 차운하다 次崔聖止 • 523

시냇가 정자의 가을비 溪堂秋雨 • 524

가을날의 회포 秋懷 • 525

단양 군수 이후근 만사 李丹陽 厚根 挽詞 • 527

영흥 부사 이지정 만사 李永興 志定 挽詞 • 528

서용된 뒤에 시의에 의해 막히다 恩敍後 時議見阻 • 529

변 동지 만사 邊同知挽詞 • 530

순양군 만사 順陽君挽詞 • 532

동규가 오랫동안 병을 앓다가 좀 나아서 시험 삼아 방을 나왔다기에 기쁜 마음을 적다 同揆久病新愈 試出房戶 志喜 • 534

죽소가 부쳐온 시에 맞춰 짓다 次竹所寄詩 • 535

그림 병풍 6언 畫屛 六言 • 536

윤치규 만사 尹生 稚圭 挽詞 • 539

요절한 아이를 매장하다 瘞夭 • 540

정기옹 만사 鄭畸翁挽詞 • 542

석규의 편지를 받다 得碩揆書 • 543

단천 군수 이지천을 전송하다 送李端川 志賤 • 544
판서 조경의 부인 김씨 만사 趙判書夫人金挽詞 • 547
상의원 정 송석윤 만사 尙衣正宋錫胤挽詞 • 549
입춘에 立春 • 550
섣달 그믐밤에 除夜 • 551

동주집

시집 제9권

詩시

을유년(1645, 인조23) 설날에 동파의 〈혜주팔수〉[1]에 맞춰 짓다

乙酉元日 次東坡惠州八首

새 봄은 어디서 오는가	新春適何自
하루 만에 온 세상에 퍼지네	一日遍九州
비록 조금 더디 온다 한들	雖令來稍緩
어찌 다시 머리 검어지랴	豈復玄我頭
사립문에 남들처럼	柴門强隨俗
목경과 토우 만들어 두었네[2]	木梗與土牛
느지막이 일어나 숲길 걷노라니	晩起步林丘

1 혜주팔수 : 이민구가 사용하고 있는 운자는 《동파전집(東坡全集)》 권26 〈뇌주팔수(雷州八首)〉와 일치한다.

2 사립문에……두었네 : 당시의 풍속을 따라 목경(木梗)과 토우(土牛)를 만들었다는 말인데, 목경은 미상이다. 토우는 진흙을 빚어 만든 소이다. 《예기》 〈월령(月令)〉에 "12월에 유사에게 명하여 구나의 의식을 성대하게 거행하고 사방의 문에서 희생을 찢어서 음기를 없애며, 또 흙으로 소를 만들어 한기가 사라지기를 빈다.〔季冬之月, 命有司大難, 旁磔, 出土牛, 以送寒氣.〕"라고 하였다.

천호후도 부럽지 않아라　　不羨千戶侯

2

처음 왔을 때 누가 불러 주었나　　始至孰相招
돌아가려 해도 누가 허락할까　　欲歸誰見許
서쪽과 남쪽으로 괴롭게 떠돌며　　西南苦流播
십 년 세월 보냈어라[3]　　歲月且十暑
타향에서 하루하루 보내니　　他鄉閱朝暮
어찌 감히 고향 그리랴　　安敢懷故土
아아 인생은 끝이 있는 법　　嗟哉生有涯
조물주는 응당 너를 버리리라　　造物當捨汝

3

셋집은 산기슭에 있고　　僑居枕山麓
높다란 나무가 작은 산 둘렀네　　雲木繚細岑
봄이 오는 줄도 몰랐는데　　不省春候近
그윽한 새소리 반가워라　　喜聞幽鳥音
친한 벗이 마침 불러 주어　　好友適相命
마주 앉아 연거푸 술 마시노라　　尊酒屢對斟
한번 취해 새해 알리니　　一醉報新年

3 서쪽과……보냈어라 : 서남(西南)의 서는 이민구가 1637년(인조15)에 처음 유배간 영변(寧邊)을 가리키고, 남은 1643년에 이배된 아산(牙山)을 가리킨다. 이때가 1645년이므로 거의 10년 동안 유배지에서 생활했다는 말이다.

어찌 꼭 고향이어야 하겠나　　何必吾家林

4

어제가 벌써 작년 되었으니　　昨日已舊年
한 해를 한가롭게 보냈는데　　卒歲遣優游
새봄이 늙음을 더욱 재촉하니　　新春益催老
기쁨도 걱정도 다 털어버려야지　　撥棄懽與憂
떠돌이 신세 죽이라도 있으니　　流離具饘粥
담박하게 더 바랄 게 없어라　　澹然無所求
성현도 나그네 신세 기꺼워했으니[4]　　聖哲甘旅人
어찌 가고 머묾을 생각하랴　　曷足懷去留

5

설날 물시계 놓아두고　　元日刻漏展
지팡이 의지해 때때로 거니노라[5]　　負杖時行藥

4　성현(聖賢)도……기꺼워했으니 : 《예기》 〈단궁 상(檀弓上)〉에 "지금 나는 동서남북으로 떠돌아다니는 사람이다.〔今丘也, 東西南北之人也.〕"라는 공자의 말이 나오고, 두보(杜甫)의 시에도 "중니는 나그네 신세도 달갑게 여겼고, 상자는 손괘와 익괘의 뜻을 알았다.〔仲尼甘旅人, 向子識損益.〕"라는 표현이 나온다. 《杜少陵詩集 卷8 兩當縣吳十侍御江上宅》

5　거니노라 : 행약(行藥)은 병으로 약을 복용한 후에 약 기운을 잘 퍼지게 하기 위해 걷는 것이다. 남조(南朝) 송(宋)나라 포조(鮑照)의 〈행약지성동교(行藥至城東橋)〉라는 시가 있는데, 육신(六臣)의 주(註)에 의하면, 이 시는 포조가 병들어 약을 복용하고 약 기운을 잘 퍼지게 하기 위해 걷다가 성 동쪽 다리에 이르러 벼슬을 구하러 다니는 사람을 보고 지은 것이라 한다.

봄 술잔에 아침술 따라 마시니　　春杯薦卯酒
살갗이 금세 발그레 윤기나네　　膚革暫沃若
작은 동산은 차츰 거닐 만하고　　小園稍可涉
새 샘은 이미 떠 마실 수 있네　　新泉已堪酌
앉아서 매화 피기 기다리노라니　　坐待梅蕚敷
햇살이 어지러이 비추누나　　流光紛照灼

6

전원 돌며 농사 익혀 아나니　　巡園學爲圃
여기는 오이와 토란이 제격이지　　是好瓜芋區
맛난 나물 뜯어 저녁밥 먹으니　　晚飯摘嘉蔬
신선한 생선 못지않다　　亦足代鮮魚
앵두나무숲 사이로 은은하게 보이고　　櫻林外隱映
울타리는 원숭이 막아주네　　柴椶拒猴狙
미리 그려보니 언덕에 비 내리면　　預想幔坡雨
맑은 이슬방울 점점이 맺히겠지　　點綴淸露珠

7

동산에 세 갈래 오솔길 있지만　　開園有三徑
이웃에 이중 없어라[6]　　卜隣無二仲

6 동산에……없어라 : 함께 어울릴 사람이 없다는 말이다. 삼경(三徑)은 은자의 오솔길을 말하고, 이중(二仲)은 한(漢)나라 때의 은사(隱士) 양중(羊仲)과 구중(求仲)을 가리킨다. 장후(蔣詡)가 두릉(杜陵)에 은거하면서 정원에 세 개의 오솔길을 만들어 놓

호미 들고 그윽한 시내 건너 携鋤越幽磵
녹아 흐르는 봄 샘물 살펴보네 去覘春泉動
그대 보았나 태묘의 희생을 君看太廟犧
어찌 제물로 쓰이길 바랐으랴[7] 豈願牲牢用
얼근히 취하여 북창 아래에서 陶然北窓下
한바탕 화서몽 꾸리라[8] 一枕華胥夢

8
봄 물고기 강물 거슬러 오르려고 春魚欲上水
큰 놈 작은 놈 저마다 무리 지었는데 大小各爲群
어부가 그물 치고 漁師設網罟
구름 낀 남쪽 포구에 배 세우네 逗帆南浦雲

고. 오직 양중과 구중 두 사람과 함께 왕래하며 노닐었다는 고사가 전한다.《三輔決錄》

7 태묘(太廟)의……바랐으랴 :《장자(莊子)》〈열어구(列禦寇)〉에 "어떤 사람이 장자를 초빙하려고 했으나 장자가 그 사자에게 대답하기를 '당신은 저 희생물로 쓰일 소를 보았소? 수를 놓은 아름다운 비단을 입히고 풀과 콩을 먹이지만 막상 끌려서 태묘에 들어가게 되었을 때 아무리 송아지가 되고 싶어한들 그럴 수 있을 것 같소.' 하였다.〔或聘於莊子, 莊子應其使曰, 子見夫犧牛乎, 衣以文繡, 食以芻菽, 及其牽而入於太廟, 雖欲爲孤犢, 其可得乎.〕"라는 내용이 있다. 여기서는 화려한 복록(福祿)을 누리던 사람에게 재앙이 닥칠 수 있다는 비유로 사용되었다.

8 얼근히……꾸리라 : 세속에 시달리지 않고, 한가로운 삶을 살겠다는 말이다. 화서(華胥)는 황제(黃帝)가 낮잠을 자다가 꿈속에서 보았다는 이상국가(理想國家)의 이름인데, 황제가 이 나라를 여행하면서 무위자연(無爲自然)의 이상적인 정치가 실현되는 꿈을 꾼 뒤에 천하에 크게 덕화(德化)를 펼쳤다는 전설이 전한다.《列子 黃帝》여기서 유래하여 화서몽(華胥夢)은 태평성대, 또는 낮잠을 의미한다.

들길이 강가 시장으로 통해 野徑通江市
때때로 은근한 정성 펼쳐주니 時復展殷勤
객사에 장검 있어도 客舍有長鋏
감히 설군을 번거롭게 할 것 없네[9] 不敢煩薛君

9 객사에……없네 : 어부가 물고기를 공급해 주므로 반찬을 걱정할 필요가 없다는 말이다. 설군(薛君)은 전국 시대(戰國時代)의 인물 맹상군(孟嘗君)을 지칭한다. 제(齊)나라 풍환(馮驩)이 맹상군의 식객(食客)이 되었을 때, 밥상에 고기반찬이 없자 장검을 두드리면서 "장검이여 돌아가자, 밥상에 고기가 없구나.〔長鋏歸來乎, 食無魚.〕" 라고 노래했다는 고사가 전한다. 《戰國策 齊策4》

입춘

立春

태사가 새봄[10] 기록하니 太史王春紀
새해의 곡일[11] 돌아왔네 新年穀日來
물 불어 외로운 섬 잠기고 水生孤嶼沒
눈 녹아 뭇 산들 드러나네 雪盡亂山開
세상에 남은 친지 적은데 海內親知少
호숫가에서 늙고 병들어가네 湖邊老病催
좋은 시절 쉬 지나가니 佳辰易流轉
손에 든 술잔 차마 끊으랴 忍斷手中杯

10 새봄 : 왕춘(王春)은 《춘추(春秋)》 은공(隱公) 원년의 "원년 봄 왕의 정월〔元年春王正月〕"이라는 기록에 대한 《춘추공양전》의 해설에서 연유하여 천하를 통일한 제왕의 봄이라는 뜻을 갖게 되었는데, 보통은 새해의 봄을 가리키는 말로 쓰인다.

11 곡일(穀日) : 음력 1월 8일의 별칭이다. 이날 전답에 거름을 내면 풍년이 든다고 하여 봄 농사 준비를 본격적으로 시작하기도 하였다. 이 해에는 곡일이 마침 입춘이었던 것으로 보인다.

〈침해당 8수〉[12]를 차운하다

次韻枕海堂八首

오솔길은 바위 감돌아 나 있고	細徑縈巖構
평대에서 돌난간 굽어보네	平臺俯石欄
하늘 가까워 학 타고 날아갈 만하고	近天邀鶴馭
물가에 있어 낚시질할 만하네	臨水把漁欄
갈매기와 백로는 봄날 일찍 울어대고	鷗鷺春聲早
처마와 기둥에 밤풍경 무르익네	簷楹夜色闌
한가로이 앉아서 눈과 귀 즐거우니	端居娛耳目
굳이 유람 다닐 필요 없어라	不用恣遊盤

2

세상에 이바지하려니 항상 본성에 어긋나고	供世常違性
농사나 지으려 해도 매번 굶주림에 시달리니	耕田每苦飢
어찌 별장 만들어	何如規別業
멋지게 그윽한 기약 맺음과 같으랴	爛熳結幽期
땅은 파도에 끄떡없는 바위 솟아 있고	地湧淩波石

12 침해당(枕海堂) 8수 : 침해당은 아산 영인산(靈人山) 주변에 있는 성시망(成時望)의 당(堂)으로 보인다. 자세한 내용은 알기 어려우며 《동주집(東州集)》 문집(文集) 권3에 〈침해당기(枕海堂記)〉가 있어서 참고할 수 있을 뿐이다. 조경(趙絅)의 《용주유고(龍洲遺稿)》 권1에 〈차침해당제현운 8수(次枕海堂諸賢韻八首)〉 등에서 이민구의 시와 동일한 운자를 사용하고 있으나 원시(原詩)는 누구의 작품인지 알 수 없다.

하늘은 해가 목욕하는 연못에 열려 있네[13] 天開浴日池
운무 경치 눈으로 보기에도 벅찬데 雲煙疲應接
어찌 쉽게 시로 말하랴 那得易言詩

3
성곽은 호수 서편에 있고 城郭西湖上
정자는 북두성 사이에 있네 亭臺北斗間
부상에서 일찍이 떨어져 나온 바위이며 扶桑曾斷石
옛적 신선들 놀던 방장산인가 方丈舊神山
지역은 삼청의 승경에 이어졌고[14] 境接三清勝
몸은 한 기운 사이에서 노니네[15] 身游一氣間
뭇 신선들 여기서 자주 노는데 群仙紛冉冉
머문 부절 언제나 돌아갈까 駐節幾時還

13 하늘은……있네 : 침해당(枕海堂)이 바닷가에 있으므로 이렇게 읊은 것이다. 《회남자(淮南子)》〈천문훈(天文訓)〉에 "해는 양곡에서 떠올라 함지에서 목욕한다.〔日出於暘谷, 浴於咸池.〕"라고 하였다.

14 지역은……이어졌고 : 침해당 주변의 풍광이 신선세계처럼 아름답다는 말이다. 삼청(三淸)은 도교(道敎)의 이른바 삼동교주(三洞敎主)가 거처하는 최고의 선경(仙境)인 삼청경(三淸境)의 준말로, 옥청(玉淸), 상청(上淸), 태청(太淸)을 말한다.

15 몸은……노니네 : 이민구 자신이 아름다운 경치 속에서 지내고 있음을 읊은 것이다. 일기(一氣)는 천지(天地)의 근원이 되는 기운이다. 《장자(莊子)》〈대종사(大宗師)〉에 "저 지극한 이치는 바야흐로 조물주와 더불어 사람이 되어서 천지의 한 기운에서 노닌다.〔彼方且與造物者爲人, 而遊乎天地之一氣.〕"라고 하였다.

4

맑게 갠 호수 손에 잡힐 듯하고 晴湖疑攬結
시원한 누각은 올라 즐기기 좋아라 快閣嗜躋攀
햇살이 구름 밖으로 나오고 日出雲霏外
별들이 밤이슬[16] 사이로 늘어섰네 星羅沆瀣間
아침저녁으로 멍하니 바라보는데 朝昏頻悵望
어부와 나무꾼 저마다 돌아오네 漁採各知還
매가 사라진 하늘 낮은 곳에 鶻沒天低處
아련히 먼 물가의 산이 보이누나 蒼然極浦山

5

비록 넓은 채마밭 없어도 雖無廣場圃
그럭저럭 밥은 먹고 산다네[17] 亦足具簞瓢
못난 돌이 등나무의 시렁 떠받치고 醜石扶藤架
높은 처마가 버들가지에 닿았네 危簷接柳條
교인[18]의 베틀은 물가 난간에 가깝고 鮫機隣水檻

16 밤이슬 : 항해(沆瀣)는 깊은 밤중에 내리는 이슬인데, 도가(道家)에서는 이것을 수명(修命)의 약으로 마신다고 한다.

17 그럭저럭……산다네 : 단표(簞瓢)는 밥을 담는 대그릇과 국을 담는 표주박으로, 전하여 가난한 사람이 먹는 보잘것없는 음식을 가리킨다.

18 교인(鮫人) : 전설 속의 인어(人魚)를 말한다. 교인이 남해 바다 속에서 베를 짜면서 울 때마다 눈물방울이 모두 진주로 변했다고 하는데, 세상에 나왔다가 주인과의 이별을 아쉬워하며 한 그릇 가득 눈물을 쏟아 부어 진주를 선물로 주었다는 이야기가 전한다. 《述異記》

고깃배는 바람과 조수 타고 달리네	漁艇駕風潮
더욱이 초대해준 곳이라	更是招邀處
시골길 먼 줄도 모르노라	村蹊未覺遙

6

누각 길에서 문득 바라보니	閣道便臨眺
대숲이 말끔하게 다듬어졌네	林篁巧翦裁
바람은 황작 따라 일어나고[19]	風從黃雀起
물결은 흰 갈매기 보내오네	波送白鷗來
들 언덕은 하늘 끝까지 펼쳐지고	野岸隨天闊
봄 배는 달 밝기를 기다리는구나	春帆候月開
뗏목 탈 곳 알지 못하니	乘槎迷處所
어느 길이 등래[20] 가는 길인가	何路問登萊

7

드넓은 들판 호수까지 이어지고	鉅野臨湖盡
외로운 산은 바다에 접해 떠 있네	孤山際海浮

19 바람은……일어나고 : 황작(黃雀)으로부터 발생하는 바람은 여름철의 동남풍을 말한다. 《초학기(初學記)》 권1 〈천부(天部)〉 주(註)에 진(晉)나라 주처(周處)의 《풍토기(風土記)》를 인용하여 "5월에 들어와 바람이 불어 6일에 그치는 것이 황작풍이니, 이때에 바다의 물고기가 황작으로 변하기 때문에 그렇게 칭하는 것이다.〔五月風發, 六日乃止, 黃雀風, 是時海魚變爲黃雀, 因以名之.〕"라고 하였다.

20 등래(登萊) : 등주(登州)와 내주(萊州)의 합칭으로 중국 산동성(山東省) 일대를 가리킨다.

빙 두른 포구 저 끝까지 아득하고　微茫環極浦
긴 강물을 다 받아들이네　呑納混長流
보배로운 기운 진주조개에 담기고　寶氣涵珠蚌
신비한 광채 철우[21]에 잠겼네　神光鎖鐵牛
이미 교인의 집에 의지했는데　已依鮫作室
다시 신기루에 접하였네[22]　更接蜃爲樓

8

숲 자락에 산 의지한 누각　林表依山閣
울 옆으로 항해하는 배 지나네　籬傍駕海船
올라서 바라볼 두 눈 있어　登臨雙眼在
수려한 경치 한 지역에 소문났네　奇勝一方傳
해는 맑은 강 위에 걸렸고　日麗淸江上
봄은 백발 앞에 무르익네　春深白髮前
풍진 속에 떠도는 몸이지만　風塵正漂泊
절경 속에 도리어 황홀하네　絶境轉茫然

21 철우(鐵牛) : 쇠로 만든 소이다. 옛날 치수(治水)하거나 교량을 만들 때, 물을 진압한다는 뜻에서 왕왕 쇠로 소의 형상을 만들어 둑이나 다리 아래 물속에 넣어 두었다.

22 이미……접하였네 : 침해당이 바닷가에 있다는 말이다. 교인(鮫人)은 전설에 나오는 인어이다. 36쪽 각주18 참조. 신루(蜃樓)는 바다 위나 사막에서 기온의 이상한 분포 때문에 광선이 굴곡하여 먼 데 물체가 거꾸로 보이는 현상인데, 옛사람들은 큰 조개가 뿜어내는 기운으로 생각하였다. 《사기(史記)》 권27 〈천관서(天官書)〉에 "바닷가에서 보면 신기가 누대의 모양을 만들고, 광야 역시 그 기운이 궁궐의 형상을 이뤄낸다."라고 하였다.

이산 현감 김경조[23]를 곡하다

哭金尼山 慶祖

유배 생활 십 년에	流離十年內
친한 이들 기다리지 않고 가는구나	親懿逝不待
쇠한 세상에 말운 만나니	衰途値末運
밝은 해도 광채 거두었네	白日斂光彩
오랜 이별로 서글프던 마음이	久別慘中懷
지금은 또 곱절이나 아파라	及玆又一倍
평생 다정히 사귀던 벗들	平生婉孌交
손꼽아 세어 보니 반도 남지 않았네	屈指無半在
풍상에 측백나무도 꺾이는데	風霜栝柏摧
연약한 체질을 내 어찌 후회하랴	弱植我安悔
뒷날 서로 만날 때 항상 생각하며	常思後會時
변해가는 용모 함께 안타까워했는데	共惜顔鬢改
갑자기 영원히 떠나가니	忽爾永淪翳
아득히 구슬이 바다에 잠긴 것 같네	茫如珠沈海
장부는 절개를 귀하게 여기니	丈夫貴志槩

23 김경조(金慶祖) : 1583~1645. 본관은 풍산(豐山), 자는 효길(孝吉), 호는 심곡(深谷)이다. 이산 현감(尼山縣監)으로 있는 동안 막내아들이 죽자 관직을 버리고 경상북도 안동(安東)으로 돌아가 칩거하였다.《訥隱集 卷19 通訓大夫尼山縣監深谷金公行狀》

어찌 반드시 재상의 자리에 올라야 하랴[24]	豈必居鼎鼐
술잔 가득 채워 터놓고 대화하며	劇談滿尊酒
서로 즐거움 나누기를 기약했는데	相期展樂豈
생사 갈려 바람대로 되지 않으니	存沒與願違
눈물 떨구며 하늘 바라보네	落淚向眞宰

2

그 아우 정산군(定山君)이 부음을 전했다.

인명은 밤낮과도 같아	人命比晝夜
장수와 요절 각각 정해져 있다지만	脩短各有程
슬프게도 다정한 벗과	所悲同袍友
평생 떨어져 지냈어라[25]	契闊間平生
쓸쓸히 타향에 떨어져 지내며	蕭條異鄕別
십 년 동안 근심걱정 함께했는데	十年憂思幷
하물며 생사 갈리니	況伊處存亡
어찌 심신이 놀라지 않으랴	焉免心骨驚

24 장부(丈夫)는……하랴 : 그 사람의 지조(志操)가 중요한 것이지 지위의 고하가 중요한 것은 아니라는 말로, 김경조가 현감(縣監)이었기에 한 말이다. 정내(鼎鼐)는 솥을 뜻하는데, 은 고종(殷高宗)이 일찍이 현상(賢相) 부열(傅說)에게 나라 다스리는 방도를 묻자, 부열이 솥 안의 음식을 어떻게 조리하느냐에 따라 맛이 달라지는 것과 같은 것이라고 비유하여 설명했던 데서 온 말이다. 전하여 재상의 자리를 의미한다.

25 슬프게도……지냈어라 : 김경조와 다정한 친구였지만 평생 떨어져 지냈다는 말이다. 동포(同袍)는 옷을 같이 입는다는 말로, 《시경》〈무의(無衣)〉에 "내가 어찌 입을 옷이 없어서 그대와 함께 군복을 입고 전쟁터로 나가는 것이겠는가.〔豈曰無衣, 與子同袍.〕"라고 하였다.

된서리에 만물 시드니　嚴霜瘁徂物
아름다운 화초도 아침에 핀 꽃 떨구네　嘉卉委朝榮
그늘진 언덕에 반쯤 죽은 오동나무　陰崖半死桐
아름다운 곡조 누굴 위해 연주할까[26]　宮徵誰爲鳴
남주의 닭 한 마리 제수 보내며　南州隻鷄奠
그물에 걸린 신세 세 번 탄식하네[27]　三歎網罟嬰
만고에 누구나 한 무덤으로 남는데　萬古一丘壟
어찌 이내 마음 아프기만 한가　胡乃傷我情
서글픈 정산군의 편지　悽悽定山書
누군들 형제 없으랴만　孰是無弟兄
슬프다 천지 사이에　惻愴天壤間
그대와 함께 한이 가득하구나　與君俱恨盈

26 그늘진……연주할까 : 자신을 알아주는 친구가 죽었다는 말이다. 반사동(半死桐)은 용문(龍門)의 오동나무로, 그 뿌리가 반은 죽고 반은 살았는데, 이를 베어 좋은 거문고를 만든다고 한다. 한(漢)나라 매승(枚乘)의 글에 "용문의 오동나무는 높이는 백 척이고 가지가 없는데……그 뿌리는 반은 죽고 반은 살아,……이를 베어 거문고를 만든다.〔龍門之桐, 高百尺而無枝,……其根半死半生,……使琴摯斫斬以爲琴.〕"라고 하였다.《文選 卷34 七發》

27 남주(南州)의……탄식하네 : 유배객의 신분이라 조문(弔問)하지 못하므로, 조촐한 제수를 보내 대신 조문하게 한다는 말이다. 남주는 남주고사(南州高士)로 불린 후한(後漢)의 서치(徐穉)를 가리킨다. 서치가 먼 곳으로 문상 갈 때는 솜을 술에 적셔 햇볕에 말리고 그것으로 구운 닭을 싼 다음, 무덤에 가서 솜을 물에 적셔 술을 만들고 닭을 앞에 놓아 제수를 올린 뒤에 떠났다고 한다.《後漢書 卷83 徐穉列傳》

압해정[28]에 차운하다

壓海亭次韻

자라 머리 한 쪽에 붉은 정자 세우니[29]	鼇頭一面駕紅亭
지세 높아 먼 물가까지 바라보이네	地勢憑高控遠汀
파도가 작은 난간 위로 떠올라 보이는데	已挹虛濤浮小檻
빼어난 풍광도 들창에 가득 들어오네	還收秀色滿疏櫺
섬돌에는 낮에 소금 굽는 흰 연기 밀려오고	階除晝接鹽煙白
초목은 봄날 파란 신기루와 이어진다	草樹春連蜃氣青
긴 밤 맑고 밝아 위아래 모르겠으니	永夜澄明迷上下
올해 은하에 별이 가장 많구나	今年河漢最多星

28 압해정(壓海亭) : 아산에 있는 정자로, 성준(成準)이 세웠다고 한다.《허경진, 충남지역 누정문학 연구, 한국문학도서관, 2008, 72쪽》

29 자라……세우니 : 오두(鼇頭)는 자라 머리를 가리킨다. 바다에 삼신산(三神山)이 있는데, 이 산을 자라가 머리에 이고 있다는 전설이 있다.《列子 湯問》 여기서는 바닷가에 있는 압해정이 신선들이 사는 곳처럼 아름답다는 의미로 사용되었다.

수탉이 이웃집 개에게 물려 죽었다. 두보의 〈계책〉[30]에 차운하여 짓다

雄鷄爲隣犬所斃 次杜陵鷄柵韻

늙고 병들어 잠 줄었는데	衰病減睡眠
더구나 우환까지 닥쳤음에랴	況兼憂患迫
닭 기른 것은 세 번 울어주기 때문이니	畜鷄求三號
어찌 다만 배불리 먹기 위함이랴[31]	豈止資飽喫
기꺼이 하늘 캄캄할 때	喜從天宇闇
푸득푸득 날갯짓 소리 들리면	拍拍聞奮翮
닭 우는 소리 사방 이웃에 전해지고	翰音傳四隣
인기척이 집집마다 이어졌지[32]	動作連萬宅
늙은이는 바야흐로 기지개 켜고	老夫方展脚
천천히 일어나 비녀와 건 손질했지	徐起理簪幘
타향살이 삼 년 되도록	僑居向三年

30 계책(鷄柵) : 두보(杜甫)의 《두소릉집(杜少陵集)》 권15에 수록된 〈최종문수계책(催宗文樹雞柵)〉을 가리킨다.

31 닭……위함이랴 : 닭이 새벽을 알려 주기 때문에 기른 것이지 잡아먹기 위한 것만은 아니었다는 말이다. 삼호(三號)는 세 번 운다는 말인데, 《사기(史記)》 권26 〈역서(歷書)〉에 "닭이 세 번 울어 날이 밝는다.〔時鷄三號, 卒明.〕"라고 하였다.

32 닭 우는……이어졌지 : 닭이 울면 사람들이 일어나 일과를 시작하는 모습을 읊은 것이다. 한음(翰音)은 닭의 울음소리이다. 《예기》 〈곡례 하(曲禮下)〉에 "닭은 한음이라 한다.〔鷄曰翰音〕"라고 하였다.

밤과 새벽 혼동하지 않았네　　不昧昏曉隔
우환 막으려 횃대 손질했는데　　防虞戒棲塒
울타리 나와서 화를 당했네　　掇禍在下柵
사나운 개가 너 오기를 노려서　　猘狗迷汝來
덤불 속에 자취 감췄다가　　叢榛祕蹤跡
억센 이빨로 고운 목 물어뜯어　　獰牙扼彩吭
한 번 내두르자 목 부러졌네　　折首僅一擲
붉은 볏 오덕에서 떨어지고[33]　　朱冠殞五德
시뻘건 피가 자리 절반만큼 뿌려졌네　　丹血灑半席
밤 지키고 새벽 맡아　　守夜與司晨
공로 같은데 도리어 서로 해치다니[34]　　同功反相厄
애석하다 너는 부리와 발톱 튼튼하여　　惜汝觜距雄
마당 누비며 오래도록 적수 없었는데　　專場舊無敵
잠깐 사이에 날개 꺾이니　　塌翼片晌內
도움 되던 좋은 벗 잃은 것 같구나　　若喪良友益
우두커니 있는 변방 늙은이　　居然塞上翁

33 붉은……떨어지고 : 닭이 죽었다는 말이다. 주관(朱冠)은 닭의 볏이다. 오덕(五德)은 닭이 갖춘 문(文), 무(武), 용(勇), 인(仁), 신(信)의 덕목을 가리킨다. 《한시외전(韓詩外傳)》 권2에 "머리에 벼슬을 이고 있는 것은 문이고, 발에 며느리발톱이 달린 것은 무이고, 적이 앞에 있을 때 과감하게 싸우는 것은 용이고, 먹이를 보고 서로 부르는 것은 인이고, 밤을 지새워 시각을 어기지 않는 것은 신이다.〔頭戴冠者文也, 足搏距者武也, 敵在前敢鬬者勇也, 見食相呼者仁也, 守夜不失時者信也.〕"라고 하였다.

34 밤……해치다니 : 개는 밤에 낯선 사람을 지키고 닭은 새벽을 알려서 사람들에게 도움을 주는 공이 있는데, 개가 닭을 물어 죽였다는 말이다.

득실을 끝내 누가 알랴만 得失竟誰析
곤궁한 삶에 뜻대로 되는 일은 적고 羈窮少稱遂
만나는 일마다 참담한 경우 많구나 觸事多慘慼
쓸쓸히 날 밝도록 누워서 寂寥臥徹明
이리저리 뒤척이니 돌 아닌 것이 부끄럽다[35] 展轉愧匪石
그윽한 창에 비바람 치니 幽窓風雨交
이 시름을 어떻게 풀까 愁思何由釋
백전으로 장미계[36] 사려고 百錢買長尾
아이 불러 주민들에게 묻게 하네 呼童問巷陌

35 쓸쓸히……부끄럽다 : 자신의 마음을 달랠 길이 없다는 말이다. 비석(匪石)은 《시경》 〈백주(柏舟)〉에 "내 마음은 돌이 아니라 굴릴 수 없다.〔我心匪石, 不可轉也.〕"라고 한 데서 유래하였다.

36 장미계(長尾鷄) : 꼬리가 긴 닭을 가리킨다. 《후한서(後漢書)》에 "장미계가 있는데, 꼬리의 길이가 5척이다.〔有長尾鷄, 尾長五尺.〕"라는 말이 있다. 《後漢書 卷115 東夷》

봄날
春日

산비탈에 기대 사니 썩 마음에 들고	山阿棲託愜幽期
여기저기 화창한 봄 풍경 볼만하구나	觸處韶華眺望宜
봄 산에 구름 일어 첩첩 봉우리 덮더니	春嶠洩雲埋疊嶂
새벽 숲에 비 내려 무성한 가지 씻어 주네	曙林興雨濯繁枝
누런 진흙 언덕에서는 밭두둑 다투어 일구고	畦塍競斸黃泥岸
맑은 물 고인 방죽으로 계곡물 새로 흘러든다	磵谷新疏白水陂
객지에 밭 없어 생계 어려우니	客土無田生計薄
초가집에서 갠 날 희이 속에 문 닫고 있노라[37]	草堂晴晝閉希夷

37 초가집에서……있노라 : 맑은 봄날 적막하게 집 안에 머물고 있다는 말이다. 희이(希夷)는 《노자(老子)》 14장의 "보아도 보이지 않는 것을 이름하여 이라 하고, 들어도 들리지 않는 것을 이름하여 희라 한다.〔視之不見, 名曰夷, 聽之不聞, 名曰希.〕"라고 한 데에서 유래하였는데, 여기서는 적막하고 현묘한 경지를 뜻하는 말로 사용되었다.

밭을 사다

買田

이미 늙고 세상은 어지러운데 已衰世方亂
고향으로 돌아가지 못하네 未可歸田廬
식구들 갈수록 가난하고 굶주리며 百口轉窮餓
십 년 동안 살 곳 없었지 十年無定居
봄빛으로 들판 윤기 나고 春光生野潤
햇살이 빈 강물에 반짝인다 日色動江虛
이곳은 농사짓기 좋으니 此地宜耕稼
내 장차 호미 메리라 吾將終荷鋤

2
농사지어도 세금에 시달리는데 食土疲更賦
일군 밭이라야 고작 몇 두둑이라 開田只數畦
쌀밥 지을 거리 되지 못하고 未堪資飯稻
겨우 나물죽 끓여 먹을 정도리네 纔足佐羹藜
척박한 땅 어찌 농사에 맞으랴 瘦地寧宜稼
거친 묵정밭 쟁기도 안 들어가네 荒菑不受犁
서쪽 귀퉁이에 차조 심어야 하니 西偏須種秫
비 기다려 봄 진흙 부수리라 待雨破春泥

한가한 삶

閑居

긴긴 날 하는 일 없이 게으름만 늘어	長日無營懶性成
조용한 창 아래 새끼 새 울음에 잠 깨었네	幽窓睡起乳禽聲
봄바람은 숲 꽃 떨어져도 아랑곳 않고	春風不管林花落
밤비는 오솔길 풀 자라기를 재촉하네	夜雨偏催逕草生
흐르는 물과 가는 구름 다 마음에 들고	流水行雲俱適意
산승과 들 노인 각각 정 잊었네	山僧野老各忘情
위태한 시절에도 살 곳 있어	時危尚有棲身地
늘그막에 태평한 경치 보는구나	留眼殘年看太平

역병을 피해 네 번 이사한 끝에 파천에 이르다
避疫四徙至坡川

가는 세월 맥추를 두 번 만났을 뿐인데	徙歲纔逢兩麥秋
거처 옮겨 아산 절반을 떠돌았네[38]	遷居幾欲半牙州
뽕나무 아래 사흘 묵음을 어찌 꺼리랴만[39]	豈妨桑下三宵宿
정남이 한 곳에 머문 것에는 미치지 못하네[40]	不及征南一處留
객점에는 거쳐가는 사람 그치지 않는데	傳舍閱人猶未已
천지는 내게 너그러워 가고 쉬게 하네	乾坤饒我且行休
어찌하면 넓고 한적한 땅 구해	如何做得寬閑地
초가집 짓고 노년 보낼까	自結茅茨送白頭

38 가는……떠돌았네 : 아산으로 이배(移配)되어 보리가 익는 것을 두 번 보았을 뿐인데, 거처를 옮겨 다니며 아산의 절반을 떠돌았다는 말이다.

39 뽕나무……꺼리랴만 : 한 곳에 머무는 것을 꺼리지 않는다는 말이다. 《후한서(後漢書)》 권60 〈양해열전(襄楷列傳)〉에 "승려는 뽕나무 아래에서 사흘 밤을 묵지 않으니, 오래하여 생기는 애착을 원치 않기 때문이다.〔浮屠不三宿桑下, 不欲久生恩愛.〕"라고 하였다.

40 정남(征南)이……못하네 : 한 곳에 머물지 못했다는 말이다. 정남(征南)은 진(晉)나라 산간(山簡)을 가리킨다. 그가 정남장군(征南將軍)이 되어 양양(襄陽)에 머물면서 경치 좋은 습씨(習氏)의 못을 고양지(高陽池)라 이름하고, 날마다 그곳으로 가서 흠뻑 취해 놀다 돌아오곤 하였다는 고사가 전한다. 《晉書 卷43 山濤列傳 山簡》

4월 22일 된서리가 눈처럼 내리다

四月二十二日 繁霜如雪

사월 하순에 서리가 눈처럼 내려	四月終旬霜似雪
초가집이 온통 하얗구나	蓬茅一望白皚皚
지금 천지에 따뜻함 한창인데	如今天地陽和遍
어찌 매섭게 살기가 내리었나	那得稜稜殺氣來
만물이 새벽에 시들시들하더니	群物晨朝氣慘傷
이윽고 햇살 비치자 다시 빛나네	須臾日照復輝光
가련하다 그늘진 언덕의 여린 풀	可憐一寸陰崖草
이런 때에 오히려 서리 맞았구나	如許天時尚負霜

참봉 홍절[41] 만사

洪參奉窠挽

벼슬하려 세속을 분주히 달린 적 있던가	祿仕何曾走俗紛
시골집에서 농사지으며 늙어가려 했지	田廬終擬老耕耘
어진 아들 아버지 계승하니 가업 전할 만하고[42]	賢郎幹蠱傳家足
귀한 사위 용을 타니 온 세상이 들어 안다네[43]	貴壻乘龍擧世聞
남악에 검은 표범이 오래도록 안개에 숨었는데[44]	南嶽久藏玄豹霧

41 홍절(洪窠) : 본관은 남양(南陽)이다. 홍가신(洪可臣, 1541~1615)의 셋째 아들인데, 자세한 인적사항은 알 수 없다. 《晩全集 卷6 行狀》

42 어진……만하고 : 홍절의 아들을 칭찬한 말이다. 간고(幹蠱)는 《주역》 〈고괘(蠱卦)〉의 "초육은 아버지의 일을 주관함이니, 자식이 있으면 돌아간 아버지가 허물이 없게 된다.〔初六, 幹父之蠱, 有子, 考无咎.〕"라는 말에서 나온 것으로, 아들이 아버지를 계승하여 이루지 못한 사업을 완수함을 말한다.

43 귀한……안다네 : 홍절의 사위를 칭찬한 말이다. 승룡(乘龍)은 용을 올라탄다는 말로, 훌륭한 사위를 의미한다. 후한(後漢)의 손준(孫雋)과 이응(李膺)이 태위(太尉) 환현(桓玄)의 딸을 아내로 맞이하니, 당시 사람들이 "환숙원의 두 따님이 모두 용을 탔다.〔桓叔元兩女俱乘龍〕"라고 하였다. 《天中記 卷42 婚姻》 또 두보(杜甫)의 시에 "가문에는 희색이 많으니, 여서가 용을 탄 사람에 가까워라.〔門闌多喜色, 女婿近乘龍.〕"라고 하였다. 《杜少陵集 卷1 李監宅》

44 남악(南嶽)에……숨었는데 : 훌륭한 자질을 지닌 홍절이 초야에 묻혀 지냈다는 말이다. 《열녀전(列女傳)》 〈도답자처(陶荅子妻)〉에 "남산에 검은 표범이 있는데, 안개비 내리는 7일 동안 산을 내려가 먹지 않는 것은 어째서인가? 그 털을 윤택하게 하여 문장을 이루려는 것이다.〔南山有玄豹, 霧雨七日而不下食者, 何也. 欲以澤其毛而成文章也.〕"라는 말이 있다.

서호에 소미성이 새로 구름에 가렸네[45]	西湖新掩少微雲
훌륭한 집안에 한 세대의 풍류 다하니	高門一代風流盡
대곡의 봄날 찌푸려 석양 어둡구나	大谷春陰黯夕曛

45 서호(西湖)에……가렸네 : 홍절이 별세했다는 말이다. 소미(少微)는 소미성(少微星)으로, 처사(處士)의 별로 불린다. 소미성이 희미하거나 떨어지면 인간 세상의 처사가 죽는다고 한다. 진(晉)나라 사부(謝敷)는 자가 경서(慶緖)인데, 성품이 맑고 욕심이 없어 벼슬길에 나아가지 않고 태평산(太平山)에 10여 년 동안 은거하였다. 하루는 달이 소미성을 범하자, 점치는 사람이 "처사가 죽을 것이다."라고 하였는데, 당시 명망이 높았던 대규(戴逵)가 죽을 것이라는 예상과는 달리 사부가 죽었다고 한다. 《晉書 卷94 謝敷列傳》

고을 노인 홍탁 만사

洪鄕老鐸挽

전원의 편안한 걸음 수레나 진배없어[46]	田園安步可當車
늘그막에 여유롭게 노닐며 즐거움 많았네	衰晩優游樂有餘
문 밖 곡식으로 세금 충당하고	門外稻粱供賦稅
뜰 앞 난옥에게 시서 부탁했지[47]	庭前蘭玉付詩書
속내 털어놓은 뒤에 사귀었는데	交期自托輸心後
안면 익히고서 금세 운명하니 깜짝 놀랐네	存沒還驚識面初
슬프다 양양의 늙은이들 다 돌아가니[48]	惆悵襄陽耆舊盡
봄철 마을이 쓸쓸하기만 하구나	一春閭巷轉蕭疏

46 전원(田園)의……진배없어 : 전원의 편안한 생활이 높은 지위에 오르는 것이나 마찬가지라는 말이다. 전국 시대 제나라 은사(隱士) 안촉(顔斶)이 "늦게 먹음으로써 고기 맛과 진배없게 하고, 천천히 걸음으로써 수레에 앉은 것과 진배없게 한다.〔晩食以當肉, 安步以當車.〕"라고 하였다. 《戰國策 齊策4》

47 뜰……부탁했지 : 자제들에게 학문에 힘쓰게 했다는 말이다. 난옥(蘭玉)은 지란옥수(芝蘭玉樹)의 준말로 남의 집안의 우수한 자제(子弟)를 의미한다. 《세설신어(世說新語)》〈언어(言語)〉에 진(晉)나라 사안(謝安)이 여러 자제들에게 어떤 자제가 되고 싶으냐고 묻자, 그의 조카 사현(謝玄)이 대답하기를 "비유하자면 지란옥수가 뜰 안에 자라게 하고 싶습니다.〔譬如芝蘭玉樹, 欲使其生於階庭耳.〕"라고 하였다.

48 슬프다……돌아가니 : 덕망 높은 노인들이 모두 세상을 떠난다는 말인데, 여기서는 홍탁의 죽음을 의미한다. 양양기구(襄陽耆舊)는 양양의 덕망 높은 늙은이들이란 뜻인데, 특히 후한(後漢)의 방덕공(龐德公)을 이른다. 두보(杜甫)의 〈견흥(遣興)〉에 "옛날에 방덕공은 일찍이 주부에 들어가지 않았어라. 양양의 기구들 사이에 처사의 절개가 유독 높았구려.〔昔者龐德公, 未曾入州府. 襄陽耆舊間, 處士節獨苦.〕"라고 하였다.

홀로 서서

獨立

푸른 숲 자락에 홀로 서서	獨立青林畔
흰 물결 사이에서 길게 읊조린다	長吟白水間
아득한 천지 넓디넓고	茫茫兩儀闊
미묘한 나는 한가하네	杳杳一身閑
골육들 누가 남았던가	骨肉何人在
선영에 언제 돌아갈까	松楸幾日還
병 앓고서 비로소 술 끊었더니	病餘初屛酒
시 읊고 나자 잠시 얼굴 펴지네	詩罷暫開顔

천천히 걸으며

徐步

맑고 화창한 사월 시내에 햇살도 따뜻하고	四月淸和溪日暄
집집마다 닭과 개가 사립문에서 노는구나	家家鷄犬各柴門
솔 그늘 풀 사이에 두 나막신만 있고	松陰草際唯雙屐
꾀꼬리 우는 푸른 숲에 또 한 마을 있구나	黃鳥靑林又一村
어떤 처사가 장후의 오솔길[49] 만들까	處士誰開蔣詡徑
노니는 사람 벽강의 동산[50] 들르려 하네	游人欲過辟彊園
돌아오자 때마침 조밥 익어가니	歸來好趁炊粱熟
산 아래 엷은 연기가 저녁 흔적 거둔다	山下輕煙斂夕痕

49 장후(蔣詡)의 오솔길 : 한(漢)나라 장후가 은거하며 만든 오솔길이다. 그의 자는 원경(元卿)으로, 왕망(王莽)이 집권하자 벼슬에서 물러나 향리인 두릉(杜陵)에 은거하였다. 30쪽 각주6 참조.

50 벽강(辟疆)의 동산 : 진(晉)나라 고벽강(顧辟疆)의 동산을 말한다. 《삼국통지(三國通志)》 권31에 "벽강원은 오현에 있는데, 진나라 고벽강의 정원이다.〔辟疆園在吳縣, 晉時顧辟疆之園也.〕"라고 하였다. 서진(西晉) 이래 연못과 관사와 임천(林泉)의 아름다움이 오현의 으뜸으로 일컬어져서 진나라와 당나라 사람들이 읊은 시가 많다. 《吳郡志 卷14 園亭》

동악의 침해당 운자에 맞춰 짓다[51]

次東嶽枕海堂韻

새로 지은 화려한 집 푸른 물가에 있으니	新構華堂碧水濆
온 가족이 도기 익힌 허 진군이네[52]	全家道氣許眞君
영주에 약초 캐러 간 배 이르겠고[53]	瀛洲採藥舟應到
은하 찾아가는 뗏목 길을 잃겠네[54]	河漢乘槎路不分

51 동악(東嶽)의……짓다 : 침해당(枕海堂)은 아산 영인산(靈人山) 주변에 있는 성시망(成時望)의 당(堂)으로 보인다. 34쪽 주12 참조. 이민구가 사용한 운자는 이안눌(李安訥)의 《동악집(東嶽集)》 권22 〈권여장과 함께 백석강에 있는 이 주부의 초가 정자에 짓다〔同權汝章題白石江李主簿茅亭〕〉의 운자와 같다.

52 온……허 진군(許眞君)이네 : 성시망을 허손(許遜)에 비유하여 읊은 것이다. 동진(東晉) 때 허 진군으로 불렸던 허손이 홍주(洪州)의 서산(西山)에 올라가 마흔두 명이나 되는 가족을 이끌고 신선이 되어 하늘로 올라갔다는 발택상승(拔宅上昇)의 전설이 있다. 《十二眞君傳》

53 영주(瀛洲)에……이르겠고 : 영주는 동해에 있는 삼신산(三神山) 가운데 하나로 전해지는 곳이다. 《사기(史記)》 권6 〈진시황본기(秦始皇本紀)〉에 "제(齊)나라 사람 서복(徐福)이 상소하여, 바다 가운데 삼신산이 있고 그곳에는 신선(神仙)과 불사약(不死藥)이 있으니, 재계를 한 다음 어린 남녀 아이들을 데리고 가서 구해 오겠다고 하였다. 진시황이 그의 말을 듣고 수천 명의 동남동녀(童男童女)를 데리고 가서 불사약을 구해 오게 하였다."라고 하였다. 여기서는 침해당 주변이 아름다워 불사약을 캐려는 동남동녀가 이곳을 영주로 알고 배를 정박시킬 것이라는 말이다.

54 은하(銀河)……잃겠네 : 승사(乘槎)는 천자의 명을 받들고 해외에 사신으로 나가는 것을 말한다. 장건(張騫)이 한 무제의 명을 받고 대하(大夏)에 사신으로 나가 황하의 근원을 찾았는데, 이때 배를 타고 은하수로 올라가 견우와 직녀를 만났다는 전설이 남조(南朝) 양(梁)의 송름(宋懍)이 지은 《형초세시기(荊楚歲時記)》에 나온다. 여기서는 침

봄날 개어 봉우리가 천 점으로 보이고　　春霽螺岑千點見
밝은 달빛 아래 어부의 피리소리 들려온다　　月明漁笛數聲聞
예로부터 대은은 성시에 사는 법[55]　　從來大隱居城市
산림에서 짐승들과 어울림과는 같지 않네　　未似山林鳥獸群

봄 물결 넘실대는 큰 호숫가　　春波漭沆太湖濆
바람 부는 비탈길 타고 넘어 그대 방문했네　　風磴蹐攀一訪君
백석촌에는 안개가 짙게 덮이려 하고　　白石村煙濃欲合
신평의 숲 빛깔 엷게 처음 드러나네　　新坪樹色淡初分
고깃배에 달린 돛 아침마다 보고　　漁舟掛席朝朝見
어부 집 지팡이 소리 밤마다 들었지　　蜑戶鳴榔夜夜聞
지척의 떠들썩한 세상 어제 같은데　　咫尺塵囂猶昨日
초연하게 이미 사람들 사이에서 벗어난 듯　　超然已似出人群

해당 주변의 경치가 아름다워 장건이 이곳에서 길을 잃게 될 것이라고 읊은 것이다.

55 대은(大隱)은……법 : 침해당이 저자거리에 있기에 이렇게 읊은 것이다. 진(晉)나라 왕강거(王康琚)의 〈반초은시(反招隱詩)〉에 "작은 은자는 산림에 숨고, 큰 은자는 조시에 숨는다.〔小隱隱陵藪, 大隱隱朝市.〕"라고 하였다. 《文選 卷22》

소현세자[56]를 애도한 시

昭顯世子哀詩

삼가 생각건대 동궁 전하께서 연경에서 돌아와 겨우 몇 달 만에 돌아가셨다. 벌을 받은 신하는 먼 지방에 쫓겨난 처지라 이미 엄숙한 궁궐에서 모실 수가 없고, 또 공관의 한계를 범할 수도 없었다. 비통하게 울부짖고 발을 동동 구르며 외차(外次)에서 상복을 받았다. 생각해 보니 장사할 때 자리에 있는 사람들이 모두 만사를 올릴 것이니 그 전래가 오래되었다. 비천한 이 몸이 감히 그 반열에 참여할 수 없는 것을 아파하며 삼가 사사롭게 고시 한 편을 지어 슬픔과 존모하는 마음을 담는다.

천도가 돌고 돌아	天道有廻環
막힘과 통함이 장구하게 지속되지 않는데[57]	否泰不可長
재앙 내리고서 슬프게도 뉘우치지 않아	鍾禍憯莫悔
한결같이 우리에게 더 심하네	一往偏我方

56 소현세자(昭顯世子) : 1612~1645. 인조(仁祖)의 장자이며 효종의 형이다. 1625년(인조3) 세자로 책봉되었고, 병자호란에서 패배하자 아우 봉림대군과 함께 청나라에 인질로 끌려가 9년간 심양(瀋陽)에 머물렀다. 1644년 11월 26일 볼모에서 풀려나 1645년 2월 18일 조선으로 돌아왔으나 병을 얻어 급서(急逝)하였다.

57 천도(天道)가……않는데 : 천도가 순환하기 때문에 막혔던 운수도 형통하게 되고, 형통하던 운수도 막힐 때가 있게 된다는 말이다. 비태(否泰)는 본래 《주역》의 두 괘 이름인데, 운명의 좋고 나쁨과 사정의 순탄, 역경을 말한다.

세자께서 고국으로 돌아오시니　儲君返故國
의복이 상도를 따르는 듯하였는데[58]　倚伏似循常
어찌하여 석 달 만에　奈何三月頃
문득 떠나 천제의 고장에 노니시나　忽去遊帝鄉
하늘이 오랫동안 위세 떨치니　皇穹久疾威
캄캄하여 그 이치 알기 어려워라　冥昧理難詳
생각해 보니 지난날 연경에 계실 때는　憶昔駐幽都
돌아오실 날을 늘 바랄 수 있었는데　旋軫恒在望
생학 타고 갑자기 돌아가시니[59]　笙鶴遽上賓
어느 날 다시 날아오실까　幾日復來翔
예전에는 구 년이 길기만 했는데　向謂九年闊
천년토록 영영 아득해졌네　千載永茫茫
전성이 밤빛 흐려지고[60]　前星晦夜色
소해가 봄빛 거두었네[61]　少海收春光

58 의복(倚伏)이……듯하였는데 : 천도가 순환하여 나라에 미쳤던 재앙이 사라지고 좋은 조짐이 생기는 것 같았다는 말이다. 의복은 화가 변해 복이 되고 복이 변해 화가 되는 것을 뜻한다. 《노자(老子)》 58장에 "화는 복이 기대는 바이고, 복은 화가 엎드려 있는 바이다.〔禍兮福之所倚, 福兮禍之所伏.〕"라고 하였다.

59 생학(笙鶴)……돌아가시니 : 소현세자의 죽음을 의미한다. 생학은 신선이 타고 다니는 학의 이름이다. 주(周)나라 영왕(靈王)의 태자(太子) 왕자 교(王子喬)가 학을 타고 젓대를 불며 하늘로 올라가 신선이 되었다고 한다. 《列仙傳 卷上》

60 전성(前星)이 밤빛 흐려지고 : 소현세자의 죽음을 의미한다. 전성은 세자를 가리킨다. 《진서(晉書)》 권11 〈천문지(天文志)〉에 심(心)이란 별이 있는데, 중성(中星)은 천자(天子)를, 전성(前星)은 태자(太子)를, 후성(後星)은 서자(庶子)를 가리킨다고 하였다.

푸르게 아로새긴 궁궐 처량해지고　凄涼碧鏤宮
현포의 집 매몰되었네[62]　埋沒玄圃堂
용루의 문안드리던 곳　龍樓問寢地
이끼가 무성히 자라 황량하리[63]　苔蘚積已荒
귀천을 막론하고 지극한 마음 같으니　貴賤同至懷
찢어지는 아픔을 어떻게 말할까　曷以喩摧傷
우러러 종사의 중대함 헤아리니　仰揆宗祀重
뭇 신들 모두 두렵구나　百神俱怔惶
서연에 참여했던 옛 빈객　登筵舊賓客
유배 중이라 조정 반열에 나갈 수 없네　淪謫限朝行
어찌하면 누의를 막을 수 있을까[64]　奚由禦螻蟻

61 소해(少海)가 봄빛 거두었네 : 소현세자의 죽음을 의미한다. 소해는 세자를 가리키는 말로, 천자는 대해(大海), 태자는 소해에 비유한다. 《海錄碎事 卷10 儲嗣門》

62 푸르게……매몰되었네 : 소현세자가 운명하여 그가 거처하던 곳이 황량하게 변했음을 말한 것이다. 현포(玄圃)는 신선이 사는 곳으로 곤륜산(崑崙山) 꼭대기에 있다고 하는데, 여기서는 세자의 거처를 의미한다.

63 용루(龍樓)의……황량하리 : 소현세자가 별세하여 더 이상 부모님께 문안드리지 못하므로, 문안드리던 곳에 이끼만 황량하게 자랄 것이라는 말이다. 용루는 황태자의 처소를 의미하는 말로도 사용되는데, 여기서는 임금이 사는 대궐을 의미한다.

64 어찌하면……있을까 : 소현세자를 따라 죽어서 저승에서 모실 수 있는 방법이 무엇이냐는 말이다. 《전국책(戰國策)》 〈초책(楚策)〉에 "하늘을 우러러 웃으며 말하기를 '즐겁구나, 오늘의 놀이여. 내가 죽은 뒤에 누구와 이 즐거움을 함께 할까.' 하였다. 안릉군이 울면서 앞으로 나와 '……대왕께서 돌아가신 후에는 이 몸도 황천에 함께 가서 개미를 막는 돗자리가 되려 합니다. 또 무슨 즐거움이 이보다 더 즐겁겠습니까.' 했다.〔仰天而笑曰, 樂矣, 今日之游也. 寡人萬歲千秋之後, 誰與樂此矣. 安陵君泣數行而進曰,……大王萬歲千秋之後, 願得以身試黃泉蓐螻蟻, 又何如得此樂而樂之.〕"라는 내용이 있다.

마디마디 끊어져 남은 창자 없어라　寸斷無餘腸
은혜 입고도 갚지 못했으니　銜恩未得報
골수에 새겨 간직하기도 부끄럽다　但媿骨髓藏
천지의 조화 속에 서성이며　回遑玄造內
희뜩희뜩 머리털만 세어간다　颯颯顚鬢蒼

심양에서 연경으로 옮기고 9년 만에 돌아오셨다.

한풍행
旱風行

거센 바람이 달포나 호서 고을에 불어	疾風經月吹湖縣
호숫가 푸른 산이 먼지 너머로 보이네	湖上靑山塵外見
구름 꾸짖고 비 시새워 모두 몰아내니	嗔雲妬雨掃却盡
가뭄 귀신과 성원하는 듯	似與旱魃爲聲援
마을 앞 열 아름도 넘는 큰 나무는	村前巨木餘十圍
가지와 줄기가 매일 싸우는구나	枝幹日日相交戰
보리는 쓰러지고 밀은 말랐으니	大麥委地小麥枯
밭두둑 가는 사람 눈물 뿌리네	壟上行人淚如霰
경진년에 큰 흉년 만나	庚辰之年遭大無
부잣집에 자식 팔아 종으로 보냈는데	賣兒富家傭爲奴
지금은 생사도 알지 못하니	到今不知死生處
네가 어찌 곤경에 빠진 내 처지 알랴	汝豈識我隨泥塗
조심하여 너는 늙어 농사꾼 되지 말거라[65]	愼勿老作耕田夫

65 경진년에……말거라 : 이 부분은 이민구가 밭두둑을 지나가던 행인에게 들은 내용을 시로 표현한 것이다.

역려행

疫癘行

병자년 이래로 큰 강 터진 듯　丙子以來洪河決
많은 사람 죽으니 차마 말할 수 없네　死喪多門不忍說
흉년과 역병이 끝없이 이어지니　饑荒災癘荐相仍
창칼에만 백성들 피 흘린 것 아니네[66]　不但鋒鏑流人血
동서로 수천 리 전국에　東西海宇數千里
불볕더위가 높은 하늘까지 이글거리네　虐焰上冒高穹熱
상서 형제들 조정에 쓰일 재목인데　尙書兄弟廊廟姿
옥수가 하룻밤 새 바람에 부러졌구나[67]　玉樹一夜衝飆折
아산 남쪽 마을에 민가 많은데　牙山南村民戶殷
사 년 동안 시체가 언덕처럼 쌓였네　四年骨骸堆丘墳
그대들 죽었으니 산 사람 곡하는 줄 어찌 알랴　汝死豈知生者哭
곳곳의 곡소리 청운에 닿았지만　哭聲處處干靑雲
어찌하면 천제께 들리게 할까　何由得徹天公聞

이명한, 이소한 형제가 연이어 죽었다.

66 병자년(丙子年)……아니네 : 1636년(인조14) 병자호란 이래로, 전란뿐만 아니라 가뭄과 돌림병으로 인해 많은 백성들이 죽었다는 말이다.

67 상서(尙書)……부러졌구나 : 이명한(李明漢, 1595~1645)과 이소한(李昭漢, 1598~1645) 형제가 역병에 걸려 갑자기 죽은 일을 옥수(玉樹)가 부러진 것에 비유하여 읊은 것이다. 이명한이 1645년(인조23) 3월에 예조 판서에 임명되었으므로 상서 형제라고 말한 것이다. 옥수는 훌륭한 인물이나 자제를 가리킨다. 53쪽 각주47 참조.

높은 곳에 오르다
憑高

먼 들판과 평평한 숲 아득히 가려지니	遙野平林莽蔽虧
높은 곳에서 멍하니 바라보는 때 많아라	憑高悵望獨多時
십 년이나 서울 떠났어도 농사와는 거리 멀고	十年去國爲農遠
오월에야 산에 들어가니 약초 캐기 늦었구나	五月尋山採藥遲
못가의 행색[68] 도리어 내가 우스운데	澤畔形容翻自哂
서울 소식은 온통 의심스럽네	關中消息盡堪疑
연명은 늙어가며 쇠하고 게을러지더니	淵明抵老添衰懶
실의에 빠져 〈지주〉시 새로 지었지[69]	潦倒新成止酒詩

68 못가의 행색 : 이민구 자신의 행색을 말한 것이다. 택반형용(澤畔形容)은 "굴원이 쫓겨나 강가에서 노닐고 못가를 거닐면서 시를 읊조리매 안색이 초췌하고 형용에 생기가 없었다.〔屈原旣放, 游於江潭, 行吟澤畔, 顔色憔悴, 形容枯槁.〕"라고 한 굴원의 〈어부사(漁父辭)〉에서 인용한 말이다.

69 연명(淵明)은……지었지 : 도잠(陶潛)의 고사를 인용하여 자신의 처지를 비유한 것이다. 도잠이 노년에 술을 끊겠다는 결심을 담아 〈지주(止酒)〉라는 시를 지은 바 있다. 《陶淵明集 卷3》

초가 정자

草亭

호숫가 새 거처에 초가 정자 하나	湖上新居一草亭
덧없는 인생 늙어서도 떠도는구나	浮生已老尙漂零
위태한 거처에 한 있으니 오작이 가련하고[70]	危棲有恨憐烏鵲
곤경에 도와주는 사람 없으니 할미새 그립구나[71]	急難無人感鶺鴒
고향 사람들 병란에 흩어졌고	故里兵戈民戶散
타향의 풍속을 철따라 겪노라	異鄉風俗歲時經
탁 트인 처마 아래 쓸쓸히 앉아 있으니	蕭然坐愛前簷豁
남산의 저물녘 푸른 경치 막지 않아 좋구나	不礙南山送晩靑

70 위태한……가련하고 : 유배지에서 의지할 사람도 없는 심정을 읊은 것이다. 위(魏)나라 조조(曹操)의 〈단가행(短歌行)〉에 "달은 밝고 별은 드문데, 까막까치 남으로 날아간다.〔月明星稀, 烏鵲南飛.〕"라고 하였는데, 이는 현자가 의지할 데가 없음을 뜻하는 말이다. 《古樂府 卷4》

71 곤경에……그립구나 : 유배지에서의 생활이 고달픈 가운데 형을 그리워한다는 말이다. 《시경》〈상체(常棣)〉에 "저 할미새 들판에서 호들갑떨듯, 급한 때는 형제들이 서로 돕는 법이라오. 항상 좋은 벗이 있다고 해도, 그저 길게 탄식만을 늘어놓을 뿐이라오.〔鶺鴒在原, 兄弟急難. 每有良朋, 況也永歎.〕"라고 하여 형제간의 우애를 읊었다. 이민구의 형 이성구(李聖求, 1584~1644)가 죽었으므로 이와 같이 말한 것이다.

《본초》를 보다
覽本草

젊어서는 달리 좋아하는 것 없이	少壯絶旁好
오로지 독서만 즐겼지	獨性愛書史
정신 소모한 지 수십 년	敝精數十年
닥나무 잎 새기려 졸렬한 재주 다했네[72]	刻楮窮拙技
처음에는 세상 구할 방책 사모했고	始慕濟時策
지극한 도리 넓히리라 생각도 했는데	妄擬恢至理
늘그막에 어긋났으니	晩途却參差
평생의 계획 잘못되었네	平生計非是
근래 동군과 뇌공의 처방 보니	近看桐雷方
할 일이 바로 여기에 있구나[73]	事業乃在此

72 정신……다했네 : 독서를 통해 선인(先人)을 본받기 위해 최선을 다했다는 말이다. 각저(刻楮)는 닥나무 잎을 새긴다는 뜻이다. 춘추 시대 송(宋)나라 사람이 자기 임금을 위하여 삼 년에 걸쳐 상아(象牙)를 깎아 닥나무 잎을 만들었다. 이것을 닥나무 잎 가운데 섞어놓아도 구분할 수 없을 정도로 닥나무 잎과 똑같았다고 한다. 《韓非子 喩老》 이 고사는 기예(技藝)나 학문(學問)을 닦는 데 있어 각고(刻苦)의 노력을 기울이는 것에 비유된다.

73 근래……있구나 : 최근에 의서(醫書)를 보고서 자신이 할 일이 바로 의학을 공부하는 것임을 알았다는 말이다. 동군(桐君)은 황제(黃帝) 때 사람인데, 일찍이 약을 캐며 도(道)를 구하여 동려현(桐廬縣)의 동산에서 살았다. 초목(草木)과 금석(金石)의 성미(性味)를 잘 알아 삼품(三品)의 약물(藥物)을 정하여 《약성(藥性)》 4권과 《채약록(採藥錄)》을 저술하였다. 뇌공(雷公)도 황제의 신하인데, 의술에 정통하였다. 황

선비가 만 권 서적 독파해도	爲儒破萬卷
굶어죽는 이 하나도 구하지 못하니	未救一餓死
어찌 《홍보》 꺼내	豈如抽鴻寶
장님이 눈뜨게 하는 것만 같으랴[74]	得令眇者視
저 작은 초목의 자양도	彼微草木滋
천지가 그 아름다움 모았으니	天地鍾厥美
뿌리와 줄기 효능 다르고	根莖異功用
금석의 약들 좌사 다르니[75]	金石殊佐使
지난날 상지수 마신 눈 아니었다면	向靡上池眼
누가 본말을 볼 수 있었으랴[76]	疇能覰源委

제와 토론한 말들이 《소문(素問)》과 《영추(靈樞)》에 실려 있다.

74 선비가……같으랴 : 수많은 서적을 읽어도 굶어죽는 사람 하나도 구제할 수 없으니, 차라리 도술을 익혀 장님이 볼 수 있게 하는 것만 못하다는 말이다. 《홍보(鴻寶)》는 한나라 회남왕(淮南王) 유안(劉安)이 베갯속에 비장(秘藏)했던 도술 서적으로, 신선이 되기 위한 수련법과 연단술(煉丹術)을 기록한 책이다. 《漢書 卷36 楚元王傳 劉向》

75 뿌리와……다르니 : 초목을 이용해서 조제하는 약들의 효능이 다양하다는 말이다. 좌사(佐使)는 약물의 군신좌사(君臣佐使)를 말한다. 이는 한의학 용어로서 병을 치료하는 주요 역할을 하는 약재를 군(君)이라 하고, 보주 역할을 하는 약재를 신(臣)이라 하며, 승상을 치료할 때 주 약재의 부작용을 막아 주는 약재를 좌(佐)라 하고, 약물의 성분을 곧바로 환부(患部)에 이르게 하거나 여러 약물을 조화시키는 약재를 사(使)라고 한다.

76 지난날……있었으랴 : 편작(扁鵲)이 아니었다면 초목의 약효를 구분하지 못했을 것이라는 말이다. 상지(上池)는 상지수(上池水)로, 댓잎에 맺힌 이슬을 가리킨다. 신인(神人) 장상군(長桑君)이 일찍이 자기 품속에 간직했던 약을 편작에게 주면서 이르기를 "이 약을 상지수로 30일 동안 복용하고 나면 눈이 밝아져서 의당 귀물(鬼物)을 환히 보게 될 것이다."라고 했는데, 편작이 그 약을 먹고 나서 의술에 통하였다는 고사가

조화의 실제를 자세히 알아내느라 妙抉造化情

김 쐬고 즙 마셔 온몸에 흠뻑 스미게 했으니[77] 熏灌淪骨髓

진실로 알겠노라 성현의 마음 固知聖賢心

고생하며 백성들 지키셨네 辛苦保赤子

사람들 장수를 말하면서 人言躋壽域

소도라 치부하여 의술을 비루하게 여기지만 小道斯爲鄙

백성들에게 혜택 줄 방법 이미 없으니 致澤旣無術

목숨 살리는 일을 어찌 그만두랴 活命胡可已

말세에 풍기가 혼란하여 世末風氣昏

전염병이 원근에 창궐하니 疫癘遍遠邇

바라건대 의술의 힘 빌려 願借刀圭力

질병이 일어나는 원인 찾으리라 抉見癃病起

전한다. 《史記 卷105 扁鵲列傳》

77 조화의……했으니 : 초목이 가진 약효를 알아내기 위해 불에 태워 김도 쐬어 보고 즙을 내어 마셔보느라 고생을 많이 했다는 말이다.

포정 십영

浦亭十詠

백석촌의 고기잡이 횃불 白石漁火

긴 해안가에 어둠 깔리고　　暝色斂長洲
바람에 일렁이는 물결 드넓은데　　風濤已浩渼
아스라이 안개 사이로　　微茫煙靄間
한 점 고기잡이 등불 희미하게 빛난다　　一點漁燈小

신평의 연기에 싸인 숲 新坪煙樹

하늘 서쪽에 붉은 언덕 펼쳐지고　　天西亘赤岸
수목이 짙푸르게 에웠어라　　樹木繞青蒼
알겠네 신평 고을　　認是新坪縣
밥 짓는 연기가 석양 알리는 줄을　　村煙報夕陽

두포의 돌아오는 배 斗浦歸帆

작은 배 나부끼듯 떠나가고　　艛艓去飄颻
구름 물결 백리 멀리 펼쳐졌네　　雲波百里遙
돌아오는 배 노 저을 필요 없이　　回帆不用楫
오래도록 바람과 조수에 맡겼어라　　長自信風潮

가산의 낙조 伽山落照

아득한 서산의 풍경　　漠漠西山色

오래도록 낙조 머금었네　長銜返照頹
붉던 얼굴 날로 늙어가니　朱顏日凋換
온통 여기서 재촉하는구나　盡向此中催

용성의 꽃구경 龍城賞花

봄날 바람 잦아 괴로웠는데　春來苦多風
처음 나와 꽃 섬 구경가네　始出遊花嶼
생각도 못했지 열흘 사이에　不謂一旬間
이렇게 활짝 피었을 줄을　繁華遽如許

작서의 조수 구경 鵲嶼觀潮

물에 잠겨 백사장 좁은데　湖呑洲勢狹
조수에 뜬 거품 꽃 펼쳐지네　潮泛浪花舒
온종일 갈매기 떼 춤추면서　盡日群鷗舞
기심이 물고기에 있구나[78]　機心乃在魚

계양의 아침노을 桂陽朝霞

아침 햇살이 외로운 봉우리 비출 제　初日照孤峯
난간에 기대 계양 포구 바라본다　憑軒望桂浦

78 기심(機心)이 물고기에 있구나 : 갈매기 떼가 물고기를 잡아먹으려고 노린다는 말이다. 기심은 자기의 사적(私的)인 목적을 이루기 위하여 교묘하게 도모하는 마음을 말한다. 바닷가에서 날마다 갈매기와 벗하며 지내던 사람이 부친의 부탁으로 갈매기를 잡으려 하자 갈매기들이 알아채고 다가오지 않았다는 이야기가 전한다. 《列子 黃帝》

한가로이 적성의 노을 살펴보니	閑看赤城霞
창강의 비로 변하겠지[79]	化作滄江雨

동림의 가을 달 桐林秋月

고찰에 한가위 보름달 떠오르니	古寺中秋月
달빛이 밤 깊도록 깨끗하다	金波夜久澄
밝은 광채 잡을 수 있다면	淸光如可掇
옥호빙에 담아 두리	貯以玉壺氷

판교의 저물녘 눈 板橋暮雪

따뜻한 방에서 높은 창으로 바라보니	煖閣臨高牖
강 하늘에 저물녘 눈이 차가워라	江天暮雪寒
뉘 알랴 나귀 탄 나그네	誰知驢背客
사람들 보기에나 멋진 줄을	只好遣人看

영암의 새벽 구름 令巖曉雲

큰 바위가 물 복판에 솟았고	巨石水中央
맑은 구름이 옅어졌다 짙어졌다 하는구나	晴雲淡又濃
보슬비가 창해에 내리는데	霏微滄海上
기꺼이 용을 따르지 않네	不肯事從龍

79 적성(赤城)의……변하겠지 : 아침 하늘에 노을이 물들었으므로 비가 내릴 것이라는 말이다. 당나라 사람 경위(耿緯)의 시에 "사람 향해 잔 달이 떠 있으면, 비가 내리려고 이른 노을이 생기네.〔向人微月在, 報雨早霞生.〕"라고 하였다. 《御定全唐詩 卷268 華州客舍奉和崔端公春城曉望》

황혼
黃昏

망망한 인간 세상에	莽莽人間世
사립문과 지팡이 하나뿐	柴門只一筇
성긴 구름 사이로 들불 피어나고	疏雲生野火
가랑비 속에 절구소리 들려오네	細雨響村舂
마을에서 다급한 소리 전해오니	井里傳呼急
관가에서 세금 무겁게 매긴다네	官家賦稅重
그 고통 나그네도 아노니	艱難感漂寓
탁주를 누가 보내줄까	濁酒待誰供

오의로 돌아가며 파천의 친구들과 헤어지다

還烏衣 別坡川親故

당시에 식솔들이 오의에 남아 있었다.

이내 인생 뜬구름 같아	我生如浮雲
늙도록 편히 쉴 집도 없어라	窮老不安宅
세상일에 매번 쫓기니	世故每驅遣
아득하다 장차 어디로 갈까	眇然將奚適
오의로 돌아가려니	欲返烏衣居
식솔들 반갑게 만나리	百口會良覿
파천도 또한 타향이라	坡川亦異鄉
저기나 여기나 나그네 신세라네	彼此俱遠客
넘실대는 시냇물 너머로	盈盈一溪水
바라보면 사실상 지척인데	相望實咫尺
서글프다 이웃과 헤어지려니	惜與隣里別
발길 돌리며 마음 아려 오네	臨發意慘慼
하물며 동쪽과 서쪽에서	況伊東西陌
불러 맞이하며 대단히 정겨웠지	招邀盡密戚
뽕나무 그늘에서 노닐면서	婆娑桑柘陰
서로 어울려 온종일 즐거웠네	杖屨陶日夕
문 나서매 자꾸 탄식만 나오니	出門再歎息
이 기쁨이 되레 씁쓸해지네	茲歡付蕭索
젊어서는 만남과 이별 대수롭지 않더니	少壯輕聚散

늙어서는 헤어지기 괴롭구나	晩途苦離析
애틋한 정 나누는 갈림길에서	婉孌岐路間
마침내 나약한 마음 한하노라	終恨寸心弱
가는 이나 머문 이나 간절한 바람 어긋나니	去住乖至願
무슨 수로 예전같이 지내랴	何由似宿昔

형님의 시에 차운하여 권 참봉의 강가 누각에 지어 보내다

次伯氏韻 寄題權參奉江閣

계미년(1643, 인조21)에 내가 남쪽으로 이배될 때 이곳에서 만났다가 헤어졌다. 그러므로 시의 뜻이 슬프고 절실하다.

골육 간에 그 정을 어이 끊으랴	骨肉情何斷
떠돌이 인생 병만 더욱 깊어지네	流離病轉嬰
세월 지내며 별업 그리웠는데	經過懷別業
생사 갈렸으니 남은 인생 한스럽다	存歿恨餘生
깎아지른 언덕에서 금빛 여울 바라보며	絶岸窺金瀨
높은 누각에서 옥형을 마주했지[80]	高軒對玉衡
사립문 다시 두드릴 수 있을까	柴門容再叩
저물녘 맑은 강물에 눈물 떨구노라	淚落暮江淸

80 깎아지른……마주했지 : 권 참봉의 강가 누각에서 바라본 경치와 그곳에서 만난 권 참봉, 그리고 형 이성구의 뛰어난 인품을 옥형(玉衡)에 비유하여 읊은 것이다.

윤달에 일을 기록하다
閏月書事

윤달 동산 숲에 새끼 까마귀 날고　閏月園林飛乳鴉
나무 그늘에 등 넝쿨 어지러이 엉켰네　樹陰藤蔓亂交加
맑은 집에 종일토록 아무 일 없어　晴軒永日渾無事
콩 꽃에 날아드는 벌들만 바라보네　唯見游蜂釀豆花

복더위에 시달려 낮잠 쏟아져　伏熱乘人午睡煩
책 읽다 베개 베니 이미 몽롱한데　看書欹枕已昏昏
책상 앞《남화경》한 권만　床前一部南華卷
맑은 바람에 멋대로 펄럭인다　唯遣淸風盡意飜

한가한 삶 조용하여 하루가 한 해 같은데　閑居靜散日如年
여기저기 울리는 매미소리에 낮잠 깼더니　無數蟬聲警晝眠
낡은 집 서쪽 둥구나무 그림자가　老屋西偏喬木影
들쭉날쭉하게 마당을 절반이나 지났네　參差已過半庭前

윤달 중순 여름 해 기우는데　閏月中分夏景斜
풍광은 오히려 야인의 집에 있구나　風光猶屬野人家
버들 늘어져 유당 푸르게 둘러지고　油幢碧擁三眠柳
백일홍 피어 노을 장막 붉게 에웠구나[81]　霞幕紅圍百日花

백일홍이 활짝 피었다.

가뭄 속에 칠월 다가오니 旱魃經天七月來
뜨거운 구름 타는 듯하고 탁한 먼지 가득하다 熱雲如火膩氛埃
방죽 가르고 우물 걸러 시루에 밥 짓지만 絶防漉井澆炊甑
동이 열어 술잔 채우기야 차마 관두랴 忍斷開尊點酒杯

영인산 높은 정상의 오래된 용추 덕택에 靈山高頂古龍湫
농사철 단비 내려 해마다 풍년 이뤘는데 膏雨三時歲有秋
한 번 바람과 우레 속에 굴 옮긴 뒤로 一自風雷移窟宅
다시는 구름이 창주에 오지 않는구나 更無雲氣到滄洲

고을 사람들이 말하기를 산 위에 오래전부터 용추가 있었는데, 몇 해 전에 용이 옮겨가서 드디어 가뭄이 들었다고 하였다.

강담의 옛 길 사제로 이어졌구나[82] 江潭舊路接沙堤

81 버들……에웠구나 : 버들가지가 푸르게 늘어지고 백일홍이 붉게 핀 모습을 읊은 것이다. 유당(油幢)은 기름 먹인 장막으로 대개 군영(軍營)의 장막을 가리키는데, 여기서는 버들가지가 치렁치렁 늘어진 모습을 유당에 비유하여 읊은 것이다. 삼면류(三眠柳)는 버드나무를 가리킨다. 《삼보고사(三輔故事)》에 "한나라 동산에는 버드나무가 있는데, 모양이 마치 사람처럼 생겨서 인류라고 부른다. 하루에 세 번 자고 세 번 일어난다.〔漢苑中有柳, 狀如人, 號曰人柳, 一日三眠三起.〕"라고 하였다. 《天中記 卷51 柳》 하막(霞幕)은 노을 장막이라는 말인데, 백일홍이 붉게 핀 것을 붉은 노을에 비유한 것이다.

82 강담(江潭)의……이어졌구나 : 정광필(鄭光弼, 1462~1538)이 아산에 유배 되었다가 정승이 되었다는 말이다. 정광필의 본관은 동래(東萊), 자는 사훈(士勛), 호는 수부(守夫), 시호는 문익(文翼)이다. 강담은 초(楚)나라 굴평(屈平)이 방축되어 강담을 거닐며 시를 읊조렸던 고사에서 유래하여 유배지를 가리킨다. 사제(沙堤)는 모랫둑을 말하는데, 당(唐)나라 때 처음 재상에 임명되면 사람들이 그의 집에서부터 성 동쪽

황각에서도 주애에서도 한결같았지[83] 黃閣朱崖出處齊
힘써 뇌정 잠재워 사직 부지하고 力霽雷霆扶社稷
몸소 단비 기울여 백성 위로했지[84] 身傾霖雨慰黔黎

상국 정광필이 예전에 여기로 유배되었는데 마침내 정승이 되었다.[85]

재사 복재가 읊조리던 곳 服齋才子行吟地
강담 곳곳이 옛 자취인가 하노라[86] 處處江潭舊跡疑
북쪽으로 관산 바라보니 다시 만리인데 北望關山更萬里
석양의 가을 풀 지금도 서글프네[87] 夕陽秋草至今悲

거리까지 모래로 길을 메웠던 풍속이 있었다.

83 황각(黃閣)에서도 주애(朱崖)에서도 한결같았지 : 정광필이 정승이 되었을 때나 유배객으로 있을 때나 한결같이 사직(社稷)과 백성을 위하는 마음을 가졌다는 말이다. 황각은 의정부(議政府)의 별칭인데, 그곳에 근무하는 재상들을 의미하기도 한다. 주애는 중국 남방의 지명으로, 험준하고 멀리 떨어져 있기 때문에 대신이 죄를 지으면 그곳으로 귀양 보냈다.

84 힘써……위로했지 : 정광필이 위태하고 곤란한 상황을 안정시켜 사직(社稷)을 보존하고 백성을 돌보는 데 노력했다는 말이다.

85 상국……되었다 : 정광필은 1504년(연산군10) 갑자사화(甲子士禍) 때 아산(牙山)으로 유배되었다가, 1506년 중종반정(中宗反正)으로 복직한 뒤 1516년(중종11) 영의정에 올랐다.

86 재사(才士)……하노라 : 아산에 유배되었던 기준(奇遵, 1492~1521)의 옛 자취가 곳곳에 남아 있는 것 같다는 말이다. 복재(服齋)는 기준으로, 본관은 행주(幸州), 자는 자경(子敬), 호는 복재·덕양(德陽), 시호는 문민(文愍)이다. 조광조(趙光祖)의 문인으로, 1519년(중종14) 기묘사화(己卯士禍)에 연루되어 아산에 유배된 뒤 온성(穩城)으로 이배되었고, 1521년 신사무옥(辛巳誣獄) 때 유배지에서 교살되었다. 기묘명현(己卯名賢)의 한 사람으로, 온성의 충곡서원(忠谷書院), 아산의 아산서원(牙山書院) 등에 배향되었다.

복재 기준이 처음 이곳에 유배되었다가 온성으로 이배되었다. 석양(夕陽)과 추초(秋草)는 공의 시참(詩讖)이다.[88]

혼란할 때 현인이 세상 구제했고　　賢豪開濟屬風塵
전장에서 명성 얻은 사람 있다네　　戰伐揚名各有人
훈업은 문신과 무신의 구별 없나니　　勳業不隨文武別
한 시대 인각에 위대한 두 신하 그려졌네[89]　　一時麟閣兩宗臣

영원군(寧原君) 홍가신(洪可臣)[90]은 벼슬에서 물러나 대곡(大谷)에 거주하였고, 통제사 이순신(李舜臣)[91]은 사전(蛇田) 사람이다. 두 사람 모두

87 북쪽으로……서글프네 : 기준이 함경북도 온성으로 이배되어, 그곳에서 운명하였으므로 이렇게 읊은 것이다.

88 석양(夕陽)과……시참(詩讖)이다 : 기준이 꿈에서 지은 시가 그의 죽음을 암시하는 결과가 되었다는 말이다. 〈기준전(奇遵傳)〉에 의하면 그가 대궐에서 숙직할 때 꿈에서 관외(關外)를 떠돌다가 시 한 수를 짓게 되었다. 꿈에서 깬 기준은 그 시를 벽(壁)에 썼는데, 그 가운데 "들판 길은 가을 풀 속에 가느다랗게 뻗었고, 민가가 석양 가운데 많구나.〔野路細分秋草裡, 人家多在夕陽中.〕"라는 내용이 있었다고 한다. 그 후 오래지 않아 기묘사화에 연좌되어 호서로 유배되었다가 온성으로 이배되었는데, 도중에 보이는 풍경이 모두 시 속의 경치와 같았다고 한다. 온성에 도착하고 얼마 되지 않아 기준은 교살되었다.《大東野乘 己卯錄補遺 卷上》

89 훈업(勳業)은……그려졌네 : 홍가신(洪可臣)은 문신이고 이순신(李舜臣)은 무신이지만, 모두 나라를 구한 큰 공이 있어 공신(功臣)으로 추앙받는다는 말이다. 인각(麟閣)은 기린각(麒麟閣)으로, 한 선제(漢宣帝)가 공신 11명의 초상화를 그려서 기린각에 걸어 놓았다.

90 홍가신(洪可臣) : 1541~1615. 본관은 남양(南陽), 자는 홍도(興道), 호는 만전당(晩全堂)·간옹(艮翁), 시호는 문장(文莊)이다. 1602년(선조35)에 이몽학의 난을 평정한 공으로 청난 원훈(淸難元勳)에 책공(策功)되어 영원군(寧原君)에 봉해졌다. 1610년(광해군2) 형조 판서에 이르러 치사(致仕)하고 아산(牙山)에서 운명하였다.

선조 때의 원훈으로 묘소가 경내에 있다.

장군의 사당에 군대 깃발 펄럭이고　　將軍遺廟戍旗風
봄가을 제향을 사녀들 함께 모시네　　香火春秋士女同
오늘 나그네가 남포 가에 왔는데　　今日客來南浦上
저물녘 시든 풀 속에 서원 닫혔구나　　夕陽衰草閉儒宮

통제사의 충민사는 순천에 있고,[92] 영원군의 서원은 고을 안에 있다.

91 이순신(李舜臣) : 1545~1598. 본관은 덕수(德水), 자는 여해(汝諧), 시호는 충무(忠武)이다. 묘는 충청남도 아산시 음봉면 어라산(於羅山)에 있다.

92 통제사의……있고 : 이순신이 전사하고 3년 뒤인 1601년(선조34)에 왕명으로 우의정 이항복(李恒福)이 현지시찰을 하고 통제사 이시언(李時言)의 주관 아래 여수에 충민사(忠愍祠)가 건립되었다.

봄과 여름 동안 대단히 가물어 새로 돋은 대나무가 자라지 못했다

春夏大旱 新竹不成

멋진 동산에 긴 대나무 예전에 쭉쭉 뻗어	名園修竹舊檀欒
뜨거운 여름 한낮에도 시원했는데	朱夏炎氛白日寒
봄내 가물고 장맛비도 내리지 않아	枯旱一春霖雨斷
새로 돋은 순이 장대 되지 못했구나	上番新筍不成竿

텃밭 채소

園蔬

일찍이 들으니 한 해 운세 나쁘면	嘗聞歲行惡
나물도 자라지 않아 기근 든다던데	菜不熟爲饉
내 나이 쉰일곱 되어서야	我生五十七
이 말을 믿게 되었네	此語今而信
셋집에 빈터 가꾸려니	僑居營隙地
방석 하나 놓을 만큼 자리 좁은데	地狹容席僅
겨우겨우 늙은 농부에게 배워	辛苦學老圃
아욱이랑 창포랑 맛난 나물 섞어 심었지	嘉蔬雜葵藺
봄 가뭄이 오월까지 이어져	春旱至五月
누런 진흙 발라놓은 것 같았네	黃泥若塗墐
살짝 비 내리기에 다시 파종하니	小雨重播種
조금이나마 물 뿌려졌는데	涓埃襄猶汛
뜨거운 해가 여전히 기승 부려	亢陽仍構患
여름 지나고 윤달까지 계속되네[93]	徂夏汔已閏
이글대는 햇살에 한낮 폭염 맹렬하고	朱光烈午焰
이슬조차 밤에 적셔주지 않네	露氣收宵潤
어린 싹 한 번 말라비틀어지더니	稚苗一焦卷

93 여름……계속되네 : 이 시는 1645년(인조23)에 지어졌는데, 이 해의 윤달은 6월이었다. 그러므로 가뭄이 봄과 여름, 그리고 윤달까지 계속되었다고 말하는 것이다.

생기마저 다 사라졌네　生意埋餘燼
가지와 오이는 때때로 따서 먹고　茄瓜資屢摘
생강과 토란도 그때그때 필요한데　薑芋煩數進
밭 가운데 잡초만 무성한 채　中田屬蕪穢
온갖 채소 다 사라졌네　群品甘委擯
물 길어다 뿌리려 해도 소용없으니　抱甕實無計
마른 우물 부질없이 아홉 길 깊구나　枯井空九仞
어제 저녁 강가에 우레 울려　昨暮江上雷
우르릉 쾅쾅 집 흔들었는데　殷殷堂宇震
검은 구름 금세 흩어지니　雲陰旋解駮
아련하다 그 이치 물을 수 없네　茫昧理難訊
최근 몇 년간　近者數年間
가뭄 귀신이 연달아 찾아왔네　赤魃來相趁
하늘이 어찌 헛된 재앙 내리랴　高穹豈虛譴
사람들이 스스로 허물 만들었겠지　下土自嬰釁
벼농사 이미 망쳤는데　禾穀既抛荒
텃밭 농사 아까우랴만　園場又足吝
미물에도 긴 탄식 붙이니　物微付長歎
슬프다 저 길에 굶어죽은 사람이여　哀哉彼道殣

윤 유월 17일에 비로소 비가 내렸다

閏六月十七日始雨

여름 끝나도록 가뭄 지속되니	夏序方闌旱氣長
사방 들판에 곡식들 누렇게 시들었는데	四郊禾黍盡萎黃
아침에 한바탕 산 앞에 비 내려	朝來一陣山前雨
오직 서쪽 창에 한나절 서늘하다	唯借西窓半日涼

사방을 바라보다

四望

지팡이 짚고 높이 오르니 사방 트였는데	藜杖憑高四望通
묵은 솔숲 너머로 지는 석양의 동쪽이네	古松林外夕陽東
백 년 인생 눈은 전란 겪으며 어두워졌고	百年眼暗干戈際
천 일 동안 몸은 술 속에 묻혔어라	千日身埋麴糱中
들 지나는 젖은 구름 겨우 비 띠었는데	過野濕雲纔帶雨
하늘 닿을 듯한 거센 물결 매번 바람과 함께하네	拍天驚浪每兼風
농부도 사공도 다 활기 있고	田翁舟子俱生意
나무꾼과 어부의 노래 곳곳에서 들린다	樵唱漁歌處處同
깊은 골목 쑥대가 좁은 오솔길에 우거지고	深巷蓬蒿細徑紆
외로운 마을 연기 피어나는 작은 산모퉁이	孤村煙火小山隅
농가의 젊은 아낙 기장밥 짓고	田家少婦能炊黍
어부네 아이들 부들 짤 줄 아는구나	漁戶兒郎解織蒲
꿈은 흰 갈매기와 푸른 바다에서 노는데	夢與白鷗游碧海
걸음은 누런 송아지 따라 푸른 풀밭에 왔어라	行隨黃犢到青蕪
엷은 구름 이어져 하늘에 구름 풍경 일어나니	輕陰點綴天雲色
좋을시고 서호의 한 폭 수묵화로다	好是西湖水墨圖

학질에 걸리다

痁作

이미 혈기에 구애되었으니　　既被榮衛拘
어디로 이 몸 피할까　　何處逃此身
반드시 이르는 앞날 있을 뿐　　必至有前期
더했다 덜했다 하며 그치는 날 없구나　　進退無淹辰
고통 참으며 오늘에 이르니　　忍痛待今日
온갖 고통 기꺼이 받노라　　甘受萬苦辛
오한이 처음에 심하더니　　增寒始陵虐
눈과 얼음이 옷 속에 생긴 듯 춥구나　　氷雪生衣巾
떨려 부딪치는 이빨 그치지 않고　　未定齒牙戰
열도 팔팔 끓어 입술이 바짝 마르네　　熾火又焦脣
누가 생각이나 했을까 반나절 만에　　孰謂片晌內
오한과 고열이 혹독하게 반복될 줄을　　二氣酷相因
구천 꼭대기까지 올랐다가　　飛昇九天上
문득 천 길 물속으로 내려가는 듯　　忽下千丈淪
모근과 뼈마디가　　毛根及骨際
쿡쿡 쑤셔 아프지 않은 곳 없어라　　搜剔靡不臻
피의 근원과 골수의 바다가　　血源與髓海
팔팔 끓어올라 그 끝까지 다 마르네　　熬煎涸其津
관절 마디마디가 다 풀려나가고　　百節解關紐
칠착이 본래 감각 무뎌지네[94]　　七竅昏性眞

혼몽한 상태가 저녁까지 이어지고	昏昏逮曛暝
남은 통증이 새벽까지 계속되네	餘烈仍徹晨
늙은이에게는 더욱 심하니	衰老益煩促
사경 헤매는 신세 피할 수 있으랴	敢辭死爲隣
다만 끙끙 앓는 사이에	但於叫呼頃
허물어지듯 정신 가물가물	崩迫凋精神
천지가 어찌 사람에게 사납게 하랴	陰陽寧暴人
소귀[95]가 본래 어질지 않다네	小鬼本匪仁
고단한 몸 이미 오래되었으니	勞形已云久
목숨을 천지조화에 맡기노라	脩短聽大鈞
헛것아 네가 얼마나 되겠느냐	侜張汝詎幾
얼른 가서 머뭇거리지 말아라	去去莫逡巡

94 칠착(七鑿)이……무뎌지네 : 너무 고통스러워서 오감을 잃을 지경이라는 말이다. 칠착은 인간의 감각 기관인 귀, 눈, 입, 코의 일곱 개 구멍을 가리킨다. 《莊子 應帝王》

95 소귀(小鬼) : 학질을 가리킨다. 당(唐)나라 현종(玄宗)이 학질에 걸렸을 때, 꿈에서 소귀를 만났다는 고사가 전한다. 《天中記 卷4 立春》

가을날

秋日

하늘가 유수 같은 세월 꿈처럼 지나고	天邊流水夢中過
삼순동안 학질 앓아 노래 못했네	瘧熱三旬廢嘯歌
제비 높이 나니 추사일 다가오고[96]	燕子高飛秋社近
오동잎 반은 떨어져 석양 많이 들어온다	梧桐半落夕陽多
숲 바람이 매번 섬돌 가 대나무에 맴돌고	林飂每繞侵階竹
이끼 빛깔이 땅에 깔린 잔디 감쌌네	苔色偏籠覆地莎
문 닫고 지내느라 계절 바뀌는 줄 몰랐는데	閉戶不知時序換
사람들은 동적을 몇 번이나 어루만졌을까[97]	世人銅狄幾摩挲
갈대 우거진 언덕 사이로 저녁 조수 지나는데	菰蘆彌岸暮潮過
밤늦게 뱃사공은 초나라 노래 부르네	夜久舟人自楚歌
호숫가의 생활 땅을 따라 소박하고	湖外生涯隨地薄
한양으로 돌아가고픈 꿈 가을 들어 많구나	漢陽歸夢入秋多

96 제비……다가오고 : 제비가 춘사일(春社日)에 왔다가 추사일(秋社日)에 떠나므로 이렇게 읊은 것이다.

97 사람들은……어루만졌을까 : 학질을 앓는 동안 세월이 많이 흘렀다는 말이다. 동적(銅狄)은 구리로 주조한 인형인데, 후한(後漢) 때 사람으로 신선술(神仙術)을 배웠던 계자훈(薊子訓)이 장안(長安) 동쪽 패성(霸城)에서 한 노인과 동적을 어루만지며 "이것을 만들 때 보았는데 벌써 5백 년이 되었다."라고 했다는 고사가 전한다. 《後漢書 卷112下 薊子訓傳》

거센 바람은 누런 잎만 재촉하는데	驚風只解催黃葉
싸늘한 비는 그래도 푸른 잔디 자라게 하네	寒雨猶能長碧莎
늘그막에 몸과 명예가 어찌 아까우랴	老去身名寧自惜
부질없이 맑은 거울만 어루만지고 있노라	謾將淸鏡付摩挲

가을 갑자일에 비가 내리다

秋甲子雨

계절은 멋진 중추 다가오는데	節近中秋好
비가 갑자일에 세차구나	霖依甲子驕
마른하늘 여름 내내 지속되더니	乾枯歷徂夏
시커먼 빗줄기 아침까지 이어지려는 듯	澒洞欲連朝
참담하다 신령의 마음	慘澹神靈意
애절하다 부로의 노래	嗟傷父老謠
농사와 세상 걱정에	農功兼世慮
베개 베고 누웠더니 빗소리만 들린다	伏枕聽蕭蕭

《초사》에 "지금까지 9년 동안 돌아가지 못했네."[98]라고 하였는데 내가 서울을 떠난 지 마침 9년이 되었기에 감회를 적다

楚辭曰 至今九年而不復 余之去國 恰是九年 仍而紀感

서쪽이든 남쪽이든 가는 곳이 곧 집이 되니[99]	西南着處便爲家
늙어가는 덧없는 인생 끝이 있겠지	投老浮生定有涯
나그네살이 사람들에게 물과 불 빌려 쓰고	逆旅因人通水火
강호에서 분수 따라 생선과 새우 먹네	江湖隨分飯魚蝦
대궐 문 지는 해에 돌아가고픈 마음 간절한데	脩門落日懸歸望
타향에서 세월 보내며 경치 마주하네	異域流年對物華
비록 보낸 세월 삼려대부와 같아도	縱與三閭同徙歲
이 마음은 끝내 〈회사부〉 짓지 않으리[100]	此心終不賦懷沙

98 지금까지……못했네 : 《초사(楚辭)》 권4 〈섭강(涉江)〉의 일부이다.

99 서쪽이든……되니 : 이민구가 관서지방의 영변에서 유배생활을 하다가 현재는 아산 적소에서 지내고 있기 때문에 이렇게 말한 것이다.

100 비록……않으리 : 유배지에서 보낸 9년 세월이 삼려대부(三閭大夫) 굴원(屈原)과 같지만, 굴원처럼 투신하지는 않을 것이라는 말이다. 굴원은 〈회사부(懷沙賦)〉를 짓고 멱라수(汨羅水)에 투신자살하였다.

한
恨

강가 성 흰 이슬이 푸른 오동에 떨어질 제	江城白露隕靑梧
외로운 밤 희미한 등불 아래 질화로 끼고 있네	獨夜殘燈擁土爐
백년 인생 체악 같은 동기들 다 돌아가고[101]	棣萼百年同氣盡
세상을 부평초처럼 떠도니 한 몸 외롭구나	萍蓬四海一身孤
애 끊어지니 두견새가 피 토하며 울 때 같고[102]	腸摧杜宇啼時血
눈물 쏟아지니 교인이 이별하며 남긴 구슬 같네[103]	淚迸鮫人別後珠
질병과 가난으로 머리만 세어가니	疾病艱難催鬢髮
몰골이 굴원보다 나을 것 없겠구나	形容勝似屈原無

101 백년……돌아가고 : 형제가 죽었다는 말이다. 《시경》〈상체(常棣)〉에 "활짝 핀 아가위꽃, 얼마나 곱고 아름다운가. 이 세상에 누구라 해도, 형제만 한 이가 없나니.〔常棣之華, 鄂不韡韡. 凡今之人, 莫如兄弟.〕"라고 하였는데, 여기서 유래하여 체악(棣萼)은 형제 또는 형제의 우애를 의미하게 되었다.

102 애……같고 : 자신의 한을 슬피 우는 두견새에 비유하여 표현한 것이다. 전국시대 촉왕(蜀王) 망제(望帝)의 죽은 넋이 변해서 두견새가 되었는데, 봄철에 밤낮으로 슬피 운다는 전설이 있다.

103 눈물……같네 : 하염없이 눈물이 흐른다는 말이다. 교인(鮫人)은 전설상의 인어(人魚)이다. 36쪽 각주18 참조.

가을장마
秋霖

맑은 가을날 두터운 구름 감지되더니	淸秋感積陰
그지없이 장마가 되었네	浩浩成歲霖
밝은 대낮 캄캄하게 변하고	白日變晦昧
상쾌한 날씨 도리어 침울해졌네	爽氣還鬱沈
물속에 잠긴 벼가 보이는 판에	水中見秔稻
이랑과 도랑을 무슨 수로 찾으랴	畎澮何由尋
아아 농부들이여	嗟哉南畝人
가뭄과 장마가 번갈아 찾아오니	旱澇互相侵
어떻게 그대들 배불리 먹을까	曷以充爾腸
구렁에 빠질 수밖에 없구나	溝壑固其任
내 시름하며 초가에 누웠는데	我愁臥茅店
긴 구름이 높은 봉우리 덮었구나	長雲蔽崇岑
고향은 바라다 보이지도 않는데	故國不可望
게다가 강가 포구까지 깊이 막혔어라	況阻江浦深
관량[104]이 진흙탕으로 막히니	關梁閉泥濘
늙고 병든 몸 돌아가고픈 마음 접을 수밖에	衰疾廢歸心
다리 병든 학 날아와서	飛來病足鶴
서쪽 숲에서 거닐고 있네	顧步在西林

104 관량(關梁) : 관(關)은 육로(陸路), 양(梁)은 수로(水路)의 길목을 말한다.

가려 해도 깃털 짧아	欲往毛羽短
애절한 소리로 탄식하는구나	歎息有哀音

고을 수령과 소산을 유람하고 다시 만나기로 약속하다
同邑宰遊小山 有再會之約

드넓은 사평[105] 조망이 탁 트여	地闊沙平眺望開
소산은 높이 솟고 냇물이 굽어 흐르네	小山高控一川廻
갈대에 이슬 맺혀 가을소리 일어나고	蒹葭白露秋聲起
벼 익은 황금 들판에 날 저물어 간다	秔稻黃雲暮色來
오랫동안 사배 겁내 방에만 있다가[106]	久怯蛇杯常伏枕
잠시 수령[107] 따라 애써 정상에 올랐어라	暫隨鳧舃强登臺

105 사평(沙平) : 충남 당진시 신평면(新平面)의 옛 이름으로, 백제 때에 사평현으로 불리다가 신라 시대 경덕왕(景德王) 당시에 이름이 바뀌었다.

106 오랫동안……있다가 : 이민구가 병들까 염려하여 한동안 외출을 꺼렸다는 말이다. 사배(蛇杯)는 진(晉)나라 때 악광(樂廣, ?~304)과 관련된 고사로 《진서(晉書)》 권43 〈악광열전(樂廣列傳)〉에서 유래하였다. 악광에게 친한 손이 있었는데 오랫동안 오지 않았으므로 그 까닭을 물으니 "전에 이 자리에서 술을 마실 때, 잔 속에 뱀이 있는 것을 보고 마음에 너무 싫었으므로 마시고 난 뒤에 병이 들었다."라고 대답하였다. 그 당시 하남(河南)의 청사(廳舍) 벽에 뱀 모양을 그려서 칠한 각궁(角弓)이 걸려 있었다. 악광이 술잔 가운데 뱀이란 곧 각궁의 그림자였을 것으로 생각하고, 다시 전의 장소에 술을 차려놓고 손에게 이르기를 "술잔에 다시 보이는가?"라고 하니, 대답하기를 "전에 보던 것과 똑같다."라고 하였다. 악광이 그 까닭을 말하니 손의 의심이 풀리어 오래된 병이 나았다고 한다. 전하여 아무 것도 아닌 일에 공연한 걱정으로 괴로워하는 것을 비유하는 말로 사용된다.

107 수령 : 부석(鳧舃)은 지방관을 의미한다. 후한(後漢) 때 섭현 령(葉縣令)으로 있던 왕교(王喬)가 신술(神術)이 있어 매월 초하루와 보름마다 수레도 없이 조정에 나오므로, 임금이 그를 괴이하게 여겨 태사(太史)로 하여금 몰래 엿보게 하였다. 그

다시 놀러 오려니 찬 가을바람 싫어	重遊却怕西風冷
바위 사이 꽃들이 필 때를 기다리네[108]	只待巖花放蕊催

결과 그가 올 때마다 동남쪽에서 쌍부(雙鳧)가 날아오므로 그물을 쳐서 이를 잡아 놓고 보니 바로 신 한 짝만 있었다고 한다. 《後漢書 卷112 方術列傳 王喬》

108 다시……기다리네 : 고을 수령과 봄에 다시 오르기로 약속했다는 말이다.

고을 수령이 화답한 시에 거듭 차운하다. 마지막 구절은 "가을꽃이 일을 재촉한다."라는 말에 답한 것이다

重次邑宰和韻 末句答秋花辦事催之語

풍진 세상 눈뜨고 보지 않으려	雙眼風塵未擬開
아득한 세상길에 부질없이 고개 돌리네	茫然世路首空廻
산하 만 리에 전란 기운 가득한데	山河萬里干戈滿
강해에서 삼 년 세월 보내노라	江海三年日月來
어찌 꿈에선들 대궐로 돌아가랴	豈許夢魂歸北闕
다만 시름과 질병 속에 서쪽 누대 올랐어라	只容愁疾上西臺
맑은 가을 다행히 익숙한 초대 받았으니	淸秋幸接招邀慣
일에 능해 그대가 재촉 받지 않음을 아노라	能事知君不受催

집오리가 병아리를 기르다
家鴨乳鷄雛

닭이 마당에서 새끼 길렀는데	鷄乳在庭內
짐승이 채 가니	有物來攫之
열 마리 어린 병아리	十雛毛羽細
중간에 어미 잃었어라	中路失母慈
밤이나 낮이나 의지할 데도 없는데	日夕無依泊
작은 날개로 횃대에 오를 수 있을까	短翮可棲塒
우리 옆 오리 한 마리가	欄邊一文鴨
제 새끼인양 불쌍히 여겨	痛若軫孤遺
이리저리 품속에서 돌보고	展側懷抱間
날개로 덮어주며 정성 쏟는구나	覆翼實勤斯
깊은 밤 바삭바삭 소리 들리면	夜久聞拍拍
목을 쭉 빼고는 여우와 살쾡이 막아주고	引領防狐貍
낮에 다닐 때 못 먹을 걸 먹으면	晝行異飮啄
보살피며 울음소리 애달프네	顧視鳴聲悲
애처롭다 어려움 도와주는 정이	悽悽急難情
비바람 부는 힘든 때에도 사라지지 않네	未沬風雨時
누가 생각이나 했을까 이런 미물이	孰謂蠢動儔
마음 씀이 이리도 기특할 줄을	用意乃故奇
비록 생김새야 다르지만	縱然形氣殊
속마음 밝은 줄 아노라	寸腸炯不疑

어찌 마을 사람들의 칭찬 바라랴　豈要鄕黨譽
힘껏 인의를 베푸네　勉焉仁義施
막힌 본성이야 사람과 새가 다르지만　塞性間人禽
귀한 것은 양지라네　所貴者良知
선현들이 동포임을 느꼈으니[109]　昔賢感同胞
이 도를 어찌 사사롭다 하랴　玆道安可私
아아 등백도여　嗟哉鄧伯道
그 일을 통달한 사람만이 할 수 있었으니　事出通人爲
군자가 진실로 측은히 여겨　君子誠惻隱
줄줄 눈물 떨구었네[110]　激烈雙淚垂

109 선현들이 동포임을 느꼈으니 : 송(宋)나라 장재(張載)의 〈서명(西銘)〉에 "하늘을 아버지라 칭하고 땅을 어머니라 칭하니,……백성은 나의 동포이고 만물은 나와 함께 있는 자들이다.〔乾稱父, 坤稱母,……民吾同胞, 物吾與也.〕"라고 하였다.

110 등백도(鄧伯道)여……떨구었네 : 등유(鄧攸)의 행동은 범인(凡人)이 할 수 없는 일이었다는 말이다. 등백도는 진(晉)나라 양양(襄陽) 사람 등유(?~326)로, 백도는 그의 자이다. 건흥(建興) 연간에 하동 태수(河東太守)가 되었는데, 석륵(石勒)의 난리가 있어 처자식과 조카를 데리고 피난 가는 길에서 적을 만나 형세가 모두를 구원할 수 없었다. 아우는 일찍 죽고 슬하에 독자 밖에 없으므로 자기 아들을 나무에 묶어 놓고 조카와 도망갔다. 그 뒤에 아내가 다시 태기(胎氣)가 없어 결국 아들을 얻지 못하자, 그 당시 사람들이 슬피 여기며 "천도(天道)가 무심하여 등백도로 하여금 아들이 없게 하였다."라고 하였다. 《晉書 卷90 鄧攸列傳》

가을날 느낌이 있어서

感秋

사계절이 차례로 흘러가서	四序一推移
추위와 더위 때맞춰 찾아오네	寒暑不可遲
초목은 서리와 이슬 맞아	草木被霜露
고운 모습 날로 이지러지네	昭質日以虧
난초 향기도 어느덧 사라지는데	蘭芳遽銷歇
하물며 저 쑥은 어떠하랴	況伊蕭艾姿
하늘이 어질기야 하지만	昊天非不仁
낳고 죽이는 계절 따로 있지	生殺各有司
조화의 안에서 명을 받았으니	受命造化內
누군들 성쇠의 이치 벗어나랴	孰能脫盛衰
큰 운수가 이미 어그러지면	大運旣錯戾
철인이나 우인이나 다 사라지지	哲愚俱淪夷
강물이 갑자기 요동치면	江河忽震蕩
어찌 남은 물고기 볼 수 있으랴	豈見洪鱗遺
현명하다 상산사호는	賢哉商山皓
진중함이 귀한 줄을 의심치 않았네[111]	自珍貴無疑

111 상산사호(商山四皓)는……않았네 : 상산호(商山皓)는 한(漢)나라 초기 상산에 은거하던 덕망 높은 네 노인 동원공(東園公), 기리계(綺里季), 하황공(夏黃公), 녹리선생(甪里先生)을 가리킨다. 속세를 떠나 은거했던 그들의 행동이 훌륭했다는 말이다.

세찬 바람에 만물 영락하는데　衝飆殞群物
오히려 계수나무 가지 보존하였네　尙保丹桂枝
득실은 미묘한 데서 판가름되니　得失辨毫芒
아련히 떠나가서 영지 캤지[112]　冥冥去採芝

112 세찬……캤지 : 진(秦)나라의 학정을 피해 은거한 상산사호(商山四皓)를 기린 말이다. 상산사호가 〈자지가(紫芝歌)〉를 지어 불렀는데 그 노랫말은 다음과 같다. "아득하고 아득히 먼 상락 지역에, 깊고 깊은 산골짜기 길게 뻗었네. 반짝이며 빛을 내는 영지 정도면, 굶주린 배 채우기에 충분하다네. 당우의 시대는 아득히 머니, 내 장차 어디로 돌아가리오. 고관 되어 높은 수레 타고 다니면, 걱정스런 마음이 몹시 크다네. 부귀하여 다른 사람 겁내기보다, 가난해도 뜻대로 사는 것이 더 낫다네.〔漠漠商洛, 深谷逶迤. 灼灼紫芝, 可以療飢. 唐虞世遠, 吾將安歸. 駟馬高車, 其憂甚大. 富貴之畏人, 不如貧賤之肆志.〕"《陜西通志 卷95》

저녁 경치

夕望

가을 산 단풍잎이 찬 시내 덮으니　　秋山黃葉擁寒溪
오랜 나그네 고향 생각에 더욱 심란하네　　久客思鄕意轉迷
한 집 생애 우물과 절구에 의지하고　　一室生涯依井臼
십 년 삶을 티끌과 진창에 내던졌네　　十年身事委塵泥
풍운은 붉은 하늘 북쪽에 감도는데　　風雲只繞丹霄北
물결은 푸른 바다 서쪽에 일렁인다[113]　　波浪長浮碧海西
지팡이 짚고 사립문에서 서글피 바라보니　　拄策柴門頻悵望
뉘엿뉘엿 석양이 낮게 저물어간다　　亭亭落日傍人低

113 풍운(風雲)은……일렁인다 : 조정의 상황과 자신의 상황을 비유적으로 읊은 것이다. 단소(丹霄)는 구소(九霄)의 하나로 하늘을 의미하는데, 여기서는 임금이 있는 서울을 가리키는 것으로 보인다.

백석을 유람하고 대 자 운을 써서 읊다

遊白石 用臺韻

한가한 날 경치 좋은 곳에 연회 마련하니
맑은 하늘 아래 모래톱 멀리 뻗어 있다
숲속을 지팡이 짚고 늘 혼자 다녔는데
강나루에 견여 타고 우연히 왔어라
수국에 찬바람 이니 용의 보금자리이고
하늘에 날씨 개어 신기루 나타나네
서쪽으로 해 져도 동쪽에 달 오르니
손에 든 술잔 재촉하지 마시라

多暇賓筵選勝開
天虛洲陼莽脩廻
林皐拄杖常孤往
江浦肩輿偶一來
水國寒生龍窟宅
雲衢氣霽蜃樓臺
西邊落日東邊月
莫遣深杯到手催

길가의 묵은 소나무

道傍古松

길가의 묵은 소나무 한 그루	道傍一古松
가지 나뉘어 네 마리 이무기 되었네	分作四虯龍
모래흙에 뿌리박고	托根抱危沙
늙은 줄기 저마다 우뚝 솟았구나	老幹各巃嵸
드리운 그늘 열 이랑 남짓이고	陰蟠十畝寬
쭉 뻗어 푸른 구름 속으로 들어가네	秀入青雲重
헌칠한 천 년의 자태 간직하고	昂藏千歲姿
가지와 잎이 날로 무성해지네	柯葉日以濃
의연하게 천둥과 비 견뎌 내고	偃蹇雷雨會
담담하게 눈과 서리 참아 내네	慘澹霜雪容
다만 한스럽게도 제자리 얻지 못하여	但恨失所處
수레와 말이 오가는 곳에 서 있구나	立當車馬衝
여울물이 뿌리내린 땅 할퀴고	溪湍齧其趾
위에는 겨우살이로 덮여 있네	上有蔦蘿封
외로운 몸으로 진흙탕 속에서 고생하며	孤生飽塵泥
서글피 노을 밖 봉우리 바라보네	悵望霞外峯
괴롭게도 들불 만나	苦遭野火燒
만 개의 구멍에 개미와 벌 모였네	萬穴集蟻蜂
낭묘에 쓰일 재목으로 충분하건만	非無廊廟具
장석을 만나지 못했네[114]	匠石不可逢

닭이 새벽 알리고	鵾鷄號向晨
북풍이 추운 겨울날 울어 대네	朔風鳴寒冬
지사가 상심에 겨워	志士多感傷
너를 어루만지며 홀로 가슴 적시노라	撫汝獨霑胸

114 낭묘(廊廟)에……못했네 : 동량(棟樑)의 재목이지만 그것을 알아서 써줄 만한 사람이 없다는 말이다. 장석(匠石)은 상고(上古) 때 손재주가 뛰어난 장인의 이름으로, 훌륭한 목수를 의미한다. 여기서는 길가의 소나무를 읊으면서 사람이 온갖 시련을 다 겪으며 고생만 하고 알아주는 사람이 없어 등용되지 못함을 비유한 것이다.

중추절에 달을 마주하고

中秋對月

빈 누각에 떠오른 맑은 가을 달	虛閣淸秋月
성긴 발 사이로 밤새 밝게 비추네	疏簾永夜明
푸른 연기 속으로 들판 주막 사라지고	靑煙消野店
흰 이슬이 강가 성에 가득하다	白露滿江城
세상에 남은 형제 없는데	四海無兄弟
중원에 전란만이 남았네	中原有甲兵
서글프다 가문과 나랏일로	悽涼家國事
늙도록 가슴 졸이네	抵老尙含情

2

남쪽 산에는 푸른 단풍 우거진 절 있고	南嶽靑楓寺
서쪽 강에는 흰 이슬 젖은 배 떠가네	西江白露船
청량한 달빛이 원근에 고루 비춰	淸光無遠近
좋은 밤 맑고 깨끗하다	良夜正澄鮮
잠자는 기러기 모래톱에 의지했고	宿雁依沙水
길가는 사람은 들 연기 속에 머무는데	行人住野煙
다만 은하수 그림자 마주하여	只應銀漢影
이미 하늘 가운데 걸렸네	已掛玉樓前

김이창[115]에게 주다. 재능이 있지만 향시에 떨어졌으므로 시로 권면하다

贈金爾昌 抱材見屈 詩以勖之

아산에 이배된 나는 구설 피하려	我遷于湖逃謗讒
팔 아홉 번 부러지고 입 세 겹으로 봉했네[116]	有臂九折口三緘
학사들이 책 상자를 들고 와서	非無學士抱經函
문밖에 강송 소리 날마다 시끄러웠지만	門外講誦日嘵諵
지극한 맛을 어찌 감히 달다 짜다 알려주랴	至味奚敢喩甘鹹
힘써 요점 제시하고 그 대강을 거론했지	强提其要擧其凡
부끄럽게도 날카로운 칼이 거친 숫돌 만나듯	慙愧利芒當麤礛
김생이 내 집을 두드렸네[117]	金生顧惠敲扃巖
빼어난 재능 맑고 우뚝하니	頭角挺穎淸巉巉

115 김이창(金爾昌) : 이민구의 인척 조카로 추정되나 자세하지 않다.

116 아산에……봉했네 : 아산으로 이배된 뒤로 더욱 말조심했다는 말이다. 《초사(楚辭)》〈석송(惜誦)〉에 "나는 충성하고서도 미움을 산다는 말을 듣고서 지나친 말이라 여겼는데, 아홉 번 팔 부러지고서 좋은 의사 되니 내가 이제야 진실로 그런 줄을 아노라.〔吾聞作忠以造怨兮, 忽謂之過言, 九折臂而成醫兮, 吾至今而知其信然.〕"라는 말이 나온다. 또 공자가 주(周)나라 태묘(太廟)에 갔을 때, 입을 세 겹으로 봉한〔三緘其口〕 금인(金人)을 보았는데, 그 등 뒤의 명문(銘文)에 "옛날에 말조심을 하던 사람이다. 경계하여 많은 말을 하지 말지어다. 말이 많으면 실패가 또한 많나니.〔古之愼言人也. 戒之哉, 無多言, 多言多敗.〕"라고 새겨져 있었다는 고사가 전한다. 《孔子家語 觀周》

117 부끄럽게도……두드렸네 : 김이창이 이민구를 찾아왔다는 말이다. 김이창의 훌륭한 자질을 날카로운 칼에, 이민구 자신을 거친 숫돌에 비유하여 읊었다.

자네 아버지와는 내외종간으로 우의 두텁지	乃翁中表睦友咸
게다가 자네가 깊은 속내 털어놓으며	況爾披寫露深諴
술상 베풀어 허기 채우게 했네	牢醴前陳恣饑饞
준마가 허공 내달리려면 고삐와 재갈 벗어야 하니	逸驥踼空脫轡銜
짐짓 도끼와 호미로 높은 바위 깎아냈네[118]	故將斧鉏斸嶄嵒
가시나무 잘라내니 전나무 삼나무 나타나고	翦伐榛棘出檜杉
수놓은 띠와 수건을 사람들 바라보지[119]	繡組鞶帨人所監
그윽한 여인이 솜씨 시험하려 고운 손 드러내니	幽女試手呈攕攕
뭇사람들 사모해도 잡을 수 없었지[120]	衆徒慕之不可摻
어제 들으니 추위에서 옥과 돌 변별하려	昨聞秋闈辨珪瑊
말안장 단단히 하고 깃발 드리웠다지[121]	具嚴韅靷旆斿縿
서슬 퍼런 창날로 하늘 찌르고	霜戈上刃天宇攙
깃발 베기를-원문 판독 불가-쑥 베듯이 했는데[122]	刈旗易▨蒿艾芟
큰 냇물 건너려다 중간에 배 돌리니	巨川欲濟中廻帆
용기 내어 잠시 이각과 곽사의 난 피하였네[123]	布勇暫避傕與汜

118 준마(駿馬)가……깎아냈네 : 천리마 고삐를 벗겨줘야 마음껏 내달릴 수 있듯이 이민구가 강학을 통해 김이창의 단점을 제거해 주었다는 말이다.

119 가시나무……바라보지 : 드러나지 않던 김이창의 진면모가 나타났다는 말이다. 반세(鞶帨)는 허리띠와 차고 다니는 수건이다.

120 그윽한……없었지 : 김이창이 솜씨를 발휘하자, 많은 학도(學徒)들이 그 솜씨를 부러워했지만 따라잡을 수 없었다는 말이다.

121 추위(秋闈)에서……드리웠다지 : 인재 선발을 위한 향시(鄉試)가 시행되므로, 선비들이 글재주를 펼쳤다는 말이다. 추위는 가을에 보이는 향시를 말한다.

122 서슬……했는데 : 김이창이 향시에 응시하여 글재주를 훌륭하게 펼친 것을 묘사한 부분인데, 판독할 수 없는 글자가 있어서 정확하지 않다.

단비 속에 힘껏 벼를 길러　勉養時禾膏雨雩
다시 공원에 나가 봄옷 울리게나[124]　再進貢院鳴春衫
어찌 날랜 송골매가 토끼를 그대로 두겠는가[125]　豈見健鶻饒兔毚

123 이각(李傕)과……피하였네 : 김이창이 향시에 낙방한 것을 비유적으로 읊은 것이다. 곽여사(傕與汜)는 후한(後漢) 동탁(董卓)의 곡장(曲將)이었던 이각과 곽사(郭汜)를 말한다. 동탁이 죽은 뒤에 두 사람이 난을 일으켜 경사(京師)를 공격하였다.

124 단비……울리게나 : 김이창에게 더욱 노력하여 다음 향시에 응시하라고 면려한 것이다. 공원(貢院)은 과거 시험장을 말한다.

125 어찌……두겠는가 : 능력 있는 선비는 과거에 급제할 수 있다고 비유적으로 읊은 것이다.

국화 노래

時菊篇

좌중의 손님에게 주다.

한 말 술 마련하여 귀한 손님들 모인 자리　斗酒會嘉賓
국화꽃도 어느덧 탐스럽게 피었어라　時菊已堪把
향기야 그지없이 좋건만　馨香非不佳
세밑까지 전야에 버려졌네　歲暮委田野
날 추워 온갖 풀 시들고　天寒百卉腓
서리마저 밤낮으로 내리는데　霜露日夜灑
고상하고 빼어난 자태로　蕭蕭絶世姿
매서운 바람에도 홀로 버티누나　獨立風飆下
소매 가득 그 꽃 딴들　采掇滿衣袖
어떻게 멀리 있는 사람에게 주겠는가　焉以贈遠者
지사가 빼어난 향기 맡고서　志士感孤芳
목청 높여 노래하며 맑은 눈물 흘리네　浩歌淸淚瀉
성긴 숲에 해 저무니　林疏陽景晏
가을 풍경 어찌 오래 빌리랴　秋色豈久假
그대에게 권해 자주 술잔에 띄우게 하니　勸君數泛觴
이 꽃이 우리 모임에 잘 어울리네　此物宜結社

진사 권후 만사

權進士垕挽

병든 몸으로 강호에서 세월 보내며	臥病江湖歲月來
때때로 흉금을 그대에게 열었는데	時時襟袍得君開
갑자기 모진 병에 걸려 자꾸 심해졌으니	俄纒虐癘沈沈劇
비로소 거문고의 절절한 슬픔 알겠네[126]	始解祥琴切切哀
하늘에서는 단계 늦은 것을 매번 가여워하고	天上每憐丹桂晩
세상에서는 세월 빠름을 먼저 알았네[127]	人間先驗白駒催
늙은 이 사람 예전에 고비에 앉았기에[128]	龍鍾舊玷皐比席

126 비로소……알겠네 : 권후(權垕)의 죽음을 슬퍼한다는 말이다. 상금(祥琴)은 대상일(大祥日)에 타는 거문고를 가리킨다. 《예기》 〈상복사제(喪服四制)〉에 "대상을 지낸 날에 소금을 탄다.〔祥之日, 鼓素琴.〕"라고 하였다.

127 하늘에서는……알았네 : 권후가 과거에 급제하지 못하였는데, 그의 죽음은 너무 빨리 찾아 왔다는 말이다. 단계(丹桂)는 붉은 계수나무란 뜻으로, 과거급제를 의미한다. 진 무제(晉武帝) 때 극선(郤詵)이 현량 대책(賢良對策)에서 천하제일로 급제한 후에 "계림의 나뭇가지 하나를 삽고, 곤륜산의 옥돌 한 조각을 손에 쥐었다.〔桂林之一枝, 崑山之片玉.〕"라고 한 고사에서 유래하였다. 《晉書 卷52 郤詵列傳》 백구최(白駒催)는 빠른 세월을 의미한다. 《장자(莊子)》 〈지북유(知北遊)〉에 "사람이 천지간에 사는 것은 마치 문틈으로 흰 말이 달려가는 것과 같다.〔人生天地之間, 若白駒之過郤.〕"라고 하였다.

128 늙은……앉았기에 : 이민구가 성균관 대사성을 지냈다는 말이다. 용종(龍鍾)은 대나무 이름이라고도 하고, 사람이 늙어서 대나무 가지와 잎이 스스로 주체하지 못하고 흔들리는 것과 같은 모습을 형용한 말이라고도 한다. 고비(皐比)는 송(宋)나라의 장재(張載)가 항상 호랑이 가죽을 깔고 앉아 제자들을 가르쳤던 데에서 유래하여 스승을

백발로 서풍에 한 번 슬퍼하고 돌아오네　　　　　華髮西風一慟廻

의미하는데, 여기서는 성균관 대사성을 가리킨다. 이민구는 1631년(인조9) 3월에 성균관 대사성에 임명된 것을 시작으로 모두 네 번 대사성을 역임하였다. 권후는 1633년 식년시(式年試)에 진사(進士) 2등(二等)으로 합격하는데, 이로 미루어 보면 성균관에서 이민구와 사제의 연을 맺은 것으로 보인다.

황곡 노래

黃鵠行

훨훨 서쪽에서 날아온 황곡 한 마리　翩然西來一黃鵠
세모의 파도 속에 흔들리네　歲暮震蕩波濤中
서리 내린 들판에 낟알도 없어　霜落郊原稻粱盡
돌아와 내리려니 모래톱 비었네　歸飛欲下洲渚空
드넓은 강호에 짝도 없이　江湖地闊無伴侶
추운 밤 갈대 속에서 홀로 자는구나　夜寒獨宿蘆葦叢
냇물에 수위 낮아 고기와 새우도 적은데　川梁水淺魚蝦少
어부가 이따금 활 잡고 노리네　漁父往往操桑弓
연산의 새매가 부리와 발톱 과시하며　燕山胡鷹誇觜爪
바람에 날개 상한 너를 업신여기니　欺汝羽毛傷天風
올빼미가 날마다 썩은 고기 찾아　不及鴟鳶日日逐腥腐
날개 기울여 시가지 맴도는 것만도 못하구나　側翅瞥捩街市中

춥고 배고픈 지 오래되었는데 홀연 꿈에서 주 자 운으로 한 연을 지으니 꿈과 현실이 어쩌면 이렇게 서로 다를 수 있단 말인가. 인하여 율시 한 편으로 엮었다

素寒餓久矣 忽夢得株字一聯 是何想與境相戾耶 因綴成一律

늘 추위와 배고픔 괴로워 구석 향하는데[129]	常苦饑寒迫向隅
낙교의 풍토 꿈속에 화사하고 기름졌지[130]	樂郊風壤夢華腴
서쪽 밭 푸른 보리가 삼 천 이랑이요	西疇翠麥三千頃
남쪽 두렁에 어린 뽕이 팔 백 그루라네	南陌柔桑八百株
다만 마을마다 풍족하게 되어	但使閭閻歸富庶
백성들 즐거워하는 모습 보았으면	卽看民物入驩虞
서생은 풍년의 바람 간절할 뿐	書生自切豐年望
감히 술병 위해 있고 없음 물으랴	敢爲甁罍問有無

129 늘……향하는데 : 항상 추위와 굶주림에 시달렸다는 말이다. 향우(向隅)는 《설원(說苑)》의 "이제 집안 가득 사람들은 술을 마시며 즐기는데, 오직 한 사람이 홀로 구석을 향해 운다면, 그곳 사람들 모두 즐겁지 않을 것이다.〔今有滿堂飮酒者, 有一人獨索然向隅而泣, 則一堂之人, 皆不樂矣.〕"라는 말에서 유래한 것으로, 여기서는 곤경에 처한 것을 말한다.

130 낙교(樂郊)의……기름졌지 : 꿈속에서 풍요로운 모습을 보았다는 말이다. 낙교는 즐거운 곳이란 말로, 《시경》 〈석서(碩鼠)〉에 "너를 버리고 떠나서, 저 즐거운 땅으로 가리라. 즐거운 곳이여 즐거운 곳이여, 누구 때문에 부르짖으리오.〔逝將去女, 適彼樂郊. 樂郊樂郊, 誰之永號.〕"라고 하였다.

신심사[131]

神心寺

절이 산 너머에 있어	招提隔一山
구불구불 벼랑길로 십 리나 걸어가네	十里崖逕轉
문에 다다르니 비 개고	到門新雨霽
낙엽이 쓸쓸한 절간 덮었어라	零葉擁寒殿
바위 봉우리 가파르고 높은데	石巒旣峭挺
구름과 노을에 경치 자주 변하네	雲霞屢蒸變
스님은 연세[132] 높아	有僧年臘高
두 눈썹이 눈처럼 얼굴 덮었네	雙眉雪覆面
나를 데리고 서원으로 가서	延我置西院
말 타고 오느라 지친 나를 위로하네	慰我鞍馬倦
선탑에서 잠시 눈 붙이니	小睡就禪榻
창으로 드는 햇살 따뜻하여 쬘 만하구나	窓日煖可曬
부끄럽게도 몇 안 되는 승려들	愧爾緇衆少
힘들게 아침 차려 내며	辛勤具朝饌
괴롭게 말하기를 가을 가뭄 심하여	苦道秋旱甚

131 신심사(神心寺) : 충남 아산시 염치면 산양리 영인산(靈仁山)에 있는 절이다.

132 연세 : 연랍(年臘)은 하랍(夏臘)이라고도 하는데, 불교에서 하안거(夏安居)를 마친 횟수대로 나이를 세기 때문에 나온 말이다. 좌랍(坐臘), 계랍(戒臘), 법세(法歲)라고도 한다.

채소와 과실도 흔하지 않다 하네	蔬果亦不賤
오랜 나그네 지극한 정성에 감격하여	久客感至意
홀연 풍성한 식탁 받은 듯하네	忽若飫豐膳
흉년에 나그네 밥 먹기 어려운데	荒歲旅食艱
궁벽한 골짝에서 인정을 보노라	窮谷人情見
나는 걸어온 길 힘들어	是身困經行
지나온 길에 미련 없는데	所歷未敢戀
탄식하며 승려들에게 이르노니	歎息謂徒侶
어찌하여 이처럼 유행[133]하는가	胡爲此遊行

133 유행(遊行) : 승려들이 수행과 포교를 위해 각지를 돌아다니는 것으로, 행각(行脚)이라고도 한다.

을해년 가을에 풍악산을 유람하고 오대산에 이르러 동악의 운자에 맞춰 지어서 호열 대사에게 주었으니[134] 이제 11년이나 되었다. 신심사에서 호열 대사를 만났는데 아직도 그때의 시권을 가지고 있으므로 감회가 있어 이어 짓다

乙亥秋游楓嶽 至五臺 次東岳韻贈浩悅師 迨今十一年 遇悅於神心 猶持其卷 感而續賦

아름다운 계곡에서 담무갈 찾았다가	玉洞尋無竭
가을바람에 두루 돌아보지 못했는데[135]	金風轉不周
도리어 적성 길에서	還從赤城路
다시금 우인의 세상 만났네[136]	更得羽人丘
가을 풍경 소리 울리는 빈 누각에서 잠자고	秋磬眠虛閣

134 을해년……주었으니 : 1635년(인조13)에 이민구가 강원도 관찰사가 되었을 때, 금강산과 오대산을 돌아보며 지은 시가 〈관동록〉에 실려 있다. 동악(東岳)은 이안눌(李安訥, 1571~1637)로, 본관은 덕수(德水), 자는 자민(子敏), 호는 동악, 시호는 문혜(文惠)이다. 호열 대사는 당시 오대산에 있던 승려로 여겨지는데 인물 정보는 미상이다. 여기에 실린 시는 〈관동록〉에는 없다. 〈관동록〉 자서(自序)에 의하면 이때에 상당히 많은 시를 썼으나 거의 다 없어졌다고 한다.

135 아름다운……못했는데 : 가을바람에 금강산의 진경을 제대로 보지 못했다는 말이다. 옥동(玉洞)은 신선이 사는 계곡으로, 금강산을 가리킨다. 무갈(無竭)은 담무갈(曇無竭)의 약어로, 금강산에 산다는 담무갈 보살을 가리킨다.

136 적성(赤城)……만났네 : 오대산에서 선경(仙境)을 만났다는 말이다. 적성은 도교에서 말하는 적성산동(赤城山洞)으로, 선경의 하나이다. 우인구(羽人丘)는 신선이 사는 곳을 말한다. 《초사(楚辭)》〈원유(遠遊)〉에 "단구로 신선에게 나아감이여, 죽지 않는 고장에 머무르련다.〔仍羽人於丹丘兮, 留不死之舊鄉.〕"라고 하였다.

새벽 종소리 작은 누대에 기대어 듣노라　　晨鍾倚小樓
승려 만나 한나절 이야기 나누니　　逢僧半日話
계수나무 가지 옆에 머물기 때문이지[137]　　爲傍桂枝留

위의 시는 이전에 지은 것이다.

중대의 모임 파하고서　　自罷中臺會
거의 일기의 세월 흘렀네[138]　　星將一紀周
다시 만나니 습득인가 싶은데　　重逢疑拾得
예전에 맺은 인연 여구가 맞구나[139]　　夙契是閭丘
해진 장삼 걸친 채 선탑에 기대고　　破衲依禪榻
야윈 말을 절간에 매었노라　　羸驂繫寺樓
내려갈 생각 아련히 잊은 채　　悠然下山意
잠시 옛 정에 이끌려 머무노라　　暫被故情留

137 승려……때문이지 : 호열 대사를 만나 속세를 떠난 생활에 대해 이야기를 나눈다는 말이다. 계지(桂枝)는 계수나무 가지라는 말로 은거를 상징하는데, 여기서는 호열 대사의 산사(山寺) 생활을 의미한다. 《초사(楚辭)》〈초은사(招隱士)〉에 "계수나무 가지를 부여잡으며 편히 오래 머문다네.〔攀援桂枝兮聊淹留〕"라고 하였다.

138 중대(中臺)의……흘렀네 : 오대산에서 만났다 헤어진 뒤로 대략 일기(一紀)의 세월이 지났다는 말이다. 일기는 12년을 말하는데, 이민구와 호열 대사가 다시 만난 것은 11년 만의 일이다.

139 다시……맞구나 : 호열 대사를 오랜 세월이 흐른 뒤에 다시 만나니 예전의 선사(禪師)인가 싶은데, 오래전에 쓴 시를 간직하고 있는 걸 보면 여구윤(閭丘胤)이 맞다는 말이다. 습득(拾得)은 한산(寒山)과 더불어 선시(禪詩)로 유명한 승려이며, 여구(閭丘)는 이들의 시를 모아 책으로 엮은 여구윤을 가리킨다. 당(唐)나라 때 천태산 국청사(國淸寺)의 선승 한산과 습득이 기행을 일삼으며 숲 속 바위나 민가의 벽에 시를 써놓았는데, 당시 태주 자사로 있던 여구윤이 이 시들을 모아 《한산시집(寒山詩集)》을 엮었다고 한다.

저물녘에 돌아오다

暮歸

십 리 길 돌아오려니 말 타기 지치고	歸來十里倦憑鞍
얼음과 서리 덮인 시내와 골짝 지나기 어렵네	溪壑氷霜跋涉難
들밖에 뜬 구름 어지러이 오가고	野外浮雲迷去住
산중에 해 떨어져 갈수록 춥고 시장하다	山中落日轉饑寒
어찌 늘그막에도 형체에 걸려 있을까	那將短髮供形役
또 궁도에서 한 해 저무는구나	且傍窮途閱歲闌
가파른 언덕과 높은 다리 지나니	絶岸危橋行已盡
성긴 등불 한 점이 숲 자락에 비치네	疏燈一點照林端

신심사 앞 누각에 죽은 친구 이생인[140]의 이름이 있었다
神心寺前樓 有亡友李生寅題名

사십 년 흘러도 묵적은 깊이 남았는데 四十年來墨蹟深
생사 갈렸으니 담장 밑에서 눈물 뿌린다 存亡淚灑古墻陰
푸른 산 여기저기 오르는 곳마다 青山歷歷登臨處
가래 멘 유령의 마음 알겠구나[141] 猶見劉伶荷鍤心

이생인은 술병으로 죽었다.

140 이생인(李生寅) : 1586~? 본관은 전주(全州), 자는 진경(震卿)이다. 《광해군일기》 4년 1월 9일 기사에 감귤을 내리고 보인 제술시험에서 이생인과 이민구(李敏求)가 각각 수석과 차점을 차지하였다는 기록이 있고, 《동주집(東州集)》 전집(前集) 권7에 〈원적암에서 죽은 친구 이생인의 제명을 보다〔圓寂庵 見亡友李生寅題名〕〉라는 작품이 있는 것으로 보아 이생인과 이민구는 친분이 있었던 것으로 보인다.

141 푸른……알겠구나 : 청산 곳곳에 술 좋아하던 친구의 자취가 뚜렷이 남아 있다는 말이다. 금강산 원적암에서도 이생인의 제명을 보았기 때문에 이렇게 읊은 것이다. 유령(劉伶)은 위진 시대 죽림칠현(竹林七賢)의 한 사람으로, 〈주덕송(酒德頌)〉을 지어 세속을 조롱하고 술을 예찬한 인물이다. 그는 하인에게 가래를 메고 따라 오게 하면서, 술에 취해 쓰러져 일어나지 않으면 바로 그 자리에 묻으라고 했다고 한다.

진사 목낙선[142]을 곡하다

哭睦進士樂善

빼어난 자질 본래 우뚝하였는데	曾標擢秀本亭亭
산림에 있지 않고 뜰에 있었네[143]	不在山林在戶庭
수양산 고사리만 먹었을 뿐인데	只合常餐首陽蕨
어찌하여 갑자기 소미성 가려지는가[144]	如何忽掩少微星
옥돌의 온축된 빛 어찌 박옥만 못하랴[145]	貞珉蘊彩寧辭璞

142 목낙선(睦樂善) : 1585~1645. 본관은 사천(泗川), 자는 성중(誠仲), 호는 호옹(壺翁)이다. 《東州集 文集 卷9 睦進士墓碣銘 幷序》

143 빼어난……있었네 : 목낙선이 훌륭한 자질을 가진 사람이었지만 출세(出世)의 뜻을 접었다는 말이다. 《주역》〈절괘(節卦) 초구(初九)〉에 "문밖 뜰을 나가지 않으면 허물이 없다.〔不出戶庭, 无咎.〕"라고 하였고, 그 상(象)에 "문밖 뜰을 나가지 않음은 통하고 막히는 때를 알기 때문이다.〔不出戶庭, 知通塞也.〕"라고 하였다. 여기서는 목낙선이 광해군 당시에 산림으로 돌아온 것은 산림을 좋아해서가 아니라 인륜(人倫)이 없어지는 때라고 보았기 때문이라고 읊은 것이다.

144 수양산(首陽山)……가려지는가 : 절개를 지키던 고결한 처사가 죽었다는 말이다. 수양궐(首陽蕨)은 수양산의 고사리로, 백이(伯夷)와 숙제(叔齊)를 상징한다. 이민구가 지은 묘갈명(墓碣銘)에 의하면, 광해군 때 인목대비(仁穆大妃) 폐모론(廢母論)이 일어나자, 당시 진사(進士)였던 목낙선은 출입을 끊고 지조를 지켰으며, 인조반정 이후 유일(遺佚)로 천거되었으나 출사하지 않았다고 한다. 《東州集 文集 卷9 睦進士墓碣銘》 소미성(少微星)은 태미성(太微星) 서쪽에 있는 4개의 별인데, 이 별이 희미해지거나 떨어지면 인간 세상의 처사가 죽는다고 한다.

145 옥돌의……못하랴 : 박(璞)은 가공하지 않은 옥으로 변화(卞和)가 얻은 것인데, 후에 이 박옥을 가공하여 얻은 옥이 화씨벽(和氏璧)이다. 목낙선의 자질이 화씨벽에 뒤지지 않을 만큼 빼어났다고 읊은 것이다.

고검이 빛 묻힌 채 숫돌에 갈리지 않았네[146]	古劍埋光不受硎
사십삼 년 지기가 눈물 흘릴 제	四十三年知己淚
침문에 비끼는 석양이 두 눈에 비추네	寢門斜日照雙熒

146 고검(古劍)이……않았네 : 목낙선이 훌륭한 자질을 지녔지만 자신의 경륜을 펼쳐보지 못했다는 말이다. 진(晉)나라 무제(武帝) 때 두우(斗牛) 사이에 자기(紫氣)가 감돌자, 장화(張華)가 뇌환(雷煥)에게 부탁하여 예장(豫章)의 풍성현(豐城縣)에서 용천(龍泉)과 태아(太阿)라는 두 검을 발굴한 고사가 전한다.《晉書 卷36 張華列傳》

한겨울

方冬

흩날리던 철옹의 구름	飄飆鐵甕雲
날아와 아산의 돌 되었네	來作牙山石
구름은 흘러가며 모양 변하지만	雲行有變態
돌은 박혀서 옮긴 자취 없구나	石住無遷跡
한겨울에 우레 치고 비 내려	方冬雷雨交
그늘진 골짝에 얼음 풀리지 않았네	陰壑凍未釋
어두운 안개가 아침 내내 뿌옇고	昏霏曀崇朝
언 눈이 막막하게 펼쳐졌네	氷雪仍漠漠
초가집 짤막한 서까래	茆簷三尺椽
위로 하늘빛 막혔구나	上與天光隔
매서운 한기가 베치마 파고드니	隆寒襲布裙
뼈가 시리고 정신도 아찔아찔	骨瘦神內鑠
지난밤 호랑이 울음 들리고	前夜聞虎吼
산바람이 숲 흔들었지	山風振林蘀
외로운 거처에서 겁 쌓여	孤棲積中慴
남은 두려움 밤낮으로 잊히지 않네	餘畏存日夕
늘그막에 갈수록 궁박해지니	年衰轉窮迫
어진 사람이 마땅히 불쌍히 여기리	仁者宜慘慼
아득한 천지의 안에	茫然覆載內
서글프다 덧없이 백발 되어가네	惻愴空垂白

겨울철에 눈은 내리지 않고 때때로 차가운 비가 내렸다
冬月無雪 時有凍雨

농부들 풍년 점칠 때	農家占歲穰
많은 눈을 그 조짐으로 여기니	多雪以爲候
모름지기 섣달 전에 하얗게 내려야	須憑臘前白
냉이와 보리가 무성할 줄을 징험하는데	始驗薺麥茂
올해는 겨울에도 가무니	今年冬亦旱
등륙이 바야흐로 소매 거뒀구나[147]	滕六方斂袖
월나라 개들이	豈看越中犬
놀라 달리는 꼴을 어찌 보랴[148]	驚惶競奔走
씽씽 부는 서남풍	蕭蕭西南風
구름과 혹 서로 어우러져	雲物或相媾
때때로 지나는 비 불어오니	有時吹過雨
섣달[149]에 처마 물 쏟아지네	季月傾屋霤

147 등륙(滕六)이……거뒀구나 : 등륙은 눈을 관장한다는 귀신의 이름이다. 등륙이 열심히 일해야 눈이 내릴 텐데, 그가 팔짱끼고 있으므로 눈이 내리지 않는다는 말이다.

148 월(越)나라……보랴 : 눈이 내리지 않는다는 말이다. 월나라는 남쪽에 위치하고 있어서 눈이 잘 내리지 않기 때문에 눈이 내릴 때에는 개들이 이상하게 여겨 짖는다고 한다. 당(唐)나라 유종원(柳宗元)의 글에 "내가 남쪽으로 온 지 2년째 되던 해 겨울에 다행히 큰 눈이 내려서 오령 너머로 남월의 몇 고을을 덮었는데, 몇 고을의 개들이 모두 놀라서 짖고 물어뜯으며 미친 듯이 날뛰기를 며칠씩 하다가 눈이 없어진 뒤에야 그쳤다.〔僕來南二年, 冬幸大雪, 踰嶺被南越中數州, 數州之犬, 皆蒼黃吠噬狂走者累日, 至無雪乃已.〕"라고 하였다.《柳河東集 卷34 答韋中立書》

쏟아지는 소리만 들릴 뿐	只得聽滂沱
어찌 눈가루 흩날리는 모습을 보랴	何當睹紛糅
높은 하늘에 찬 물기 쌓여도	上天積寒液
건양[150]이 중간에 얽혀 있어	愆陽乃中構
날리는 눈발이 공중에서 춤추다가	飛霙舞空宇
땅에 닿을 때면 녹아 쏟아지네	到地融更驟
지맥이 갈수록 단단히 엉겨	土脈轉嚴凝
들밭이 얼어 갈아엎을 수 없네	原田凍莫覆
대성께서 지극한 이치 따라 만들었는데	大聖陶至理
해로운 기운이 어찌 잠복했는가[151]	害氣胡潛寇
재앙을 번거롭게 자주 기록했을 뿐	沴祲煩屢書
아름다운 징조는 끝내 만나기 드물었네	休徵終鮮覯
소인은 진실로 자기만 챙기니	小人苟自私
주린 입과 배를 어찌 구제하랴	口腹那可救
아아 황왕의 시대여	嗚呼皇王代
천년토록 길이 고개 돌려 그리네	千載長廻首

149 선달 : 계월(季月)은 사계절의 마지막 달로, 계춘(季春), 계하(季夏), 계추(季秋), 계동(季冬)을 가리키는데, 지금은 겨울을 말하고 있으므로 선달을 의미한다.

150 건양(愆陽) : 지나치게 왕성한 양기(陽氣)로 겨울철에 날씨가 지나치게 따스한 것을 뜻한다. 《춘추좌씨전》 소공(昭公) 4년 기사에 "겨울에는 건양이 없고 여름에는 복음이 없게 된다.〔冬無愆陽, 夏無伏陰.〕"라고 하였다.

151 대성(大聖)께서……잠복했는가 : 성인이 하늘의 운행을 살펴 절기를 만들었는데, 절기에 맞지 않는 기상 현상이 나타난다는 말이다.

성천 부사를 지낸 이정오[152]의 한가한 거처를 생각하다
懷李成川靜吾閑居

신평의 동쪽 언덕과 공진의 서쪽	新坪東岸貢津西
조각배로 조수 타고 가면 길 잃지 않을 텐데	一葦乘潮路不迷
다만 역경 속에 법망에 걸려	只爲風霜罣網罟
세월 흘러도 만나지 못하네	徒令歲月阻提携
나는 기러기도 여전히 찬 물가에 의지했는데	飛鴻尙自依寒渚
자는 새가 어찌 옛 둥지를 싫어하랴	宿鳥何曾厭故棲
늘그막에 한가로운 신세야 비록 같다지만	縱說衰年同偃息
가련하게도 근심과 즐거움 같지 않네	可憐憂樂兩難齊

152 이정오(李靜吾) : 이지정(李志定, 1588~1650)으로, 본관은 여주(驪州), 자는 정오, 호는 청선(聽蟬)이다. 1642년(인조20) 1월에 성천 부사(成川府使)에 임명되었다가 이계(李烓)의 장인이라는 이유로 그해 11월에 파직되었다.

대사간 조일장[153]이 소장을 올려 시정에 대해 말하였다. 임금께서 부르는 명령을 받고 달려가며 출발에 앞서 시를 부쳐 오므로 그 운자에 맞춰 짓다

趙大諫日章拜疏言時政 仍趨召命 臨行寄詩 次韻

물길이 동서로 가까이 이어지지만	川路東西近接連
찬 물결이 배를 막아 오래 근심했네	長愁寒浪礙湖船
몸은 아직도 누런 먼지 속에 머물렀는데[154]	形容尙滯黃塵裏
우로가 자개의 가에 새로 기울었네[155]	雨露新傾紫蓋邊
애쓴들 서로 볼 날 기약할 수 있을까	努力倘期相見日
미끄러진 신세로 돌아갈 해 정하지 못한 것을	蹉跎未卜定歸年
듣자니 검석 모시고 쌍궐에 조회한다니[156]	遙聞劍舃朝雙闕
거듭 소장으로 임금님 감동시키시게	重把封章感九天

153 조일장(趙日章) : 조경(趙絅, 1586~1669)으로, 본관은 한양(漢陽), 자는 일장, 호는 용주(龍洲)·주봉(柱峯), 시호는 문간(文簡)이다.

154 몸은……머물렀는데 : 이민구 자신이 아직도 유배 중에 있음을 말한 것이다.

155 우로(雨露)가……기울었네 : 조경이 임금의 소명(召命)을 받아 조정에 나가게 되었다는 말이다. 자개(紫蓋)는 하늘의 두우(斗牛) 사이에 떠도는 운기(雲氣)로, 옛날 술사(術士)들이 제왕의 상징으로 여겼다.

156 듣자니……조회한다니 : 조경이 조정에 출사한다는 말이다. 검석(劍舃)은 칼과 신을 말한다. 황제(黃帝) 헌원씨(軒轅氏)가 죽는 날을 택하여 신하들과 작별하고 죽자 교산(橋山)에 장례 지냈는데, 나중에 산이 무너진 뒤 무덤을 보니 "관이 텅 비어 있고 오직 칼과 신발만 관 속에 남아 있었다.〔棺空, 唯有劍舃在棺焉.〕"라는 전설이 있다. 《列仙傳 卷上 黃帝》 이 고사에서 유래하여 검석은 제왕의 죽음을 의미하는데, 여기서는 직접 임금을 가리키는 말로 사용되었다.

늙고 병들다
老病

세월 속에 덧없이 늙고 歲月催我老
기한으로 병 심해지니 饑寒添我病
어느덧 십 년 사이에 荏苒十年間
곱던 모습[157] 나도 모르게 삭았네 暗鑠菁華盛
장수와 요절은 정해진 운명 있으니 脩短亦固有
어찌 남은 목숨 아까우랴만 奚足矜餘命
구복의 사사로움이 所畏口腹私
어지럽게 청정한 정신에 누가 될까 두렵구나 紛然累淸淨
이런 생각으로 진솔함 간직하여 以玆葆眞率
감히 졸렬한 성품 상하게 하지 않노라 不敢傷拙性
물욕이 한 세상을 몰아 物欲敺一世
자잘한 잇속에도 모두들 다투네 錙銖共趨競
칠 척의 몸으로 사특한 이익 따르면 七尺徇邪羸
천금은 함정으로 유인하는 미끼라네 千金餌機穽
득실을 알기 쉽건만 得失易昭晳
귀천을 막론하고 저마다 끝까지 매달리네 貴賤各終竟

157 곱던 모습 : 청화(菁華)는 영화(英華)와 같은 말로 젊은 시절을 뜻한다. 두보(杜甫)의 시에 "근력이 어떤지 처자식이 묻고, 청화는 세월 따라 변천하누나.〔筋力妻孥問, 菁華歲月遷.〕"라고 하였다. 《杜少陵詩集 卷19 秋日夔府詠懷奉寄鄭監李賓客一百韻》

앞날이 어찌 오래 남았으랴　前期豈復久
날마다 밝은 거울에서 징험할 수 있네　日可驗明鏡
바라건대 하늘이 한가로움 빌려주어　願天假優游
늘그막에라도 너그러운 정사 미쳤으면[158]　衰齡及寬政

158 바라건대……미쳤으면 : 해배되어 한가로운 노년을 보내고 싶다는 바람을 읊은 것이다.

입춘

立春

섣달[159]도 어느덧 끝나가니	季月已云末
사계절이 계속 옮겨가네	四時相與遷
지난날을 어찌 아까워하랴	何堪惜往日
흐르는 세월 한하지 않노라	未敢恨流年
기후가 궁음의 뒤에 바뀌어	氣轉窮陰後
봄이 소세 앞에 생겨나네[160]	春生小歲前
강산에 매화와 버들 생동하건만	江關梅柳動
쇠한 터럭만 홀로 처량하다	衰鬢獨悽然

159 섣달 : 계월(季月)은 사계절의 마지막 달로, 계춘(季春), 계하(季夏), 계추(季秋), 계동(季冬)을 가리키는데, 지금은 겨울이므로 섣달을 의미한다.

160 봄이……생겨나네 : 섣달 그믐 이전에 입춘이 되었다는 말이다. 소세(小歲)는 제일(除日)을 가리킨다.

새벽에 일어나

曉起

밝은 달빛이 차갑게 갠 하늘 열어	雪月開寒霽
창으로 들어와 자는 게으름뱅이 깨우네	房櫳破睡慵
닭 울음이 나그네 잠자리에 이어지고	鷄聲連客枕
사람들 소리와 절구소리 어우러지네	人語雜村舂
표주박 물은 내게 있지만	瓢飮從吾有
술과 밥은 스스로 마련 못하니	壺飧不自供
구학이 가까운 줄 알아[161]	亦知溝壑近
노래도 차분하네	歌嘯且從容

161 구학(溝壑)이……알아 : 죽을 날이 가까운 것을 안다는 말이다.

선달 그믐의 노래
除夕行

오늘밤 어떤 밤인가 그믐도 끝나니	今夕何夕夕已除
외로운 등불 아래 홀로 앉아 한밤까지 근심하네	孤燈獨坐愁夜央
앞날 손꼽아보니 자못 덧없고	屈指前期殊草草
지난날 돌아보니 망망하기만	回首往者徒茫茫
희화가 채찍 잡고 해 수레 몰아가니	羲和操鞭鞭日轂
육룡이 급히 달려 세월 머물지 않네[162]	六龍行急無留光
남하의 남쪽에 시내와 골짝 깊은데	南河之南川壑深
노인은 백발로 산 양지쪽에 살아가네	老人白髮依山陽
십 년 동안 고향으로 돌아가지 못했는데	故國十年魂不歸
맑은 한강물 푸른 바다에 길게 이어졌네	淸漢水接滄溟長
큰 물결 하늘에 넘실대니 하늘 검어지고	洪濤漫天天爲黑
발해에 길 끊겨 뱃길 모르누나	渤澥路斷迷舟航
비바람 씽씽 불어 기러기 굶주리고	風雨蕭蕭鴻雁飢
얼음과 눈 막막하게 내려 용이 숨는구나	氷霰漠漠龍蛇藏
남아에게 천명이 있고 애써 밥 먹으니	男兒有命且强飯

162 희화(羲和)가……않네 : 세월이 멈추지 않고 빠르게 흐름을 읊은 것이다. 희화는 해를 몰고 다닌다는 고대 신화 속의 인물이다. 희화가 동해 밖 희화국(羲和國)에서 새벽마다 여섯 마리의 용이 끄는 수레에 태양을 싣고 용을 몰아 허공을 달려 서쪽의 우연(虞淵)에까지 이르러 멈춘다고 한다.《山海經 卷10 大荒南經》

타향살이가 어찌 나를 아프게 하랴 羈旅豈得令我傷
집은 가난해도 다행히 술동이 있으니 家貧幸足具尊罍
몸 밖의 일은 모두 덧없는 세월에 맡기노라 身外一任流景催
새벽닭 울지 않고 밤도 끝나지 않았는데 晨鷄未叫宵未分
잠시 등불 들고 거니노니 暫携燭影相徘徊
서글픈 이 마음 어이할까 如何惻愴中心哀

동주집

시집 제10권

詩 시

병술년(1646, 인조24) 설날에 눈이 내리다
丙戌元日雨雪

오랜 나그네 계절 변화에 자주 놀라는데	久客頻驚節序移
새봄 되니 떠돌이 마음 더욱 서글퍼라	新春轉覺旅情悲
설날[1]에 눈 내려 호서지방 잠겼다가	三元雨雪沈湖甸
하룻밤에 얼음 녹아 바닷가 말끔하다	一夜氷澌淨海涯
가까운 포구에 땅 녹아 일찌감치 나물 캐고	近浦泥融挑菜早
강 오르는 조수 거세 고기 잡기 더디구나	上江潮悍網魚遲
흡사 《형초세시기》에서 풍토 묻고	似從荊楚詢風壤
세시 기록하는 《도경》에 채택될 듯하네	兼採圖經記歲時

1 설날 : 삼원(三元)은 음력 정월 초하루를 말한다. 연(年), 월(月), 일(日)의 시작이기 때문에 그렇게 부른다.

김선술[2]의 〈상억〉 운자에 맞춰 짓다
次金善述相憶韻

오래도록 생성이 고르지 않은 줄 알고 있었지만	久信生成百不均
십 년 떠돌이 생활 진실로 달가우랴	眞甘流落十經春
마른 물고기는 물로 적셔주길 바라는데[3]	枯魚實覬霑濡沫
자벌레는 굽히면 펴진다고 헛되이 전해지네[4]	尺蠖虛傳有屈伸
정월에 강가 기러기에게 소식 전해주니	正月音書江上雁
늙은 얼굴 꿈속에 그리던 사람이네	衰年顏面夢中人
조각배에 닻줄 풀 날 언제일까	扁舟解纜知何日
푸른 비늘처럼 펼쳐진 맑은 물결만 보노라	唯見晴波展翠鱗

2 김선술(金善述) : 김효건(金孝建, 1584～1666)으로, 본관은 안동(安東), 자는 선술, 호는 경현옹(警弦翁) 또는 경옹(警翁)이다.

3 마른……바라는데 : 《장자(莊子)》〈대종사(大宗師)〉에 "물이 바짝 말라 물고기들이 땅바닥에 있게 되면, 서로 김을 내뿜어 축축하게 해 주고 서로 거품으로 적셔 주지만, 강과 호수에서 서로 잊고 사느니만 못하다.〔泉涸, 魚相與處於陸, 相呴以濕, 相濡以沫, 不如相忘於江湖.〕"라고 하였다. 여기서는 이민구가 유배 중에 있으므로 자신을 물이 없는 곳에 있는 물고기 신세에 비유하여 읊은 것이다.

4 자벌레는……전해지네 : 이민구가 한 번 유배된 뒤로 해배되지 못하였는데, 사람들은 잘못되는 때가 있으면 잘되는 때도 있다고 말한다는 것이다. 《주역》〈계사전 하(繫辭傳下)〉에 "자벌레가 몸을 굽혀 움츠리는 것은 장차 몸을 펴기 위함이요, 용과 뱀이 숨는 것은 자신의 몸을 보전하기 위함이다.〔尺蠖之屈, 以求信也. 龍蛇之蟄, 以存身也.〕"라는 말이 있다.

1월 7일에 술을 마주하고

人日對酒

인일의 풍연이 버들가지 씻어내니	人日風煙浣柳絲
봄날 맑은 경치가 점점 펼쳐진다	韶年淑景漸舒遲
향기 머금은 채화수[5]에서 봄 풍경 빌려	籠香綵樹賒春色
병 무릅쓰고 쇠한 얼굴로 애써 술 마시네	撥病衰顔强酒巵
돌아가는 기러기 구름 위로 하늘 높이 날아가고	歸雁上雲經碧落
헤엄치는 물고기 뛰어올라 잔물결 일으키네	游魚陟水動漣漪
황량한 성 오두막집에 얽매인 신세[6]	荒城斗屋還匏繫
물태에 놀라 늙은이 더욱 슬프구나	物態驚心老更悲

5 채화수(綵花樹) : 채수(綵樹)는 채화수와 같은 말로, 당 중종(唐中宗) 때 입춘일(立春日)이면 신하들에게 봄맞이를 하게 하고, 대궐에서 채화수를 내다가 한 사람에게 한 가지씩 하사했다고 한다.

6 얽매인 신세 : 이민구가 아직도 귀양살이하며 초라한 집에 살고 있다는 말이다. 포계(匏繫)는 박이 매달려 있다는 말이다. 《논어》〈양화(陽貨)〉에 "내가 어찌 뒤웅박과 같겠는가. 어찌 그처럼 한 곳에 매달린 채 먹지도 못하고 지낼 수 있단 말인가.〔吾豈匏瓜也哉, 焉能繫而不食.〕"라고 하였다.

딱따구리

啄木

붉은색 얼룩무늬 새가	有鳥赤斑文
딱딱 마른 나뭇가지 쪼는데	啄啄枯樹枝
마른 가지 먹을 게 없어	枯枝無所食
부리랑 깃털만 닳고 빠지지	口禿毛羽衰
낮은 곳에 먹을 벌레들 많아도	地卑饒蟲蝦
비리고 썩어서 먹이로는 알맞지 않네	腥腐乃非宜
돌아가자니 예전 살던 숲 먼데	歸飛故林遠
홀로 자려니 바람마저 불어오네	獨宿天風吹
오동나무에는 봉황 깃들고[7]	梧桐鳳凰棲
쑥 아래에는 갈가마귀 모여들지[8]	蒿下聚鸒斯
뜻을 붙임에 진실로 마땅한 곳 있으니	托意固有在
어찌 감히 굶주림을 마다하랴	豈敢辭苦飢

7 오동나무에는 봉황 깃들고 : 《시경》〈권아(卷阿)〉에 "봉황새가 우는구나, 저 높은 뫼에서. 오동나무가 자라는구나, 저 아침 해가 뜨는 동산에서.〔鳳凰鳴矣, 于彼高岡. 梧桐生矣, 于彼朝陽.〕"라고 하였다.

8 쑥……모여들지 : 완적(阮籍)이 지은 〈영회(詠懷)〉에 "파랑새는 바닷가에서 노닐고 갈가마귀는 쑥 아래로 날아든다.〔青鳥海上遊, 鸒斯蒿下飛.〕"라고 하였다.

뻐꾸기
布穀

봄 되자 뻐꾸기 울다가 春至布穀鳴
여린 뽕나무 숲에 내리네 飛下柔桑林
훨훨 어디에서 오는가 翩然自何來
절기에 응해 고운 소리 토해내네 應節吐佳音
농사철에 좋은 시절 기억하여 農月紀嘉候
저 농부의 마음 권해 주니[9] 勸彼耕者心
온 세상이 쟁기질하여 服耒遍四海
농사일 시작함은 예나 지금이나 같아라 俶載通古今
성안 까마귀 한밤중에 울어대고 城烏啼半夜
물가의 학은 흐린 가을을 알리지만 水鶴警秋陰
시절 알아 사람의 일 도와주니 感時協人功
이 새만도 못하구나 不如此微禽

9 농사철에……주니 : 뻐꾸기는 본디 파종(播種)할 때에 우는데, 뻐꾹뻐꾹 하고 우는 소리가 마치 "씨 뿌려라, 씨 뿌려라.〔布穀布穀〕"라고 하는 듯하기 때문에 농사일을 권면하는 새로 알려져 있다.

뱁새

鷦鷯

뱁새는 대단히 작아	鷦鷯至細微
풀 밑에 둥지 틀지	結巢在草根
산택이 넓은 줄도 모른 채	不知山澤曠
울타리 주위에서만 노는데	遊戲於籬藩
어이할까 약삭빠른 아이들이	奈何群黠兒
덫 놓아 나는 놈 잡는구나	設機掩飛翻
새장 속에 잡아넣고	羈縶閉籠中
낟알 쪼개 아침 모이로 주네	析粒充朝飧
삶아지고 구워질까 두려운데	兼存湯火懼
어찌 도량의 은혜를 바라랴[10]	豈慕稻粱恩
끝내 비록 그물에서 벗어나도	終雖脫羅網
감히 날아오를 생각 하지 못하네	未敢思騰騫

10 새장……바라랴 : 도량(稻粱)은 보통 곡물(穀物)의 대칭(代稱)으로 쓰이나, 여기서는 새들의 모이라는 뜻으로 쓰였다. 두보(杜甫)의 시에 "그대는 양지 찾아 떠나는 기러기 철새를 보았나, 각자 모이 찾는 꾀를 가지고 있다네.〔君看隨陽雁, 各有稻粱謀.〕"라는 표현이 있다.《杜少陵詩集 卷2 同諸公登慈恩寺塔》 새장 속에 갇힌 뱁새가 언제 죽을지 모르는 두려움 때문에 모이에 대한 그리움을 생각하지 못한다는 말이다. 이민구 자신이 유배 온 상황을 뱁새의 처지를 빌어 비유한 것이다.

황새

鸛雀

의젓한 황새 한 쌍	軒然雙鸛雀
높은 나무 끝에 올라 깃드네	上棲高樹顚
뱀 먹여 새끼 기르는데	養雛哺以蛇
육박전 벌이더라도 삶은 것은 사양하지[11]	肉薄謝烋煎
사냥꾼의 그물 너를 잡지 않아	虞羅不汝規
새끼와 어미가 모두 천수 누리지	子母盡天年
근래 들으니 산융의 무리들이	近聞山戎徒
급히 큰 깃을 모으려고	急採大羽鮮
숲 속 누비며 활을 쏘아	彈射遍林木
큰 깃이 굳센 활에 꺾인다지[12]	巨翮摧勁弦
무기를 늘 사용하니	干戈旣常用
나는 짐승인들 어찌 온전하랴	飛動寧幸全

11 뱀……사양하지 : 황새가 뱀과 육박전을 벌여 뱀을 잡는다 해도 새끼에게 기어이 날고기만 먹인다는 말이다.

12 근래……꺾인다지 : 산융(山戎)은 흉노(匈奴)의 한 갈래로 북융(北戎)이라고도 한다. 뒤에 북방 소수민족의 범칭으로 쓰였는데, 여기서는 청나라를 가리키는 것으로 보인다. 산융이 화살을 만들기 위해 큰 깃을 서둘러 모으기 시작하였으므로 황새를 잡으러 다닌다는 말이다.

바다 학

海鶴

눈처럼 흰 바다 학	海鶴白如雪
본래 청전산[13]에서 나왔지	本出青田山
백사장에서 노닐면서	身遊雲沙際
물고기와 새우 노리는 줄 알았더니	意在魚蝦間
온종일 비리고 썩은 고기만 먹으며	終朝啄腥腐
얕은 물가 떠나지 않네	不離淺水灣
연무 낀 요지에는	瑤池煙霧境
꿈 끊겼으니 언제 돌아갈까[14]	夢斷何時還
세상 사람들 겉모습만 보고서	世人苟外觀
너의 우아한 자태 아끼지만	愛爾羽儀閑
푸른 하늘에 진짜 학 있으니	碧霄有眞骨
아득하다 어찌 오를 수 있을까	杳然焉可攀

13 청전산(青田山) : 중국 절강성(浙江省) 청전현(青田縣) 북서쪽에 있는 산이다. 학의 서식처(棲息處)라고 한다.

14 연무(煙霧)……돌아갈까 : 바다 학이 신선 세계에 가지 못한다는 말이다. 요지(瑤池)는 옛날 목천자(穆天子)가 서왕모(西王母)에게 술을 대접하던 곳으로, 선경(仙境)을 말한다.

만아[15]가 말하기를 "귀신과 물은 서로 유사한 점이 있으니 물은 볼 수 있지만 잡으면 사라지고, 귀신도 볼 수 있지만 잡으면 사라집니다. 그러므로 귀신과 물은 서로 유사한 점이 있다고 하는 것입니다."라고 하였다. 그 말이 우연히 새로운 이치를 이끌어 냈기에 재미삼아 일전어[16]를 짓는다

萬兒曰 鬼與水相似 水可見而捉之則無有 鬼亦可見而捉之則無有 故曰 鬼與水相似 其言偶出新理 戲下一轉語

물은 움직여 잡기 어려우니	水哉活難摸
그 본성에 대해 들어본 적 없고	空性泯聲聞
양양한 귀신은	洋洋者鬼神
잡으면 형체 사라지지	攬之則形遁
텅 비고 맑음이 서로 비슷하여	虛明浩相接
같은 기운임이 날마다 운행하는 데서 드러나지	一氣著日運
네가 이것을 시냇가에서 터득하였으니	爾得之川上
이치란 멀리 있는 것이 아니구나	斯理庶不遠
일곱 살 어린애가 오묘한 진리 어찌 알았을까	七齡眇何知

15 만아(萬兒) : 이민구의 아들 이만규(李萬揆)를 가리키는데, 정확한 생애는 고증할 수 없다. 다만 《동주집(東州集)》 시집(詩集) 권19에 〈만아를 염하다〔殮萬兒〕〉라는 시가 있는데, 그 원주(原註)에 "네가 나의 아들이 된 지 16년이다.〔汝之爲我子十六年.〕"라고 하였으므로, 요절하였음을 알 수 있다.

16 일전어(一轉語) : 깨달음의 계기를 제공해 주는 한 마디의 번뜩이는 선어(禪語)를 말한다.

문견 적어도 마음이 있기 때문이지[17]	窾启具方寸
어찌 반드시 나의 심오한 도에 참여하랴[18]	那須預我玄
《잠부론》[19] 짓기를 기다리노라	待作潛夫論

17 일곱……때문이지 : 이만규가 일곱 살의 어린 나이에 배운 것은 별로 없지만, 물의 본성과 귀신의 본성이 같음을 깨달을 수 있었던 것은 마음을 갖고 있기 때문일 것이라는 말이다.

18 어찌……참여하랴 : 한(漢)나라 양웅(揚雄)의 아들 동오(童烏)가 아홉 살의 나이에도 자질이 훌륭하여 부친이 《태현경(太玄經)》을 저술할 때 함께 토론하기도 했는데, 일찍 죽은 일이 있기 때문에 이렇게 읊은 것이다.

19 잠부론(潛夫論) : 후한(後漢)의 왕부(王符)가 난세를 만나 강직한 지조 때문에 세상에 용납되지 못함을 분개하여 지은 책이다. 왕부는 이 책에서 당시의 폐정(弊政)을 통절히 비판하였다.

호남으로 가는 이생을 전송하다

送李生赴湖南

하늘 끝에 어지러운 봉우리들	天際亂峯稠
엷은 구름에 먼 시름 이누나	輕陰生遠愁
길가는 사람 희미한 새벽달 아래	行人乘曉月
말 몰아 봄 강물 건너네	驅馬渡春流
옛 역참에는 매화가 피려 하고	古驛梅花動
앞 들판에는 풀싹이 돋는구나	前郊草氣浮
그대가 서둘러 돌아가는 마음 아나니	知君歸興早
안개비가 서쪽 밭에 두루 내리네	煙雨遍西疇

마포 강가에 있는 집이 생각나서 허유선[20]에게 부치다. 그곳에는 꽃나무가 많이 있었다

有懷麻浦江舍 因寄許惟善 以有花木之饒

강호의 흰 물결이 사립문까지 들어오고	江湖煙浪浸柴扉
언제나 일렁이는 여울이 낚시터에 스쳤지	日夜風湍拂釣磯
물가에 핀 맑은 꽃을 누가 감상할까	誰賞晴花臨水發
사람 가까이 나는 갈매기도 어여뻤지	遙憐白鳥傍人飛
이웃집 작은 둑에 봄빛 일렁이고[21]	隣家小塢藏春色
물가 정자는 석양에 물들겠지	近渚虛亭鎖夕暉
친구에게 전하노니 나를 생각하시는가	傳語故交相憶否
상담에 떠도는 신세 돌아가지 못한다네[22]	湘潭流落未言歸

20 허유선(許惟善) : 허보(許寚, 1585~1659)로, 본관은 양천(陽川), 자는 유선, 호는 동강(東岡)이다.

21 작은……일렁이고 : 북송(北宋)의 조경순(刁景純)이 벼슬을 그만두고 향리로 돌아오자, 당시의 명류(名流)들이 그를 맞이하여 장춘오(藏春塢)라는 작은 둑 모양의 화단을 만들어 주었다. 《異聞錄》 소식(蘇軾)의 시에 "장춘오 안에는 꾀꼬리와 꽃이 다투고, 인수교 가에는 일월이 길어라.〔藏春塢裏鶯花鬧, 仁壽橋邊日月長.〕"라고 하였다. 《東坡全集 卷6 贈張刁二老》

22 상담(湘潭)에……못한다네 : 상담은 초(楚)나라 굴평(屈平)이 쫓겨나 상강(湘江) 가에서 배회하다가 멱라연(汨羅淵)에 빠져 죽은 데서 유래하여 귀양지의 다른 표현으로 사용된다. 《古文眞寶後集 卷1 離騷經》 여기서는 이민구가 바닷가의 아산(牙山)으로 유배 와서 아직 고향으로 돌아가지 못하고 있음을 말한 것이다.

비가 개다

雨晴

굳은비로 우중충한 봄날 積雨晦方春
빽빽한 구름 걷히지 않더니 陰氣鬱未褰
오늘 아침 맑은 해 떠올라 今朝晴日出
풍경이 눈부시게 고와라 光景耀且鮮
높은 곳에 올라 들판 바라보니 登高望原野
넘실넘실 긴 시내가 가로질러 흐르는데 瀰漫亘長川
고향은 아득히 어디쯤일까 故國眇何許
하늘과 물이 서로 맞닿았네 天水相與連
나루에서 한 발짝도 벗어나지 못하는데 津梁限咫尺
하물며 먼 귀향길을 생각하랴 況念歸路綿
아득히 북쪽으로 가는 기러기는 冥冥北徂雁
힘껏 날아서 호숫가 떠나 擧翮辭湖堧
무리지어 북쪽 변방 향해 聯翩紫塞影
훨나라 풍연 속을 날아가네 飄戾越風煙
이미 주살 맞을 두려움도 없으니 旣免矰弋懼
마음대로 날고 앉겠지 翔集任所便
먹이를 어찌 생각하지 않으랴만 稻粱豈不懷
고향생각에 끌리기 때문이라네 蓋爲鄉思牽
나는 괴롭게도 날개 없어 我苦乏羽翰
날고자 해도 할 수 없구나 奮飛無因緣

저 맑은 한강 가 돌아보니	眷彼淸漢上
떠난 뒤로 세월 흘렀네	別來歲月遷
이내 신세 새를 부러워하며	人生羨禽鳥
애처롭게 늘그막 아파하노라	怛然傷暮年

흰 두견화가 활짝 피다

白杜鵑盛開

병 많아 셋집에서 낮에도 잠만 자느라	多病僑居閉晝眠
봄 내내 꽃구경 한 번 못했는데	一春花事摠茫然
오늘 아침 우연히 봄바람 따라 나섰다가	今朝偶逐東風出
뜰 앞의 흰 두견화 보노라	要看庭前白杜鵑

황어

黃魚

저무는 봄 푸른 물에	碧水三春暮
황어가 한 치 남짓 자랐구나	黃魚一寸餘
비록 주거에 비교되지만	雖云比邾莒
해초나 채소에 섞이는 것은 맞지 않지[23]	未合混鮭蔬
역로에서 구름 따라 말 달려	驛路隨雲騎
얼음 쟁반에 담아 조정에 올리기도 하련만	氷盤薦玉除
강호에서는 더욱 신선하고 맛있으니	江湖益鮮美
젓가락 멈추고 임금님 그리누나	輟筯戀宸居

23 비록……않지 : 황어가 비록 작은 물고기지만 맛이 좋아서 수초나 채소에 비길 바가 아니라는 말이다. 주거(邾莒)는 본래 춘추 시대의 아주 작은 두 나라인데, 여기서는 물고기를 의미한다. 《낙양가람기(洛陽伽藍記)》 권3 〈성남(城南)〉에 "왕숙(王肅)이 고조(高祖)와 함께 대궐의 연회에 참석하였는데, 왕숙이 양고기를 많이 먹으므로 괴이하게 여겨 '양고기와 물고기 중 어느 것이 맛있는가.'라고 하였다. 왕숙이 '양을 큰 제나라와 노나라에 비긴다면 물고기는 작은 주나라와 거나라에 비길 수 있는데, 저는 양고기를 좋아합니다.' 했다."라는 말이 있다.

꽃 일

花事

마당에 수없이 날리는 꽃잎 가여운데	爲惜庭花萬點飛
향기로운 이슬 따라 옷에 가득 붙네	從他香露滿人衣
벌들도 풍류 아는지	遊蜂亦解風流事
가지 사이에 잠들어 밤에도 돌아가지 않네	留宿枝間夜不歸

지겨운 장마
愁霖

푸른 산 남쪽 바라보니 저녁 구름 잠겨	靑山南望暮雲沈
삼월 하늘 오래도록 구름에 갇혔네	三月遙天鎖久陰
고향에도 봄날 지나리니 유배객 한스럽고	故國經春遷客恨
오두막집에서 늙은 농부 종일 근심하네	窮簷終日老農心
강 복판 흰 물결은 천 겹으로 출렁이고	江中白浪千層湧
언덕 위 누런 진창은 한 길이나 깊구나	壟上黃泥一丈深
자고로 장사는 낮고 습한 땅이라서	自古長沙卑濕地
날 위해 지겨운 장마에 화답할 이 없구나[24]	無人爲我和愁霖

24 자고(自古)로……없구나 : 유배지인 아산에 자신을 위해 화답해 줄 사람이 없다는 말이다. 장사(長沙)는 비습(卑濕)한 땅으로, 한나라 때 가의(賈誼)가 좌천되었던 고사가 있기 때문에 유배지나 좌천된 지역을 의미하게 되었는데, 여기서는 아산을 가리킨다. 《사기(史記)》 권84 〈굴원가생열전(屈原賈生列傳)〉에 "가생이 이미 하직하고 길을 나섰는데, 장사는 지대가 낮고 음습하다는 말을 듣고 스스로 오래 살지 못할 것이라 생각하였다. 또 귀양 가는 길이라 마음도 언짢았다.〔賈生旣辭往行, 聞長沙卑濕, 自以壽不得長. 又以適去, 意不自得.〕"라고 하였다.

산에서 살다가 공진으로 이사하다

自山居移寓貢津

일명 하남포라고도 한다.

유배객 동주[25] 집 자주 옮겨	東州遷客卜居頻
남포로 이사하니 우물과 부엌 새롭다	南浦移家井竈新
곳곳의 가시덤불도 다 조금씩 살았고[26]	著處荊榛俱染指
인연 따라 쑥과 도경처럼 잠시 머무네[27]	隨緣蓬梗暫棲身
어찌 계수나무 잡는 은사와 같으랴	寧同隱士攀叢桂
다만 백빈 바라보는 시인과 같다네[28]	秖似騷人望白蘋

25 유배객 동주(東州) : 이민구 자신을 가리킨다. 1631년(인조9) 이후 이민구는 동주라고 자호(自號)하였다. 《東州集 文集 卷4 東州山人說》

26 곳곳의……살았고 : 염지(染指)는 손가락에 찍어 맛을 본다는 말이다. 춘추 시대 초(楚)나라 사람이 정 영공(鄭靈公)에게 자라를 바쳤다. 마침 자공(子公)이 자가(子家)와 함께 입궐하였는데, 자공의 식지(食指)가 움직이자 자공이 반드시 특별한 진미를 먹게 될 것이라고 했다. 자가로부터 이 이야기를 들은 영공이 자공에게는 자라 요리를 주지 않자, 자공이 노하여 솥에 손가락을 담가 맛보고 나갔다는 고사가 전한다. 《春秋左氏傳 宣公4年》 여기서는 이 고사를 인용하여 거주하기에 좋지 않은 곳도 분수대로 조금씩 살았다는 말이다.

27 인연……머무네 : 이리저리 떠돌며 산다는 말이다. 봉(蓬)은 쑥이고, 경(梗)은 도경(桃梗)인데, 모두 객지를 떠도는 것을 비유한다. 옛날 진흙으로 빚은 토우인(土偶人)이 도경에게 "나는 폭우가 쏟아져서 무너지면 본래의 흙으로 되돌아가 이 땅에 있지만, 자네는 탁류에 휩쓸려 떠내려가서 장차 어디로 갈지 알 수가 없다."라고 말했다는 우화(寓話)가 있다. 《戰國策 卷10 齊策3》

28 어찌……같다네 : 이민구의 처지가 떠도는 유배객일 뿐 은자(隱者)에 비유될 수

강가의 봉전[29] 주인이 누구일까	江上葑田誰是主
강가 어부의 집과 이웃할 수 있으리	洲邊漁屋可爲隣

긴 강가에 사노라니 바람과 물결 가깝고	長干居住近風波
늦봄 그윽한 회포를 짧은 노래에 부치네	春晩幽懷寄少歌
궁한 늙은이 오직 학질 귀신만 따라오는데	窮老相隨唯瘧鬼
사라져도 없어지지 않는 시 귀신 있구나	消磨不盡有詩魔
때때로 조수 타고 가는 학 바라보고	時看水鶴乘潮去
날마다 강 언덕 돌아가는 장오 보노라[30]	日見檣烏轉岸過
한밤중에 거센 비바람에 놀라 깨니	中夜忽驚狂雨急
앞산에 꽃잎이 다 떨어지겠지	前林空想落花多

없다는 말이다. 한 문제(漢文帝) 때에 회남왕(淮南王)의 문객 가운데 소산(小山)이 지은 〈초은사(招隱士)〉에 "계수나무 가지를 잡고 애오라지 머무노니, 범과 표범이 싸우고 큰곰과 작은곰이 포효하도다.〔攀援桂枝兮聊淹留, 虎豹鬪兮熊羆咆.〕"라고 하였는데, 여기에서 유래하여 계수나무 가지를 잡는다는 말은 은거를 의미하게 되었다. 백빈(白蘋)은 흰 마름으로 여기저기 떠다니는 것을 비유한다.

29 봉전(葑田) : 강이나 호숫가에 수상식물이 수년간 쌓이고 썩으며 진흙과 섞여 만들어진 밭을 말한다.

30 날마다……보노라 : 날마다 강굽이 돌아가는 배들을 본다는 말이다. 장오(檣烏)는 돛 위에 매단 까마귀모양의 풍향계로, 배를 의미한다. 까마귀가 물길을 잘 안다고 하여 까마귀 형상으로 만들었다.

한원부원군 만사 조창원[31]

漢原府院君挽詞 趙昌遠

휘음이 임금의 배필에 합당하니 徽音當配極
그 성덕 반드시 근원 있었네[32] 盛德必開源
사람들은 왕비의 바름 우러르고 人仰坤儀正
공은 존귀한 국구 되셨지 公居國舅尊
혜택이 척리에 끼쳐도 脂膏遺戚里
의복을 유문의 전통 따랐네[33] 被服襲儒門
저택에는 풍운의 기운 서렸고 邸第風雲氣

31 조창원(趙昌遠) : 1583~1646. 본관은 양주(楊州), 자는 대형(大亨), 호는 오은(悟隱), 시호는 혜목(惠穆)이다. 1633년(인조11)에 딸이 인조(仁祖)의 계비(繼妃)인 장렬왕후(莊烈王后)로 간택되자 보국숭록대부(輔國崇祿大夫) 한원부원군(漢原府院君)에 봉해졌다.

32 휘음(徽音)이……있었네 : 장렬왕후가 인조(仁祖)의 계비가 되는 데 손색이 없었으니, 왕후의 덕은 조창원의 집안에서 시작되었다는 말이다. 장렬왕후가 조창원의 딸이기 때문에 이렇게 읊은 것이다. 휘음은 후비(后妃)의 아름다운 덕을 표현하는 말이다. 《시경》 〈사제(思齊)〉에 "태사께서 태임의 아름다운 덕을 이어 받으셨다.〔太姒嗣徽音〕"라고 하였다.

33 혜택이……따랐네 : 조창원이 국구(國舅)이면서도 검소하게 생활했다는 말이다. 송시열(宋時烈)의 〈한원부원군조공신도비명(漢原府院君趙公神道碑銘)〉에 "위호가 높아진 뒤에는 말하기를 '내가 포의의 신분으로 부귀가 갑자기 이르렀으니 경계하지 않으면 넘칠까 두렵다.' 하였다. 그러므로 입는 의복과 사는 집을 예전보다 화려하게 꾸미지 않았다.〔旣位號隆崇則曰, 吾以布衣, 貴富驟至, 不戒則懼溢. 故服御第舍, 不加於舊.〕"라고 하였다.

조정에서는 우로의 은혜 내렸지[34] 朝廷雨露恩
산처럼 언덕처럼 장수를 축원하여 岡陵千歲祝
자나 깨나 한 마음에 간직했는데[35] 寤寐一心存
골짝의 배 홀연 꿈이 되어 舟壑俄成夢
의관으로 이미 넋을 거두었네[36] 衣冠已斂魂
높은 수레가 북쪽 궁궐 하직하니 高車辭北闕
비기는 동원에서 나왔네[37] 祕器出東園
아버지 그리는 마음 궁중에 감돌고 孺慕纏中禁
특별한 영예 구원까지 미치네[38] 疏榮及九原

34 저택에는……내렸지 : 조창원의 집에는 훌륭한 신하의 기상이 있고, 조정에서는 임금의 은혜가 베풀어졌다는 말이다. 풍운(風雲)은 풍운제회(風雲際會)의 약칭으로 임금과 신하의 아름다운 화합을 의미한다. 《주역》〈건괘(乾卦) 구오(九五)〉에 "구름은 용을 따르고 바람은 범을 따른다.〔雲從龍, 風從虎.〕"라고 하였다.

35 산처럼……간직했는데 : 조창원의 장수를 바랐다는 말이다. 강릉(岡陵)은 《시경》〈천보(天保)〉의 "하늘이 당신을 보호하고 지켜주시니, 흥하지 않음이 없으리로다. 산 같고 언덕 같고, 산등성이 같고 구릉 같도다.〔天保定爾, 以莫不興. 如山如阜, 如岡如陵.〕"라는 말에서 유래하여 장수를 기원할 때 쓰인다.

36 골짝의……거두었네 : 조창원이 타계(他界)했다는 말이다. 주학(舟壑)은 《장자(莊子)》〈대종사(大宗師)〉에 "골짜기에 배를 숨기고 못 속에 산을 숨겨 놓고 튼튼하다고 생각하지만 한밤중에 힘센 사람이 와서 지고 가도 어리석은 사람은 알지 못한다.〔夫藏舟於壑, 藏山於澤, 謂之固矣. 然而夜半有力者負之而走, 昧者不知也.〕"라고 한 데서 유래하여 죽음을 의미한다.

37 높은……나왔네 : 궁궐에서 장례용품을 보내 주었다는 말이다. 고거(高車)는 신분이 높은 사람이 타는 수레로 여기서는 상여를 가리킨다. 비기(祕器)는 관곽(棺槨) 등의 장례용품을 말한다. 동원(東園)은 한(漢)나라 때 장례용품을 만들던 부서로, 한대에 제왕(諸王)과 공신 등이 죽으면 동원의 비기를 하사하였다고 한다. 《漢書 卷81 孔光傳》

놀란 파도 다 지나간 일인데　驚波俱事往
눈물 떨구며 홀로 울음 삼키노라[39]　迸淚獨聲呑
오랜 우의 나눈 사이로 어릴 적 떠오르니　舊好懷童稚
평생 그 말씀 받들었지　平生奉話言
헤어질 땐 백발에 상심하고　別離傷白髮
만나서는 맑은 술 나누었지　會合展淸尊
이 사람 아직 티끌 세상에 남았지만　此物猶塵土
남은 즐거움 아침일지 저녁일지[40]　餘懽若曉昏
푸른 돌에 새긴다는 소식 들었을 뿐　徒聞刊翠石
붉은 만장 보지 못하네　不得睹朱旛
서글픈 마음으로 칼 걸리라 생각하며　悵望思懸劍
엎어진 동이 이고 서성이오[41]　回遑戴覆盆

38 아버지……미치네 : 장렬왕후가 고인이 된 아버지를 그리워하며 슬퍼하고, 임금의 특별한 총애가 무덤에까지 미쳤다는 말이다. 유모(孺慕)는 어린아이가 부모를 그리워하듯 어버이의 죽음을 슬퍼하며 사모하는 것을 말한다. 소영(疏榮)은 매우 드문 영광이란 뜻으로, 임금의 특별한 총애를 의미한다.

39 놀란……삼키노라 : 조창원의 장례가 끝난 뒤이지만, 이민구는 눈물을 흘리며 슬퍼한다는 말이다. 경파(驚波)는 놀란 파도라는 의미인데, 조창원의 죽음을 의미한다.

40 이 사람……저녁일지 : 이민구가 아직 살아있기는 하지만 죽을 날이 머지않았다는 말이다.

41 서글픈……서성이오 : 장례에 직접 참여하지 못하였으므로, 후에 무덤에 찾아가 조문하겠다는 말이다. 현검(懸劍)은 무덤에 칼을 건다는 말이다. 춘추 시대 오(吳)나라의 계찰(季札)이 사신(使臣)으로 가는 길에 서군(徐君)을 방문(訪問)하였는데, 서군이 계찰의 보검(寶劍)을 갖고 싶어하는 기색이 있자, 계찰은 지금은 상국(上國)으로 사신 가는 중이므로 줄 수 없지만 돌아오는 길에는 주리라고 마음먹었다. 돌아오는 길에 서주(徐州)에 당도해 보니, 서군이 이미 죽었으므로 계찰은 마음속으로 했던 약속

을 지키기 위해 그 칼을 무덤가 나무에 걸어 놓고 떠났다고 한다.《史記 卷31 吳太伯世家》 복분(覆盆)은 엎어 놓은 동이라는 말로, 빛을 받지 못해 깜깜한 그늘에 처해 있음을 나타낸다.《포박자(抱朴子)》 권3 〈변문(辯問)〉에 "해와 달과 별도 엎어 놓은 동이 속까지 비추지는 못한다.〔三光不照覆盆之內也〕"라는 말이 있다. 여기서는 이민구가 유배객이기 때문에 이렇게 읊은 것이다.

만개했던 모란이 지고 작약이 비로소 꽃망울을 터뜨렸다

牧丹盛開旣衰 芍藥始綻

힘들게 꽃 옮겨 심어 진실한 마음 부쳤더니	辛苦移花托意眞
은근히 나에게 한 난간의 봄 보내주네	殷勤餉我一欄春
객지라고 어찌 천성 어기랴	寧從客土違天性
잠시나마 남은 향기의 주인 되네	暫爲餘芳作主人
흐드러진 꽃을 종일 혼자 보았으니	盡日獨看開爛熳
내일 아침에는 어지러이 날리는 모습 마주하리	明朝應對落紛繽
장차 비 온 뒤 무성한 꽃 감상을	將他雨後繁華賞
섬돌 앞 새로 필 작약에 부치리라	付與階前芍藥新

배를 띄우다

泛舟

드넓은 포구에 봄 배 띄우니	春泛滄津闊
구름과 노을에 흥겹기 그지없다	雲霞引興新
높은 돛대에 제비가 익숙히 앉고	高檣留燕慣
뱃전에는 고기들 자주 지나가네	隣舫過魚頻
술과 시 떨치기 어려우니	酒賦知難遣
몸과 마음 절로 친해지네	形神覺自親
미풍 타고 배 돌려 가니	微風舟轉去
석양도 보기 좋아라	落日更宜人

백작약

白芍藥

예주궁 속 이슬에 향기 맺혔는데[42]	蕊珠宮裏露凝香
잠 깨어 보니 흰 꽃 새벽 단장 하는구나	睡起鉛華洗曉粧
심란한 봄바람 어찌할 수 없어	無那春風相惱亂
섬돌 앞에서 흰 무지개 치마로 춤추누나	臨階緩舞素霓裳

42 예주궁(蕊珠宮)……맺혔는데 : 이슬 맺힌 백작약에서 향기가 난다는 말이다. 예주궁은 본래 꽃과 구슬로 장식한 궁궐로 도가(道家)의 경전에 나오는데, 이곳에 신선이 산다고 한다. 여기서는 백작약을 가리키는 말로 사용되었다.

청선옹[43]의 양어를 놀리는 노래 이지정

嘲聽蟬翁養魚行 李志定

아아 청선옹	嗟哉聽蟬翁
생선 좋아해도 매번 먹지는 못하지	嗜魚不恒得
면호[44]의 어촌에 기숙했는데	寄宿沔湖漁
어부들 처음에는 알지 못하였지	漁人初莫識
소반에 삶은 생선 담아내니	中盤進烹鮮
기름진 향기 코를 찌르는데	香膩聞鼻息
늙은 선비 성깔만 깐깐하여	儒老習氣酸
고결하리라 스스로 경계했기에	潔脩內自飭
하찮은 것에도 명분과 의리 따지느라	一芥顧名義
굶주림 견디며 음식 물리치니	忍饑仍却食
하인이 의아해하며	僕御旁錯訝
장자의 마음 알지 못하네	長者意難測
집에 돌아와 생선에 구미 당겨	歸舍口津腥
차려 놓은 음식 옆에서 세 번 탄식했네	三歎飣餖側
서둘러 도주에게 배우고자	急欲學陶朱

43 청선옹(聽蟬翁) : 이지정(李志定, 1588~1650)으로, 본관은 여주(驪州), 자는 정오(靜吾), 호는 청선이다.

44 면호(沔湖) : 충청남도 당진시(唐津市) 면천면의 저수지나 호수를 가리키는 것으로 보이는데 자세하지 않다.

논에 구덩이 파고서[45]	爲穿秔稻域
붕어 기르려 천여 마리나	養鯽滿千頭
굼실굼실 어장에 풀어 놓았네	濈濈縱澤國
이에 공이 며느리와 아들에게 자랑하여	乃公詑婦子
살진 고기를 금방 잡으리라 하였지	獲雋當在卽
가을 깊어 서리 맑을 제	秋高霜露淸
〈구역〉을 시험하리라 여겼는데[46]	謂可試九罭
갑자기 장맛비 쏟아져	淫霖忽沈潦
제방 북쪽 터져 버렸네	缺坼隄障北
여러 물줄기가 골짝으로 쏟아지니	群流瀉幽壑
고기들이 물살 타고 떠내려갔네	鱗介乘水力
큰 물살이 흰 지느러미의 물고기 휩쓸어	洪波擁素鬐
깊은 바다로 달려갔네	下赴滄溟黑
제잠은 잔보다도 작은데	蹄涔小於杯
벗어나고서 다시 생각하랴[47]	旣別肯相憶

45 서둘러……파고서 : 물고기를 기르려고 어장을 만들었다는 말이다. 도주(陶朱)는 범려(范蠡)를 가리킨다. 춘추 시대 월왕(越王) 구천(句踐)의 모사(謀士)였던 범려는 제(齊)나라의 도(陶) 땅으로 가서 스스로 도주공(陶朱公)이라 칭하고는 아들과 함께 농사와 상업으로 거부(巨富)를 이룬 인물이다. 《제민요술(齊民要術)》 권6 〈양어(養魚)〉에 "생계를 마련하는 방법이 다섯 가지가 있는데 수축이 제일이니, 수축이란 이른바 물고기를 기르는 연못이다.〔夫治生之法有五, 水畜第一, 水畜所謂魚池也.〕"라는 말과 함께 어장을 만들어 물고기를 기르는 방법에 대해 설명하는 도주의 말이 보인다.

46 가을……여겼는데 : 늦가을쯤에는 많은 물고기를 잡을 수 있을 것으로 생각했다는 말이다. 《시경》 〈구역(九罭)〉에 "촘촘한 그물 속 물고기, 송어와 방어로다.〔九罭之魚, 鱒魴.〕"라는 내용이 있다.

모든 일은 어긋나기 쉬운 법 萬事喜乖張
분수대로 나물이라도 달게 여기시게 常分甘葱菔
그대가 처마에 걸린 그물 보노라면 君看掛簷網
날아가는 기러기에게 주살 쏜 듯하리[48] 有類飛鴻弋
망망한 구름 파도 사이에 浩渼雲濤間
종일 물고기 그립겠지 終朝羨魚色

47 제잠(蹄涔)은……생각하랴 : 양어장이 몹시 좁았는데 떠내려간 물고기가 그곳을 그리워할 리 없다는 말이다. 제잠은 소발자국에 고인 물이라는 말로, 여기서는 양어장을 의미하는데, 《회남자(淮南子)》〈범론훈(氾論訓)〉에 "소 발자국에 고인 물에서는 큰 물고기가 살 수 없다.〔夫牛蹄之涔, 不能生鱣鮪.〕"라고 하였다.

48 그대가……듯하리 : 물고기를 잡아먹지도 못한 채 잃었으므로, 처마에 걸린 그물을 보면 하늘 높이 나는 기러기를 맞힐 수도 없으면서 주살을 쏜 것과 같은 느낌이 들 것이라는 말이다.

담장 너머의 백규화

墻外白葵花

우뚝하고 눈처럼 흰 모습 곱게 새로 단장하고	亭亭雪貌靚新粧
어여쁘게 풍광에 의지해 담 위로 반쯤 솟았네	嬌倚風光出半墻
동쪽 집에서 송옥 엿보지 마라	莫遣東家窺宋玉
요즘 꿈 없어 〈고당부〉 짓지 못한단다[49]	爾來無夢賦高唐

49 동쪽……못한단다 : 송옥(宋玉)은 전국 시대 초(楚)나라의 시인이다. 그가 〈고당부(高唐賦)〉를 지었는데, 초 회왕(楚懷王)이 고당에서 노닐다가 대낮의 꿈속에서 무산 신녀(巫山神女)를 만나 하룻밤의 인연을 맺고 작별했다는 이야기로 구성되어 있다. 이러한 고사를 인용하여 백규화(白葵花)를 무산의 신녀 같은 미인에 비유하고, 이민구 자신은 송옥처럼 좋은 글을 쓸 처지가 아니라고 읊은 것이다.

이정오[50]와 함께 성씨의 정자[51]에서 술을 마시다
同李靜吾飮成亭

구름 덮인 산 짙고 옅어 푸른 병풍처럼 두르니	雲山濃淡翠屛紆
새로운 강남의 수묵화 같구나	新樣江南水墨圖
붉은 정자에 취해 쓰러져 돌아가지 않나니	醉臥紅亭不歸去
석양빛 한없이 서호에 있구나	夕陽無限在西湖

50 이정오(李靜吾) : 이지정(李志定, 1588~1650)으로, 본관은 여주(驪州), 자는 정오, 호는 청선(聽蟬)이다.

51 성씨의 정자 : 성정(成亭)은 정확히 어디를 말하는지 알 수 없다. 다만 뒤에 나오는 〈인인오수(隣人五首)〉 가운데 성 처사(成處士)라는 인물이 등장하므로, 그의 정자로 추측하여 이와 같이 풀이하였다.

이진복을 곡하다

哭李生震復

평소 몸과 그림자만 서로 의지했는데	端居形影靜相依
늘그막 풍진 세상에서 동위를 찾았지[52]	晩向風塵覓董威
백발 되도록 시골에서 오직 곧은 도 지키며	白首鄕閭唯直道
한 몸 구학에서 오두막살이 하였네	一身溝壑但衡扉
푸른 하늘 향해 혼 부른들 어찌 돌아오랴	招魂碧落何當返
병든 몸 이끌고 청산에서 홀로 돌아왔네	扶病靑山獨自歸
훗날 강호에서 술 마주하면	他日江湖滿眼酒
몇 번이나 눈물 흘리며 오의를 바라볼까	幾回垂淚望烏衣

이진복은 오의에 거주하였다.

52 늘그막……찾았지 : 만년(晩年)에 이진복과 친하게 지냈다는 말이다. 동위(董威)는 동경(董京)을 가리키는 것으로 보인다. 그의 자는 위련(威輦)으로, 낙양(洛陽)에서 머리를 풀어헤치고 다니며 시를 읊다가 백사(白社)에서 유숙하였고, 저자에서 해진 천과 솜을 구걸하여 그것을 꿰매 입고 다녔다. 손초(孫楚)가 저작랑(著作郎)이 되어 "지금은 요순 시대와 같은데, 어찌 도를 간직하고서 나라를 어지럽게 버려두는가.〔今堯舜之世, 胡爲懷道迷邦.〕"라고 하며 출사를 권유했지만 끝내 거절했다고 한다.《晉書 卷94 隱逸列傳 董京》 여기서는 이진복을 동경에게 비유하여 읊은 것이다.

이웃사람 5수

隣人 五首

반걸음 거리 작은 성 동쪽	跬步小城東
이웃에 이 세마 살지	隣有李洗馬
어버이 늙으시고 벼슬살이 못했어도	親老宦不遂
풍진 세상에 옥처럼 꼿꼿하게 살아가네	玉立風塵下
알아주는 이[53] 만나기 어려워	知音曠難遇
버려진 채 산야에서 지내누나	棄捐在山野
내가 바야흐로 공허한 데로 달아났으니[54]	我方逃空虛
함께 이야기할 사람 누가 있으랴	誰可與語者
때때로 와서 낮잠 깨우고	時來破晝眠
날 일으켜 속내 털어놓지	起予寸心寫

53 알아주는 이 : 지음(知音)은 초(楚)나라의 거문고 명인 백아(伯牙)와 그의 연주를 잘 감상했던 종자기(鍾子期)의 고사에서 유래하여 친한 벗을 의미한다.《呂氏春秋 卷14 孝行覽 本味》 여기서는 단순한 벗의 관계를 넘어 이 세마(李洗馬)의 됨됨이를 알아주는 사람의 의미로 사용되었다.

54 내가……달아났으니 : 이민구가 유배객이 되었다는 말이다. 도공허(逃空虛)는 본래 《장자(莊子)》 〈서무귀(徐无鬼)〉의 "텅 빈 골짜기에 숨어 사는 사람은 명아주와 콩잎이 족제비의 길마저 막고 있는 터라, 빈 골짜기에서 홀로 걷다가 쉬다가 하노라면, 다른 사람이 걸어오는 발자국 소리만 들어도 기뻐하는 것이다.〔逃空虛者, 藜藋柱乎鼪鼬之逕, 踉位其空, 聞人足音跫然而喜.〕"라는 내용에 보이는 말로, 전하여 아주 깊은 산중(山中)에서 외로이 지내는 것을 의미한다.

넘실넘실 물 남쪽 언덕 盈盈水南厓
이웃에 성 처사 살지 隣有成處士
파도 내려다보이는 곳에 집 지었으니 開軒壓海濤
아스라이 높은 기둥 솟았네 縹緲層楹起
한가한 마음으로 꽃과 돌 즐기고 閑情悅花石
갈매기와 까마귀가 안석 가까이 날아오지 鷗烏近憑几
밤 조수 타고 고깃배 돌아오면 夜潮漁艇回
도마에 오른 생선 싱싱하여라 登俎腥鱗紫
부끄럽게도 나그네에게 나눠주니 旅人愧波及
밥맛이 절로 돋는구나 自益飯稻美

담장 서쪽으로 몇 발짝 안 가서 墻西無數步
이웃에 숨은 사람 신씨 살지 隣有愼逸人
그 사람 효성스럽고 우애 있으니 其人孝且悌
독실한 사랑 천륜을 중시하네 篤愛重天倫
형이 종기 앓자 자기 고통으로 여겨 兄疽已實痛
맛난 음식 먹듯 빨아주었네 吮之若嘗珍
관가에서 빼어난 행실 기리려 했지만 縣家列殊行
하늘 멀어 도리 없었네[55] 天遠道無因
부지런히 경작해도 풍년 만나지 못하니 力耕不逢年
안쓰럽다 늘 양식 부족하지 惜哉常食貧

55 관가(官家)에서……없었네 : 신씨의 효행과 우애가 표창 받을 만해서 관가에서 추천했지만 나라의 살핌을 받지 못했다는 말이다. 현가(縣家)는 관가를 말한다.

동쪽으로 지붕 모서리 닿는 곳 東偏屋角稠
이웃에 변 통판 살지 隣有邊通判
막 바다 밖에서 돌아와 新從海外來
나누는 말마다 다 장관이네 與語皆壯觀
한라산에 구름과 노을 덮였고 雲霞漢拏山
조천관[56]에 배 오간다지 舟楫朝天館
또 들으니 기이한 약초도 많아 復聞富奇藥
신선들이 가만히 기린다네 仙人所幽讚
바라건대 신령한 싹 따서 願言採靈苗
늙은이 쇠한 모습 구제해 주시게나 頹齡救衰換

강촌으로 어시장 가까운 곳 江村近漁市
이웃에 이 충의 살지 隣有李忠義
왕손이 직접 생업에 종사하여 王孫自食力
풍파의 일에 익숙하네[57] 狎翫風波事
어찌 신농씨 말하랴 肯爲神農言
희황도 남긴 이로움 있다네[58] 羲皇有遺利

56 조천관(朝天館) : 제주도 애월포(涯月浦) 근처에 있으며, 제주를 오가는 배들은 대부분 이곳에 배를 댔다.

57 왕손(王孫)이……익숙하네 : 이 충의(李忠義)가 조선 왕실과 같은 전주 이씨의 인물이기 때문에 왕손이라고 한 것이다. 풍파사(風波事)는 시 전체의 내용으로 볼 때, 그가 어업에 종사하고 있음을 가리킨 것으로 보인다.

58 어찌……있다네 : 농업만 있는 것이 아니라 어업도 있다는 말이다. 신농씨(神農氏)는 처음으로 농사짓는 법을 가르쳤다는 인물이다. 희황(羲皇)은 복희씨(伏羲氏)로,

몸 늙었어도 아들이 장성하였고　身老子又壯
물속에 물고기도 없어질 리 없지　水中魚不匱
내가 영주의 뱀에 느낀 바 있어　我感永州蛇
그대에게 이르노니 위험 조심하시게[59]　謂君愼危墜

그물을 처음 만들었다고 한다. 《주역》〈계사전 하(繫辭傳下)〉에 복희씨가 "줄을 엮어 그물을 만들었다.〔作結繩而爲罔罟〕"라고 하였다.

59 내가……조심하시게 : 이 충의(李忠義)가 바다에 나가 고기를 잡아 생활하고 있으므로 늘 소심하라고 타이른 것이다. 영주사(永州蛇)는 영주 땅에서 나는 뱀이라는 뜻으로, 유종원(柳宗元)의 〈포사자설(捕蛇者說)〉에 그 내용이 보인다. 영주에서 나는 독사(毒蛇)는 모든 풍증(風症)에 특효가 있어 그 독사를 잡아 바치는 자에게는 모든 부세가 면제되었다. 다른 사람은 독사를 잡지 못하고 오직 장씨(蔣氏) 한 사람이 잡았는데 여러 차례 죽을 뻔했다. 그러나 가혹한 부세에 시달림을 당하는 것보다는 오히려 행복하다고 말했다는 내용이다. 유종원은 이러한 내용의 글을 통해 가혹한 세금이 백성들에게 주는 폐해를 지적하였다. 여기서는 이 충의가 고기잡이를 하는 것도 독사를 잡는 것과 마찬가지로 매우 위험한 일이라고 생각하여 〈포사자설〉을 인용, 조심할 것을 당부한 것이다.

말리던 보리가 비에 떠내려가므로 자조하다
曬麥爲雨所漂 自哂

서쪽 창에 비바람 불어 한낮에도 서늘하여	西窓風雨午生涼
그윽한 사람 긴 낮잠 깨지 못했네	未破幽人晝睡長
마당의 보리 떠내려갔을 때 마음	一種庭前漂麥意
느긋했는지 황망했는지 고봉에게 물어야지[60]	欲從高鳳問閑忙

60 마당의……물어야지 : 고봉(高鳳)의 고사를 인용하여 빗물에 보리가 떠내려간 황당한 상황을 읊은 것이다. 고봉은 한(漢)나라 때 사람으로, 자(字)는 문통(文通)이다. 그의 아내가 밭에 가면서 마당에 보리를 널어놓고, 그에게 닭이 오지 못하도록 지키게 하였다. 그때 소나기가 쏟아졌으나 고봉은 장대를 잡고 경전을 외우느라 빗물에 보리가 떠내려가는 줄도 몰랐다고 한다. 《後漢書 卷113 隱逸列傳 高鳳》

경치를 바라보며

臨眺

삼복 그윽한 집에 한 병이 싫은데	三伏幽居一病妨
높이 오르니 시름만 더욱 망망하다	登高愁思益茫茫
파도치고 땅 외진 두꺼비 포구이고	波濤地僻蟾蜍浦
수풀 사이 빈 성에 참새와 쥐 노는 창고 있네	草樹城空雀鼠倉
춤추는 잠자리 얕은 물가에 의지하고	屢舞蜻蜓依淺渚
천천히 나는 갈매기 석양을 띠었구나	徐飛鷗鷺帶斜陽
어부는 다행히 서풍 만나	漁人好得西風便
돌아오는 배가 반일 만에 먼 길 왔어라	半日歸帆百里長

거울을 들고

攬鏡

강 복판처럼 맑은 거울 터럭까지 비추니	江心淸鏡鑑毫氂
늙고 병든 근래에 오래도록 보지 않다가	衰病年來久不窺
오늘 밝은 창 아래 마주보니	今日明窓相對看
그 가운데 백발노인 이게 누구신가	箇中華髮是爲誰

들에 나가다

出田

무더위로 오랫동안 나가지 않았고	執熱久不出
나가도 대문 나서지 않았더니	出不過門閭
잡초가 여름 내내 자라서	蓬莠經夏長
푸르게 담장 감싸 둘렀네	碧繞環堵居
일신 편안함만 탐하다 보니	苟耽偃仰便
명아주나 보리조차 매번 부족하네	藜麥每無餘
오늘 아침에 애써 마음먹고	今朝强作意
이웃집 나귀 빌려왔지	借得隣家驢
양식 자주 떨어지는 형편이 게으른 나를 일으켜	屢空起我懶
달려가 묵정밭 살피게 하네	驅去省菑畬
벼가 올되는지 늦되는지 살펴보니	田禾候早晩
빈 자루를 채우기는 하겠네	庶救囊橐虛
농사철에 저마다 일하느라	農月各自力
늙은이나 젊은이나 들판에 나왔네	老弱散郊墟
동네 개들도 주인 따라가서	村犬亦隨人
한낮 숲 속 집 고요하다	晝日靜林廬
이곳은 물줄기 짧아서	此地泉源短
논에 댈 물 실로 부족하지	實少通漑渠
논배미에 비 내려도	稻畦雖得雨
드넓은 땅이라 진흙에 막히네	廣斥寘塡淤

기장이 무성해져가지만	黍稷時向茂
돌피를 뽑지 못했네	稂稗未可除
논에서 힘들게 일하다 보니	辛勤水土間
등짝 타고 몸은 뻣뻣하게 굳었네	炙背成蘧蒢
몸이 어찌 한가한 날 있으랴	筋骸豈暇逸
바라는 건 가을날 수레 가득한 곡식인데	所覬秋滿車
끝내 잦은 가뭄과 홍수에 상심하니	終傷旱潦頻
풍년은 어이하여 더디 오는가	樂歲來何徐
농부는 사민 가운데	農於四民內
비할 데 없이 가장 고되지	最困他莫如
내가 병든 몸으로 타향에 살지만	吾病寄異鄕
다행히 직접 호미 잡지는 않네	幸不躬把鋤
분수 따져 보면 진실로 다행이니	揣分誠已多
나물밥인들 감히 마다하랴	敢辭常飯蔬

배를 타다
乘舟

집에 있으려니 울적한 마음 괴로워	處癖苦幽鬱
호수와 산의 새벽 경치 보기 좋아하는데	喜見湖山曉
여름이라 일찍 일어나	夏月須早起
배 타고 아득히 떠나가네	乘舟去浩渺
돛 달고 돌아가는 조수에 내맡기니	掛席信歸潮
가벼운 노질로도 새보다 빠르네	輕櫓疾於鳥
포구의 약속에 달려가려고	欲赴漁浦期
멀리서 바라보니 오장이 작구나[61]	遠望烏檣小
물길 어느덧 휙 지나오니	川路旣超忽
허공을 밀치고 하늘 끝에 이르네	排虛放天表
우연히 나왔다가 한 번 유람하게 되니	偶出諧一游
종일토록 어수선한 속세 벗어났네	盡日釋塵擾
고달픈 삶 얼마나 남았는가	勞生詎幾何
늙어가며 즐거운 마음 적구나	將老懽意少
부끄럽게도 바닷가 사람 아닌데	愧非海上人
갈매기 떼가 바로 앞에서 날고 있구나	群鷗近前矯

61 멀리서……작구나 : 멀리서 포구를 바라보니 배들이 작게 보인다는 말이다. 오장(烏檣)은 돛대 위에 달아 놓은 까마귀 모양의 풍향계이다. 까마귀가 물길을 잘 안다고 하여 까마귀 모양으로 만들었다.

조용주[62]의 시에 맞춰 짓다. 아울러 보내온 뜻에 화답하다
次趙龍洲韻 兼和來意

우주는 무한해도 삶은 끝이 있어　　宇宙無涯生有涯
들쭉날쭉 옛 사람과 같지 못하네　　參差不與古人偕
티끌세상 만년에 두 눈 남았고　　塵埃晚歲餘雙眼
질병 오래 앓아 온몸 쑤시네　　疾病長時感百骸
덧없는 세월에 검은 머리 변했고　　轉眄星霜玄髮變
갈림길에서 미끄러진 신세 본래 포부 어긋났네　　蹉跎岐路素心乖
서풍 불면 산음 가는 배 마련하여　　西風擬整山陰棹
십리 나루 물결 거슬러 올라가리[63]　　遡上津流十里叉

《춘추》의 대일통 춘왕이라 부치니[64]　　麟經一統繫春王

62 조용주(趙龍洲) : 조경(趙絅, 1586～1669)으로, 본관은 한양(漢陽), 자는 일장(日章), 호는 용주·주봉(柱峯)·간옹(齦翁), 시호는 문간(文簡)이다. 병자호란 때 척화(斥和)를 주장했는데, 1650년(효종1) 청(淸)나라 사문사(查問使)의 척화신 처벌 요구 때문에 영의정 이경석(李景奭)과 함께 의주(義州) 백마성(白馬城)에 안치되었다가 이듬해 풀려났다.

63 서풍(西風)……올라가리 : 이민구가 조경을 찾아가 만나고 싶다는 말이다. 진(晉)나라 왕휘지(王徽之)가 산음(山陰)에 살면서 눈 내리는 밤에 불현듯 섬계(剡溪)에 있는 벗 대규(戴逵)가 생각나서 작은 배를 타고 노를 저어 찾아갔다가 정작 그곳에 도착해서는 문 앞에서 다시 돌아왔다. 그 까닭을 물었더니 "내가 본래 흥에 겨워 왔다가 흥이 다하여 돌아가는 것이니, 어찌 반드시 대안도를 보겠는가.〔吾本乘興而行, 興盡而返, 何必見戴.〕"라고 했다는 고사가 전한다.《世說新語 任誕》

자고로 중흥의 일이 역사책에 빛나네　自古重恢竹帛光
제갈량은 한중에서 절제를 새롭게 했고　諸葛漢中新節制
당 고조는 천하에 경계를 예전대로 회복했네[65]　神堯天下故封疆
모름지기 살벌한 기운 펼쳐 전대의 공렬 넓혀야　須張殺伐弘前烈
옛 왕조 그리는 백성의 노래에 응답할 수 있으리　庶答謳歌憶舊章
시험삼아 황금대에 올라 바라보면　試上黃金臺上望
십릉의 아름다운 기운이 푸른 하늘에 얽혔겠지[66]　十陵佳氣繞青蒼

부쳐온 시에 "명(明)나라 당왕(唐王)이 강절(江浙)에서 군사를 일으키고[67] 현명한 어진 신하를 임명하여 바야흐로 회복을 도모하니 천하 사람들이 기대를 걸고 있다."라고 하였다. 그러므로 그 말의 뜻을 서술하였다.

64 춘추(春秋)의……부치니 : 인경(麟經)은 《춘추》의 별칭이다. 《춘추》가 애공(哀公) 14년 조의 "서쪽 들판으로 사냥을 나가서 기린을 붙잡았다.〔西狩獲麟〕"라는 내용으로 끝나기 때문에 이렇게 부른다. 《춘추》 은공(隱公) 원년 첫머리에 "원년 춘 왕정월(元年春王正月)"이라고 한 연대표기 방식과 관련하여, 《춘추공양전(春秋公羊傳)》에서 "어째서 왕정월이라고 하였는가. 크게 하나로 통일하기 위해서이다.〔何言乎王正月, 大一統也.〕"라고 하였다. 즉, 천하의 제후국 모두가 황제에게 복속되어 그 문물과 제도를 따르는 것을 말한다.

65 당 고조(唐高祖)는……회복했네 : 당 고조가 수나라를 이어 오호십육국(五胡十六國)을 통합하여 당나라를 세웠다는 말이다. 신요(神堯)는 당 고조의 시호로, 정식 시호는 신요대성대광효 황제(神堯大聖大光孝皇帝)이다.

66 시험삼아……얽혔겠지 : 명(明)나라가 청나라에 의해 멸망했지만 역대로 이어온 중화의 기운이 아직도 사라지지 않고 남아있을 것이라는 말이다. 황금대(黃金臺)는 연경(燕京)에 있는 대의 이름이다. 십릉(十陵)은 한(漢)나라 역대 왕들의 능이다.

67 명(明)나라……일으키고 : 명나라 의종(毅宗)이 이자성(李自成)에게 망하여 1644년 자결하자 복왕(福王) 주유숭(朱由崧)이 남경(南京)에서 즉위하였고, 다음해 복왕이 청나라 군사에게 사로잡히자 당왕(唐王) 주율건(朱聿鍵)이 복주(福州)에서 황제를 칭하고 융무(隆武)라고 연호를 정하여 명나라를 재건하기 위해 노력하였다.

맑은 가을 강호에 기러기 오려 하니	秋淨江湖雁欲來
음과 양 낮과 밤이 참 빠르기도 하구나	陰陽晝夜每相催
빈 뜨락에 흰 이슬 맑게 떨어지는데	空庭白露淸猶墮
먼 들판에 갠 구름 끊어져 돌아오지 않네	遙野晴雲斷不回
우물가에 떨어지는 오동잎만 볼 뿐	井上只看梧葉落
달 속에 핀 계수나무 꽃을 누가 보았으랴	月中誰見桂華開
천손의 솜씨 빌릴 길 없어도	無緣乞得天孫巧
과일은 앞으로 저절로 익겠지	瓜果前頭自醱醅

칠월에 대단히 가물다가 처서일에 비가 조금 내리더니 곧 그치므로 두보 시[68]의 운자를 써서 짓다

七月大旱 處暑日小雨卽止 用杜詩韻

불볕더위 속에 삼복 지나고	亢陽過三伏
서늘한 날씨 어느덧 이르렀네	涼候颯已至
가랑비 잠깐 내리더니	小雨殊卒暴
흐르는 구름은 빠르게 강 건너가네	流雲度江駛
백성을 하늘이 불쌍히 여기니	民者天所哀
농사 망치도록 버려두지 않을 텐데	稼穡未宜棄
바람 불어 비구름 거두어 가니	風吹霾翳卷
신령의 뜻 알 수 없구나	莫測神靈意
오래 가물어 흠뻑 적시기는 어려워도	久旱滋液難
살짝 젖은 빗물은 마르기 쉽구나	微潤焦枯易
붉은 햇살이 하늘에 가득하니	赤輝滿空宇
심한 가뭄이 기승을 부리네	恒暘擅一氣
자연재해야 예부터 있어서	災沴自古有
요와 탕 때도 때때로 도래했지[69]	堯湯亦時致

68 두보 시 : 《두소릉집(杜少陵集)》 권15에 수록된 〈우(雨)〉를 말한다.

69 요(堯)와……도래했지 : 요와 탕(湯)같은 성왕(聖王) 때에도 자연재해가 있었다는 말이다. 요 임금 때는 9년 홍수(洪水)의 재변이 있었고, 탕 임금 때는 7년의 가뭄이 있었다.

사람 목숨 아침저녁에 죽을 듯한데 人命迫朝暮
어찌하면 잘 익은 벼이삭 볼까 何當睹嘉穗
중추에 벌써 누렇게 떨어지고 仲月近黃落
산들도 푸른 빛깔 잃어가네 山色減積翠
타작마당에 두 항아리의 술 없으리니 築場缺朋酒
쓸쓸한 추사의 비용이로다[70] 蕭然秋社費

70 타작마당에……비용이로다 : 흉년이 들어 추수 후 지내는 제사가 풍성하지 못할 것이라는 말이다. 주공(周公)이 일찍이 빈(豳) 땅을 농정(農政)으로 잘 다스렸던 선조(先祖) 후직(后稷)과 공류(公劉)의 풍화(風化)를 서술하여 지은 《시경》 〈칠월(七月)〉에 "시월엔 채마밭 깨끗이 닦고, 두 항아리 가득히 술을 걸러, 염소와 양을 잡아 잔치를 열고, 저 공당에 올라가서, 무소뿔 잔을 들어 비노니, 만수무강하리로다.〔十月滌場, 朋酒斯饗, 曰殺羔羊, 躋彼公堂, 稱彼兕觥, 萬壽無疆.〕"라는 말이 있다.

이웃사람과 못에서 물고기를 잡아 밥을 먹다
同隣人澤中漁飯

행장의 불우함 진실로 알기 어려우니[71]	行藏落拓信悠悠
한 번 곤경에 빠져 마침내 벗어나지 못했네	一辱泥塗遂不收
돌아가고픈 소망 늘 궁궐에 걸렸는데	歸望每懸丹鳳闕
곤궁한 시름으로 아직도 백구주에 있구나[72]	窮愁猶寄白鷗洲
늙은 낚시꾼 따라 점심 약속하였기에	相隨釣叟期中飯
낚싯대 들고 작은 배에 올랐어라	自把漁竿上小舟
듣자하니 나라 의례 정숙을 중시한다는데	聞道漢儀重整肅
몇이나 임금 앞에서 단정히 홀 잡을까	幾人端笏在螭頭

당시 조정의 관리가 의관(衣冠)을 회복하려 하였다.

71 행장(行藏)의……어려우니 : 인생의 행불행(幸不幸)을 알기 어렵다는 말이다. 행장은《논어》〈술이(述而)〉의 "쓰이면 도를 행하고 버려지면 은둔한다.〔用之則行, 舍之則藏.〕"라는 말에서 유래하였다.

72 곤궁(困窮)한……있구나 : 아직도 유배지에 머물고 있다는 말이다. 백구주(白鷗洲)는 흰 갈매기가 노니는 물가라는 말로, 은거(隱居)하기 좋은 지역을 말하는데, 여기서는 유배지인 아산을 가리킨다.

날이 저물다

日暮

서늘한 백사장 한쪽에 조수 흔적 남았고	涼沙一面帶潮痕
바다 날씨 어둑어둑 날이 또 저문다	海氣冥濛日又昏
바람 세차도 노는 물고기 날뛰고	風急游鱗堪震蕩
하늘 비어 돌아가는 제비 번득인다	天虛歸燕故飛翻
우거진 숲과 등진 성곽 마을 조용한데	高林背郭村居靜
작은 시장 물가에 펼쳐져 나루와 섞였네	小市穿汀野渡渾
십 년 유배객 마음을 뉘라서 알까	誰識十年遷客意
흰 마름 가득한 물가에서 대궐 바라보노라	白蘋洲上望脩門

8월 4일에 외출하여 술을 마시다

八月初四日 出飮

작은 골짜기는 숲을 휘감아 돌고 細洞縈林轉
맑은 시내는 언덕 따라 돌아 흐르네 淸川挼岸回
늙은 몸 멀리 가기 어려운데 衰年難遠出
한가한 날 벗과 함께 왔네 暇日偶朋來
석양 따라 자리 자주 옮기고 落景頻移席
날 쌀쌀해 술 자꾸 마시네 微寒數擧杯
거문고 울려 취흥 돋우니 鳴琴牽醉興
돌아가는 말을 잠시 늦추노라 歸騎暫遲徊

2

산에 날 저물자 바람에 숲 기울고 山晩風林偃
들판에 이슬 맺힌 풀 늘어졌네 郊虛露草低
늙은이 혼자 일어날 수 없어 老人難自起
젊은이가 부축하네 年少故相携
지팡이 짚고서 흩어지는 물고기 바라보고 拄策看魚散
돌아오는 말 깃드는 새들과 다투네 歸鞍競鳥棲
중도에 앞서 가던 사람 따라잡으니 中途及前侶
돌다리 서쪽에 서서 기다려 주었구나 留待石橋西

들에서 술 마시고 돌아와 용주[73]가 화답한 혼 자 운을 거듭 사용하여 짓다

野飮歸 疊龍洲見和渾韻

집에 돌아오니 늙은이 얼굴 불그레한데　　歸舍衰顔着酒痕
좋은 시 받으니 정신 번쩍 드는구나　　瓊瑤入手破昏昏
영중의 훌륭한 노래를 누가 화답할까[74]　　郢中高唱誰堪和
하상에 남은 경서만 홀로 번득이네[75]　　河上遺經獨自翻
하늘 개니 긴 바람이 맑은 바다에 불어오고　　天霽長風吹海淨
구름 걷히니 지는 해가 흐린 강에 비친다　　雲開落日射江渾
고질병이 즐거운 뱃놀이 막았을 뿐　　沈痾却阻扁舟興
그대가 어찌 내 집을 피했으랴[76]　　軒蓋何曾避席門

73 용주(龍洲) : 조경(趙絅, 1586~1669)으로, 본관은 한양(漢陽), 자는 일장(日章), 호는 용주 또는 주봉(柱峯), 시호는 문간(文簡)이다.

74 영중(郢中)의……화답할까 : 조경의 시에 화답하기 어렵다는 말이다. 초나라 서울 영(郢)에서 불려진 〈백설곡(白雪曲)〉, 〈양춘곡(陽春曲)〉 등은 그 곡조가 대단히 고상하여 창화(唱和)한 사람이 많지 않았다고 한다. 《新序 卷1 雜事》

75 하상(河上)에……번득이네 : 왕통(王通)의 고사를 인용하여 자신의 거처를 읊은 것이다. 왕통은 수(隋)나라 용문(龍門) 사람으로, 자는 중엄(仲淹)이다. 어려서부터 학문에 뜻을 두어 독실하게 공부하였고 사방을 유람하였다. 조정에 태평십이책(太平十二策)을 올렸으나 쓰이지 않자, 물러나 하수(河水)와 분수(汾水) 사이에서 살았다. 《舊唐書 卷190 文苑列傳 王勃》

76 고질병이……피했으랴 : 조경이 병 때문에 약속을 어겼다고 하였으므로 그 입장을 이해한다는 말이다. 헌개(軒蓋)는 고관이 타는 수레를 말하는데, 여기서는 조경을 가리

고질병 때문에 배 타고 찾아오겠다는 약속을 어겼다고 했다.

킨다. 석문(席門)은 거적을 매달아 놓은 문으로, 청빈한 집이나 은자(隱者)의 거처를 뜻하는데, 여기서는 이민구 자신의 거처를 겸사로 일컬은 것이다.

벗을 그리는 노래 병서

感友篇 幷序

내가 일찍부터 사림들과 교유하여 벗 삼은 이들이 매우 많았는데, 대부분 다섯 살 이상인 사람이었고, 나이가 배 이상 차이나는 분[77]도 또한 기꺼이 자신의 처지를 굽혀 사귀어서 매일 어울리며 대단히 즐겁게 지냈다. 어느덧 이삼십 년이 흘러 나이 많은 분들은 모두 늙어 운명하였고, 중간에 재액을 겪어서 젊은 사람들도 또한 불행하게 돌아가서 세상을 떠난 이들이 이미 과반이나 된다.

내가 관서로 유배 감에 이르러 이리저리 흩어져 사방으로 몸을 숨겼다가, 사태가 조금 안정되자 비로소 간간이 편지로 생사를 물었는데, 문자로 서로 소식을 주고받은 이가 7년 동안 총 69명밖에 되지 않았다. 최근 한가한 틈에 우연히 〈철성록(鐵城錄)〉을 가지고 산 사람과 죽은 사람을 손꼽아 헤아려 보니, 나이 겨우 예순에 69명 중 죽은 사람이 또 32명이었고 이른 살이 된 사람은 고작 둘 뿐이니, 장수를 누리기 어려움과 세도의 변화가 심한 것이 과연 어떠한가.

아아, 다시 몇 년이 더 지난다면 나머지 살아있는 이들도 나이가 더 많아질 테고, 나이가 더 많아지면 살아있는 것은 요행한 일이다.

77 다섯……분 : 《예기》 〈곡례 상(曲禮上)〉에 "나이가 배 이상 많으면 아버지처럼 섬기고, 열 살 이상 많으면 형처럼 섬기고, 다섯 살 이상 많으면 어깨를 나란히 하고 걷되 조금 뒤처져서 따른다.〔年長以倍則父事之, 十年以長則兄事之, 五年以長則肩隨之.〕"라고 한 데서 유래하여, 견수(肩隨)는 서로 벗으로 사귀되 연장자에 대한 예우를 갖추는 것을 뜻한다.

젊은이도 뜻대로 살 수 있을지 없을지 알 수 없는데, 하물며 나는 늙고 병든 몸으로 이제나 저제나 죽을 날만 기다리고 있으니, 어찌 살 날을 연장하여 〈철성록〉에 기록된 사람들의 생사여부를 다시 점검할 수 있기를 바라겠는가. 세월은 흘러가고 바람 앞의 등불처럼 인생은 덧없는 것이며, 질병과 사고로 죽는 원인도 다양하다. 인생은 한바탕 꿈과 같아 가는 것이 이와 같으니 책을 어루만지며 세 번 탄식하고 짓노라.

사람이 백 년 살 수 없고　　人理無百年
교유가 한 세대 지속되기도 어렵지　　交契無一世
가령 살 날이 늘어난다 해도　　假令延歲月
만남과 헤어짐 생각대로 되지 않지　　聚散乖定計
평소 술 마시고 즐거워하며　　平居杯酒歡
항상 만날 수 있으리라 여기지만　　謂可恒接袂
어찌 오래도록 함께 있을 수 있으랴　　合并詎淹晷
이별하며 눈물 흘리지　　臨別方出涕
평소에도 이별하려면 서글픈데　　凡情足悲咤
하물며 생사가 갈린 즈음에랴　　況處死生際
아아 아름다운 벗들이여　　嗚呼婉孌友
멀리 가는 수레 대부분 멍에 벗었구나[78]　　遠駕多近稅
지난 병자년과 정축년 이전에　　往在丙丁前
이미 태반이 죽었는데　　太半已長逝
훌쩍 지나간 십 년 사이에　　忽經十炎涼

78 멀리……벗었구나 : 인생의 긴 여정을 지나온 벗들이 대부분 죽었다는 말이다.

세상 떠난 이들 계속 이어졌네 凋喪劇相繼
늙은 나이에 쇠한 운수 만나 頹齡值衰運
황천으로 날마다 떠나네 幽壤日潛翳
서리 내리는 차가운 계절 만났으니 零霜乘殺節
어찌 풍성한 대나무와 계수나무 볼 수 있으랴 豈見饒箘桂
쓸쓸히 잎은 밑동으로 지고 蕭蕭葉歸根
툭툭 오이는 꼭지 떨어지네 落落瓜辭蒂
금정에 분명한 징험 남았으니 金鼎寘明徵
난고로도 오래도록 살아남을 수 없다네 蘭膏靡久濟
아침저녁의 기약 손꼽아 헤아려 보니 屈指朝暮期
죽고 사는 것이 선후가 있네 存沒猶長弟
생각해 보니 장수와 요절을 緬懷彭與殤
어떻게 억지로 나눌 수 있으랴[79] 何心强分劑
산양과 주로는[80] 山陽及酒壚

79 장수와……있으랴 : 장수와 요절을 나누는 것이 무의미하다는 말이다. 팽(彭)은 옛날에 800세를 살았다는 팽조(彭祖)로 장수(長壽)를 뜻하고, 상(殤)은 19세 이전에 죽은 자를 이르는 말로 단명(短命)을 뜻한다. 《장자(莊子)》 〈제물론(齊物論)〉에 "요절한 소년보다 더 장수한 이가 없고, 팽조가 요절했다고 할 수도 있다.〔莫壽乎殤子, 而彭祖爲夭.〕"라는 말이 있다.

80 산양(山陽)과 주로(酒壚)는 : 벗들의 사귐을 의미한다. 산양은 훌륭한 선비들이 모이는 곳을 말한다. 위진(魏晉) 시대 혜강(嵇康)과 상수(向秀) 등이 산양에서 모여 놀았던 고사에서 유래하였다. 주로는 황공주로(黃公酒壚)라 하여 옛날에 친구들끼리 술을 마시던 곳을 뜻한다. 진(晉)나라 때 죽림칠현(竹林七賢)의 한 사람인 왕융(王戎)이 상서령(尙書令)이 되어 황공주로 앞을 지나다가, 뒤에 오는 수레에 탄 사람을 돌아보며 "내가 옛날에 혜강, 완적(阮籍) 등과 함께 이 주점에서 술을 마시면서 죽림(竹林)의

도에 있어서는 참으로 자잘하지만 在道諒云細
〈벌목〉[81]을 반복하여 읽으니 反復伐木篇
어찌하면 이 답답한 마음 풀 수 있을까 奚由豁斯蔽

노닒에도 참가했었다. 혜강과 완적이 세상을 떠난 후로 나는 속무(俗務)에 얽매어 지냈는데, 오늘 이곳을 보니 거리는 비록 가까우나 산하가 가로놓인 듯 아득하게 느껴진다." 라고 하였다. 《世說新語 傷逝》

81 벌목(伐木) : 《시경》 소아(小雅)의 편명(篇名)으로, 옛 벗들과 모여 홍겹게 잔치하는 일을 읊은 내용이다. 천자(天子)로부터 서민(庶民)에 이르기까지 모두 벗을 통하여 일을 성취한다는 점을 강조하였다.

한가위
中秋

이리저리 강호를 떠도는 인생	棲棲湖海此生浮
가는 세월 머물지 않는 줄을 늘 아노라	每覺徂年不肯留
한 번 진흙길에 떨어져 초목 따라 늙어가니	一委泥塗隨草木
서리와 이슬에 몇 번이나 고향 그렸던가[82]	幾經霜露感松楸
뜰 잡초 집을 둘러 벌레가 벽에 의지하고	庭蕪繞屋蟲依壁
강 억새 하늘에 이어져 기러기 물가에 내리네	江菼連天雁下洲
누가 맑은 가을 나누어 나그네 한 재촉하고	誰分淸秋催客恨
또 밝은 달로 이별에 시름하는 이 비추게 했나	更敎明月照離愁

82 한 번……그렸던가 : 한 번 유배지에 떨어진 뒤로 초목을 따라 늙어가면서 계절이 변할 때마다 선영과 고향을 그리워했다는 말이다. 《예기》〈제의(祭義)〉에 "가을에 서리와 이슬이 내리면 군자가 그것을 밟고서 반드시 슬픈 마음이 생기나니, 이는 날이 추워져서 그런 것이 아니다. 봄에 비와 이슬이 내려 땅이 축축해지면 군자가 그것을 밟고서 반드시 섬뜩하게 두려운 마음이 생기면서 마치 죽은 부모를 곧 만날 것 같은 생각이 들게 된다.〔霜露旣降, 君子履之, 必有悽愴之心, 非其寒之謂也. 春雨露旣濡, 君子履之, 必有怵惕之心, 如將見之.〕"라는 말이 있다.

신풍령을 유람하다 병서

游新豐嶺 幷序

8월 21일, 문득 마음이 답답하고 생각이 복잡하여 성씨와 신씨 두 사람과 함께 좁은 길을 택해 신풍령에 올랐다. 사람 사는 곳에서 아주 멀지 않은데도 사면이 탁 트여 이미 속세를 벗어났다는 생각이 들었다. 평평한 호수를 내려다보니 아득히 가없이 펼쳐졌는데 고깃배들이 쌍쌍이 조수(潮水)를 타고 돌아오고, 들판 저 멀리 뭇 산들은 짙고 옅게 다양한 모습으로 펼쳐져 있었다. 이윽고 숲 사이 해가 서쪽으로 기울고 구름도 옮겨가며 모양이 변하였다. 들판에는 벼가 누렇고 푸른빛을 띠어 온갖 경치가 펼쳐지고, 시골 노래와 목동의 피리소리는 그 기상이 맑아 들을 만하였다. 가을날의 밝고 맑은 기분으로 어찌 서글퍼하겠는가. 마음에 드는 좋은 경치는 본래 멀리 있는 것이 아닌데, 다만 사람들이 이 사이의 정취를 알지 못할 뿐이다.

호숫가에 살면서 시끄러운 소리 싫어	湖居厭喧卑
지팡이 짚고 남산에 올랐어라	杖策登南山
느린 걸음으로 두 손님과 함께	徐步挾二客
구불구불 저잣거리 지나	委曲經市闤
비로소 조금 오르자	始躋尋丈餘
이미 티끌세상 벗어났네	已出埃壒間
앞 바다까지 길게 뻗어	前洋控帶長
물살이 강어귀로 통하네	水決通江關

고깃배는 저녁 바람 가득 안고	漁帆飽晩風
갈매기와 함께 돌아오네	鷗鳥相與還
서민들 저마다 생업에 종사하느라	小人各生業
바삐 오가니 언제나 한가할까	來往何時閑
맑은 가을에 찬 이슬 내리고	淸秋寒露墜
바위 틈 국화는 밤낮으로 아롱지네	巖菊日夜斑
어찌 술을 마시지 않으랴	豈無斗酒飮
뻣뻣해진 허리와 다리 위로하노라	慰我腰脚頑
그대는 들판 빛깔 보았는가	君看郊野色
벼들이 시름겨운 얼굴 씻어주네	禾稼洗愁顔
젊어서 즐길지어다	少年且爲樂
가는 세월 잡지 못하네	徂歲不可攀
술에 취해 풀 덮인 오솔길로 돌아오노라니	醉歸草徑細
석양이 푸른 봉우리로 넘어가네	返照頹煙鬟

정거원에 이르다 병서

至淨居院 幷序

신풍령에서 북쪽으로 내려가다가 동쪽으로 꺾어 길고 평탄한 언덕을 돌아나가면 낭떠러지와 주름진 계곡 안에 오두막이 골짝에 걸려 있으니, 비구 김응선(金應先)이 사는 곳이라고 한다. 땅의 형세를 따라 터를 닦아서 마당도 만들고 섬돌도 만들었으며, 여러 꽃과 과일나무를 심었으니, 또한 모두 빼어나고 아름답다. 돌을 뚫어 물을 담았는데, 달고 차가워 마시면 목이 시원하였다. 집에 들어가 보니 호젓하고 고요하였다. 골짜기 시내를 따라 채소밭을 일구고, 조금 평평한 곳마다 작은 집을 세웠는데 깔끔하고 정돈되어 있었으니, 저자에서 가까운 곳에 이처럼 맑은 정취를 가진 곳이 있으리라고는 생각지도 못하였다. 이에 샘물을 떠서 이를 닦고 숲 아래에서 술을 조금 마시노라니, 돌아갈 마음이 사라졌다.

처음 신풍령에 올랐을 때는 허공 사이로 멀리까지 탁 트여 있어서 멀리 가고픈 생각이 들더니, 이 정사에 이르러서는 심경이 다 적막하여 마치 선정(禪定)에 들어간 것 같았다. 하루 사이에 처한 환경에 따라 마음이 변하니, 덕이 높은 옛 스님들이 벽을 마주하고 수행한 것도 이러한 이유 때문이었을 것이다. 드디어 그 정사를 정거원이라 이름 지었다.

지팡이 돌려 험한 산길 내려와	回策下嶇嶔
북동쪽으로 긴 능선 넘어가네	北東轉脩隴

어찌 알았으랴 가람이 豈知伽藍宇
좁은 벼랑 사이에 숨어있을 줄을 乃藏崖竇壅
봉우리 높이 걸려 햇볕 가리고 峯懸陽景隱
돌 틈으로 시원한 샘물 솟아나네 石坼陰泉涌
암자에 띠 엮어 지붕 이니 菴舍蔽寒茅
한 집이 무덤보다 작아라 一室小於塚
그 안의 병든 유마거사[83] 中有病維摩
정진하느라 늙어서도 더욱 힘쓰네 精進老彌勇
벽에 백호의 섬광[84] 비치고 照壁白毫光
향불 날마다 받들어 올리네 香火日瞻奉
터 닦아 암자[85] 만들고 斸成布金地
뜰에 나무도 울창하게 자랐네 庭木亦森聳
시다림[86] 배회하며 徘徊尸陀林

83 병든 유마거사(維摩居士) : 유마거사는 비야리성(毘耶離城)의 장자(長者)로, 칭병(稱病)하고 누워서 설법했다고 한다. 여기서는 비구 김응선(金應先)을 가리킨다.

84 백호(白毫)의 섬광 : 백호는 부처의 32상(相)의 하나로, 미간에 있는 흰 털을 가리킨다. 백호에서 대광명(大光明)이 나와 시방세계(十方世界)를 비춘다고 한다.

85 암자 : 포금지(布金地)는 금을 깐 땅이라는 말로 절을 가리키며, 일반적으로 금지(金地)라 한다. 부처가 코살라국의 사위성(舍衛城) 남쪽 동산에 절을 지으려고 하자, 이 동산의 주인인 기타태자(祇陀太子)가 땅에 황금을 깔면 그만큼 팔겠다고 하였다. 이에 급고독장자(給孤獨長者)가 황금을 깔고 땅을 구입하여, 그 땅에 절을 지어 부처에게 바쳤다. 이 절이 최초의 사찰인 기원정사(祇園精舍)인데, 이로부터 절을 금지라고 부르게 되었다. 여기서는 정거원을 가리킨다.

86 시다림(尸陀林) : 산스크리트어 sitavana의 음역으로, 불가에서 죽은 시신을 내다 버리는 곳이다. 일명 기시소(棄屍所)라고도 한다.

서글피 겹겹 설산[87] 바라보네　　帳望雪山重
저자와 가까운 곳에　　不離市廛近
속세와 다른 공간이 한걸음 거리에 있구나　　曠絶在擧踵
돌아가고자 나서며 다시 돌아보니　　欲歸再返顧
깃드는 새들 처마 밑으로 날아오네　　棲翼赴簷栱
의연히 풍진 세상으로 돌아가니　　依然墮塵網
세상일 몇 천 가지인가　　世故幾千種

87 설산(雪山) : 부처가 출가하여 수행하였던 곳이다.

호수 경치

湖望

용주[88]에게 부치다.

수많은 청산들 끊어질 듯 이어졌는데	無數靑山斷復連
호수에 부질없이 강 오르는 배 띄웠네	湖中空泛上江船
위수가 관내로 흐른다는 말 들었을 뿐	唯聞渭水流關內
장안이 해 가까이 있어 보지 못하네[89]	不見長安在日邊
타향살이한 지 여러 해인데	客土僑居頻卒歲
벗과 이별하고 또 한 해 지났구나	故人離別又經年
깊은 가을 기러기가 깃들 곳 찾지 못하니	高秋落雁迷棲泊
포구 끝까지 시름겨운 안개가 저녁하늘 가리네	極浦愁煙斂暮天

88 용주(龍洲) : 조경(趙絅, 1586~1669)으로, 본관은 한양(漢陽), 자는 일장(日章), 호는 용주·주봉(柱峯)이다.

89 위수(渭水)가……못하네 : 조경이 조정에서 관직생활을 하고 있으므로 만날 수 없다는 말이다. 위수는 장안 북쪽을 흘러 관내를 관통하는 강이다. 두보(杜甫)의 〈남경정백중승(覽鏡呈栢中丞)〉에 "위수는 관내로 흐르고, 종남산은 해 주변에 있네.〔渭水流關內, 終南在日邊.〕"라고 하였다. 일변(日邊)은 해 주변으로, 임금이 있는 궁궐이나 수도를 가리킨다. 당시에 조경이 도승지로 있었기 때문에 이렇게 읊은 것이다.

세모의 노래

歲暮行

윤 교수에게 부치다.

세밑에 서리 내리니	歲云暮矣天雨霜
남은 날 짧고 지난 날은 길구나	來日苦短去日長
지사의 가을 슬퍼함에 상심하여	志士悲秋懷感傷
긴 밤 일어나 앉아 강개한 마음이네[90]	遙夜起坐中慨慷
관문의 관령은 내가 경외하는 인물이니	關門仙令吾所畏
능히 관문 향한 자색 기운 알았으리[91]	能向關門識紫氣
체험으로 얻고 잃음이 같은 줄 이미 알았으니	將身已擬齊得喪
삶 마칠 때까지 어찌 경위에 두겠는가[92]	沒齒何嘗置涇渭

90 지사(志士)의……마음이네 : 전국 시대 초나라 송옥(宋玉)의 〈구변(九辯)〉을 차용하여 가을날의 비애를 읊은 것이다. 그 글의 첫머리에 "슬프다, 가을의 절기여. 소슬하게 초목은 떨어져 쇠퇴하네.〔悲哉秋之爲氣也, 蕭瑟兮草木搖落而變衰.〕"라고 하였다. 《楚辭 卷8》

91 관문(關門)의……알았으리 : 노자(老子)가 서쪽으로 길을 떠나 함곡관(函谷關)에 거의 이르렀을 때, 관령(關令) 윤희(尹喜)가 누대에 올라 사방을 바라보다가, 자기(紫氣)가 관문 위로 떠오는 것을 보고 진인(眞人)이 올 것이라고 생각하였는데, 얼마 뒤에 과연 노자가 푸른 소를 타고 왔다는 동래자기(東來紫氣)의 고사가 전한다. 《列仙傳 上》 여기서는 이 고사를 인용하여 윤 교수가 관직을 그만두고 돌아올 때, 어느 지역의 관리가 그를 알아보았을 것이라고 읊은 것인데, 윤 교수의 생애를 알 수 없으므로 자세히 고증할 수 없다.

92 체험으로……두겠는가 : 성패와 득실을 몸으로 느꼈으므로 윤 교수가 다시 청탁

찬 비 캄캄하게 내려 오래도록 구름에 가렸고	寒雨冥冥鎖久陰
거센 바람 기러기에 불어 강호 깊이 날아왔네	疾風吹雁江湖深
시름 깊은 구월 백발 재촉하는데	窮愁九月催白髮
지척에서 서로 그리며 마음 애달프다	相望咫尺勞寸心
두 늙은이 술에 삶을 의탁하니	兩翁於酒寄生涯
가는 세월 즐겁지 않은데 해는 기우네	逝者不樂流景斜
그대가 오지 않으면 내가 가서	非君就我我就君
흠뻑 취해 동쪽 울타리 꽃 저버리지 마세나[93]	爛醉莫負東籬花

(淸濁)을 구분하지 않을 것이라는 말이다. 경위(涇渭)는 중국(中國)의 경수(涇水)와 위수(渭水)로, 경수는 항상 흐리고 위수는 항상 맑아 중원에서 두 물이 합쳐져도 물색을 분명히 구별할 수 있다고 한다. 이로부터 시비와 청탁을 가리키는 말로 사용되었는데, 여기서는 시비가 가득한 세상을 가리키는 말로 사용되었다.

93 흠뻑……마세나 : 함께 만나 국화주를 실컷 마시자는 말이다. 도잠(陶潛)의 시에 "동쪽 울 아래에서 국화꽃 따다가 유연히 남쪽 산 바라보네.〔采菊東籬下, 悠然見南山.〕" 라고 하였다. 《陶淵明集 卷3 飮酒》

민이정[94]을 꿈꾸다. 일찍이 들으니 선달 매화라는 시를 지었다기에 그 운자를 써서 감회를 쓰다 응회

夢閔而靖 曾聞賦臘梅詩 用其韻寫懷 應恢

노쇠해서 안화[95] 붙은 것도 아닌데	不爲因衰着眼花
어찌 늙지도 않은 사람이 산속 집에 틀어박혔나	寧令未老閉山家
신명을 내면에 간직해 단련하고	神明內葆經脩鍊
세상일 어지러워 헤아리기 그만두었네	時事中棼斷揣摩
운수의 꿈 깨니 부질없이 한 맺히는데[96]	雲樹夢回空寄恨
선달 매화 시 지어 오래도록 자랑거리 되었네	臘梅詩就久傳誇
갠 창 너머 풍경이 세모를 재촉하니	晴窓物態催年暮
맑은 향이 눈 속에 짙을 것을 미리 생각하네	預想淸香雪裏加

94 민이정(閔而靖) : 민응회(閔應恢, 1582~1653)로, 본관은 여흥(驪興), 자는 이정, 호는 환성(喚醒)이다.

95 안화(眼花) : 안중화(眼中花)라고도 하며, 눈이 흐릿한 증세를 말한다.

96 운수(雲樹)의……맺히는데 : 꿈에 민응회를 만났지만, 실제 만나지는 못했으므로 한이 생긴다는 말이다. 운수는 벗을 그리워하는 마음을 뜻하는 말로, 두보(杜甫)의 시에 "위수 북쪽엔 봄 하늘에 우뚝 선 나무 있고, 강 동쪽엔 저문 날 구름 있네.〔渭北春天樹, 江東日暮雲.〕"라고 하였다.《杜少陵詩集 卷1 春日憶李白》

거듭 화 자 운으로 지어서 조계언에게 부치다
疊花韻 寄趙季彦

조빈(趙贇)으로, 양근(楊根)에 거주하였다.

외떨어져 살며[97] 또 구월의 꽃 보는데	離居又見九秋花
병란 뒤 산천에 몇 집이나 남았나	亂後林泉漏幾家
늙어가며 일은 한묵에 의지하고	老去功程依翰墨
한가한 가운데 세월을 책 엮으며 보내네	閑中日月費編摩
거문고의 아름다운 곡조 끝내 누가 알랴만	瑤琴曲妙終誰會
보검의 서슬 퍼런 칼날 스스로 자랑하네	寶劍芒寒肯自誇
아마도 등 넝쿨에 서리가 차가울 터	遙想薜蘿霜露冷
용문의 상쾌한 기운 저물녘에 더하겠지	龍門爽氣晩來加

조빈 군이 바야흐로 책을 쓰고 있었기에 말한 것이다.

97 외떨어져 살며 : 이거(離居)는 이군삭거(離群索居)의 준말로, 홀로 쓸쓸히 지낸다는 의미이다.

새로 작은 집을 지었는데 비구의 집과 이웃하였다. 거듭 화 자 운으로 짓다

新營小築 與比丘舍接隣 疊花韻

어지러운 세상사 속에 허공 꽃 겪으며[98]	紛紛世事閱空花
십 년 동안 떠돌이 신세로 집에 가지 못했네	十載游蹤未到家
비로소 궁도에서 완적을 따르려 했더니[99]	始向窮途追阮籍
도리어 장실에서 유마거사 만났네[100]	還依丈室接維摩
끝없는 경치를 누구와 함께 감상할까	煙波不盡誰同賞
가없는 풍월을 나 스스로 자랑하네	風月無邊我自誇
봄 오기를 기다려 손보리니	直待春來營葺了
골짝 어귀 숲 나무가 얼기설기 늘어섰네	洞門林木正交加

98 어지러운……겪으며 : 이민구가 많은 일을 겪으면서 번뇌가 있었다는 말이다. 공화(空花)는 눈으로 공중을 쳐다볼 적에 아무것도 없는 공중에서 마치 꽃 같은 것이 어른어른하게 보이는 것을 말하는데, 불가(佛家)에서 이르는 번뇌의 일종인 망상을 뜻한다.

99 비로소……했더니 : 새로 집을 마련하고, 마음에 맞는 사람들과 어울리려 했다는 말이다. 완적(阮籍)은 진(晉)나라 죽림칠현(竹林七賢)의 한 사람으로, 예교에 얽매인 속된 선비가 찾아오면 백안(白眼)을 뜨고, 맑은 고사(高士)가 찾아오면 청안(靑眼)을 뜨고 대했다고 한다.《晉書 卷49 阮籍列傳》

100 도리어……만났네 : 새로 지은 집 이웃에 비구승이 거주하고 있었다는 말이다. 유마(維摩)는 석가(釋迦)와 같은 시대의 사람으로, 석가의 교화를 도운 비야리성(毘耶離城)의 장자(長者)이다. 여기서는 비구승을 가리키는 말로 사용되었다.

밤에 꿈을 꾸면 대부분 옛 친구들과 노닐던 곳이 평소처럼 선한데 어느덧 저승 사람이 되었다. 동회와 백주[101]의 경우는 더욱 빈번한데 그들이 돌아간 뒤에 상상으로 서로 만났기 때문이다

夜夢多與舊故游處如平生 卒泉下人 至東淮白洲尤數當 以徂謝後 想與因相遭故耳

옛적 꿈에는 벗이 서울에 있었는데	昔夢故人在京國
벗이 지금은 저승에 떨어져 있구나	故人于今隔泉壤
아아 저승은 갈 수 없는데	嗚呼泉壤不可到
다만 한 정혼만이 가는구나	獨有一點精魂往
된서리 내려 늘그막에 다 떨어지니	嚴霜暮境盡零落
아득한 땅 속에 그리운 나그네 되었네[102]	地底茫茫眼中客
정신이 밤낮으로 오가서 좋은 만남 이루는데	神交寤寐展良覿
동회와 백주가 가장 자주 보이네	淮老洲翁最數數
술 마시고 손뼉 치며 백년의 정 나누니	銜杯抵掌百年情

101 동회(東淮)와 백주(白洲) : 동회 신익성(申翊聖, 1588~1644)과 백주 이명한(李明漢, 1595~1645)을 가리킨다. 신익성의 본관은 평산(平山), 자는 군석(君奭), 호는 낙전당(樂全堂)·동회거사(東淮居士), 시호는 문충(文忠)이다. 선조의 딸 정숙옹주(貞淑翁主)와 결혼하여 동양위(東陽尉)에 봉해졌다. 이명한의 본관은 연안(延安), 자는 천장(天章), 호는 백주이다. 월사(月沙) 이정귀(李廷龜)의 아들이다.

102 된서리……되었네 : 서리에 초목이 시들듯이 벗들이 고인이 되어 황천객이 되었다는 말이다.

서로 어울려 정겨운 모습 평소처럼 펼쳐지네　　相與款款申平生
지난날 친밀함이 평생 이어지지 않았다면　　向非綢繆及存沒
어찌 생생하게 산 이와 죽은 이 통할 수 있을까　　豈有彷彿通幽明
동회의 풍류는 금석에 비추고　　淮老風流映金石
백주의 문채는 책속에 빛나네　　洲翁文采光篇籍
새벽 집 푸른 등불에 보이는 것 없는데　　曙屋靑燈無所見
온 하늘에 찬 달만 처마에 이어져 밝구나　　滿天寒月連簷白

차가운 비
寒雨

닭 울음과 처마 낙숫물 소리 섞이고	鷄鳴簷響交
삭풍이 밤새 울어댔지	朔風兼夜號
초겨울에 비 자주 내려	孟冬陰雨頻
불어난 물결이 언덕에 이어져 높구나	積浪連岸高
강물 차가워 얼음과 싸락눈 깊어지니	江寒氷霰深
기러기는 서글피 울어대네	鴻雁悲嗷嗷
밭두둑에 남은 이삭 적은데	田疇少遺穗
그나마 물살에 휩쓸려 사라지네	埋沒隨波濤
하물며 나는 진흙탕에 떨어져	況我墮泥滓
해 마칠 때까지 죽 먹기도 어렵네	卒歲飦粥勞
사립문은 시름과 고요함에 잠겼는데	柴門閉愁寂
난간에서 넘실대는 물결 내려다보네	俯檻視滔滔
벗에게서 소식조차 뜸하니	故人曠音信
낮이나 밤이나 그리운 마음 간절하네	日夕中鬱陶
늘그막에 하는 일마다 졸렬하여	衰老拙營爲
가는 곳마다 곤궁하고 비천한 신세	窮賤在所遭
된서리에 솔과 계수 병들지만	霜嚴松桂病
이치상 다북쑥과 섞임을 즐기랴	理甘混蓬蒿
한 끼 밥에도 운명 있으니	一飯且有命
구학을 어찌 피하랴	溝壑焉可逃

뭇사람들 온갖 이로움 따져　衆庶權百利
죽을 때까지 사소한 것 다투며　至死競錐刀
마음을 기름불 사이에 쓰니　用心膏火間
슬프다 길이 애태우네[103]　哀哉長煎熬

103 마음을……애태우네 : 고화(膏火)는 본래 《장자(莊子)》 〈인간세(人間世)〉의 "산의 나무는 유용하기 때문에 스스로 해를 당하고, 기름은 불이 붙기 때문에 자기 몸을 태우게 만든다.〔山木自寇也, 膏火自煎也.〕"라는 말에서 나왔다. 이 말은 본래 사람도 능력이 있어서 화를 당하게 됨을 비유한 것인데, 여기서는 세상 사람들이 이욕(利慾)에 급급하여 스스로 애태우면서 화를 재촉한다는 의미로 풀이하였다.

차가운 밤

寒夜

겨울 날씨 모질어서	冬日氣慘慄
바람 없어도 절로 쌀쌀하다	無風天自寒
나그네 이불 끼고 앉았는데	旅人擁衾坐
밤은 어찌 이리도 길기만 한지	夜景何漫漫
한 솜옷으로 이태 지냈더니	一袍經二年
이미 해져 또 홑옷 신세로다	旣敝仍又單
이제 막 중동 접어들었으니	始涉仲月交
해 마치기 진실로 어려우리	卒歲良獨難
게다가 늙고 병들어	況值衰病嬰
움직일 때마다 허리와 다리 시큰시큰	展轉腰脚酸
다만 번뇌와 급한 성격 때문에	直以煩促故
음양의 근심[104]을 호되게 받는구나	酷受陰陽患
어찌 날씨를 원망하랴	豈敢怨時候
다만 골수가 마른 것을 한하노라	但恨骨髓乾
생각건대 저 정역에 나선 사람들은	言念彼征夫

104 음양(陰陽)의 근심 : 건강을 잃어 병을 앓게 됨을 의미한다. 《장자(莊子)》 〈인간세(人間世)〉에 "일을 실패하면 반드시 임금의 징벌이 있게 될 것이고, 일을 성공적으로 수행하면 반드시 병을 얻게 될 것이다.〔事若不成, 則必有人道之患, 事若成, 則必有陰陽之患.〕"라고 하였다.

주리고 얼어 죽어서도 돌아오지 못하리	飢凍死不還
내가 지금 쑥대 집에 살아가니	我今委蓬室
구학에 뒹굶은 오히려 너그러운 일이지	溝壑事猶寬
나도 모르게 삶의 이치 깨달으니	居然悟生理
죽을 때까지 근심 풀렸네	沒齒豁憂端
갖옷도 부럽지 않고	狐貉非所羨
덕석도 한탄하지 않노라	牛衣非所歎
호탕한 노래가 금석처럼 나오니[105]	浩歌發金石
궁한 늙은이에게도 남은 즐거움 있구나	窮老有餘懽

105 호탕한……나오니 : 어려운 처지에서도 맑은 소리로 노래한다는 말이다. 증자(曾子)가 위(衛)나라에 있을 때 사흘이나 불을 때지 못하고, 10년 동안 새 옷을 지어 입지 못하는 극빈(極貧)한 상황이었는데, "신발을 끌고 상송을 노래하니, 그 소리가 천지에 가득 차면서 마치 금석에서 나오는 것과 같았다.〔曳縱而歌商頌, 聲滿天地, 若出金石.〕"라는 고사가 전한다. 《莊子 讓王》

용주 옹이 시[106]와 술을 보내주므로 그 운자에 맞춰 지어 사례하다

龍洲翁惠詩及酒 次韻奉謝

객사에 된서리 내려 중동에 바깥출입 않는데	僑店霜威閉仲冬
벗의 정의 오농을 염려하였네[107]	故人風誼軫吳儂
아름답고 다정한 시를 받았는데	纔蒙麗藻緣情作
향긋한 술까지 정성껏 보내주었네	更荷芳醪着意封
〈칠발〉의 난생이 생기 재촉하니[108]	七發蘭生催起色
아침 술 석 잔에 쇠한 얼굴 사라졌네	三杯卯飮失衰容
아침에 새삼 술병 가득함을 알았는데	朝來斗覺甁罌富
가난한 귀신은 무슨 마음으로 백룡을 웃는가[109]	窮鬼何心笑伯龍

106 용주(龍洲) 옹이 시 : 용주는 조경(趙絅, 1586~1669)으로, 본관은 한양(漢陽), 자는 일장(日章), 호는 용주·주봉(柱峯)이다. 조경이 이민구에게 보낸 시는《용주유고(龍洲遺稿)》 권4의 〈병술십일월지일기동주(丙戌十一月至日寄東洲)〉이다.

107 벗의……염려하였네 : 조경이 이민구를 염려하여 시와 술을 보내주었다는 말이다. 오농(吳儂)은 오(吳)나라 사람을 가리키는데, 여기서는 아산 적소에 있는 이민구를 가리킨다.

108 칠발(七發)의……재촉하니 : 조경이 보내준 술이 생기를 일으킨다는 말이다. 〈칠발〉은 한(漢)나라의 매승(枚乘)이 양 효왕(梁孝王)을 섬기면서 우의(寓意)가 담긴 7개 항의 글을 써서 모반(謀反)하지 말도록 풍간(諷諫)한 글이다. 그 글에 "난꽃의 술을 따라서 입을 씻는다.〔蘭英之酒, 酌以滌口.〕"라고 하였는데,《한서(漢書)》를 인용하여 "백미의 맛좋은 술이 난생처럼 펼쳐졌다.〔百味旨酒, 布蘭生.〕"라고 하였다.

109 가난한……웃는가 : 자신의 곤궁한 생활을 유백룡(劉伯龍)에게 비유하여 읊은

얼근히 취해 엄동의 추위 풀리니 微醺自足解嚴冬
아름다운 정사가 뜻밖에 늙은이에게 미쳤네 佳政居然及老儂
술집 향해 돈 가지고 가지 마라[110] 不向青帘携赤側
일찍이 단금에서 황봉을 알았네[111] 曾從丹禁認黃封
아침 추위 물러가고 생기 돌아오니 朝寒退舍回生意
봄빛 먼저 달려와 취한 얼굴에 띠었네[112] 春色先驅帶醉容
벗이 맛있는 술 빚었으니 舊識玄成醽醁美
찻잔에 찻잎 담을 일 없구나[113] 茶鎗休點小團龍

것이다. 남조 송(南朝宋) 때에 유백룡이 워낙 빈궁하였는데, 한 번은 식구들을 불러놓고 장차 장사를 해볼 계책을 말하였더니, 한 귀신이 곁에서 손뼉을 치며 껄껄 웃었다. 그러자 유백룡이 탄식하며 말하기를 "빈궁한 것도 본디 운명인 것인데, 공연히 귀신에게 비웃음만 받았구나.〔貧窮固有命, 乃復爲鬼所笑也.〕"라고 하고는 그 계책을 그만두었다고 한다. 《南史 卷17 劉粹列傳》

110 술집……마라 : 술을 사러 주막에 가지 말라는 말이다. 청렴(青帘)은 주점(酒店)을 뜻한다. 적측(赤側)은 적동(赤銅)으로 테두리를 두른 화폐인데, 한(漢)나라 무제(武帝) 때 처음 만들었다. 《漢書 卷24 下 食貨志》

111 일찍이……알았네 : 일찍이 궁궐에서 임금이 하사하신 술을 받아 마셔서 그 맛을 안다는 말이다. 단금(丹禁)은 궁궐을 말한다. 황봉(黃封)은 황봉주(黃封酒)의 준말로, 관청에서 빚어 황색 비단이나 종이로 봉한 술인데, 임금이 신하들에게 하사하는 술이다.

112 아침……띠었네 : 술을 먹고 나니 몸이 따뜻해져서 추운 줄도 모르겠고, 쇠한 얼굴이 생기 되찾아 붉어지니 봄날 꽃이 핀 것 같다고 읊은 것이다.

113 벗이……없구나 : 조경이 술을 보내주었으므로 차 마실 일이 없다는 말이다. 단룡(團龍)은 송대(宋代)에 다엽(茶葉)의 정품(精品)으로 이름이 높았던 소룡단(小龍團), 소봉단(小鳳團) 등이 있었던 데서 온 말로, 전하여 좋은 차를 의미한다.

지평 이성항[114]이 소명을 받고 달려가는 길에 일부러 들러서 시를 지어달라고 하였다

李持平性恒赴召迂訪 因索詩章

징서가 연이어져 특별한 영예 받으니[115]	徵書絡繹惠殊榮
듣건대 임금께서 장경을 물으셨다지[116]	聞道君王問長卿
북궐의 푸른 구름 올라가는 길에 이어졌는데	北闕青雲連上路
서호의 흰 눈이 앞길에 가득하네	西湖白雪滿前程
진흙길에 오히려 평소 사귄 사람 기억했구나	泥塗尙記平生面
창합문에 간의의 이름 막 걸렸어라[117]	閶闔方懸諫議名
총마 타고 달려가는 길 일찍 나서야 하니	驄馬行行須早發
서울에서 오늘 맑아지는 세상 기다리네	京師今日待澄淸

114 이성항(李性恒) : 1603~1660. 본관은 전주(全州), 자는 성구(聖久)이다. 1646년(인조24) 사헌부 지평(司憲府持平)에 임명되었다. 《久堂集 卷12 宣川府使李公墓誌銘》

115 징서(徵書)가……받으니 : 이성항이 임금에게 소명(召命)을 받는 영예를 입었다는 말이다. 징서는 조정에서 출사(出仕)를 권하는 글을 의미한다.

116 듣건대……물으셨다지 : 임금이 훌륭한 인재를 찾았다는 말이다. 장경(長卿)은 사마상여(司馬相如)의 자(字)이다. 그가 지은 〈자허부(子虛賦)〉를 한 무제(漢武帝)가 읽어 보고는 자기와 같은 시대에 있지 않음을 탄식하다가, 동시대의 사마상여가 지었다는 것을 알고 급히 수소문해서 불러온 뒤 총애를 쏟았다는 고사가 전한다. 《史記 卷117 司馬相如列傳》

117 진흙길에……걸렸어라 : 이성항이 사헌부 지평에 임명되어 상경하는 길에 이민구를 방문해 주었다는 말이다.

경현옹[118]의 〈산거〉에 맞춰 짓다 2율

次警弦翁山居 二律

일찍이 쫓겨나 천유[119] 얻었으니	曾從遷放得天游
늘그막에 기쁘게도 몸과 마음 날마다 즐겁구나	晚喜身心趁日休
늙어가며 시서는 무르익고	老去詩書資爛熟
깊이 은거하며 몸이 평안함을 아노라	深居氣血感和柔
다닐 때 오히려 선생의 신 있으니	經行尚有先生履
돌아다니며 계자의 갖옷 어찌 번거롭게 할까[120]	歷聘何煩季子裘

118 경현옹(警弦翁) : 김효건(金孝建, 1584~1666)으로, 본관은 안동(安東), 자는 선술(善述), 호는 경현옹 또는 경옹(警翁)이다.

119 천유(天游) : 《장자(莊子)》 〈외물(外物)〉의 "방 안에 공간이 없으면 며느리와 시어미가 서로 다투게 되듯이, 마음속에 유유자적함이 없으면 육착이 서로 다투게 된다.〔室無空虛, 則婦姑勃谿, 心無天遊, 則六鑿相攘.〕"라고 한 데서 온 말로, 즉 마음이 외물에 구애받지 않고 유유자적함을 의미한다.

120 다닐……할까 : 김효건이 조정에 다시 출사하지 않고, 초야에서 지낼 것이라는 말이다. 선생리(先生履)는 동곽선생(東郭先生)의 고사를 인용한 것이다. 《사기(史記)》 권126 〈골계열전(滑稽列傳)〉에 "동곽선생은 오랫동안 공거에서 대조하고 있으면서 매우 빈곤하여 굶주리며 추위에 떨었는데, 옷은 해지고 신은 완전하지 못하였다. 눈길을 다닐 적에도 신이 위 덮개만 있고 밑창은 없어서 발로 땅을 다 밟고 다녔으므로, 길 가는 사람들이 그를 보고 웃었다.〔東郭先生久待詔公車, 貧困飢寒, 衣敝履不完, 行雪中, 履有上無下, 足盡踐地, 道中人笑之.〕"라고 하였다. 계자구(季子裘)는 전국 시대 소진(蘇秦)의 고사를 인용한 것으로, 소진의 자가 계자이다. 소진이 처음 연횡설(連橫說)로 여러 차례 진왕(秦王)을 설득했으나 받아들여지지 않았다. 이에 검은 갖옷은 다 해지고 황금 백 근(斤)의 노자도 다 떨어졌었다는 고사가 전한다. 《戰國策 秦策》

듣자니 벗이 수레를 준비시키려 한다니[121] 聞道故人思命駕
조각배가 지금 벌써 창주에 있겠네 扁舟今已在滄洲

행장이 말로에 아득히 운뢰 같은데[122] 行藏末路莽雲雷
일찍이 희준도 나무의 재앙인 줄 믿었네[123] 早信犧尊是木災
천지 사이 흰머리로 가련하게 내가 살아가니 天地白頭憐我在

121 듣자니……한다니 : 김효건이 이민구를 방문하려 한다는 말이다. 명가(命駕)는 수레를 준비한다는 말로, "상대방이 그리워질 때마다 천리 길을 멀다 하지 않고 방문했다.〔每一相思, 輒千里命駕.〕"라는 여안(呂安)과 혜강(嵇康)의 고사가 전한다. 《世說新語 簡傲》

122 행장(行藏)이……같은데 : 말년(末年)의 처세가 어렵다는 말이다. 행장은 세상에 나가는 것과 초야로 물러나는 것을 의미한다. 운뢰(雲雷)는 《주역》의 둔괘(屯卦)를 말한다. 그 단사(彖辭)에 "둔은 강한 양기와 유순한 음기가 처음으로 사귀어 어려운 일이 생기며, 험한 가운데에서 움직이게 되는지라, 결국은 크게 형통하고 바르게 될 것이다.〔屯, 剛柔始交而難生, 動乎險中, 大亨貞.〕"라고 하였고, 그 상사(象辭)에 "구름과 우레가 둔을 이루나니, 군자는 이를 보고서 크게 경륜한다.〔雲雷屯, 君子以經綸.〕"라고 하였다.

123 일찍이……믿었네 : 희준(犧尊)은 고대(古代)에 종묘(宗廟)의 제사 때 쓰던 소의 형상으로 만든 술그릇을 말한다. 《장자(莊子)》 〈천지(天地)〉에 "100년 된 나무를 깎아 제기를 만들면서 갖가지 색칠을 하여 꾸미고 나머지 토막들은 쓰레기통에 버리는데, 제기와 나머지 토막들 사이에 미추의 차별은 있을지 몰라도 본성을 잃은 점에 있어서는 마찬가지이다.〔百年之木, 破爲犧尊, 靑黃而文之, 其斷在溝中, 比犧尊於溝中之斷, 則美惡有間矣, 其於失性一也.〕"라고 하였다. 이 고사를 인용하여 사람이 세상에 나아가 화려한 지위에 오르는 것도 결국은 본성을 해치는 것이라고 말한 것이다. 참고로 한유(韓愈)의 〈제유자후문(祭柳子厚文)〉에 "어떤 물건이든지 이 세상에 나와서는 남의 재료가 되는 것을 원하지 않으니, 가령 나무가 하나의 제기로 만들어져 아름답게 색칠되는 것도 바로 나무의 재앙이라고 해야 할 것이다.〔凡物之生, 不願爲材, 犧尊靑黃, 乃木之災.〕"라고 하였다.

티끌 세상에 청안을 그대 기다려 뜨려네[124]	塵埃青眼待君開
유배객의 안부를 끝내 누가 물어줄까	形容澤畔終誰問
강남에서 사부 지으며 홀로 슬퍼하노라	詞賦江南但自哀
저속한 곡조로 대아에게 수창하랴	里調倘堪酬大雅
용렬한 사람이 방회에 비유되었네[125]	庸奴亦得比方回

124 티끌……뜨려네 : 김효건을 만나면 반가운 눈빛으로 맞이하겠다는 말이다. 청안(青眼)은 반가운 눈빛을 의미한다. 205쪽 각주99 참조.

125 저속한……비유되었네 : 이민구가 김효건의 시에 수창할 실력이 아닌데도 이처럼 수창하게 되었다는 겸사이다. 방회(方回)는 원(元)나라 사람으로 자는 만리(萬里)이다. 그의 〈차운유원휘초한야좌(次韻劉元煇初寒夜坐)〉라는 작품의 병서(幷序)에 의하면 유원휘(劉元煇)가 먼저 〈초한야좌(初寒夜坐)〉의 시를 지어 방회에게 보이므로 그 운자에 맞춰 짓는다고 하였다. 《桐江續集 卷2》

강가에서
江干

강가의 기후 흐렸다 갰다하고	江干氣候屢陰晴
눈 뒤의 산천 반은 어둡고 반은 밝구나	雪後山川半晦明
하늘의 구름 모양 변하고	天上風雲看變態
문 앞의 새들 다정히 사귀네	門前鳥雀見交情
오래도록 숙속 의지해 내 성품대로 사니[126]	長依菽粟安吾性
이미 천지 사이 내 삶이 궁박한 줄을 믿노라	已信乾坤薄此生
강호의 백년 인생 세상일 적으니	湖海百年人事少
갈매기 따라 함께 약속해야지[127]	擬隨鷗鷺狎同盟

126 오래도록……사니 : 빈한하지만 스스로 만족하며 성품대로 산다는 말이다. 숙속(菽粟)은 콩과 조로, 양식을 의미한다.

127 갈매기……약속해야지 : 강호에서 은자적 삶을 살겠다는 말이다. 황정견(黃庭堅)의 시에 "만 리 돌아가는 배에 젓대 부니, 이 마음 백구와 맹세하였네.〔萬里歸船弄長笛, 此心吾與白鷗盟.〕"라고 하였다.《山谷集 外集 卷7 登快閣》

소 장공의 〈여주사상표〉[128]를 읽고 병서

讀蘇長公汝州謝上表 幷序

일찍이 두보(杜甫)의 시 "천추만세에 이름 남긴들 적막한 신후(身後)의 일이네."[129]라는 구절을 읽고, 그 말이 옳지 않다고 생각하여 마음 아파하였으니, 어찌하여 죽은 뒤 만대에 남을 이름을 놓아버리려고 하였는가. 소 장공(蘇長公)의 〈사상표(謝上表)〉를 읽다가 "여러 해 동안 병에 걸리자 사람들은 모두 제가 이미 죽었다고 하였으며, 며칠 동안 굶주리고 추위에 떨다 보니 저 또한 저절로 여생이 싫어졌습니다."라는 부분에 이르러서는 순간 가슴이 답답하여 책을 덮고는 목숨을 스스로 아끼지 않음을 매우 슬퍼하였다.

고금(古今)의 사람들 가운데 기구하고 박복하여 세상에 쓰이지 못하고 죽을 때까지 배척받은 이들이 얼마나 많았겠는가만, 이미 하늘에서 본성(本性)을 부여받고 명(命)을 세워 사람이 되었는데, 자취도 없이 스스로 죽으려는 데까지 이르렀으니, 이것이 깊은 물에 빠져 목숨을 버리는 자와 무엇이 다르겠는가. 내가 듣기로 "군자가 진실로 궁하다."[130]라고 하였고, "부귀 때문에 안절부절 하지 않고, 빈천 때문에

128 소 장공(蘇長公)의 여주사상표(汝州謝上表) : 소 장공은 소식(蘇軾)을 가리킨다. 소식이 소순(蘇洵)의 장자이면서 그의 문장이 백대(百代)의 으뜸이라고 할 만했기 때문에 장공이라고 하였다. 〈여주사상표(汝州謝上表)〉는 《동파전집(東坡全集)》 권67에 실려 있는 〈사양이여주표(謝量移汝州表)〉라는 작품을 가리킨다.

129 천추만세에……일이네 : 두보(杜甫)가 지은 〈몽이백(夢李白)〉의 일부이다. 《두소릉집(杜少陵集)》 권7에는 世가 歲로 되어 있다.

불안해하지 않는다."[131]라고 하였으니, 이 도(道)가 잘못된 것이란 말인가. 지키려고 해도 오랫동안 가질 수 없고, 버리려고 해도 갑자기 버릴 수 없는 것인데, 어떻게 소중한 백년 인생을 하루아침의 결단으로 죽는단 말인가. 사람이 살아가면서 괴로움과 즐거움이 있는 것은 꿈이 길할 때도 있고 흉할 때도 있는 것과 같다. 그 꿈이 흉하거나 길하다고 해서 깨어난 뒤에 기뻐하거나 슬퍼할 것이 못되니, 사람의 삶도 곤궁(困窮)하든 현달(顯達)하든 마땅히 주재자의 명령을 들을 뿐이다. 내가 무엇을 생각하고 무엇을 염려하겠는가. 그러므로 이 시를 지어 그 뜻을 넓히노라.

인생은 천지조화에 달렸으니	人生寓大化
오고 가는 것을 알 수 없는데	來去不可知
구구한 몸뚱이 안에서	區區形氣內
어찌 사사롭게 하겠는가	烏足以自私
영혼과 몸이 한 번 떨어지면	神血一已離
아득한 나는 누구란 말인가	冥莫我是誰
뼈와 살도 억지로 붙어 있는 것	骨肉亦强合
하물며 명성을 위해 살아가랴	況用聲名爲
천지는 본래 여관과도 같으니[132]	天地本逆旅

130 군자가 진실로 궁하다 : 《논어》 〈위령공(衛靈公)〉에 나오는 말이다.

131 부귀……않는다 : 《공자가어(孔子家語)》 권1 〈유행해(儒行解)〉에 보이는 말이다. 《공자가어》에는 屈이 詘로 되어 있으며, 운확(隕穫)은 "근심하며 불안해하는 모습이다.〔憂悶不安之貌〕"라고 풀이하였고, 충굴(充詘)은 "안절부절못하며 흔들리는 모양이다.〔踊躍參擾之貌〕"라고 풀이하였다.

얻음과 잃음은 진실로 터럭 같은 차이라네　得喪眞毫釐
꿈에서 좋은 보물 얻었다가　夢中獲良寶
잃은들 어찌 슬퍼하랴　失之又何悲
바야흐로 고통과 즐거움 만나매　方其遘苦樂
여러 감회가 따라오지만　感觸各相隨
이미 꿈속 세계의 허상과 같음을 아노니　旣悟幻界空
기쁨과 슬픔도 모두 이와 같다네　忻戚俱如斯
어찌 언제 죽을지 모르는 목숨으로　那將朝暮期
애태우며 함부로 탄식할까　切切妄嗟咨
묻노라 백 년 뒤에　借問百年後
궁달을 어디에 쓰겠는가　窮達安所施

132 천지(天地)는……같으니 : 천지는 사람이 잠시 머물다 가는 여관과 같다는 말이다. 이백(李白)의 〈춘야연도리원서(春夜宴桃李園序)〉에 "천지는 만물의 역려이고, 광음은 백대의 과객이다.〔夫天地者, 萬物之逆旅, 光陰者, 百代之過客.〕"라고 하였다.

12월 27일에 갑자기 추워지다
臘月廿七日猝寒

겨울 날씨 오래도록 포근해서 冬日久暄姸
모기와 파리가 한 해 끝까지 나는구나 蚊蚋終年飛
흐르는 물은 시내를 달리고 通水走川渠
풀들도 푸른 빛 시들지 않았네 庶草靑不腓
만물이 저마다 그 혜택 누리는데 萬物各懷惠
옷 없어 걱정하던 나는 하물며 어떠하랴 況我患無衣
춥고 따뜻함은 진실로 계절마다 다른 법 寒暖固異節
철에 맞지 않는 날씨 걱정했는데 復恐時候非
오늘 아침 갑자기 추워지니 今朝忽凜烈
북풍이 때를 타고 돌아왔네 朔風乘歲歸
따스한 해가 나왔다 숨으니 陽景吐還翳
참담하다 남은 햇살 적어라 慘慘少留輝
나무들 심하게 시달려 群木暴瘀傷
기운 잃고 생기 사라졌네 氣沮生意微
꼿꼿하던 눈서리 속의 자태 偃蹇雪霜姿
중간에 그 면모 변했네[133] 中路顔色違

133 꼿꼿하던……변했네 : 활짝 피었던 매화가 갑자기 추워진 날씨 때문에 생기를 잃었다는 말이다. 설상자(雪霜姿)는 매화를 가리킨다. 소식(蘇軾)의 시에 "불그레하게 복사꽃 빛깔로 피어나, 파리하게 눈서리 속의 자태 남았네.〔故作小紅桃杏色, 尙餘孤瘦

비유하자면 너그럽던 정사의 뒤에	譬如寬政餘
갑자기 엄격한 위엄을 보이는 격	卒然下嚴威
기쁨이 슬픔으로 변하니	歡愉變憯怛
보이는 것마다 모두 숙살의 조짐일세	觸眼皆殺機
천운은 순환하여	天運有循環
추위와 더위가 서로 이어 반복되지	涼燠相因依
땅이 얼었다 풀려야	土脈凍仍釋
기름져 백곡이 잘 자라지	膏潤百穀肥
음양이 한 번 어그러지니	二氣一錯戾
허허 누가 그렇게 만들었나	咄哉誰指揮
비록 봄날 다가오지만	雖看春事近
애석하게도 밭에 보리가 드물구나	惜此隴麥稀
이 늙은이 괴로운 심사 많아	老人饒苦心
눈물 흘리니 언제나 마르려나	淚灑何當晞

雪霜姿.]"라고 하였다.《東坡全集 卷12 紅梅》

선달그믐 밤에

除夜

빈 집에서 안석에 기대어 앉으니	虛堂隱几坐相依
벽 아래 식은 화로에 불씨 시들하네	近壁殘爐伏火微
긴 밤이 찬 물시계를 따라 다해가니	遙夜欲隨寒漏盡
쓸쓸하게 또 한 해를 보내노라	蕭條又送一年歸

취해서 쓰다

醉筆

가지 마라 병술년아	相留丙戌年
너에게 술 한 잔 권하노라	勸汝一杯酒
날 두고 가서 다시 오지 않을 텐데	捨我不重來
아득히 한밤중을 지나는구나	茫茫夜半後

동주집

시집 제11권

詩 시

정해년(1647, 인조25) 설날 입춘일에
丁亥元日 立春

수려한 경치 갠 호수에 먼 하늘 떠 있고	秀色晴湖泛遠天
매화에 눈 맺히고 버들은 연기 머금었네	梅花逗雪柳含煙
새봄에 또 정월 초하루 되었으니[1]	新春又建三元日
늙은이 나이 이제 예순일세	舊物今垂六十年
매번 쉼 없이 오는 세월 탄식하며	每歎光陰來未已
갈 수 없는 고향 길이 그리노라	長懷鄉井去無緣
산초술과 채승은 내 것 아니지만[2]	椒觴綵勝非吾有

1 새봄에……되었으니 : 입춘(立春)과 정월 초하루가 겹쳤다는 말이다. 삼원일(三元日)은 연(年), 월(月), 일(日)의 시작인 정월 초하루를 말한다.

2 산초술과……아니지만 : 초상(椒觴)은 산초(山椒)와 여러 약재를 섞어서 만든 술을 말하는데, 정월 초하루에 자손이 장수를 축원하는 뜻으로 자기 집안의 어른에게 올렸다고 한다.《初學記 卷4 四民月令》 채승(綵勝)은 1월 7일 인일(人日)에 봄이 온 것을 경축하는 의미로 머리에 꽂았던 채색 조화(造花)를 이르는데, 옛날 풍속에 대궐에서 여러 조관(朝官)들에게 이것을 하사했다고 한다.《荊楚歲時記》 이민구의 두 아들이 일찍 죽어 산초술을 마실 수도 없고, 벼슬에서 쫓겨난 지 오래여서 채색 조화도 받을 수 없기 때문에 이렇게 말한 것으로 보인다.

나물과 도소주는 다만 절로 전해지네[3] 菜甲屠蘇秖自傳

3 나물과……전해지네 : 나물을 안주 삼아 도소주(屠蘇酒)를 마시는 것은 가능하다는 말이다. 도소주는 설날에 마시는 약주의 한 가지로, 이 술을 마시면 사기(邪氣)와 질병을 물리친다고 한다.

혼자 노닐다

獨游

사는 집 산골짝에 있어	卜築依山壑
연하의 풍경 뜨락에서 감상하네	煙霞在戶庭
잔잔한 마음으로 산수 바라보고	澄懷看水石
홀로 서서 모래톱 굽어본다	獨立俯沙汀
날 개니 호수 물빛 희고	日霽湖光白
봄 오자 들판 푸르구나	春生野氣青
새해를 늘그막에 맞이했는데	新年乘暮景
오히려 떠도는 신세 한탄하네	猶自歎漂零

함께 과거에 급제한 신자장[4]은 지금 일흔두 살인데 수염과 머리털이 그대로이고 걸음과 용모가 사오십 대 같다. 그가 찾아왔기에 시를 지어 특이함을 기록하다

同年申子長 今七十二歲 髭髮不變 蹈履顏貌如四五十人 因其來訪 作詩志異

마른 체형과 빼어난 기골로 속세의 인연 찾아오니	臞形秀骨走塵緣
장과 선생 같은 신선이네[5]	張果先生是列仙
칠십이 년 인간 세상에서	七十二年人世事
그대는 무릉 안개 속의 송백을 보았는가[6]	君看松柏茂陵煙

4 신자장(申子長) : 신이우(申易于, 1576~?)로, 본관은 평산(平山), 자는 자장, 호는 도촌(道村)이다.

5 마른……신선이네 : 신이우를 신선에 비유하여 읊은 것이다. 장과 선생(張果先生)은 당(唐)나라 때 사람으로, 항주(恒州)의 중조산(中條山)에 은거해 살며, 향리(鄕里)와 세계(世系)를 숨기고 스스로 신(神)이라고 하였다. 개원(開元) 연간에 사신을 보내 맞이해 와 서울에 이르렀는데, 공주(公主)에게 장가들게 하자 크게 웃으면서 조서를 받들지 않고 산으로 돌아가 버렸다. 세상에서는 통현 선생(通玄先生)이라고 칭하였다. 《新唐書 卷204 方伎列傳 張果》

6 칠십이……보았는가 : 무릉(茂陵)은 한 무제(漢武帝)의 능호(陵號)이다. 장생불사(長生不死)를 그토록 갈구했던 제왕도 결국 죽어서 무덤에 잡초만 무성한데, 신이우는 72세가 되었는데도 젊음을 유지하고 있다는 말이다.

청선옹[7]이 배를 타고 찾아오니 기뻤다

喜聽蟬翁乘舟來訪

갠 호숫가에서 잠깨니 새벽빛 열리는데	晴湖睡起曙光開
남쪽 포구에 외로운 배 언덕으로 다가오네	南浦孤帆拂岸來
당일에 자유는 진실로 흥이 식었던 것이니	當日子猷眞興淺
그대와 같았다면 어찌 문에서 돌아갔으랴[8]	似君那肯到門回

7 청선옹(聽蟬翁) : 이지정(李志定, 1588~1650)으로, 본관은 여주(驪州), 자는 정오(靜吾), 호는 청선이다.

8 당일(當日)에……돌아갔으랴 : 자유(子猷)는 진(晉)나라 왕휘지(王徽之)의 자이다. 왕휘지가 산음(山陰)에서 살던 어느 겨울밤에 잠을 자다가 큰 눈이 내려 사방이 하얀 것을 보고, 멀리 섬계(剡溪)에 사는 벗 대규(戴逵)를 보고 싶은 충동이 일어났다. 즉시 조각배를 타고 떠나 새벽녘이 되어 그의 문 앞까지 갔으나 들어가지 않고 돌아왔다. 어떤 사람이 그 이유를 물으니 "내가 본래 흥에 겨워 왔다가 흥이 다하여 돌아가는 것이니, 어찌 반드시 대안도를 보겠는가.〔吾本乘興而行, 興盡而返, 何必見戴.〕"라고 대답하였다.《世說新語 任誕》왕휘지는 흥이 식어 돌아간 것이니, 이민구를 찾아온 이지정처럼 흥이 있었다면 왕휘지도 돌아가지 않았으리라는 말이다.

청선옹[9]이 술을 싣고 와서 성씨의 정자에서 술자리를 열었다. 고담과 해학을 즐기다가 한묵을 권하니 실로 천고의 멋진 일이다. 이윽고 자리에서 일어나 강을 건너가며 삼일 뒤에 다시 오겠다고 약속하였다. 재미 삼아 열다섯 수의 절구를 지어 이야깃거리로 삼으니 모두 사실을 기록한 것이다

蟬翁載酒惠然 宴款成亭 雅謔之頃 侑以翰墨 實千古勝事 旣乃脫身過江 留約三日再至 戲作十五絶以替談柄 皆紀實耳

이월 호수에 새벽 왔는데	二月湖光曙
봄 구름이 그윽한 물가에 드리웠네	春雲羃幽陼
얄밉다 섬계의 배여	生憎剡溪舟
벗 태우고 가는구나[10]	只載故人去

2

동틀 무렵 창문이 밝아올 제	天明窓戶白
일찍 일어나니 까막까치 요란했지	晨起嗔烏鵲
조각배가 갠 호수 거슬러 올라오니	葉舸泝晴湖

9 청선옹(聽蟬翁) : 이지정(李志定, 1588~1650)으로, 본관은 여주(驪州), 자는 정오(靜吾), 호는 청선이다.

10 섬계(剡溪)의……가는구나 : 이지정이 배를 타고 돌아가는 것에 대한 아쉬움을 읊은 것이다. 섬계는 중국 절강성(浙江省)에 있는 물 이름으로, 진(晉)나라 때 산음(山陰)에 살던 왕휘지(王徽之)가 그의 친구 대규(戴逵)를 찾아갔던 고사가 전한다. 233쪽 각주8 참조.

그대가 술 싣고 오는 줄 알았네 知君載酒客

3

새벽 강에 작은 배 멈추기에 卯水駐輕橈
처음에는 소금장수인가 했지 初疑販鹽者
서로 만난 두 늙은이 相逢兩老翁
쑥대 창 아래에서 한바탕 웃었네 一笑蓬窓下

4

미가의 서화 실은 배 米家書畫舫
신선 늙은이의 수정 호리병[11] 仙老水精壺
이 밖에 다른 물건 없고 此外無餘物
침상에 죽화로 뿐이라오 匡床竹火爐

5

가벼운 배가 아침 조수 타고 와서 輕舟閣早潮
잠깐 물가 모래톱에 멈췄네 淺立洲沙上

11 미가(米家)의……호리병 : 이지정이 배에 술을 싣고 왔다는 말이다. 미가는 북송(北宋) 시대에 시(詩), 서(書), 화(畫)에 모두 뛰어났던 미불(米芾)을 가리킨다. 그는 많은 서화를 소장했는데, 배 위에 '미가서화선(米家書畫船)'이라는 패(牌)를 써서 걸고 다녔으며, 밤이면 그 배에서 무지개가 달을 꿰는 현상이 나타나곤 했다고 한다. 황정견(黃庭堅)이 일찍이 미불에게 준 시에 의하면 "푸른 강 고요한 밤에 무지개가 달을 꿰니, 이것이 정히 미가의 서화 실은 배로구나.〔滄江靜夜虹貫月, 定是米家書畫船.〕"라고 하였다.《山谷集 卷9 戲贈米元章》

아침 해가 호수를 밝게 비추니 旭日照湖明
외로운 빛이 고요하다가 다시 일렁이네 孤光靜復漾

6
돌아가는 배 썰물에 내맡기니 歸舟信潮退
두둥실 맑은 물결 사이로 떠가네 泛泛淥波間
일엽편주 아득히 멀어지고 一葉蒼茫外
돌아오는 어부들 노래만 들리누나 唯聞漁唱還

7
성씨의 멋진 숲속 정자에서 成氏好林亭
각건 쓴 이들 술자리 즐겁네 角巾陶宴喜
알겠노라 백사장 가에 있는 사람 應知沙上人
단청 속의 나를 떠올리는 줄을 貌我丹靑裏

8
빈 뱃속에 술 마시니 行壺腹空洞
또한 내가 똥똥해지는 것 같네[12] 亦似我便便

12 빈……같네 : 술을 많이 마셔서 배가 볼록 나오는 것 같다는 말이다. 복공동(腹空洞)은 빈 뱃속을 말한다. 《세설신어(世說新語)》〈배조(排調)〉에 "왕 승상이 주백인의 무릎을 베고 누워서 그의 배를 가리키며 말하기를 '그대는 이 안에 무엇을 갖고 있는가?' 하자, 대답하기를 '이 안은 텅 비어서 아무것도 없지만, 그대 같은 사람 수백 인을 담을 만하다오.' 했다.〔王丞相枕周伯仁膝, 指其腹曰, 卿此中何所有. 答曰, 此中空洞無物, 然容卿輩數百人.〕"라는 내용이 있다. 편편(便便)은 살진 모습을 말하는데, 후한(後漢)의

술을 다 저장하니 米汁俱堪貯
그것을 정천[13]이라 부르리 呼渠作鄭泉

9
늙어서 많이 마시지 못하지만 老去虧多飮
봄이 오자 홀로 깨어 있는 게 두렵네 春來畏獨醒
하염없이 두 백발 늙은이 依依雙白髮
서로 권해 흠뻑 취했네 相勸到沈冥

10
천추에 빛날 동해의 문생들 千秋東海生
고산 늙은이가 한 학파 이루었네[14] 一派孤山老

문인(文人) 변소(邊韶)가 일찍이 수백인의 문도(門徒)를 교수(敎授)할 적에, 한번은 낮잠을 자는데 한 제자가 선생을 조롱하기를 "변효선은 똥똥한 배로, 글 읽기는 싫어하고 잠만 자려고 한다.〔邊孝先, 腹便便, 懶讀書, 但欲眠.〕"라고 하였다. 변소가 그 말을 듣고 즉시 대구(對句)를 짓기를 "배가 똥똥한 것은 오경의 상자이고, 잠만 자려고 한 것은 오경을 생각하기 위함이다.〔腹便便, 五經笥, 但欲眠, 思經事.〕"라고 했던 고사가 전한다. 《後漢書 卷110上 文苑列傳 邊韶》

13 정천(鄭泉) : 삼국 시대 오(吳)나라 진군(陳郡) 사람으로, 자(字)는 문연(文淵)이다. 술을 매우 좋아하여 임종 때 말하기를 "나를 반드시 도가 옆에 묻어 주게. 100년 뒤에 내 시신이 흙으로 변해서 누군가 그 흙을 가져다가 술병을 만들어 준다면 좋겠네.〔必葬我陶家之側, 庶百歲之後, 化而成土, 幸見取爲酒壺, 實獲我心矣.〕"라고 하였다. 《天中記 卷29 任誕》

14 천추(千秋)에……이루었네 : 고산(孤山) 황기로(黃耆老, 1521~1567)가 동해(東海) 장필(張弼, 1425~1487)의 서법을 계승하여 한 학파를 이루었다는 말이다. 황기로의 본관은 덕산(德山), 자는 태수(鮐叟), 호는 고산·매학정(梅鶴亭)이다. 조선 중기

문득 청선옹 얻었으니 忽得聽蟬翁
숨은 보배라 부르리[15] 是名一昧寶

11

글씨 쓰기를 평생 업으로 삼아 臨池千古業
시끄러운 세속에 섞이지 않는구나[16] 不受塵囂雜
흡사 유마궁의 恰似維摩宮
단청 속에 두 할미새 들어앉은 것 같구나[17] 丹靑閉兩鴿

의 명필로 특히 초서를 잘 썼으며, 저서로 《고산집(孤山集)》이 있다. 장필은 명(明)나라의 서예가로, 자는 여필(汝弼), 호는 동해이다. 초서를 잘 썼으며 시문(詩文)에도 뛰어났다. 《성호전집(星湖全集)》 권56 〈여흥세첩발(驪興世帖跋)〉에 "세상 사람들이 서체를 말할 때 반드시 여흥 이씨를 손꼽는다. 우리 이씨가 필법으로 세상에 알려진 지 오래되었는데, 종조부 청선당은 더욱 뛰어나셨다. 청선당께서는 황고산에게서 배우셨고, 고산은 장동해에게서 배웠다.〔世稱字體, 必曰驪興之李. 我李之以筆鳴久矣, 而從祖聽蟬堂其尤著也. 聽蟬得之黃孤山, 孤山得之張東海.〕"라고 하였다.

15 문득……부르리 : 이지정이 황기로의 서법을 배워 글씨에 뛰어난 인물이 되었다는 말이다.

16 글씨……않는구나 : 이지정이 서예를 즐긴다는 말이다. 임지(臨池)는 서법(書法) 또는 글씨 쓰기를 익힌다는 말이다. 후한(後漢) 때의 명필(名筆) 장지(張芝)는 초성(草聖)으로 일컬어지는 인물인데, 못가에서 글씨를 익혀 못물이 모두 검어졌다는 고사에서 온 말이다.

17 흡사……같구나 : 성씨의 정자에서 술을 마시다가 한묵(翰墨)을 즐기는 모습을 읊은 것이다. 유마궁(維摩宮)은 유마거사(維摩居士)의 집이라는 말로, 사찰을 의미한다. 양령(兩鴿)은 이민구와 이지정을 형제처럼 가까운 사이로 표현한 것이다. 《시경》 〈상체(常棣)〉에 "저 할미새 들판에서 호들갑떨듯, 급한 때는 형제들이 서로 돕는 법이라오.〔鶺鴒在原, 兄弟急難.〕"라고 하였다.

12

안석에 기대니 지금은 옛날이 아니라서	隱几今非昔
휘장 걷으니 그 모습 사라졌네[18]	披帷相卽空
흰 무지개 변해서	誰知白蜺化
무시공 된 줄을 누가 알랴[19]	遂作亡是公

13

한 줄기 넘실대는 물	一帶盈盈水
견우가 밤에 은하수 건너네	牽牛夜渡河
오늘밤 합환의 이부자리	今宵合懽被
하사는 장차 어떠한가	下士將如何

14

사흘 뒤에 온다더니	始擬三朝至
열흘 지나도 오지 않네	經旬杳不回
봄 되어 비 자주 내리니	春來多過雨
반은 양대 때문이리[20]	半是爲陽臺

18 안석에……사라졌네 : 이전에 함께 있었던 이지정이 지금 자리에 없다는 말이다. 상(相)은 불교용어로 존재를 가리키는데, 여기서는 이지정의 모습을 가리킨다.

19 흰……알랴 : 이지정이 사흘 안에 돌아오겠다고 말하고 떠난 뒤로 돌아오지 않았으므로 해학적으로 읊은 것이다. 무시공(亡是公)은 한(漢)나라 사마상여(司馬相如)가 지은 〈자허부(子虛賦)〉에 등장하는 인물로, 이런 사람이 없다는 의미이다.

20 봄……때문이리 : 이지정이 돌아오지 않은 까닭을 해학적으로 읊은 것이다. 양대(陽臺)는 남녀가 사랑을 나누는 곳을 가리킨다. 초(楚)나라 송옥(宋玉)의 〈고당부(高唐

15

새로 걸러 독에 가득한 술　新蒭滿甕酒
세심히 맑은 향기 저장하니　細意貯芳淸
배 맨 뒤를 기다려　擬待維舟後
그대에게 큰 석 잔 따르려네　灌君三巨觥

賦)〉에 회왕(懷王)이 고당에 노닐다가 꿈속에 신녀(神女)를 만나 동침을 하였는데, 신녀가 떠나면서 "이 몸은 무산의 남쪽 고구의 북쪽에 있어, 아침에는 구름이 되고 저녁에는 비가 되어, 아침마다 저녁마다 양대의 아래에 있나이다.〔妾在巫山之陽高丘之阻, 旦爲朝雲, 暮爲行雨, 朝朝暮暮, 陽臺之下.〕"라고 하였다는 고사가 전한다. 《文選 卷19》

3월 3일 청명절. 내일은 상사일이다

三三淸明節 明日乃上巳

봄놀이 많아 완상하기 바쁜데	春遊多事賞心催
한식과 청명 차례로 오는구나	寒食淸明次第來
이미 삼짇날 맞춰 답청절 되고	已趁重三踏靑天
상사일 좇아 불제할 때 돌아왔네[21]	還從上巳祓除回

21 상사일(上巳日)……돌아왔네 : 제목에서 내일이 상사일이라고 하였으므로, 액을 물리치는 날이 돌아왔다는 말이다. 《주례(周禮)》 〈춘관 하(春官下)〉에 "여무가 세시에 불제와 흔욕을 관장한다.〔女巫掌歲時祓除釁浴〕"라고 하였는데, 정현(鄭玄)의 주(註)에 "세시에 불제한다는 것은 3월 상사일에 물에 가서 목욕하는 것이고, 흔욕은 향내 나는 약초로 목욕하는 것이다."라고 하였다.

소나무 널을 만들어 반드시 다가올 날을 기다리다

營松板以俟必至

저 바위 골짝 천 년 묵은 뼈로	將他岩壑千年骨
천지간에 일곱 척 이 몸 거두려네[22]	斂我乾坤七尺身
관 뚜껑 덮이기 전에 스스로 마치리니	不待蓋棺先自了
끝내 땅강아지랑 개미랑 친해지겠지[23]	終須螻蟻與相親

22 저……거두려네 : 소나무 판자로 미리 관을 짜 둔다는 의미이다. "바위 골짝 천년의 뼈〔岩壑千年骨〕"는 깊은 산중에서 오래 자란 소나무를 가리킨다.

23 끝내……친해지겠지 : 죽어 땅에 묻히면 땅강아지나 개미의 밥이 되고 마침내는 자연과 하나가 되리라는 말이다. 장자(莊子)가 죽음에 임해 제자들에게 "위에 있으면 까마귀와 솔개의 밥이 되고, 아래에 있으면 땅강아지와 개미의 밥이 되는 것이다.〔在上爲烏鳶食, 在下爲螻蟻食.〕"라고 하였다. 《莊子 列禦寇》

들을 가며 즉흥적으로 읊다

野行卽事

사월 너른 들판에 푸른 풀 무성한데	四月平郊碧草深
나그네 말 멈추고 숲으로 들어가네	行人歇馬就中林
비 갠 구름 흩어지지 않아 산하의 기운 남았고	晴雲不散山河氣
따뜻한 해 둥글게 나와 숲에 그늘 드리우네	暖日初團樹木陰
난세에 기심 있어 뛰는 사슴 가련하고	亂世機心憐挺鹿
꽃다운 봄날 물태를 둥지의 새에서 느끼노라	芳春物態感巢禽
연래에 버려진 신세 장차 어디에 쓰랴	年來棄擲將何用
갈림길에서 방황하며 지금까지 부끄럽다	岐路棲遑愧至今

사월 초파일에 모란이 활짝 피다
四月初八日 牡丹盛開

푸른 성이 적성의 노을과 이어져[24]	青城地接赤城霞
형형색색 화려한 꽃에 눈길 끌리네	色色繁華襯眼斜
아침에 부처를 새로 목욕시키려고	爲是朝來新浴佛
일시에 사방 세계의 꽃 모두 피었구나	一時俱發四天花

24 푸른……이어져 : 모란의 푸른 잎과 붉은 꽃을 비유적으로 형용한 말이다. 적성(赤城)은 천태산(天台山) 자락인 적성산(赤城山)으로, 그 흙이 붉어 마치 운하(雲霞)와 같고 형상이 치첩(雉堞)과 같으므로 적성이라 부른다. 손작(孫綽)의 〈유천태산부(遊天台山賦)〉에 "적성산에 노을이 일어 표지를 세웠다.〔赤城霞起而建標〕"라고 하였다. 《文選 卷11》 여기서는 모란의 붉은 꽃을 가리킨다.

임금의 은혜로 풀려났다.[25] 정축년(1637, 인조15) 4월에 서울을 떠난 때로부터 금년 정해년(1647) 4월까지 꼭 11년이다. 이때 오래도록 가물다가 마침 단비가 내렸다
蒙恩疏釋 自丁丑四月去國 距今丁亥四月 恰十一年 時久旱 適得澍雨

천지간에 만 번 죽을 목숨 비로소 풀려나니　萬死乾坤始解懸
임금의 은혜 바다처럼 가없이 넓어라　恩波如海浩無邊
어찌 삼천리 물살 칠 걸 기약하랴　寧期擊水三千里
겨우 거친 땅에 십이 년 던져짐을 면했네[26]　纔免投荒十二年
따뜻한 기운 잠시 추연의 율관 따르고　暖氣暫隨鄒律管
훈훈한 바람 순의 거문고에 불어오네[27]　薰風轉入舜琴絃

25 임금의 은혜로 풀려났다 : 《인조실록》 25년 4월 13일 기사에 "죄인 이민구(李敏求) 등 14명을 석방하라고 명하였다."라는 기록이 보이고, 사헌부의 반대에 대하여 같은 해 4월 26일 기사에 "이민구 등은 그 죄가 무거우나 정배한 지 오래되었으니, 재해로 인해 석방한다고 해서 불가할 것이 없을 듯하다."라고 하였다.

26 어찌……면했네 : 11년 만에 해배되었으므로 12년 유배 생활하는 신세를 면한 것에 만족할 뿐 앞으로 큰 포부가 있지는 않다는 말이다. 《장자(莊子)》 〈소요유(逍遙遊)〉에 "붕새가 남으로 갈 때에 물결을 치는 것이 3천 리이다.〔鵬之徙於南冥也, 水擊三千里.〕"라고 하였다.

27 따뜻한……불어오네 : 날씨가 따뜻해진다는 말이다. 추율(鄒律)은 추연(鄒衍)의 율(律)이라는 뜻이다. 추연은 전국 시대 제(齊)나라 사람으로, 음률에 정통하였다. 일찍이 연(燕)나라 소왕(昭王)의 초빙으로 연나라에 가 있을 때, 중국의 북방 지역이 땅은 비옥하나 날씨가 너무 추워 오곡이 자라지 않았는데, 추연이 율을 불자 따스한 기후가 되어 기장을 심을 수 있게 되었다고 한다. 《列子 湯問》 순금(舜琴)은 순 임금의 거문고라는 뜻으로, 순 임금이 오현금(五絃琴)을 만들어 〈남풍가(南風歌)〉를 부르면서

처마 끝에 또 밤새도록 빗소리 들리니 簷端又聽終宵雨
내일은 포구 근처 밭 갈아야지 明日須耕近浦田

“훈훈한 남쪽 바람이여, 우리 백성의 수심 풀어 주기를. 제때에 부는 남풍이여, 우리 백성의 재산 늘려 주기를.〔南風之薰兮, 可以解吾民之慍兮. 南風之時兮, 可以阜吾民之財兮.〕”라고 했다는 고사가 전한다.《禮記 樂記》

행함과 그침

行止

나는 태평 시대의 뒤에 태어나	我生太平後
분주한 삶 한가할 틈 없었지	奔走苦不暇
늘그막에 편안한 집에 살기 바랐지만	抵老冀安宅
이리저리 떠도니 더욱 슬프구나	展轉益悲吒
갈단새가 새벽에 울기를 기다리지만	鶡鴠候晨鳴
시름에 잠겨 긴 밤 만났구나[28]	沈憂値長夜
행하고 멈춤 비록 내게 달렸지만	行止縱自私
어디에서 멍에 풀 수 있을까	何方可稅駕
고향에 옛 가업 사라지고	家鄉舊業破
쓸쓸한 초가집만 남았구나	零落餘草舍
마을에서 아는 이 만난들	閭井寘相識
누가 기꺼이 빌려주려 하겠는가	誰肯通假借
세상일은 끝없이 이어지고	世故浩無窮
모습은 날마다 늙어가네	顔貌日凋謝
지팡이 짚고 앞길 바라보며	拄策視前途
높은 숲 아래에서 세 번 탄식하노라	三歎高林下

28 갈단새가……만났구나 : 갈단새가 울어 아침이 오듯 평안한 삶을 기다리지만 근심에 잠겨 긴 밤을 만난 신세라는 말이다. 갈단(鶡旦)은 새 이름이다. 《예기》 〈월령(月令)〉에 "갈단새가 울지 않는다.〔鶡旦不鳴〕"라고 했는데, 정현(鄭玄)의 주에 "갈단은 아침이 오기를 바라는 새이다.〔鶡旦, 求旦之鳥也.〕"라고 하였다.

이징[29]이 두 마리 학과 송골매를 그렸다

李澄畫二鶴二鶻

대 숲 아래에서 춤 끝마치고	罷舞篁林下
말쑥하게 깃 다듬으며 한가롭다	翛翛刷羽閒
어여뻐라 한 조각 눈덩이인 양	唯憐一片雪
푸른 이끼에 한 점 찍었네	留點綠苔斑

2

한밤 소나무 끝에 달 걸렸고	半夜松梢月
푸른 산은 흰 이슬 덮였네	青山白露中
외진 곳이라 오는 길손도 없어	地偏無客到
맑은 울음소리 가을 하늘에 가득하다	淸唳滿秋空

3

기운은 가을 하늘 멀리 날 수 있고	氣得秋天迥
정기는 새벽 붉은 해를 침범할 듯	精侵曉日紅
파도 일렁이는 푸른 바다 위	波濤滄海上
대붕의 바람 소리 곁에서 들리는 듯	側聽大鵬風

29 이징(李澄) : 1581～? 본관은 전주(全州), 자는 자함(子涵), 호는 허주(虛舟)이다. 16세기의 문인화가로, 이금산수화(泥金山水畫)와 서정적인 그림을 잘 그렸다.

4

우뚝 솟은 구절 소나무　　昂藏九節松
천 년 묵은 그 가지에 사뿐히 내려앉았네　　撲簌千年骨
머리 기울여 푸른 하늘 바라볼 뿐　　側腦望青霄
어찌 교활한 토끼 굴 생각하랴　　寧思狡兎窟

사계절의 산수를 그린 여덟 폭 그림

畫四時山水八幅

조용한 두 그루의 소나무 그늘 아래	寂歷雙松陰
두건 벗고 문득 쉬는구나	脫巾便偃仰
바위틈에 살며 냇물도 바라보니	巖居復川觀
진나라 승상 자리 관심 없어라[30]	意薄秦丞相

2

냇가 버들은 바람에 하늘하늘	溪柳搖風細
숲 꽃은 짙은 안개 속에 보일 듯 말 듯	林花隱霧重
가벼운 옷차림으로 춘사[31]에 달려가니	輕衫赴春社
푸른 봉우리 다시 몇 개나 지나야 하나	更度幾靑峯

30 바위틈에……없어라 : 초야에서 유유자적(悠悠自適)한 삶을 사노라니 높은 지위에 관심이 없다는 말이다. 범저(范雎)가 진(秦)나라에서 큰 공을 세워 승상(丞相)에까지 올라 부귀영화를 누렸는데, 채택(蔡澤)이 찾아와 이제 그만 물러날 것을 권하며 "선생은 어찌하여 이러한 때에 승상의 인장을 풀어 현자에게 양보하고, 산속에 거처하며 흐르는 물을 감상하려 하지 않습니까.〔君何不以此時歸相印, 讓賢者而授之, 退而巖居川觀.〕"라고 하자, 이를 따랐다는 고사가 전한다.《史記 卷79 蔡澤列傳》

31 춘사(春社) : 입춘(立春) 이후 다섯 번째 무일(戊日)을 춘사일이라고 하였는데, 옛날 민속에 의하면 이날 토지신(土地神)에게 제사하여 풍년을 기원했다고 한다.

3

푸른 언덕에 뭇 나무들 곱고　　青厓群樹靡
비바람에 한 시내 비었구나　　風雨一溪虛
묻노라 낚시 드리운 사람아　　爲問垂綸客
고기 바라봄이 잡는 것보다 나으신가　　觀魚勝得魚

4

뭇 나무들 모두 잎 떨구고　　萬木俱零葉
가을 소리가 거문고 다섯 줄에 들어오네　　商聲入五絃
누구도 그윽한 뜻 아는 이 없어　　無人會幽意
하늘 날아가는 기러기만 바라보노라　　目送雁飛天

5

한 조각배로 가을 물 건너니　　一葦涉秋水
물새들 놀라 어둠 속으로 날아가네　　水禽驚暗翔
만날 약속 포구 끝에 있어　　前期在極浦
달빛 타고 횡당[32] 지나노라　　乘月過橫塘

6

날마다 산에 나무하러 가서　　日去採山木
눈보라도 마다하지 않노라　　不辭風雪行

32 횡당(橫塘) : 본래는 남경(南京)의 서남쪽 강어귀의 둑 이름인데, 여기서는 배를 타고 건너는 그림 속의 물을 가리키는 말로 사용되었다.

누가 알랴 세도의 책임이 誰知任世道
땔감 묶음처럼 가볍지 않음을 未似束薪輕

7

술기운은 저물녘에도 짙고 酒氣晩猶濃
강 복판은 밤에 더욱 뜨겁네 江心夜更熱
옆 배에서 피리 부는 아이 隣舟吹篴兒
시험 삼아 관산의 달을 희롱한다 試弄關山月

8

눈 내려 섬계[33] 차갑고 雪下剡溪寒
산과 내가 온통 희구나 山川同一白
알겠다 뜸 밑의 사람 應知篷底人
뱃머리의 학 알아보지 못하는 줄을 不辨船頭鶴

33 섬계(剡溪) : 중국의 절강성에 있는 물 이름이다. 진(晉)나라 왕휘지(王徽之)가 눈 내린 밤에 친구 대규(戴逵)를 갑자기 보고 싶어서 산음에서 배를 저어 섬계에 있는 그의 집 앞까지 갔다가 돌아왔다는 고사가 전한다. 《世說新語 任誕》 여기서는 그림 속의 시내를 가리킨다.

홍 운판관의 〈해정십이운〉에 맞춰 짓다

次洪運判海亭十二韻

호해에 내 발길 머무르는데	湖海淹吾跡
천지 사이에 이 정자 있구나	乾坤有此亭
구름과 노을이 가까운 성곽에 뜨고	雲霞浮近郭
해와 달이 앞뜰에 솟아오른다	日月湧前庭
포구 끝까지 원기 가득하여	極浦涵元氣
맑은 물결에 뭇 별들 비추네	澄波寫列星
아침 배 신기루 뚫고 나가니	朝帆通蜃市
밤 그물에 비린 생선 걸렸구나	夜網薦魚腥
이런 경치 찾아 구경하니	物色供探討
올라가는 곳마다 보고 들을 만하네	登臨足視聽
제비는 가볍게 날아 떨어지는 꽃 스치고	燕輕捎落蕊
갈매기는 깨끗한 빛깔로 떠다니는 부평초 쫓네	鷗淨逐流萍
손님 자리에서 머리 흰 것을 잊고	客位忘頭白
글 짓는 곳에서 반가운 눈빛[34]으로 마주했네	詞場對眼青
좋지 않은 마음 누그러지니	且寬懷作惡

34 반가운 눈빛 : 안청(眼青)은 청안(青眼)과 같은 말로 반가운 눈빛을 말한다. 진(晉)나라 죽림칠현(竹林七賢)의 한 사람인 완적(阮籍)은 예교에 얽매인 속된 선비가 찾아오면 백안(白眼)을 뜨고, 맑은 고사(高士)가 찾아오면 청안을 뜨고 대했다고 한다. 《晉書 卷49 阮籍列傳》

어찌 눈물을 흘리랴	肯許涕交零
지팡이에 늙고 병든 몸 의지한 채	几杖扶衰疾
이 몸 취했다 깼다 하노라	形骸任醉醒
생애가 험난하니	生涯憑險絶
세상사를 캄캄한 데 맡기노라	世事託昏冥
화려한 배로 봄 절벽에 정박했건만	彩舸依春壁
붉은 문은 한스럽게 낮에도 빗장 걸렸네	朱門恨晝扃
사문의 자취 높은 누각에 머물렀으니	斯文留快閣
눈물 훔치며 지난날 떠올려 보노라	揮灑憶曾經

당시에 마침 배를 띄웠으나 올라보지 못했다. 인하여 지난날 남긴 시가 벽에 남아 있다는 사실이 떠올랐다.

2

세상 살아가는 흰 머리 늙은이	海內餘蓬鬢
호숫가 초가 정자에 의지했네	湖邊寄草亭
십 년이나 대궐 떠났으니	十年違紫闥
한 글자가 《황정경》에서 잘못되었네[35]	一字誤黃庭
물길은 은하로 통하는데	水路通河漢
천문의 해와 별 잠겨 사라졌네	乾文浸日星
이내 삶 상란 만나	此生遭喪亂

35 한……잘못되었네 : 죄를 지어 유배객이 되었다는 말이다. 황정(黃庭)은 도교(道敎)의 경전인 《황정경(黃庭經)》을 가리킨다. 여기에는 신선이 되는 방법이 기재되어 있는데, 《집선록(集仙錄)》에 의하면 《황정경》을 정밀히 생각하면서 송독(誦讀)하는 자는 복(福)을 얻게 되고, 그렇지 못한 자는 죄(罪)를 초래하게 된다고 하였다.

여기서 비린내 피하였지[36]	是處避膻腥
어부가 때때로 물어줄 뿐	漁父時相問
상가를 듣지 못했어라[37]	商歌不可聽
서늘하면 상안의 대나무 떠오르고[38]	涼思湘岸竹
주릴 때는 초강의 평실 그리웠네[39]	饑戀楚江萍
오두막은 백사장에 이어지고	斗屋連沙白
새밭은 푸른 들에 있구나	畬田占野青
세월이 안타깝게도 빨리 흘러	歲華嗟荏苒
몸이 쇠약해지는 줄을 알겠네	身事感丁零

36 물길은……피하였지 : 중국에 가는 길은 있지만 명나라 황제는 없어졌고, 이러한 난세를 만나 유배지에서 청나라 오랑캐를 피한다는 뜻으로 한 말이다.

37 상가(商歌)를 듣지 못했어라 : 빈한한 속에서도 맑은 절조를 고수하는 노래를 듣지 못했다는 말이다. 증자(曾子)가 위(衛)나라에 있을 때 매우 가난하여 "옷깃을 여미려 하면 팔꿈치가 나오며, 신을 신으면 뒤꿈치가 터져 벗겨지는 형편이었는데, 발을 끌며 상송을 부르니 그 소리가 천지에 가득하여 마치 금석에서 나오는 것 같았다.〔捉衿而肘見, 納屨而踵決, 曳縰而歌商頌, 聲滿天地, 若出金石.〕"라는 고사가 전한다.《莊子 讓王》

38 서늘하면……떠오르고 : 상안(湘岸)은 상수(湘水) 기슭이다. 중국의 소상강(瀟湘江) 일대에 자라는 자줏빛 반점이 있는 대를 소상반죽(瀟湘斑竹)이라 한다. 전설에 의하면 순(舜) 임금이 승하하자 두 비(妃)인 아황(娥皇)과 여영(女英)이 눈물을 흘렸는데, 이 눈물이 대나무에 떨어져 얼룩이 생겼다고 한다.

39 주릴……그리웠네 : 춘추 시대 초왕(楚王)이 일찍이 강을 건너다가, 모양은 둥글고 빛깔은 붉은 것이 크기가 말만 한 물체를 보고 이것을 취하여 사람을 시켜 노(魯)나라에 가서 공자(孔子)에게 물어보게 했더니, 공자가 이르기를 "이것이 이른바 평실이란 것으로 쪼개서 먹을 수 있는데, 이것을 얻은 것은 길상의 조짐이다.〔此所謂萍實者也, 可剖而食之, 吉祥也.〕"라고 했던 고사가 전한다.《孔子家語 致思》

비록 유정의 질병 앓지만[40] 縱抱劉楨疾
오직 완적이 깨어있을까 걱정하노라[41] 唯憂阮籍醒
술 데우는 화로에 빠져 살고 洪壚從汨沒
명승지에서 움츠린 채 잠기도다 勝地局沈冥
채나라로 가서 천명 평안히 여기고[42] 適蔡方安命
양나라에 갇혀 빗장 단단히 걸었네[43] 囚梁本固扃
소인이 끝내 농사일 배우려면 小人終學稼
모름지기 《상우경》[44] 읽어야지 須讀相牛經

40 비록……앓지만 : 병을 앓고 있다는 말이다. 유정(劉楨)은 건안칠자(建安七子)의 한 사람으로 자는 공간(公幹)이다. 그의 시에 "고질병에 휘감긴 나, 맑은 장수 물가로 몸 숨겼네.〔余嬰沈痼疾, 竄身淸漳濱.〕"라고 하였는데, 여기에서 유래하여 와병(臥病)의 전고로 쓰이게 되었다. 《文選 卷23 贈五官中郎將》

41 오직……걱정하노라 : 항상 술에 취해 지낸다는 말이다. 완적(阮籍)은 진나라 때 죽림칠현의 한 사람으로 술을 매우 좋아하였다.

42 채나라로……여기고 : 《논어》 〈미자(微子)〉에 "아반 간은 초나라로 가고, 삼반 료는 채나라로 갔다.〔亞飯干適楚, 三飯繚適蔡.〕"라고 하였다.

43 양나라에……걸었네 : 한 경제(漢景帝) 때 양효왕(梁孝王)의 신하 추양(鄒陽)이 양승(羊勝) 등의 참소로 옥에 갇혔는데, 글을 올려 석방된 일이 있다. 두보(杜甫)의 시에 "촉으로 돌아가도 도움 될 것이 없으니, 양에 갇혀 빗장 단단히 걸었네.〔還蜀祇無補, 囚梁亦固扃.〕"라고 하였다. 《杜少陵集 卷8 秦州見勅目薛三璩授司議郎畢四曜除監察與二子有故遠喜遷官兼述索居凡三十韻》

44 상우경(相牛經) : 소의 양부(良否)를 상보는 법을 기록한 책으로, 춘추 시대 영척(甯戚)과 왕량(王良) 등의 저서에 모두 《상우경》이 있다고 한다.

장차 북쪽으로 돌아가려고 서호에 배를 띄우고 술에 취해서 여덟 수를 지은 뒤 청선옹[45]에게 써달라고 요청하다
將北歸 泛舟西湖 醉占八絶 請蟬翁放筆

강호에 오월 되었어도 강 복판 서늘하고	江湖五月水心涼
남쪽 포구 안개 낀 물결이 아득히 이어졌네	南浦煙波接渺茫
진중하게 목란 배에 올라 또 천천히 돌아가니	珍重蘭橈且徐轉
바다어귀 서쪽 가에 해 기울지 않았네	海門西畔未斜陽
백리 푸른 물결 멀리 하늘가까지 떠 있고	滄波百里逈浮天
수향의 맑은 아지랑이 아득히 펼쳐졌네	水國晴嵐極杳然
짝지은 갈매기 다 날아간 곳	兩兩白鷗飛盡處
서풍이 낚싯배에 불어오네	西風吹送釣魚船
저 멀리 통진 포구 낮에도 어둑어둑	通津極浦晝冥冥
산 이내와 물가 안개가 희고 또 푸르네	山靄汀煙白又青
서호의 많은 술을 다 마시고	飮盡西湖無限酒
석양에 돌아와 환어정에 눕노라	夕陽歸臥喚魚亭
앞바다 조수가 저물녘에 깊어지고	前洋潮水晩來深
뱃전에 미풍 불어 거문고 소리 울리는 듯	船際微風響玉琴

45 청선옹(聽蟬翁) : 이지정(李志定, 1588~1650)으로, 본관은 여주(驪州), 자는 정오(靜吾), 호는 청선이다.

온종일 갈매기는 날며 내리지 않으니	盡日白鷗翔不下
어찌 나의 무심함과 같으랴	何曾得似我無心

풍파 같은 세상일 온통 아득해도	風波世事摠茫茫
서울의 구름 덮인 산 오래 꿈꾸었지	京國雲山入夢長
피리소리에 사람은 반쯤 취하니	歌笛一聲人半醉
이별하는 애간장 무단히 끊어지네	無端斷盡別離腸

술잔 들고 나직한 노래 이어지는데	深杯低唱轉依依
늘그막에 다정한 친구들 볼 수 없구나	老罷情親接眼稀
나는 뜬 구름과 함께 북쪽으로 가고	我與浮雲俱北去
해는 흐르는 물 따라 서쪽으로 기운다	日將流水倂西歸

배 나가니 푸른 마름 움직이는 줄 모르겠고	舟行不覺轉青蘋
오직 구름 낀 숲만 새로이 눈에 들어온다	唯見雲林刺眼新
마침 밀물 들고 순풍 만나	正是潮生風更好
계양[46]의 산 경치가 차츰 사람을 맞이하네	桂陽山色漸迎人

청선옹의 글씨 예전부터 뛰어났고	蟬翁翰墨舊稱神
바닷가 나그네의 문장 늙어서 더욱 진솔하네	海客文章老更眞
취중의 풍류 천고의 일이니	倚醉風流千古事
후대에 나를 비웃는 이 정녕 누구인가	後來嗤點定何人

46 계양(桂陽) : 현재 인천광역시 부평구(富平區)의 옛 이름이다.

배를 돌리다

舟回

외로운 섬에 정자 아담한데　孤嶼風亭小
안개 낀 물결 십리 멀리 펼쳐졌네　煙波十里遙
배 돌려라 재촉 않고　回舟莫催棹
그저 돌아가는 조수에 맡겨 두노라　只合信歸潮

소희를 읊다

賦小姬

짧은 처마에 산들바람 스치고　簷短輕風度
담장 밑으로 석양 비꼈어라　墻低落日斜
아리따운 사람 봄빛 좋아하여　佳人愛春色
석류꽃 가까이에 앉았네　坐近石榴花

공진을 지날 때 마을 아이들이 길가에 늘어서서 절하였다. 배 안에서 입으로 읊다

過貢津 村童列拜道左 舟中口占

호서에서 지낸 지 오년	浮寄西湖歲五更
조각배로 이제야 강 따라 가노라	扁舟始欲過江行
영인산 저녁노을은 읊조리는 경치이고	靈峯暮靄吟邊色
섬포의 봄 파도는 꿈속의 소리로다	蟾浦春濤夢裏聲
아이들이 이별 아쉬워하는데	已爲兒童憐惜別
갈매기와 약속 어겨 부끄럽네[47]	還從鷗鷺愧渝盟
소옹은 한 번 황강 떠난 뒤로도	蘇翁一去黃岡後
적벽의 맑은 유람 가장 마음에 두었으리[48]	赤壁淸遊最有情

47 갈매기와……부끄럽네 : 구로(鷗鷺)는 갈매기와 백로로서, 구로와의 맹세는 곧 속세를 떠나 그들과 어울려 은거하겠다는 의미인데, 여기서는 이민구가 아산의 바닷가를 떠나게 되었으므로 한 말이다.

48 소옹(蘇翁)은……두었으리 : 소옹은 동파(東坡) 소식(蘇軾)을 가리키고, 황강(黃岡)은 소식이 유배된 황주(黃州)이다. 소식이 황주에 유배되었을 때 적벽(赤壁)에서 두 차례 뱃놀이를 하고 그 감회를 전후(前後) 두 편의 〈적벽부(赤壁賦)〉로 읊었다. 여기서는 소식이 유배지 황강에서의 생활을 추억했듯이 이민구도 아산에서의 유배생활을 잊지 못할 것이라는 말이다.

여관에서 비로 길이 막히다

旅店阻雨

밤나무 숲 서쪽 자락에 아담한 여관	栗林西畔小莊淸
말 멈추고 아침 내내 빗소리 듣노라	歇馬終朝聽雨聲
늘그막 인생 아직도 떠돌이 신세인데	衰謝百年猶道路
머무른 하루 또 사립문 안에서 보내네	淹留一日且柴荊
우번은 서울 떠나 단심 사라졌는데[49]	虞翻去國丹心破
소무는 조정에 돌아올 때 백발이 선명했네[50]	蘇武還朝白髮明
초라한 행장으로 정한 계획 없지만	蕭瑟行裝無定計
따비밭 지으며 여생 보내야지	菑畬只合養殘生

49 우번(虞翻)은……사라졌는데 : 우번(164~232)은 삼국 시대 오(吳)나라 사람으로 성품이 강직하였다. 손권(孫權)에게 자주 직간(直諫)을 하다가 그의 비위를 거슬러 늙은 나이에 교주(交州)로 쫓겨났다. 찾아온 수많은 문도(門徒)들에게 강학(講學)하다가 그곳에서 죽었다.《三國志 吳書 卷57 虞翻傳》

50 소무(蘇武)는……선명했네 : 이민구가 오랜 유배 생활을 마치고 고향으로 돌아갈 즈음 머리가 희게 세었다는 말이다. 한(漢)나라의 충신 소무가 흉노(匈奴)의 선우(單于)에게 사신으로 가서 억류된 후에 19년 동안 절개를 굽히지 않고 머물다 돌아왔는데, 머리카락이 온통 하얗게 변해 있었다.《漢書 卷54 蘇建傳 蘇武》

동주집

시집 제12권

詩시

정해년(1647, 인조25) 5월 그믐날 서울 입구에 도착하여 삼포에서 집을 빌려 살게 되었다. 작은 오두막집이 낮고 비좁은 데다 한창 무더울 때를 만나 더위에 시달렸다. 이 해에 가뭄이 들어 6월에야 비가 내리더니 20일 동안 그치지 않았다. 쌀 항아리가 자주 비고 땔감도 떨어졌으니 하늘이 하는 것인가, 사람이 초래한 것인가. 비로소 고향으로 돌아왔지만 친척과 벗들은 모두 세상을 떠나고, 보이는 것이라고는 오직 성곽과 산천뿐이었는데, 산을 덮고 구릉을 삼키는 홍수의 참상(慘狀)은 실로 마음과 눈을 놀라게 하였다. 늘그막의 우환이 갈수록 더 심하였으니, 진간재(陳簡齋)의 이른바 "굴곡진 인생 만년에 평안하기를 바랐더니 다시 변고를 만났네."[1]라는 말이 이러한 경우라 하겠다.

1 진간재(陳簡齋)의……만났네 : 진간재는 남송(南宋)의 진여의(陳與義, 1090~1138)로, 자는 거비(去非), 호는 간재이다. 시풍(詩風)이 두보(杜甫)와 매우 흡사했다고 한다. 이민구가 인용한 내용은 진여의의 《간재집(簡齋集)》 권5 〈별악주(別岳州)〉에 보인다.

새 거처. 허유선[2]에게 주다

新棲 贈許惟善

전원 여기저기 잡초 무성하고	田園幾處付荒蕪
아득한 천지에 병든 한 사람 있구나	天地茫然一病軀
늘그막에도 떠도는 몸	老去形骸猶逆旅
돌아와서도 강가에 머무네	歸來身世又江湖
근처 저자에 어염이 있다고 들릴 뿐	徒聞近市魚鹽有
돈 떨어져 양식 없음을 누가 염려할까	誰念空囊菽粟無
진정 이웃에 친한 벗 있어	正賴高隣知己在
기꺼이 식량 나눠 주니 끼니 해결하네	肯分糧粒濟朝晡

2 허유선(許惟善) : 허보(許寶, 1585~1659)로, 본관은 양천(陽川), 자는 유선, 호는 동강(東岡)이다.

비 내리는 가운데 입으로 불러 읊다
雨中口占

한쪽 높은 난간 반쯤은 산을 끼고 있는데	一面危欄半枕山
주렴 걷으니 안개비에 산하가 어둑어둑	開簾煙雨暗江關
붉은 누각 그림자 자욱한 빗속에 아른거리고	朱樓影動冥濛裏
흰 배의 빛깔이 안개비[3] 사이로 흔들린다	白舫光搖沆瀣間
흔들흔들 자라는 물결 따라 가고	顚倒黿鼉隨浪去
둥실둥실 오리는 조수 타고 오네	飄颻鳧鷺帶潮還
낚시터에서 날마다 낚싯대 잡고 있는 사람	磯頭日日持竿客
정자에서 한가로이 즐기는 것만 못하리	未似亭中自在閑

3 안개비 : 항해(沆瀣)는 본래 야간(夜間)의 수기(水氣)가 엉긴 맑은 이슬을 말하는데, 여기서는 뿌연 안개비를 의미한다.

허씨의 정자에서 여덟 가지 경물을 노래하다

許亭賦八物

천 그루 여린 버들 푸른 장막 이루니 嫩柳千株翠作帷
너른 들판 서쪽 자락이며 강의 동쪽 물가라네 平郊西畔水東涯
봄바람에 상관없이 연약한 가지들이 春風不管枝枝弱
비와 안개 속에 치렁치렁 드리웠네 和雨和煙到地垂

이상은 버들을 노래하였다.

누런 진흙에 오래전 푸른 대 심었는데 黃泥舊瘞碧琅玕
여름 무더위에 이파리 모두 말랐네 朱夏炎蒸葉葉乾
한밤중 뇌우에 용이 잠에서 깨었나 雷雨中宵龍起蟄
맨 먼저 돋은 순 장대 되려 하네 上番新筍欲成竿

이상은 화분의 대나무를 노래하였다.

당당하게 마주 선 작은 소나무 昂藏對立小蒼官
천년 묵은 줄기 구불구불 서렸네 老幹千年尙屈盤
생각해 보니 비로봉 바위 정상에 仍憶毗盧巖頂上
늦가을 서리에 일만 봉우리 차가웠지[4] 九秋霜露萬峯寒

이상은 소나무를 노래하였다.

4 생각해……차가웠지 : 이민구가 금강산에 갔을 때 늦가을에도 푸르던 소나무를 회상한 것이다. 이민구는 1631년(인조9)과 1635년에 금강산을 다녀왔다.

천 겹 꽃잎 대단히 고와 花葉千重逈出群
따스한 날 선홍색 꽃 취기를 띤 듯 嬌紅日暖帶酣醺
연래에 풍류 감상 익숙하지 않으니 年來不慣風流賞
흥 식은 가인이 나비 수놓은 치마 입은 것 같구나 興盡佳人簇蝶裙

이상은 천엽류(千葉榴)를 노래하였다.

희고 흰 석류꽃 본 적 없으니 白白榴花見未曾
붉고 고와 너무 아리따운 것 응당 싫었으리 應嫌紅艶太嬌矜
연전까지 세상에 있는 줄 몰랐더니 年前不省人間有
이제 시인이 검은 매 노래한 것도 알겠네[5] 始覺詩翁賦黑鷹

이상은 흰 석류꽃을 노래하였다.

벽옥으로 빚은 듯 나무 산뜻한데 碧玉粆成一樹新
땅에 떨어진 붉은 꽃잎만 보이는구나 纔看紅蕚委芳塵
가지 사이에 벌써 작은 꽃망울 맺혔으니 枝間已結繁英細
아마도 내년 이른 봄에 피겠지 擬待明年放早春

이상은 동백을 노래하였다.

나부끼듯 숲속에 가득한 치자 꽃[6] 輕盈簷葍滿林花

5 연전(年前)까지……알겠네 : 흰 석류꽃이 있는 줄을 모르다가 이제 보고서 실제 있다는 것을 알았으므로, 검은 매를 읊은 시인의 말도 사실임을 알겠다는 말이다. 두보(杜甫)의 시에 "검은 매가 세상에 있는 줄 몰랐으니, 바다 건너 북극에서 왔나 보다.〔黑鷹不省人間有, 度海疑從北極來.〕"라고 하였다.《杜少陵集 卷18 見王監兵馬使說近山有白黑二鷹……》

고운 눈[7] 잘라 꽃잎 만들었네　　六出瓊瑤翦作葩
코끝 스치는 맑은 향 없다면　　不有淸香通鼻觀
봄빛과 다투는 흰 눈인가 의심하리　　當疑白雪鬪年華

이상은 치자나무를 노래하였다.

명협[8] 시들어도 홀로 고우니　　蓂莢將凋獨也鮮
사철 내내 아름다움 볼 수 있네　　四時長見逞嬋娟
사람은 백년도 살기 어렵지만　　人生百歲眞難得
반도[9] 익는 일만 년 기다리겠네　　可待蟠桃一萬年

이상은 월계화를 노래하였다.

6 치자 꽃 : 첨복(簷葍)은 황화수(黃花樹) 또는 금색화수(金色花樹)라는 나무로, 이 나무는 높고 크며 꽃향기는 바람 따라 멀리 퍼진다고 한다. 여기서는 치자나무 꽃을 말한다.

7 눈 : 육출(六出)은 눈의 별칭으로, 육출화(六出花) 또는 육출공(六出公)이라고도 한다. 설화(雪花)는 육각(六角)으로 되어 있어 붙여진 이름이다. 송(宋)나라 홍매(洪邁)의 《만수당인절구(萬首唐人絶句)》 권47에 수록된 고변(高騈)의 〈대설(對雪)〉에 "문으로 들어오는 육각형 날리는 꽃, 앉아서 보니 푸른 대가 옥 가지로 변했네.〔六出飛花入戶時, 坐看靑竹變瓊枝.〕"라고 하였다.

8 명협(蓂莢) : 요(堯) 임금 때 조정의 뜰에 났다는 서초(瑞草)의 이름인데, 초하루부터 매일 한 잎씩 나서 자라다가 보름이 지난 16일부터는 매일 한 잎씩 져서 그믐에는 다 떨어지기 때문에, 이것으로 날을 계산하여 달력을 삼았다는 고사가 전한다. 《竹書紀年 卷上 帝堯陶唐氏》

9 반도(蟠桃) : 서왕모(西王母)가 심은 복숭아로, 3천 년에 한 번 꽃이 피고 3천 년에 한 번 열매를 맺는데, 이를 먹으면 불로장생한다고 한다. 《太平廣記 卷3》

서호를 꿈꾸다

夢西湖

성은 입어 조각배로 돌아오는 길 갈대 가득하고	扁舟歸恩滿菰蘆
구름과 물 서로 바라보는 섬들 쓸쓸했지	雲水相望島嶼孤
서울 어귀에서 문 닫고 지내 인적 끊겼는데	京口閉門人跡斷
깊은 밤 비바람 속에 서호를 꿈꾸네	夜深風雨夢西湖

민이정이 매화첩을 보여 주기에 거듭 화 자 운에 맞춰 짓다[10]

閔而靖示梅帖 再次花韻

돌아왔어도 매화는 피지 못했는데	歸來不及臘前花
이정이 보낸 새 시 보는구나	猶見新詩自一家
눈 속의 고결한 혼[11] 마음으로 감상하고	雪裏氷魂心獨賞
인간세상 금적을 손으로 어루만지네[12]	人間金狄手曾摩
외로운 마음으로 늙으니 그 한을 어찌 금할까만	孤懷抵老那禁恨
멋진 일 전해져 이미 자랑할 만하네[13]	好事傳奇已可誇

10 민이정(閔而靖)이……짓다 : 민이정은 민응회(閔應恢, 1582~1653)로, 본관은 여흥(驪興), 자는 이정, 호는 환성(喚醒)이다. 《동주집(東州集)》 시집(詩集) 권10 〈몽민이정증문부납매시용기운사회(夢閔而靖曾聞賦臘梅詩用其韻寫懷)〉의 운자가 화(花)인데, 이 시는 그 운자를 거듭 사용하여 지은 것이다.

11 고결한 혼 : 빙혼(氷魂)은 매화의 고결함을 형용한 말이다. 송나라 소식(蘇軾)의 시에 "나부산 아래 매화 마을에는, 옥설이 뼈가 되고 얼음이 넋이 되었네.〔羅浮山下梅花村, 玉雪爲骨冰爲魂.〕"라고 하였다. 《東坡全集 卷22 十一月二十六日松風亭下梅花盛開》

12 인간세상……어루만지네 : 민응회의 매화첩을 어루만지며 살펴본다는 말이다. 금적(金狄)은 금으로 만든 사람, 즉 금인(金人)을 말하는데, 여기서는 매화첩이 누런 빛깔을 띠고 있기 때문에 이렇게 읊은 것이다. 진 시황제(秦始皇帝) 때 열두 개의 금인을 주조하여 궁문(宮門) 앞에 두었는데, 그 무게가 각각 24만 근이었다. 후한(後漢) 때 선인(仙人) 계자훈(薊子訓)이 한 노인과 함께 이 금인을 어루만지면서 "이것을 주조하는 것을 본 지 이미 오백 년 가까이 되었구나."라고 하였다는 말이 있다. 《後漢書 卷82下 薊子訓列傳》

13 멋진……만하네 : 《동주집(東州集)》 시집(詩集) 권10 〈몽민이정증문부납매시용기운사회(夢閔而靖曾聞賦臘梅詩用其韻寫懷)〉를 참고해 볼 때, 이 구는 민응회의 〈납매

구십 리 도망친 파리한 군대 부끄러우니　　還愧羸師避三舍
홑 화살을 다시 더하지 마시게나[14]　　休將隻矢重相加

(臘梅)〉라는 작품이 여러 사람들에게 회자되었음을 말한 것이다.

14 구십 리……마시게나 : 자신의 시 짓는 솜씨가 90리 도망친 나약한 군대처럼 민응회에게 미치지 못하니, 다시 화운(和韻)을 구하지 말라는 말이다. 사(舍)는 30리이므로, 삼사(三舍)는 90리이다.

홍수를 바라보는 노래
觀漲行

올해 오랜 가뭄으로 대지가 타들어가다가	久旱今年焦下土
여름 유월에야 장맛비 내리네	至夏六月始霖雨
물 합해져 세 강이 한 줄기 되고	水合三江混爲一
바람이 설산 타고 넘어 거칠게 몰아치네	風駕雪山相吼怒
지척의 뽕밭이 큰 바다로 변하고	咫尺桑田變瀛海
언덕 무너지고 골짝 메어 금세 달라지네	厓顚谷狠須臾改
여섯 자라 떠내려가 삼신산 거꾸러지니	六鼇流漂三島踣
은대와 금궐 지금 어디에 있는가[15]	銀臺金闕今安在
깊은 숲 큰 나무는 묵은 뿌리 서렸으니	深林巨木古根盤
귀신이 지켜 한여름에도 차가운데	鬼物守護朱炎寒
늙은 줄기 당당히 버티다 어쩌지 못해	老幹倔强爭不得
고전 끝에 거센 물살 따라 뽑혔네	苦戰拔去隨崩湍
마치 상고의 혼돈 시대에	有如上古鴻濛時
청탁 나뉘지 않아 조물주 슬퍼하던 때 같고	淸濁未判眞宰悲

15 여섯……있는가 : 장맛비로 물이 많이 불어나서 민가가 떠내려 간 것을 읊은 것이다. 육오(六鼇)는 바다 속에서 삼신산(三神山)을 머리에 이고 있다는 여섯 마리 자라를 가리킨다. 《列子 湯問》 은대(銀臺)와 금궐(金闕)은 삼신산에 있는 집을 말하는데, 여기서는 민가를 말한다. 《사기(史記)》 권28 〈봉선서(封禪書) 제6〉에 "여러 신선과 불사약이 있고, 그곳에 사는 금수 등의 모든 생물은 다 흰색이고, 황금과 은으로 집을 지었다. 〔仙人及不死之藥, 皆在焉. 其物禽獸盡白, 而黃金銀爲宮闕.〕"라고 하였다.

또 산과 구릉 삼키는 홍수가 구 년 동안	又如懷襄經九載
물과 뭍에 흘러 넘쳐 요가 탄식한 것 같네[16]	川陸澒洞堯嗟咨
강가와 못에는 교룡이 찾아오고	江干澤國蛟龍來
마을은 침수되어 황폐하구나	閭井水沒沈汚萊
홍수가 집 덮쳐 밥 짓는 연기 끊겼는데	洪濤入屋煙火斷
열흘 지나도록 빠지지 않으니 백성들 슬퍼하네	十日不退生民哀
게다가 들으니 곳곳마다 농경지 휩쓸려	況聞處處坼菑畬
온 들판 씻은 듯이 남은 곡식 없다 하네	四野滌蕩禾無餘
알겠구나 머지않아 구학에 버려져	卽知溝壑只朝暮
종일 곡소리가 마을마다 이어질 줄을[17]	竟日哭聲連村墟
머리 센 동주옹 멀리서 막 돌아왔는데	東州皤翁初遠歸
일마다 바람과 어긋나는구나	觸事每覺身願違
먹구름 하늘 덮어 세상 캄캄한데	長雲橫天天宇闇
우러러 태양 바라보니 밝은 빛 감추었네	仰視太陽韜晶輝

16 또……같네 : 장맛비로 홍수가 발생한 것을 요 임금 때의 9년 홍수에 비유하여 읊은 것이다. 《서경》〈요전(堯典)〉에 "넘실거리는 홍수가 널리 해를 끼쳐, 산을 덮고 구릉을 삼킨다.〔湯湯洪水方割, 蕩蕩懷山襄陵.〕"라고 하였다.

17 알겠구나……줄을 : 홍수로 농작물 피해가 크기 때문에 많은 사람들이 굶어죽게 될 것이라는 말이다.

경현옹[18]의 운에 맞춰 지으며 그 작품 안의 뜻을 서술하다
次弦翁韻 因述篇內之意

다시 고향 찾아 십년 만에 돌아왔건만	重尋鄕井十年回
운명 소식에 놀라 일곱 슬픔 닥치네[19]	存沒驚心抵七哀
아득히 연진에 용으로 변해 떠났는데[20]	杳杳延津龍化去
아련히 화표주에 학 돌아왔네[21]	依依華表鶴歸來

18 경현옹(警弦翁) : 김효건(金孝建, 1584～1666)으로, 본관은 안동(安東), 자는 선술(善述), 호는 경현옹, 또는 경옹(警翁)이다.

19 운명(殞命)……닥치네 : 지인들 가운데 세상을 떠난 이가 있어 슬프다는 말이다. 칠애(七哀)는 일곱 가지 슬픔으로, 위진(魏晉) 시대 악부(樂府)의 일종인 시 제목으로 많이 쓰였다. 삼국 시대 위(魏)나라 조식(曹植)의 〈칠애시(七哀詩)〉가 유명한데, 이 시의 주에서 당(唐)나라 여향(呂向)은 "칠애는 아파서 슬프고, 의리상 슬프고, 느껴워 슬프고, 원망스러워 슬프고, 눈으로 보고 귀로 들어서 슬프고, 입으로 탄식하며 슬프고, 코가 시어서 슬픈 것이다.〔七哀謂痛而哀, 義而哀, 感而哀, 怨而哀, 耳目聞見而哀, 口歎而哀, 鼻酸而哀也.〕"라고 하였다. 《六臣註文選 卷23》

20 아득히……떠났는데 : 부부 가운데 한 사람의 죽음을 의미하는 것인데, 배경을 알 수 없으므로 누구를 가리키는 것인지 고증할 수 없지만, 다음 구를 감안할 때 병자호란 당시 잃었던 이민구의 부인을 읊은 것으로 보인다. 용천(龍泉)과 태아(太阿)라는 두 보검이 오랫동안 서로 떨어져 있다가 연평진(延平津)에서 다시 만나 용이 되어 사라졌다는 고사가 전한다. 《晉書 卷36 張華列傳》

21 아련히……돌아왔네 : 자신이 10년 만에 고향으로 돌아온 것을 읊은 것이다. 한(漢)나라 때 요동의 정영위(丁令威)가 학으로 변신하여 돌아와 성문(城門)의 화표주(華表柱)에 앉았는데, 한 소년이 활로 쏘려고 하자 높이 날아오르며 "집 떠난 지 천년 만에 돌아오니, 성곽은 그대로인데 사람은 아니로다. 어이하여 신선술 배우지 않고 무덤만 쌓였는가.〔去家千年今始歸, 城郭如故人民非. 何不學仙冢纍纍.〕"라고 했다는

친지들 땅에 묻히고 금 술잔만 남았으니	親知地底餘金椀
늙고 병든 이 몸 홀로 술 마시네	衰病人間獨酒杯
새벽 별 부질없이 멀리 바라볼 뿐이니	縱有晨星空遠望
언제나 청안을 그대 기다려 뜨겠는가[22]	幾時靑眼待君開

고사가 전한다.《搜神後記 卷1》

22 새벽……뜨겠는가 : 김효건을 만나고 싶은 심회를 읊은 것이다. 신성(晨星)은 새벽 별로, 멀리 떨어져 있는 친구를 의미한다. 당(唐)나라 시인 유우석(劉禹錫)의 글에 "옛날에 함께 급제했던 벗들과 어울려 노닐 적에는 말고삐를 나란히 하고서 마치 병풍처럼 대로를 휩쓸고 돌아다녔는데, 지금 와서는 마냥 쓸쓸하기가 새벽 별빛이 서로들 멀리서 바라보는 것 같기만 하다.〔嚮所謂同年友, 當其盛時, 聯袂齊鑣, 亘絶九衢, 若屛風然, 今來落落, 如晨星之相望.〕"라고 하였다.《劉賓客文集 卷28 送張盥赴擧 幷引》 청안(靑眼)은 반가운 눈빛이다. 진(晉)나라 죽림칠현(竹林七賢)의 한 사람인 완적(阮籍)은 예교에 얽매인 속된 선비가 찾아오면 백안(白眼)을 뜨고, 맑은 고사(高士)가 찾아오면 청안을 뜨고 대했다고 한다.《晉書 卷49 阮籍列傳》

강나루에서

江浦

강나루 근처 셋집에 낮이 긴데	江浦僑居白日長
쓸쓸히 홀로 앉아 아무 생각 없어라	蕭然獨坐減商量
처마 앞 숲 그림자에 겹 주렴 고요하고	簷前樹影重簾靜
창 너머 뽕나무 그늘에 잠자리 시원하네	窓外桑陰一枕涼
궁벽한 마을 진창길에 오가는 수레 드문데	窮巷泥塗車轍少
빈 들보 비바람 속에도 제비는 바삐 나는구나	空樑風雨燕飛忙
곤궁한 처지도 읊조리는 흥 막지 못하니	簞瓢不阻吟哦興
우습다 서생의 거친 버릇이여[23]	自笑書生習氣狂

23 곤궁한……버릇이여 : 가난한 처지에서도 시 읊기를 그치지 않는 자신의 모습을 자조적으로 표현한 것이다. 단표(簞瓢)는 한 대그릇 밥과 한 표주박의 물이라는 말로 가난한 생활을 말한다. 《論語 雍也》

유선이 철성에 있을 때 수창한 시 두 수를 보여주므로 거듭 맞춰 짓다[24]

惟善示鐵城時酬唱二詩 再次

잇따라 칠 년 동안 편지 주고받았으니	聯翩書疏七年春
관산이 아득히 먼 땅이라 하지 않았지	不道關山杳絶垠
서울로 돌아왔어도 오히려 옛 인물이며	日下歸來猶故物
서호가에 이웃해 지내니 같은 사람이네	湖邊隣接是同人
도리어 말년에 예전 친구 찾나니	還從末路尋前契
일찍이 사귀는 자리에서 뒤를 따랐지	曾向交壇托後塵
가까이 살며 진창에 막힐까 걱정이니	咫尺但愁泥濘阻
몇 번이나 읊조리고 바라보며 애태웠던가	幾回吟望覺勞神

남아의 세상살이 하나도 어려움 없는데	男兒處世百無難
오히려 오동나무가 아궁이에 남았어라[25]	尙有梧桐爨下殘

24 유선(惟善)이……짓다 : 유선은 허보(許寳, 1585～1659)로, 본관은 양천(陽川), 자는 유선, 호는 동강(東岡)이다. 《동주집(東州集)》 시집(詩集) 권6의 〈허유선의 편지를 보고〔見許惟善書〕〉라는 시가 여기의 첫 번째 시와 같은 운자를 사용하였고, 시집 권1의 〈허유선이 강릉에서 보낸 편지를 받다. 겸하여 옷가지를 보내주었다〔得許惟善江陵書兼惠衣資〕〉라는 시가 두 번째 시의 운자와 같다.

25 오히려……남았어라 : 유배 갔던 자신의 삶을 비유적으로 읊은 것이다. 《후한서(後漢書)》 권60 〈채옹열전(蔡邕列傳)〉에 채옹이 일찍이 이웃집에서 밥을 지을 때 오동나무가 타는 소리를 들었는데, 그 나무가 좋은 나무인 줄을 알고 타다 남은 부분을 얻어다가 초미금(焦尾琴)을 만들었다는 고사가 전한다.

온 나라 싸움판에 두 눈의 눈물 다 말랐고　海內干戈雙涕盡
가을날 비바람에 이 한 몸 차갑구나　秋來風雨一身寒
어찌 역려에서 굴뚝 검을 일 없다 한탄하랴　寧嗟逆旅希黔突
오직 평생 공밥 먹음이 한스럽네[26]　唯恨平生積素餐
몸은 늙고 시절 위태하니 무엇을 말하랴　年老時危何所道
강가에서 아침저녁으로 물결만 바라보네　江間朝暮閱波瀾

26 어찌……한스럽네 : 여기저기 떠돌아다니는 신세는 한탄할 것이 못되지만, 평생 이룬 일도 없이 살아가는 삶이 한스럽다는 말이다. 동한(東漢) 반고(班固)의 〈답빈희(答賓戲)〉에 "공자가 앉은 자리는 따스해질 틈이 없었고, 묵자의 집 굴뚝은 검어질 겨를이 없었다.〔孔席不暖, 墨突不黔.〕"라고 하였다. 《文選 卷45》 소찬(素餐)은 《시경》 〈벌단(伐檀)〉의 "사냥하지 않으면 어찌 네 집 뜰에 담비가 매달리랴. 저 군자여 공밥 먹지 않도다.〔不狩不獵, 胡瞻爾庭有縣貆兮. 彼君子兮, 不素餐兮.〕"라는 말에서 유래하여, 능력도 없이 자리를 차지하여 국록(國祿)만 축내는 것을 비유하는 말로 사용되는데, 여기서는 하는 일 없이 밥만 먹고 지내는 자신의 삶을 겸사(謙辭)로 일컬은 것이다.

배를 띄우고

泛舟

올해도 문득 다 지나가니 茲歲忽蹉跎
내 삶도 아득하기만 하네 我生亦悠悠
비로소 못가 거닐기를 그치고 始辭澤畔行
다시 맑은 강에 노니네[27] 復作淸江遊
맑은 강이 사립문 가에 있으니 淸江傍柴門
배 띄워 근심 달랠 수 있기에 臨泛可消憂
날마다 낚시꾼 이끌고 日携漁釣伴
함께 작은 배 몰아가네 竝駕蜻蜓舟
오르내리노라니 포구에 날 저물고 泝沿極浦夕
우거진 갈대에 가을 물들어가네 莽莽蘆葦秋
아득히 수평선까지 펼쳐진 강물 위로 瀰漫天水際
갈매기 무리지어 떠다니네 鷗鷺相與浮
이미 갈 곳도 없지만 旣往無所詣
돌아가고자 한들 누가 잡으랴 欲歸誰見留
뱃전 두드리며 뜨는 달 바라보노라니 扣舷望新月
맑은 이슬이 옷 위에 흠뻑 맺히네 華露衣上稠

27 비로소……노니네 : 해배되어 돌아와 한강에서 배를 띄우고 유람한다는 말이다. 택반(澤畔)은 굴원(屈原)의 〈어부사(漁父辭)〉에 "강가에서 노닐고 못가를 거닐면서 시를 읊조렸다.〔游於江潭, 行吟澤畔.〕"라고 한 데서 유래하여 유배지를 의미한다.

마음 끌리는 건 동이에 가득한 술 뿐	關心滿尊酒
유유자적을 일신의 계책으로 삼았으니	自適爲身謀
마침내 뗏목 탄 나그네 따라	終隨乘槎客
아득히 창주에 있으리라[28]	眇然在滄洲

28 마침내……있으리라 : 초야에서 은자로 살아가겠다는 말이다. 창주(滄洲)는 삼국시대 위(魏)나라 완적(阮籍)이 지은 〈위정충권진왕전(爲鄭沖勸晉王箋)〉에 "창주를 굽어보며 지백에게 사례하고, 기산에 올라가 허유에게 읍한다.〔臨滄洲而謝支伯, 登箕山而揖許由.〕"라고 한 데서 유래하여 경치 좋은 은자의 거처를 말한다. 《文選 卷20》

이 첨지·유수·판서의 어머니 유씨 만사
李僉知留守判書大夫人柳挽詞

상국의 가문에서 오래도록 가풍 이어받고	相國門闌舊襲馨
많은 복을 겸하여 장수 누리셨네	兼鍾百福擁遐齡
백발의 자제들 모두 귀하게 되었고	諸郎白首皆通貴
두 칼이 황천에서 상령으로 만나리[29]	雙劍黃泉會爽靈
유향의 아름다운 전 옛 책보다 빛나고	劉向傳佳輝往筴
장림의 고운 말 새 비문에 넘쳐나리[30]	張林辭妙溢新銘
당에 올라 뵈었던 젊은이 이제 늙었으니	升堂年少今衰朽
어느덧 이기의 세월 흘렀네[31]	已覺流光二紀經

29 두……만나리 : 고인(故人) 유씨가 황천에서 남편을 만나게 될 것이라는 말이다. 쌍검(雙劍)은 용천(龍泉)과 태아(太阿)라는 두 보검으로 연평진(延平津)에서 용으로 변했다는 고사가 전한다.《晉書 卷36 張華列傳》이 고사에서 유래하여 일반적으로 부부의 합장(合葬)을 의미하게 되었다. 상령(爽靈)은 사람에게 있다는 삼혼(三魂)의 하나이다. 소식(蘇軾)의 〈부용성(芙蓉城)〉에 "천문이 밤에 열릴 때 상령이 날지만, 다시 대낮에 운병을 탈 길이 없구나.〔天門夜開飛爽靈, 無復白日乘雲軿.〕"라고 하였다.

30 유향(劉向)의……넘쳐나리 : 고인 유씨의 부덕(婦德)을 기리는 말이 많을 것이라는 말이다. 유향은《열녀전(列女傳)》을 지었고, 장림(張林)은 당(唐)나라 때 한림학사(翰林學士)를 지낸 장열(張說)로 문장에 뛰어났는데, 특히 비문(碑文)을 잘 지었던 인물이다.

31 당(堂)에……흘렀네 : 24년 전에 유씨 부인을 만났었다는 말이다. 일기(一紀)는 세성(歲星)이 한 바퀴 도는 시간으로 12년이므로, 이기(二紀)는 24년이다.

경현옹[32]이 정월에 시를 보냈는데 가을에야 전해졌다. 그 운에 맞춰 짓다

弦翁正月寄詩 至新秋始傳 次其韻

누가 글 보내 숨어 사는 이 안부 물었나	誰將詞翰問沈冥
이미 세 계절 지났구나[33]	已覺三時節序經
봄 하늘에 떠오르는 달 보지 못했는데	不見春天臨上月
도리어 가을날 두 별이 모이는 때를 만났네[34]	還逢秋日會雙星
거문고의 〈산수곡〉 감상할 만하지만	瑤琴山水眞堪賞
회관의 광음이 잠시라도 멈추랴[35]	灰琯光陰肯暫停
늙고 병든 요즈음 의욕도 다 사라졌으니	衰病邇來情興盡

32 경현옹(警弦翁) : 김효건(金孝建, 1584~1666)으로, 본관은 안동(安東), 자는 선술(善述), 호는 경현옹, 또는 경옹(警翁)이다.

33 이미……지났구나 : 정월에 보낸 김효건의 시가 가을에야 도착했기에 한 말이다. 삼시(三時)는 봄과 여름과 가을을 가리킨다.

34 봄……만났네 : 계절이 지나 칠석날이 다가왔다는 말이다. 쌍성(雙星)은 견우성과 직녀성을 말한다.

35 거문고의……멈추랴 : 김효건과의 우정이 돈독하지만 세월이 멈추지 않아 늙어간다는 말이다. 산수(山水)는 〈산수곡(山水曲)〉으로, 춘추 시대 백아(伯牙)가 거문고를 타면 그의 벗 종자기(鍾子期)가 백아의 마음을 정확히 알았다는 지음(知音)의 고사가 전한다. 《列子 湯問》 회관(灰琯)은 재를 넣어 절기를 측정했던 율관(律管)을 말한다. 고대에 계절의 변화를 알기 위하여 갈대 속의 얇은 막을 태워 그 재를 각각 율려(律呂)에 해당되는 여섯 개의 옥관(玉琯) 안에다 넣어 재가 날아가는 걸 보아 절후를 알았다. 《漢書 律曆志》

홀로 영특한 그대 재주 부럽구나	羡君材力獨精靈

만남은 꿈에서만 허락되니	交期只許夢相尋
아득히 이별한 가운데 세월만 빨리 지났네	離眼茫茫歲月侵
어찌 산천에 막힌 소식 통할 줄 알았으랴	豈意山川通隔閡
마침내 서찰은 분실되지 않았네	終教書札免浮沈
몇 해나 빈 잠자리에서 밤비에 놀랐던가	幾年夜雨驚虛寢
온종일 가을 구름 보며 홀로 읊조리네	盡日秋陰費獨吟
비록 나그네 한 달래줄 맑은 술 있지만	縱有淸尊澆客恨
창가에 쓸쓸한 신세 외로운 술잔도 그만두네	一窓牢落閉孤斟

영서역[36]에서

迎曙驛

가을날 성 서쪽의 역참	秋日城西驛
앞 언덕에는 이슬 채 마르지 않았는데	前皐露未晞
맑은 구름 산봉우리 떠나고	晴雲離岫去
자던 새들 뒤쪽으로 날아가네	宿鳥背人飛
오솔길은 숲 사이로 가늘게 뻗었고	草徑通林細
초가집은 나무에 가려 보일 듯 말 듯	茅茨隱樹稀
논밭에 농사 잘 안되었으니	田疇農事薄
한 해 마칠 계획 많이 어긋났구나	卒歲計多違

36 영서역(迎曙驛) : 경기도 양주에 있던 역참(驛站)이다.

추석날 선친 묘소를 성묘하였다. 묘소 아래 길이 있는데 지나가는 사람들이 대부분 말에서 내리는 것을 보고 감회를 적다

中秋省先墓 墓下有路 見過者多下馬 紀感

삼대의 무덤[37] 작은 봉우리 아래 함께 있고	三世玄宮共細岑
서리이슬 속에 송추는 백 년 동안 우거졌네	松楸霜露百年深
산 앞에 동서로 뻗은 한 줄기 길 있으니	山前一帶東西路
말에서 내리는 행인의 마음 길이 보노라	長見行人下馬心

37 삼대의 무덤 : 이민구의 조부 이희검(李希儉, 1516~1579)과 부친 이수광(李睟光, 1563~1628), 백씨(伯氏) 이성구(李聖求, 1584~1644)의 무덤을 말한다. 경기도 양주시 장흥면에 있다.

연경으로 사신 가는 한성부 판윤 민성휘[38]를 전송하다

送閔京兆使燕 聖徽

먼 길 전송하며 시는 그만두기 어려운데	送遠詩難廢
시대에 상심하여 눈물은 쉬 흐르누나[39]	傷時淚易傾
연경 가는 옛길 남아 있어	幽燕餘舊路
폐백 싣고 또 길 나서네	金帛且前程
나라에서 조공 보낼 일 다급하여	國以征輸急
공이 정밀한 선발에 뽑혔네	公膺簡拔精
어려운 일 자력으로 해결해야 하니	艱危須自力
충과 신 있어 마땅히 갈 수 있네[40]	忠信要當行
관산이 광활하다 멋대로 말하지만	任說關山闊
누가 정려를 가볍게 하겠는가[41]	誰教鼎呂輕

38 민성휘(閔聖徽) : 1592～1647. 본관은 여흥(驪興), 초명은 성징(聖徵), 자는 사상(士尙), 호는 졸당(拙堂)·용졸(用拙), 시호는 숙민(肅敏)이다. 1647년(인조25) 사은부사로 청나라에 갔다가 옥하관(玉河館)에서 운명하였다. 《宋子大全 卷184 戶曹判書閔公墓誌》

39 시대에……흐르누나 : 당시 오랑캐로 여겼던 청나라로 민성휘가 사행을 가기 때문에 이렇게 읊은 것이다.

40 충(忠)과……있네 : 청나라가 비록 오랑캐이지만, 민성휘가 충신(忠信)을 간직하였으므로 갈 수 있다는 말이다. 공자가 "말이 충성스럽고 믿음직하며 행실이 독실하고 공경스러우면, 비록 오랑캐 나라라도 갈 수 있다.〔言忠信, 行篤敬, 雖蠻貊之邦, 行矣.〕"라고 하였다. 《論語 衛靈公》

41 관산(關山)이……하겠는가 : 청나라가 대국이지만, 민성휘가 사신의 임무를 잘

높은 하늘에 기러기 빠르게 날아가고 天高鴻雁疾
세모라 눈서리 맑구나 歲暮雪霜淸
배를 타고 삼차하 건너고 舟楫三叉渡
풍운 속에 고북평에 들어가리[42] 風雲古北平
늘그막에 사신으로 가니 衰年猶擁傳
세상이 아직도 전쟁을 논하기 때문이지 四海尙論兵
자개는 동남쪽에 기운 드리웠는데 紫蓋東南氣
황도는 탁주와 역주에 성 두었네[43] 黃圖涿易城
연기와 먼지로 멀리 바라볼 수 없으니[44] 煙塵阻長望
이번 이별 더욱 슬프오 此別更含情

수행하여 조선의 위상을 지킬 것이라는 말이다. 정려(鼎呂)는 고대 중국에서 삼대의 보물인 구정(九鼎)과 주(周)나라 종묘의 큰 종인 대려(大呂)를 가리키는데, 국가의 중요성을 상징한다.

42 배를……들어가리 : 민성휘의 여정을 예상하여 읊은 것이다. 삼차(三叉)는 요동(遼東)에 있는 통진하(通眞河), 보정하(保定河), 호타하(滹沱河)를 가리키고, 고북평(古北平)은 요동의 영평부(永平府)에 있는 제1관문이다.

43 자개(紫蓋)는……두었네 : 당시 중국의 상황을 읊은 것으로 보이는데, 자세하지 않다. 자개는 별 이름으로 제왕의 의장(儀仗)을 의미하는데, 여기서는 명나라의 명맥을 이은 남명(南明)을 가리키는 말로 사용된 듯하다. 참고로 진 시황제(秦始皇帝)가 "동남쪽에 천자의 기운이 있다.〔東南有天子氣〕"라고 말하므로, 유방(劉邦)이 자신을 가리키는 것이라 생각하여 망탕산(芒碭山)에 숨었다는 고사가 전한다.《史記 卷8 高祖本紀》 황도(黃圖)는 중국을 의미한다. 탁역(涿易)은 탁주(涿州)와 역주(易州)로 중국의 서북쪽 지역이다. 여기서는 청나라가 연경을 차지하고 있음을 의미하는 듯하다.

44 연기와……없으니 : 연기와 먼지에 가려 민성휘가 떠나는 모습을 멀리 바라보기 어렵다는 의미도 있겠으나, 당시 남명(南明)이 저항의 움직임을 보이고 있었으므로 판도를 예측하기 어렵다는 의미이다.

책을 배에 싣고 오다가 침수되어 책상 위에 오직 사마천의 《사기》와 두보의 시집만 마주하고 있다

書籍舡運臭載 案上唯對馬史杜集

많은 책들 화려한 배에 실었는데	縹帙千編畫舸隨
귀로에 문득 해신에게 속았네	歸途忽被海神欺
맑은 창 아래 귀한 물건 별로 없어	晴窓長物無多在
부령의 책과 야로의 시뿐일세[45]	腐令書兼野老詩

45 부령(腐令)의……시뿐일세 : 사마천(司馬遷)의 《사기(史記)》와 두보(杜甫)의 시집만 남았다는 말이다. 부령은 태사령(太史令) 사마천이 부형(腐刑)을 당하였기 때문에 이렇게 말한 것이다. 두보의 자호(自號)가 두릉야로(杜陵野老)이므로, 야로(野老)는 두보를 가리킨다.

이 안성 현감의 집에 배가 막 익었다

李安城家雪梨方熟

배가 본래 복숭아보다 맛있는데	交梨本自勝蟠桃
풍상 속에 나무 높이 매달려 익었구나	爛熟風霜一樹高
소갈증 앓는 문원은 모르겠지만	不省文園方病渴
그대가 오장도로 착각한 줄은 아노라[46]	知君錯認五臟刀

46 소갈증……아노라 : 배가 소갈증 해소에 좋은 줄은 모르겠지만, 속을 상하게 하지는 않는다는 말이다. 문원(文園)은 효문원 영(孝文園令)을 지낸 한(漢)나라 사마상여(司馬相如)를 가리키는데, 그는 소갈증을 앓았다. 오장도(五臟刀)는 오장도부(五臟刀斧)로, 배의 별칭이다. 당(唐)나라 때 승상(丞相) 이건훈(李建勳)이 갈증이 나서 배를 연거푸 먹자, 빈료(賓僚)가 배를 많이 먹으면 해롭기 때문에 오장도부라 한다고 하였다. 이 말을 들은 노인이 《갈관자(鶡冠子)》를 인용하여 "오장도부는 이별하다의 이를 가리키는 것이지 배를 가리키는 것이 아니다. 이별이 사람의 가슴을 찌르는 듯 아파서 나온 말이다.〔五臟刀斧, 乃離別之離, 非梨也. 蓋離別戕胸懷, 有若刀斧然.〕"라고 했다는 고사가 전한다. 《古今事文類聚 券26》

조용한 삶

端居

조용한 삶 붉은 먼지 밟지 않은 채	端居不踏軟塵紅
가을날 이슬 내린 동산 숲에 살아가네	秋日園林玉露中
북쪽 대궐에는 청운의 뜻 품은 새 귀인 가득한데[47]	北闕青雲新貴滿
서호의 백발노인 노년 생활 곤궁하다	西湖白髮暮途窮
쓸쓸한 노나라의 영광전이며	蕭條魯國靈光殿
적막한 연나라의 갈석궁이네[48]	寂莫燕家碣石宮
풍연[49]은 평생 꿋꿋한 삶 달게 여겼으니	馮衍平生甘偃蹇
어찌 홍망을 푸른 하늘에 물으랴	肯將興廢問蒼穹

47 북쪽……가득한데 : 조정에 신진(新進) 관료들이 많다는 말이다.

48 쓸쓸한……갈석궁(碣石宮)이네 : 영광전(靈光殿)은 한(漢)나라 궁전 이름인데, 한 경제(漢景帝)의 아들 노공왕(魯恭王)이 많은 궁전을 세웠으나, 한나라의 국력이 쇠약해지자 도적의 침해로 인해 다 무너지고 영광전만 남게 되었다고 한다.《文選 卷11 魯靈光殿賦》 갈석궁은 연 소왕(燕昭王)이 추연(鄒衍)을 위해 지어 준 궁 이름이다.《사기(史記)》 권74 〈맹자순경열전(孟子荀卿列傳)〉에 제(齊)나라 선비 추연이 연나라에 가자 소왕이 제자의 예를 갖추어 수업을 하고, 그를 위해 갈석궁을 지었다는 기록이 나온다. 여기서는 두 궁전을 이끌어서 성쇠(盛衰)의 변화를 말한 것이다.

49 풍연(馮衍) : 후한 초기의 사부가(辭賦家)로서, 자는 경통(敬通)이며, 두릉(杜陵) 사람이다. 어려서부터 재주가 뛰어나 여러 책을 널리 탐독하였다. 행실이 개결(介潔)하여 거취가 분명하였으나, 조정에서 크게 인정을 받지 못하여 은거한 채 시문을 지으며 일생을 보냈다.《後漢書 卷58 馮衍列傳》

억규[50]가 문득 말하기를 "하늘은 위로 텅 비어 아무것도 없는데 만물을 낳습니다." 하니 그 말이 우연히 이치에 맞았다. 이에 하늘이 도를 아끼지 않음을 알았다[51]

億也忽曰 天者上虛無物而生萬物 其言偶契於理 乃知天不愛道

하늘이 위에서 푸르고 푸르니 天形上蒼蒼
허공에 쌓인 것이 몇 만 리라네 積虛幾萬里
해와 별이 높고 낮게 매달렸고 日星高下懸
원기가 처음부터 끝까지 넓게 펼쳐졌네 元氣浩終始
아무것도 없으면서 만물을 낳아 無物生萬物
길러줌이 언제나 그치지 않네 發育恒不已
텅 빈 것이 만물의 뿌리이며 虛乃萬物根
낳는 것이 만물의 실마리네 生爲萬物紀
현해[52]를 네가 어찌 알랴 懸解爾豈了

50 억규(億揆) : 이민구가 병자호란 뒤에 첩(妾)과의 사이에서 얻은 아들이다.

51 이에……알았다 : 하늘이 이억규(李億揆)에게 총명한 자질을 주었다는 말이다. 송(宋)나라 장여우(章如愚)의 〈논하도낙서지수(論河圖洛書之數)〉에 "하늘이 도를 아끼지 않아서 비로소 용마의 상서가 있게 되었고, 땅이 보배를 아끼지 않아서 비로소 형하의 상서가 나오게 되었다.〔天不愛道, 始有龍馬之祥, 地不愛寶, 始出滎河之瑞.〕"라고 한 말을 인용한 것이다.

52 현해(懸解) : 이치를 안다는 말이다. 《장자(莊子)》 〈양생주(養生主)〉에 "때마침 이 세상에 태어난 것은 태어날 때였기 때문이고, 때마침 세상을 떠난 것은 갈 때였기 때문이니, 태어나는 때를 편안히 하고 죽는 때에 순함에 처하면 슬픔이나 즐거움의 감정이 마음에 들어가지 못하니, 옛날에 이것을 일러 상제가 매달려 있는 것을 풀어

한 마디 말이 우연히 맞았네	一言偶契似
아련히 마음에 느낌 있어	悠然感中懷
나를 한밤에 일어나게 하네	使我當夜起

주었다고 한다.〔適來, 夫子時也, 適去, 夫子順也, 安時而處順, 哀樂不能入也, 古者, 謂是帝之懸解.〕"라고 하였다.

부강정에서 이 통례를 위해 짓다. 원운[53]에 맞춰 짓다
浮江亭 爲李通禮賦 次原韻

푸르고 푸른 언덕 우거지고도 평평한데	蒼蒼皐陸莽還平
두 물이 동서에서 흰 비단처럼 비꼈어라	二水東西素練橫
경치가 언제나 들창으로 들어오고	雲物尋常通戶牖
물빛이 밤낮으로 난간에 비치네	波光日夜寫軒楹
뗏목 타고 가는 길 밝은 은하 가까워[54]	乘槎路接明河近
기운 타고 가볍게 하늘에 노니네	御氣身遊碧落輕
늙고 병든 몸 노년에 떠돌이 생활 지쳤으니	衰疾暮年疲逆旅
눈에 선한 구학을 잊을 수 있을까[55]	眼中丘壑可忘情

53 원운(原韻) : 이식(李植, 1584~1647)의 《택당집(澤堂集)》 속집(續集) 권6의 〈부강정(浮江亭)〉을 가리킨다.

54 뗏목……가까워 : 부강정이 높은 지대에 있음을 읊은 것이다. 승사(乘槎)는 뗏목을 탄다는 말로, 장건(張騫)이 한 무제(漢武帝)의 명을 받고 황하의 근원지를 밝히려고 뗏목을 타고 가다가 하늘 궁전에 이르러 견우(牽牛)와 직녀(織女)를 만나고 왔다는 이야기가 전한다. 《天中記 卷2》

55 눈에……있을까 : 초야의 한적한 생활을 잊을 수 없다는 말이다. 구학(丘壑)은 일구일학(一丘一壑)의 준말로, 산수의 한적하고 청아한 정취를 의미한다.

병사 정호서[56] 만사
丁兵使 好恕 挽詞

교제에 수레와 삿갓으로 익숙히 나란하였고[57]	交壇車笠慣聯翩
출처는 마르고 젖은 현에 다 맞았네[58]	出處偕調燥濕絃
진흙길에서 함께한 고생 감히 한하랴[59]	敢恨泥途同偃蹇
끈끈하게 함께 어울린 우정 길이 그리네	長懷膠漆共纏綿
궁도에서 헤어져 지낸 지 삼천 일이고	窮途契闊三千日

56 정호서(丁好恕) : 1572~1647. 본관은 압해(押海), 자는 사추(士推)이다. 1624년(인조2)에 정주 목사(定州牧使)로 재직하고 있을 때에 이괄(李适)의 난이 일어나자, 자청하여 진압에 나섬으로써 그 공로를 인정받아 통정대부(通政大夫)에 올랐다. 《승정원일기》 인조 4년 10월 2일 기사에 정호서를 황해도 병마절도사에 임명한다는 기록이 보인다.

57 교제에……나란하였고 : 정호서가 신분의 고하를 따지지 않고 우정을 나눴다는 말이다. 거립(車笠)은 수레와 삿갓으로, 수레는 높은 지위를, 삿갓은 낮은 지위를 의미한다. 《운부군옥(韻府群玉)》 권4 계단(鷄壇)의 아래에 "월나라 사람들이 친구를 사귈 때 단을 만들어서 흰 개와 붉은 닭으로 제사를 지내고, 맹세하여 말하기를 '그대가 만약 수레를 타고 내가 삿갓을 쓰더라도 뒷날 서로 만나면 수레에서 내려 읍을 하고, 내가 만일 걸어가고 그대가 말을 타더라도 뒷날 서로 만나면 말에서 마땅히 내려야 하리.' 한다.〔越人每相交, 作壇, 祭以白犬丹鷄, 盟曰, 卿若乘車我戴笠, 後日相逢下車揖, 我若步行君乘馬, 後日相逢馬當下.〕"라는 설명이 나온다.

58 출처(出處)는……맞았네 : 정호서가 요직이든 한직이든 가리지 않고 최선을 다했다는 말이다.

59 진흙길에서……한하랴 : 이민구와 정호서가 유배객이 되었던 것을 말한 것으로 보인다. 《인조실록》 5년 2월 16일 기사에 정호서를 위리안치한다는 기록이 있다.

세상에 나와 어긋난 지 십칠 년일세 生世差池十七年
생사 갈린 지금 사람일 다 끝났으니 存沒秖今人事盡
산하가 술집 앞에서 끊겼네[60] 山河曠絶酒壚前

60 생사(生死)……끊겼네 : 정호서가 고인이 되었으므로, 이제는 함께 산하(山河)를 유람하는 즐거움을 나눌 수 없다는 말이다. 주로(酒壚)는 황공주로(黃公酒壚)의 준말로, 진(晉)나라 때 죽림칠현(竹林七賢)의 한 사람인 왕융(王戎)이 상서령(尙書令)이 되어서 황공주로 앞을 지나다가 수레를 탄 사람을 돌아보면서 "내가 옛날 혜강(嵇康)·완적(阮籍) 등과 함께 이 주점에서 술을 마시면서 죽림(竹林)의 노닒에도 참가했었다. 혜강과 완적이 세상을 떠난 후로 나는 속무(俗務)에 몸이 묶여 지냈으니, 오늘 이곳을 보매 거리는 비록 가까우나 산하가 가로놓인 듯 아득하게 느껴진다."라고 하였다. 《世說新語 傷逝》

사인 이일상[61]의 부채에 쓰다

書李舍人 一相 扇面

여관에서 만나 그리던 생각 말하니	旅館相逢話所思
생시의 얼굴 꿈속인가 의심하네	常時顔面夢中疑
오 년 이별에 아픈 마음을 누가 알랴	誰知五載傷心別
게다가 삼 년간 눈물 흘리며 슬퍼했네[62]	又閱三年泣血悲
강가의 높은 바람 경물을 재촉하고	江上高風催景物
술잔 앞의 지는 해는 흉금을 비추누나	尊前落日照襟期
거듭 오겠다는 약속 꼭 기억하리니	丁寧記取重來約
일양 생기는 동지 더디지 않으리[63]	冬至陽生亦不遲

61 이일상(李一相) : 1612~1666. 본관은 연안(延安), 자는 함경(咸卿), 호는 청호(靑湖), 시호는 문숙(文肅)이다. 이정귀(李廷龜)의 손자이다.

62 게다가……슬퍼했네 : 이일상이 아버지 이명한(李明漢, 1595~1645)의 상(喪)을 당해 삼년상을 마쳤기 때문에 이렇게 읊은 것으로 보인다.

63 거듭……않으리 : 이일상이 동짓달에 다시 방문하겠다고 약속했기 때문에 이렇게 읊은 것이다. 양생(陽生)은 양이 생긴다는 말로, 11월이 되면 양효(陽爻) 하나가 생겨서 복괘(復卦)의 상이 된다.

구십주의 상림도[64]

仇十洲上林圖

김북저의 운[65]에 맞춰 짓다.

무제의 군사위용 눈에 선하고 武帝軍容在眼中
궁궐의 초목 위풍 드리웠네 黃圖草樹偃威風
깃발은 산하의 북쪽 온통 둘렀고 旌旗盡繞河山北
창끝이 멀리 조서산 동쪽에 솟았구나 槍纍遙凌鳥鼠東
위수에서 지금도 말에게 물 먹임을 시름하니[66] 渭水秖今愁飮馬

64 구십주(仇十洲)의 상림도(上林圖) : 십주(十洲)는 명(明)나라 제일의 궁정화가(宮廷畫家) 구영(仇英, 1493~1560)의 호이다. 자는 실보(實父), 또는 실보(實甫)이고, 특히 인물화와 산수화에 뛰어났다. 《明畫錄 卷1》 여기서 말하는 〈상림도〉는 구영이 그린 〈자허상림도(子虛上林圖)〉를 가리키는 것으로 보인다.

65 김북저(金北渚)의 운(韻) : 북저는 김류(金瑬, 1571~1648)로, 본관은 순천, 자는 관옥(冠玉), 호는 북저, 시호는 문충(文忠)이다. 1623년(인조1) 인조반정에 참여하여 정사 공신(靖社功臣) 1등에 책록되었다. 이민구가 차운한 김류의 시는 《북저집(北渚集)》 권3의 〈제동양도위상림부도축소서(題東陽都尉上林賦圖軸小序)〉이다.

66 위수(渭水)에서……시름하니 : 오랑캐를 다 토벌하지 못해 그들의 침입에 대비해야 하는 현실을 읊은 것이다. 음마(飮馬)는 말에게 물을 먹인다는 말로, 본디 한(漢)나라 이릉(李陵)이 소무(蘇武)에게 보낸 편지에 "하수와 낙수의 물로 말의 목을 축인 다음 남해에서 진주를 거두어들일 생각이다.〔飮馬河洛, 收珠南海.〕"라고 한 말을 진(晉)나라 손초(孫楚)가 편지에 전용하여 "남해의 물을 말에게 먹일 생각이다.〔飮馬南海〕"라고 하여, 먼 변방에서 말을 타고 적의 침입을 방어하는 무사의 결연한 의지를 표현하는 뜻으로 사용하였다. 《西漢文紀 卷11 李陵重答蘇武書》《文選 卷43 爲石仲容與孫皓書》

정호에서 영원토록 남은 활에 울었네[67] 鼎湖終古泣遺弓
서생들아 병사 너무 쓴 걸 말하지 마라 書生莫說窮兵失
당시에 구융 복종시킨 것 아직도 떠오른다 猶想當時服九戎

붉은 누각 곤명지[68]가 한 손바닥 안에 있는 듯 紫閣昆明一掌中
무제의 수레와 말 우레와 바람처럼 날래네 武皇車馬若雷風
힘센 여섯 장정이 하늘 밖으로 내던져 六丁有力抛天外
세 절기가 무단히 해동에 떨어졌네[69] 三絶無端落海東
조나라 떠나도 화씨벽이고[70] 去趙尙爲和氏璧

67 정호(鼎湖)에서……울었네 : 승하한 임금에 대해 슬퍼했다는 말로, 여기서는 한 무제(漢武帝)의 죽음을 슬퍼했다는 말이다. 중국의 선사 시대(先史時代)에 황제(黃帝)라는 임금이 정호라는 호숫가에서 죽자, 그 신하들이 그가 남겨 놓은 활을 붙들고 울었다고 한다.《史記 卷28 封禪書》

68 곤명지(昆明池) : 섬서성(陜西省) 장안현(長安縣) 서남쪽에 있는 둘레 40리의 큰 연못이다. 한나라 무제가 곤오이(昆吾夷)를 치기 위하여 이 연못을 파고, 여기서 주전(舟戰)을 교련하였다 한다.

69 힘센……떨어졌네 : 〈상림도〉가 우리나라에 전해졌다는 말이다. 육정(六丁)은 도교(道敎)에서 말하는 귀신 이름으로, 정묘(丁卯), 정사(丁巳), 정미(丁未), 정유(丁酉), 정해(丁亥), 정축(丁丑)의 여섯 정신(丁神)을 가리키는데, 이 귀신을 잘 부리면 먼 데 있는 물건도 가져오게 할 수 있다고 한다.《後漢書 卷80 孝明八王列傳 梁節王暢注》 삼절(三絶)은 세 가지 절기(絶技)를 가리키는데, 김류의《북저집(北渚集)》권3〈제동양도위상림부도축소서(題東陽都尉上林賦圖軸小序)〉에 "장경은 더할 나위 없으니 논할 것도 없고, 태사의 글씨와 십주의 그림은 진실로 이미 빼어나다.〔長卿尙矣亡論, 太史筆十洲畫, 固已殊絶矣.〕"라고 하였다. 이로 보아 삼절은 사마상여(司馬相如)와 사마천(司馬遷)과 구영(仇英)의 뛰어난 솜씨를 가리키는 것으로 보인다.

70 조(趙)나라 떠나도 화씨벽(和氏璧)이고 : 전국 시대 조나라 혜문왕(惠文王)이 초나라의 화씨벽을 얻었는데, 진(秦)나라 소왕(昭王)이 이를 빼앗고자 하여 거짓으로

한으로 돌아가도 초나라 사람 활이지[71] 歸韓亦是楚人弓
다만 안타깝게도 상원이 아직도 진나라 땅이니 獨憐上苑猶秦地
누가 양공 이어 〈소융〉 읊게 할까[72] 誰繼襄公賦小戎

이것은 북저의 시이다.

하늘이 만든 마을 산과 시내 벼루 속에 떨어지니 天府山川落硯中
흰 구름과 누런 잎 가을바람 일으키네[73] 白雲黃葉起秋風
깃발들은 장양궁[74] 아래 빙 둘렀고 旌旗繚繞長楊下
성과 대궐은 위수 동쪽에 들쭉날쭉 늘어섰네 城闕參差渭水東

15개의 성(城)과 바꾸자고 하였다. 조나라에서는 화씨벽만 빼앗기고 성은 얻지 못할까 염려하여 진나라에 사신으로 갈 사람을 구하였는데, 인상여(藺相如)가 가서 기지를 발휘하여 화씨벽을 빼앗기지도 않고 흠집도 내지 않은 채 무사하게 조나라로 가지고 온 완벽(完璧)의 고사가 전한다.《史記 卷81 廉頗藺相如列傳》 여기서는 이 고사를 인용하여 〈상림도〉가 우리나라에 들어왔어도 그 가치에는 변함이 없다고 말한 것이다.

71 한(韓)으로……활이지 : 위와 마찬가지로 〈상림도〉가 우리나라에 왔어도 그 가치는 변함이 없다는 말이다. 옛날에 초나라 왕이 활을 잃어버리자 좌우 신하들이 그것을 찾으려고 하였는데, 초나라 왕이 말하기를 "내가 잃어버린 것을 다른 초나라 사람이 얻을 것이니 찾을 필요가 없다."라고 하였다.《孔子家語》

72 다만……할까 : 중국을 차지한 청나라를 누가 몰아내겠느냐는 말이다. 상원(上苑)은 본래 진나라 때 세워지고 한 무제가 증축한 곳인데, 여기서는 청나라를 진나라에 비유한 것이다. 소융(小戎)은《시경》진풍(秦風)의 편명으로, 진(秦)나라 양공(襄公)이 병거(兵車)를 장만하여 서융(西戎)을 토벌하는 것을 찬미한 노래이다.

73 하늘이……일으키네 : 〈상림도〉의 생동감을 읊은 것이다.

74 장양궁(長楊宮) : 진한(秦漢) 때의 궁궐 이름으로, 섬서성(陝西省) 주지현(周至縣)의 동남쪽에 있으며 유렵(遊獵)을 하던 곳이다. 두목(杜牧)의 〈두추랑(杜秋娘)〉에 "장양궁에서 웅비를 쏘고, 무장에서 웃음소리 희롱하네.〔長楊射熊羆, 武帳弄啞咿.〕"라고 하였다.

사마의 문장 적관을 내달렸고[75] 司馬文章馳赤管
표요의 공훈 동궁에 비치네[76] 嫖姚勳伐照彤弓
이제 주나라가 다시 원수 때를 만난다면 今周倘再逢元狩
여궁에다 견융 따위 두지 않으리라[77] 不遣驪宮有犬戎

이것은 청음의 시이다.

75 사마(司馬)의……내달렸고 : 사마천(司馬遷)의 뛰어난 문장을 말한 것이다. 사마는 《사기(史記)》를 지은 한나라의 사마천을 가리키고, 적관(赤管)은 적관대필(赤管大筆)로 자루가 붉은 붓을 가리키는데, 흔히 역사서를 뜻하는 말로 쓰인다.

76 표요(嫖姚)의……비치네 : 곽거병(霍去病)의 공훈을 읊은 것이다. 표요는 한나라 때 표요 교위(嫖姚校尉)로 있으면서 흉노족과 싸운 명장 곽거병을 가리키는데, 후대에는 큰 공을 세운 장수를 가리키는 말로 쓰였다. 동궁(彤弓)은 붉은 활로, 임금이 공을 세운 사람에게 내려주는 것이다.

77 이제……않으리라 : 중국이 무제 때와 같은 힘을 갖는다면 오랑캐를 물리칠 것이라는 말로, 명나라가 무력을 떨친다면 청나라를 몰아낼 것이란 의미이다. 주(周)나라는 중국을 의미한다. 원수(元狩)는 한나라 무제(武帝)의 연호이다. 여궁(驪宮)은 화청궁(華淸宮)으로 여산(驪山) 아래에 있기 때문에 이렇게 칭하는데, 주나라 유왕(幽王)이 이곳에서 견융(犬戎)에 의해 살해당하였다. 견융은 중국의 서북부 지방에 거주하던 오랑캐 종족인데, 여기서는 청나라를 뜻하는 말로 쓰였다.

연경으로 가는 사간 이시만[78]을 전송하다

送李司諫赴燕 時萬

옥 부절로 조정에 하직하고 먼 길 가니	玉節辭朝作遠遊
추운 날 눈서리가 담비 갖옷에 가득하리	天寒霜雪滿貂裘
관중의 길은 삼천 리 멀리 떨어졌고	關中路絶三千里
산후의 먼지는 열여섯 주에 어둡겠지[79]	山後塵昏十六州
혼란한 세상에 이별의 슬픔 어찌 말하랴	世亂別離那可道
늙은이 흐르는 눈물 더욱 거두기 어려워라	年衰涕泗更難收
그대 가다가 난하의 사당[80] 지나리니	君行定過灤河廟
고사리 캐 먹은 맑은 풍모 만고에 시름하네	薇蕨淸風萬古愁

78 이시만(李時萬) : 1601~1672. 본관은 전주(全州), 자는 석여(錫汝)이다. 1647년(인조25) 서장관(書狀官)으로 사행(使行)하였다. 《敬庵遺稿 卷10 全羅監司李公墓碣》

79 산후(山後)의……어둡겠지 : 청나라 차지가 된 연경이 더럽혀졌을 것이라는 말이다. 산후는 옛 중국의 지명이다. 석경당(石敬塘)이 거란의 도움으로 후진(後晉)을 세우고 북중국 지방의 연(燕), 운(雲) 등 16주를 거란에게 할양(割讓)한 일이 있다. 지금의 하북성(河北省)과 산서성(山西省)의 북부 일대에 해당한다.

80 난하(灤河)의 사당 : 백이(伯夷)와 숙제(叔齊)를 모신 이제묘(夷齊廟)를 가리킨다. 난하는 영평성(永平城) 서쪽 5리 지점에 있는 맑은 강물 이름인데, 이곳에서 10리쯤 떨어진 곳에 이제묘가 있다.

감사 목성선[81] 만사
睦監司 性善 挽詞

자고로 시대 구제할 인재 얻기 어려운데	濟代才難自古來
좋은 나무로 동량의 재목이라 인정받았지[82]	楩柟曾許棟梁材
청운의 길 올라 높은 지위에 근접했는데	青雲上路隣魁象
황천의 궁진에서 겁회와 섞였네[83]	黃壤窮塵混刦灰
객지의 널 멀리 맑은 한강으로 돌아와[84]	旅櫬獨歸淸洛遠
가성이 새로 광릉 옆에 자리했네[85]	佳城新傍廣陵回

81 목성선(睦性善) : 1597~1647. 본관은 사천(泗川), 자는 성지(性之), 호는 병산(甁山)이다. 《승정원일기》 인조 25년 7월 2일 기사에 목성선을 경상 감사에 임명하는 내용이 있다.

82 좋은……인정받았지 : 목성선이 훌륭한 인재로 평가되었다는 말이다. 편남(楩柟)은 모두 나무 이름인데, 좋은 재목에 속한다.

83 황천(黃泉)의……섞였네 : 목성선이 죽어 땅속에 묻혔다는 말이다. 황양(黃壤)과 궁진(窮塵)은 모두 황천(黃泉)을 의미한다. 겁회(刦灰)는 겁화(刦火)의 재라는 뜻으로, 재앙을 뜻하는 불교 용어이다. 하나의 세계가 끝날 즈음에 겁화가 일어나서 온 세상을 다 불태운다고 하는데, 한 무제(漢武帝) 때 곤명지(昆明池) 밑바닥에서 나온 검은 재에 대하여, 인도 승려 축법란(竺法蘭)이 "바로 그것이 겁화를 당한 재[刦灰]"라고 대답했다는 고사가 전한다. 《高僧傳 卷1 竺法蘭》

84 객지(客地)의……돌아와 : 목성선이 경상 감사로 부임했다가 임지에서 운명하여 서울로 운구(運柩)되었다는 말이다. 《인조실록》 25년 9월 6일 기사에 목성선의 졸기(卒記)가 수록되었는데, 그 기록에 의하면 목성선은 승지로 있다가 경상 감사에 임명되었고, 임지에 도착하자마자 운명하였다고 한다.

85 가성(佳城)이……자리했네 : 목성선의 무덤이 광릉(廣陵)에 마련되었다는 말이

쓸쓸히 두 대의 죽음에 눈물 흘리니[86]	蕭條兩世存亡淚
백발 늙은이 또 한 번 슬프다오	頭白人間又一哀

다. 가성은 무덤을 뜻한다. 한나라 등공(滕公)이 말을 타고 가다가 동도문(東都門) 밖에 이르자, 말이 울면서 앞으로 나아가지 않은 채 발로 오랫동안 땅을 구르기에 사졸(士卒)을 시켜 땅을 파 보니, 깊이 석 자쯤 들어간 곳에 석곽(石槨)이 있고, 거기에 "가성이 울울하니, 3천 년 만에 해를 보도다. 아, 등공이여, 이 실에 거처하리라.〔佳城鬱鬱, 三千年見白日. 吁嗟滕公, 居此室.〕"라는 글이 새겨져 있었다. 이에 등공이 "아아, 운명이구나. 내가 죽으면 곧 이곳에 안장할지어다.〔嗟乎天也, 吾死, 其卽安此乎.〕"라고 하였고, 그가 사망하자 이곳에 장사하였다고 한다.《讀禮通考 卷96》 광릉은 한성(漢城)의 옛 이름이다.

86 쓸쓸히……흘리니 : 목성선과 그의 부친 목장흠(睦長欽, 1572～1641)의 죽음에 눈물을 흘렸다는 말이다.

연경으로 사신 가는 영안위[87]를 전송하다

送永安尉使燕

아득한 모래 변방에 지는 해 낮은데	沙塞茫茫落日低
사신 행렬 계문 서쪽으로 가네	行人冠蓋薊門西
중국 만리에 요 임금이 봉한 땅 위축되고[88]	神州萬里堯封蹙
갈석은 천년 세월에 우 임금 자취 희미하네[89]	碣石千年禹跡迷
덧없는 사신길 바야흐로 그만두지 못하니	荏苒王程方未已
어수선한 세상일 가지런하기 어렵구나	參差世故直難齊
황금과 비단으로 답방하는 일 유래 있으니	金繒報聘由來事
감히 우정 때문에 헤어짐 애석해할까	敢爲朋情惜解携

87 영안위(永安尉) : 홍주원(洪柱元, 1606~1672)으로, 본관은 풍산(豐山), 자는 건중(建中), 호는 무하당(無何堂)이다. 1623년(인조1) 선조의 딸 정명공주(貞明公主)에게 장가들어 영안위에 봉해졌다. 1647년 사은사로 청나라에 다녀왔다. 시호는 문의(文懿)이다. 《宋子大全 卷163 永安尉洪公神道碑銘》

88 중국……위축되고 : 신주(神州)는 중국을 가리킨다. 요봉(堯封)은 우순(虞舜)이 당요(唐堯)로부터 천하를 물려받아 매 주(州)마다 산 하나씩 얼두 산을 봉했다는 데서 나온 말이다. 중국이 청나라 차지가 되었기 때문에 위축되었다고 읊은 것이다.

89 갈석(碣石)은……희미하네 : 갈석은 하북성(河北城) 창려현(昌黎縣) 북쪽에 위치한 산으로, 바닷물 속에 잠겨서 일부만 모습을 드러내고 있다고 한다. 역대 제왕이 순행(巡行)할 때 동쪽 끝 지점이다. 역시 청나라가 중국을 차지했기 때문에 이렇게 읊은 것이다.

해진 솜옷

敝袍

이일상[90]의 물음에 답하다.

늙은이라 마음 쉬 상하고	年衰懷易傷
날씨 차가워 병도 자꾸 걸리네	氣寒病屢作
강가에 시월 접어드니	江干十月交
음랭함이 성곽 안과는 다르지	陰冷異城郭
오랜 나그네 근력도 떨어져	久客寡筋力
집도 잘 돌보지 못하네	未甚善居宅
울타리는 거의 다 넘어가고	藩籬頗欹倒
이웃과의 관계도 삭막하기만 하다네	隣竝亦蕭索
앞에는 바다 어귀 탁 트여	前臨海門豁
평평한 호수의 흰 물결 내려다보노라	俯見平湖白
삭풍이 날리는 모래 말아와	朔風卷飛沙
밤낮으로 사방 벽에 불어오네	日夜吹四壁
괴롭게도 주리고 추운 때 만나	苦遭飢凍逼
눈서리에 아랫도리가 시리구나	霜雪凜袴脚
태어난 지 반백 년 지났건만	生世過半百
갖옷 있는 줄도 모르네	不省有狐貉

90 이일상(李一相) : 1612~1666. 본관은 연안(延安), 자는 함경(咸卿), 호는 청호(靑湖), 시호는 문숙(文肅)이다. 이정귀(李廷龜)의 손자이다.

하늘이 어찌 더 주거나 더 빼앗으랴　　皇天豈與奪
사람의 운명 저마다 다르다네　　人命有厚薄
해진 솜옷 입었어도 다행히 근심 없으니　　敝縕幸無恙
해 마치는 데 어찌 슬퍼하랴　　卒歲何戚戚

강을 지나 산사로 가다 첩운[91]

過江將詣山寺 疊韻

정원이 어둡더니 갑자기 비 흩날리고	庭昏雨乍飛
강물 일렁이더니 미풍 불어오네	江動風微作
이른 새벽 모래톱 건너며	凌晨涉沙汭
한양 성곽 돌아보노라	回望長安郭
자욱하게 오색구름 피어나니	蔥籠五雲起
실로 임금님 계신 궁궐이구나	實惟王者宅
멀리서 온 나그네 서울 어귀에 머물러	遠客寄京口
산천의 기운 왕성한데	林泉氣森索
빈천한 몸으로 하는 일마다 졸렬하였으니	貧賤拙營爲
어찌 늘그막엔들 면할 수 있을까	焉能免垂白
문득 절[92]에 놀러갈 생각에	忽思招提遊
그윽한 마음으로 절벽 향해 가네	幽意向絶壁
나귀 몰아 들 다리 멀리까지 가노라니	驅驢野橋遠
하인은 다리 아파 끙끙대네	僕隷呻病脚
어수선한 속세에서	擾擾塵埃間
인생이란 한 언덕의 오소리 신세[93]	人生一丘貉

91 첩운(疊韻) : 이 시의 바로 앞 시로부터 여섯 수가 모두 동일한 운자로 지어졌다.

92 절 : 초제(招提)는 범어(梵語)로 사방을 말하는데, 곧 사방의 중들이 모이는 곳으로 절을 뜻한다. 《열반경(涅槃經)》에 "초제는 승방(僧坊)이다."라고 하였다.

나이 들어 근력도 약하고	年頹筋力弱
몸 야윈 데다 옷마저 얇은데	肉瘦衣裳薄
술 마시는 즐거움 덕에	賴有杯酒歡
늙은이 얼굴에 서글픈 기색 가시네	衰顔減多戚

93 어수선한……신세 : 사람이 살아가는 것은 크게 우열을 가릴 수 없다는 말이다. 일구학(一丘貉)은 한 언덕에서 사는 오소리로, 서로 비슷하여 우열을 가릴 수 없음을 의미한다. 《한서(漢書)》 권66 〈양창전(楊敞傳) 양운(楊惲)〉에 "옛날과 지금이 마치 한 언덕의 오소리와 같다.〔古與今, 如一丘之貉.〕"라고 하였고, 안사고(顔師古)의 주(註)에 "같은 종류임을 말한다.〔言其同類也〕"라고 하였다.

당산에 있는 권씨의 정자에서 옛 생각에 잠기다[94] 삼첩

棠山權氏亭感舊 三疊

옛날 내가 강을 건너던 날	昔我涉江日
눈보라가 한밤중에 휘날렸지	朔雪中夜作
빠른 길로 형님께 가려 했을 뿐	便道就元昆
감히 도성 가까이 지날 생각 아니었네	不敢經近郭
빈 집에서 강피 접했으니[95]	虛堂接姜被
그대의 집과 가까웠네	得邇君于宅
이별한 지 오 년 동안[96]	別離五年間
별빛이 유배지[97]에 아른거렸네	星芒動貫索

94 당산(棠山)에……잠기다 : 이민구가 1643년(인조21) 평안도 영변부에서 충청도 아산현으로 이배(移配)될 당시 권씨의 정자에서 형 이성구(李聖求)를 만났다는 기록이 〈형님이 지은 시에 맞춰 권 참봉의 강가 누각에 대하여 지어 보내다〔次伯氏韻寄題權參奉江閣〕〉라는 제목으로 실려 있다. 《東州集 詩集 卷9 牙城錄 二》 당산은 현재 서울특별시 영등포구 당산동(堂山洞) 일대이다.

95 빈……접했으니 : 이민구가 형 이성구를 만났다는 말이다. 강피(姜被)는 강굉(姜肱)의 이불이란 말로 형제간의 우애를 의미한다. 강굉은 후한(後漢) 사람으로 자가 백회(伯淮)인데, 두 아우인 중해(仲海), 계강(季江)과 우애가 돈독하여 항상 한 이불을 덮고 잤으므로 강굉공피(姜肱共被)라는 고사가 생겼다. 《後漢書 卷83 姜肱列傳》

96 이별한……동안 : 이민구가 이성구를 만난 1643년(인조21)으로부터 이 시가 지어진 1647년까지 햇수로 5년이 지났다.

97 유배지 : 관색(貫索)은 아홉 개의 별로 이루어진 별자리인데, 《천문지(天文志)》에 의하면 이 관색 아홉 개의 별이 모두 밝으면 천하에 옥사가 번다해진다고 하였다.

돌아와 옛 자취 더듬어 보지만　歸來撫陳迹

당시의 일 뜬 구름과 함께 희구나　事與浮雲白

눈길 닿는 곳마다 서글픔 일어나는데　觸眼寓悲緒

남은 글이 높은 벽에 또렷하네　遺墨照高壁

눈물 흘리며 강물 보노라니　灑淚閱逝川

북풍이 빗줄기 몰아치네　北風吹雨脚

고개 돌려 고금의 일 살펴보니　轉頭見今古

누가 모여 있는 오소리 신세를 면했는가　疇能免聚貉

주인이 평소의 마음 말하니　主人敍平素

그 우의에 이 늙은이 부끄럽네　友誼恥衰薄

닭이 저물녘에 울어　寒鷄號向夕

나를 더 서글프게 한다　爲我助慘戚

삼막사 사첩

三藐寺 四疊

들판 지나고 풀길 끝나	行野草徑盡
절에 이르니 종소리 울린다	到寺鍾音作
우수수 강 지나는 비	颯颯過江雨
스산하게 산성에서 시작되네	凄凄自山郭
누가 알랴 범왕의 궁전[98]이	誰知梵王宮
본래 신선 집이라 불리는 줄을	本號神仙宅
탐방하노라니 짧은 해 싫고	探尋倦日短
오르노라니 허약한 기운 한스럽다	登討恨氣索
한참 앉았노라니 날 개어	久坐得新霽
난간 너머로 흰 운해 펼쳐진다	檻外雲海白
나뭇잎 떨어져 바위 모습 드러나니	木落石狀露
천 길 낭떠러지 푸른 절벽에 기대었네	千崖倚青壁
어려서부터 산수 좋아했는데	少小嗜川澤
늙고 병들어 찾아다니지 못했네	衰病負雙脚
신선은 매미를 슬피 여기지만[99]	仙人悲蟪蛄

98 범왕(梵王)의 궁전 : 대범천왕(大梵天王)의 궁전이라는 말로, 사찰을 의미하는데, 여기서는 삼막사를 가리킨다.

99 신선은……여기지만 : 신선이 생명이 짧은 매미를 불쌍히 여긴다는 말이다. 《장자(莊子)》 〈소요유(逍遙遊)〉에 "매미는 봄과 가을을 알지 못한다.〔蟪蛄不知春秋〕"라고 하였는데, 매미는 여름에 잠깐 살다 죽으므로 생명이 아주 짧은 것을 의미한다.

못난 선비는 산짐승 근심하지	拙士患猯貉
삶을 걱정하니 세월 빠르고	憂生歲月促
세상에 이바지하려니 재주 부족한데	供世材力薄
다행히 스님 말씀 한참 듣노라니	幸接僧語永
서글픈 마음 누그러지네	庶以寬中戚

집으로 돌아오다 오첩

歸舍 五疊

우연히 나와 마음껏 즐겼는데 偶出心賞諧
돌아가려니 아쉽구나 及歸悔吝作
맑은 강이 마을 둘러 淸江繞村落
푸른 산곽에 어리어 비추네 映帶青山郭
날 추워 큰 골짜기 조용하니 天寒大壑靜
교룡과 이무기가 숨을 곳 정했구나 蛟蜃定窟宅
야인인 나도 유유자적하며 野人亦自適
졸렬한 성품으로 외로이 살아가네 拙性保離索
적막한 오두막살이 寂寞蓬室居
쓸쓸히 텅 비어 문 닫았다오[100] 蕭條閉虛白
빌린 책 서가에 가득할 뿐 借書徒滿架
성긴 등불 이웃집에서 깜박이네 疏燈耿隣壁
이때는 여우가 얼음 소리 듣는 계절이라[101] 是時狐聽氷
바람에 깃발 나부끼네 風力轉旗脚

100 적막한……닫았다오 : 자신의 집이 누추한 것을 읊은 것이다. 허백(虛白)은 《장자(莊子)》 〈인간세(人間世)〉의 "빈 방 안에는 흰빛이 생기고 거기에는 좋은 징조가 깃든다.〔虛室生白, 吉祥止止.〕"라는 말에서 유래하여, 마음이 청허(淸虛)하여 욕심이 없으면 도심(道心)이 절로 생겨나는 것을 의미하는데, 여기서는 텅 빈 방을 가리킨다.

101 이때는……계절이라 : 겨울철이라는 말이다. 여우는 소리를 잘 듣고 의심도 많아 얼음 위를 건널 때도 밑으로 흐르는 물소리가 들리지 않아야 건넌다고 한다.

겨울 깊어 새와 짐승 살지니　冬深鳥獸肥
사냥의 재미 담비 잡는 데 있지　獵興在于貉
호방한 산수의 유흥을　放曠山澤遊
어찌 반드시 경박한 일이라 하랴　豈必事輕薄
장차 세월 즐기리니　且將娛歲年
기쁨과 슬픔은 아득한 하늘에 맡기노라　冥茫付欣戚

감우 육첩
感遇 六疊

세모에 눈 내릴 때	歲暮天雨雪
예로부터 일곱 사람이 세상을 떠났지[102]	自古七人作
세상일을 〈북문〉에 부쳐 읊으니[103]	世事賦北門
선생은 호가 동곽[104]이라네	先生號東郭
이리저리 십이 년 떠돌아	奔走向一紀
늙어서도 편히 살 집조차 없네	抵老不安宅
떠돌며 가는 세월 안타까웠는데	漂寓惜年往
돌아와 날이 다한 줄을 아노라	歸來感日索

102 일곱……떠났지 : 혼란한 세상을 떠나 은거한 사람이 있음을 말한 것이다. 작(作)은 기(起)의 뜻으로, 일어나 은거하러 간 사람을 이른다. 《논어》〈헌문(憲問)〉에 "작자가 일곱 사람이다.〔作者七人矣〕"라고 하였다.

103 세상일을……읊으니 : 혼란한 세상을 〈북문(北門)〉에 부쳐 읊조린다는 말이다. 〈북문〉은 《시경》의 편명으로, 어진 자가 난세에 처해 어두운 임금을 섬겨서 뜻을 얻지 못한 것을 탄식하며 읊은 시이다.

104 동곽(東郭) : 한 무제(漢武帝) 때의 제(齊)나라 사람으로, 여기서는 이민구 자신의 초라한 모습을 비유한 것이다. 《사기(史記)》 권126 〈골계열전(滑稽列傳)〉에 "동곽선생은 오랫동안 공거에서 대조하고 있으면서 매우 빈곤하여 굶주리며 추위에 떨었는데, 옷은 해지고 신은 완전하지 못하여 눈길을 다닐 적에도 신이 위 덮개만 있고 밑창은 없어서 발로 땅을 다 밟고 다녔으므로, 길 가는 사람들이 그를 보고 웃었다.〔東郭先生, 久待詔公車, 貧困飢寒, 衣敝履不完, 行雪中, 履有上無下, 足盡踐地, 道中人笑之.〕"라고 하였다.

누구와 이 마음을 이야기할까 誰與講心素
만나는 사람마다 모두 탐탁지 않네[105] 所遇盡眼白
게다가 듣자니 명나라 패망하여 況聞黃圖破
동남쪽에 고작 반쪽 벽 남았다지[106] 東南僅半壁
사해의 백성들 도로에서 지쳐가니 四海疲道路
어디에서 머물 수 있을까 何方可住脚
좁은 이 땅의 백성들 가렴주구에 시달리고 偏壤困誅求
중원은 오랑캐 풍습에 물들었네 中州染胡貉
전장의 핏물 이리저리 마구 흐르고 戰血沸橫流
살벌한 기운 여기저기 서로 부딪치네 殺氣亂相薄
적막한 두 섬돌 사이에 寂莫兩階間
어찌하면 간척의 춤 출 수 있을까[107] 奚由舞干戚

105 누구와……않네 : 마음을 터놓고 이야기할 사람이 없다는 말이다. 안백(眼白)은 흰 눈을 뜬다는 말로, 마음이 내키지 않음을 의미한다. 진(晉)나라 완적(阮籍)이 청안(青眼)과 백안(白眼)으로 사람을 대했다는 고사가 전한다. 277쪽 각주22 참조.

106 게다가……남았다지 : 명(明)나라가 패망하여 남명(南明)이 그 명맥을 잇게 된 상황을 말한 것이다.

107 적막한……있을까 : 인덕(仁德)으로 세상을 교화시킬 방법이 무엇이냐는 말인데, 시의 내용을 감안할 때 청(淸)나라를 몰아내고 문명(文明)을 회복할 방법이 무엇이냐는 말이다. 간척(干戚)은 도끼를 들고 추는 간척무(干戚舞)를 가리킨다. 유묘씨(有苗氏)가 복종하지 않자 우(禹)가 장차 정벌하려고 하였는데, 순(舜) 임금이 덕을 두텁게 하지 않고서 무력을 행하는 것은 도가 아니라며 만류한 뒤, 3년 동안 교화를 닦고 간척을 쥐고 춤을 추니 유묘씨가 복종하였다고 한다. 《韓非子 卷19 五蠹》

강원도 관찰사로 가는 조자실[108]을 전송하다

送曺子實按關東

시골 가는 수레에 저녁 해 비치니　村墟軒蓋照斜曛
바로 고성의 옛 군수라네[109]　云是高城舊使君
함께한 삼일포 유람[110] 오래도록 꿈에 보였건만　三日同遊長入夢
십 년 만에 만났다가 또 헤어지네　十年相見又離群
사립문에 서호의 눈이 차갑게 덮였는데　柴門冷壓西湖雪
화각소리로 대관령 구름을 맑게 날리겠지[111]　畫角晴飛大嶺雲
쇠한 늙은이 마음 아파 기분 우울하니　衰老自傷懷作惡
외기러기 서글픈 소리 차마 듣지 못하겠네　斷鴻怊悵不堪聞

을해년(1635, 인조13)에 조문수가 고성 군수였고 내가 강원도 관찰사였을 때 함께 삼일포를 유람하였다.

108 조자실(曺子實) : 조문수(曺文秀, 1590~1647)로, 본관은 창녕(昌寧), 자는 자실, 호는 설정(雪汀)이다. 《승정원일기》 인조 25년 10월 22일 기사에 조문수를 강원감사(江原監司)에 임명한다는 기록이 보인다.

109 시골……군수라네 : 강원도 관찰사로 부임하는 조문수가 일찍이 고성 군수(高城郡守)를 역임하였기에 이렇게 읊은 것이다. 《승정원일기》 인조 11년 10월 16일 기사에 고성 군수 조문수가 하직(下直)했다는 기록이 보인다.

110 함께한 삼일포(三日浦) 유람 : 1635년(인조13) 이민구가 금강산에 갔다가 조문수와 함께 삼일포를 유람한 일이 있다. 당시의 일은 〈조문수와 함께 삼일포에서 놀다〔同子實遊三日浦〕〉라는 시에 잘 나타나 있다. 《東州集 前集 卷7 關東錄》

111 화각(畫角)소리로……날리겠지 : 조문수가 관찰사의 의장을 갖추고 강원도로 부임해가는 모습을 상상하여 읊은 것이다.

경술년(1610, 광해2)에 나암에 기거한 적이 있으니 이제 삼십팔 년이 되었다. 선방을 다시 찾았지만 문응, 진경, 백서, 계휘, 수백, 사홍, 숙우 등 십여 명의 벗들은 모두 고인이 되었다. 시를 지어 감회를 기록한다

庚戌歲 來棲蘿庵 今三十八年 重款禪扉 諸友文應震卿伯瑞季徽壽伯士興肅羽十餘人皆化異物 賦詩志感

쓸쓸한 절 서쪽 누대에서 벗들 떠올리노니	蕭寺西樓憶故人
푸른 산 어느 곳에 남은 자취 거두었나	青山幾處斂遺塵
삼경 눈 속의 달빛 오늘밤도 여전한데	三更雪月還今夜
한 세상 풍등 앞에 나만 홀로 남았어라	一世風燈獨此身
풍경 소리 아직도 조용한 선탑에 의지하고	齋磬尙依禪榻靜
불법은 길이 새 겁회를 비추네[112]	法輪長照劫灰新
누가 알랴 화표주에 다시 돌아온 학이	誰知華表重歸鶴
한 순간의 생사에 눈물 자꾸 흘리는 줄을[113]	彈指存亡灑淚頻

112 풍경……비추네 : 장구한 세월 속에 변함이 없는 것을 읊은 것이다. 겁회(劫灰)는 겁화(劫火)의 재라는 뜻으로, 재앙 또는 긴 시간을 뜻하는 불교 용어이다. 304쪽 각주83 참조.

113 누가……줄을 : 고인이 된 친구들을 그리며 눈물을 흘린다는 말이다. 요동 사람 정영위(丁令威)가 선도(仙道)를 배워 터득한 뒤 천년 만에 학으로 변해 고향으로 돌아온 고사가 있는데, 여기서는 이민구 자신을 말한다. 276쪽 각주21 참조.

관서에 사는 김대진이 추위를 무릅쓰고 멀리 찾아오다

關西金生大振冒寒遠來

관새가 천 겹으로 막혔는데 關塞千重阻
파리한 말로 찾아오니 자네 마음 알겠네 羸驂見汝心
늘그막에 오랜 이별 탄식했는데 年衰嗟久別
먼 곳까지 찾아주니 고맙구나 地遠感相尋
동짓달이라 다리도 끊기고 至月河梁坼
한겨울이라 눈까지 깊이 쌓였네 窮陰雨雪深
옛 사람들 도의를 중시했지만 古人多道義
도리어 지금의 자네만은 못했으리 還覺不如今

박천에 사는 임백무[114]가 왔는데 마침 계미년(1643, 인조21)에 서로 이별했던 날과 같은 날이었다. 그가 돌아갈 때 써서 주다

博川林生栢茂來 適是癸未相別日 其歸書贈

서쪽 변방 온 산에 눈 내렸을 때　西塞漫山雪
강가에서 극인과 이별했지[115]　臨江別棘人
헤어질 때 눈물 뿌리고　分携曾灑淚
돌아보며 얼마나 마음 아팠던가　回首幾傷神
필마로 천리 길 마다 않고 찾아오니　匹馬輕千里
먼 타향을 이웃처럼 생각했네　殊鄕若比隣
어찌하여 만나고 헤어지는 날이　如何聚散日
매번 한 양이 새로 생기는 때인가[116]　每接一陽新

114 임백무(林栢茂) : 임백무의 인적사항은 미상이다. 이민구가 영변 적소(謫所)에 있을 때 찾아와서 가르침을 받은 인물로 보인다. 《동주집(東州集)》 시집(詩集) 권3에 〈임백무에게 주다〔贈林栢茂〕〉라는 시가 있다.

115 서쪽……이별했지 : 1643년(인조21) 영변에서 아산으로 이배될 때, 임백무와 이별하던 모습을 읊은 것이다. 극인(棘人)은 상중에 있는 사람인데, 당시 임백무가 상중에 있었던 것으로 보인다. 《시경》 〈소관(素冠)〉에 "행여 흰 관을 쓴 극인의 수척함을 볼 수 있을까.〔庶見素冠兮, 棘人欒欒兮.〕"라고 하였다.

116 어찌하여……때인가 : 영변에서 임백무와 헤어지던 때도 동짓달이었고 임백무가 방문하여 만난 것도 동짓달이라는 말이다. 11월에 하나의 양(陽)이 생겨서 복괘(復卦)의 상이 되기 때문에 이렇게 읊은 것이다.

판서 이자연[117]이 술을 보내오다

李判書 子淵 送酒

병 앓으며 쇠덕석 덮고 지내는 밤[118]	抱疾牛衣夜
술병 기울여 죽엽주 마시노라	傾壺竹葉春
시리고 찬 기운이 여윈 몸 휘감는데	氷霜纏瘦骨
고마운 은혜가 곤궁한 내게 미쳤구나[119]	惠愛及窮鱗
이별의 한 두 눈에 매달렸는데	別恨懸雙眼
봄볕같이 온화한 기운 온 몸에 퍼지네	陽和遍一身
옥당에서 술 마시던 때 생각하니	仍思玉署飮
감히 백발이 새로 돋을 줄 생각이나 했을까	敢謂白頭新

117 이자연(李子淵) : 이명(李溟, 1570~1648)으로, 자는 자연, 호는 귀촌(龜村)이다. 형조 판서를 역임하였다. 《恬軒集 卷3 正憲大夫戶曹判書李公墓誌銘》

118 병……밤 : 매우 곤궁한 자신의 삶을 말한 것이다. 우의(牛衣)는 소가 춥지 않도록 덮어 주는 도롱이 비슷한 거적이다. 서한(西漢) 말엽의 직신(直臣)으로 유명한 왕장(王章)이 출사하기 전에 집안이 몹시 가난하여 덮을 이불조차 없었다. 그가 큰 병이 들어 우의 속에 누웠다가 자신이 반드시 죽을 것이라 생각하여 처자에게 영결하는 말을 하니, 처자가 노하여 꾸짖으며 "지금 질병과 곤액을 겪고 있으면서 스스로 격앙(激昂)하지 않고 도리어 눈물을 흘리며 우니, 어쩌면 그리도 비루합니까?"라고 하였다는 고사가 전한다. 《漢書 卷76 王章傳》

119 고마운……미쳤구나 : 이명이 술을 보내주었다는 말이다. 궁린(窮鱗)은 어려움에 처한 물고기라는 말로, 여기서는 곤궁한 처지의 이민구를 가리킨다. 《장자(莊子)》 〈외물(外物)〉에 수레바퀴 자국으로 생긴 웅덩이 속에서 헐떡이는 물고기가 한 되나 한 말의 물이라도 우선 얻어 목숨을 부지하려고 한다는 학철부어(涸轍鮒魚)의 이야기가 나온다.

허유선[120]의 집에 있는 화분에 심은 매화가 동짓날 꽃을 피웠다

惟善家盆梅 至日始開

천지에 궁음이 밤낮으로 재촉하니	天地窮陰日夜催
어떻게 일양의 회복을 알랴[121]	何由驗得一陽回
그대 집 문 안에 봄빛 숨었으니	君家紙閤藏春色
얼음과 서리인들 이른 매화를 더디 피게 하랴	肯許氷霜勒早梅
작은 나무의 그윽한 향기 흥취 돋우니	小樹幽香發興催
밝은 창 아래 마주하고 돌아갈 줄 모르네	晴窓相對不知回
도성의 봄빛은 예로부터 달랐지만	禁城春色從來別
동짓날 관산은 눈 덮여 매화 같았지	冬至關山雪作梅
꽃 피면 즐기려는 마음 일어	花開每覺賞心催
하루에도 수없이 아름다운 경치 찾아가지	一日幽尋一百回
봄날 꽃나무마다 꽃 핀다 해도	摠有春來芳樹發
눈 속에 찬 매화 찾느니만 못하지	無如雪裏訪寒梅

120 허유선(許惟善) : 허보(許寚, 1585~1659)로, 본관은 양천(陽川), 자는 유선, 호는 동강(東岡)이다.

121 천지(天地)에……알랴 : 추위가 기승을 부리는 한겨울에 일양(一陽)이 회복된 것을 알 방법이 무엇이냐는 말이다. 동짓달에 하나의 양이 생겨서 복괘(復卦)의 상이 되기에 이렇게 읊은 것이다.

매서운 추위에도 눈서리의 피해 입지 않고	寒威不被雪霜催
봄빛이 가만히 따스한 기운 따라 돌아왔네	春色潛隨暖律回
낮잠 자는 가인일랑 깨우지 마오	莫遣佳人驚午枕
새로 단장한 이 수양매에 가까우리[122]	新粧正近壽陽梅

허유선이 소실을 두었기 때문에 말하였다.

122 낮잠……가까우리 : 허보의 소실이 아름다울 것이라는 해학적 표현이다. 남조송(南朝宋) 무제(武帝)의 딸 수양공주(壽陽公主)가 함장전(含章殿) 처마 밑에 누워 있는데, 매화가 공주의 이마 위에 떨어져 오출화(五出華)의 모습을 이루어 털어내도 떨어지지 않자 황후가 그대로 두게 하였고, 이로부터 매화장(梅花粧)이 있게 되어 후대 사람들이 많이 따라했다고 한다. 《太平御覽 卷970 梅》 수양매(壽陽梅)는 이 고사를 인용한 것으로 보인다.

심광한 만사
沈生 光漢 挽詞

바닷가 청산의 무덤[123]	海畔青山京兆阡
증손이 묘문 앞에서 제사 받드네	曾孫承祀墓門前
문사는 삼동이면 족하다고 전해지지만[124]	虛傳文史三冬足
백대 이어온 집안의 명성 실로 퇴락했네	實墜衣冠百代聯
대 이을 양자[125]는 겨우 아홉 살이고	嗣世螟蛉纔九歲
몸은 질병에 걸린 지 이미 여러 해였지	沈身災疾已多年
무덤에서 울음 삼키며 길이 이별하니	泉塗永作呑聲別
눈 내린 뒤의 강호에 눈물 다했네	淚盡江湖雪後天

123 무덤 : 경조천(京兆阡)은 묘도(墓道)를 뜻한다. 《한서(漢書)》 권92 〈유협열전(游俠列傳) 원섭(原涉)〉에 "처음 무제 때에 경조윤 조씨를 무릉에 장사하자, 백성들이 그 길을 일러 경조천이라 하였다. 원섭이 그것을 보고 선모하여 이에 땅을 사서 묘도를 열고 표를 세워 남양천이라 썼다. 그러나 사람들이 기꺼이 따르지 않고 원씨천이라 하였다.〔初武帝時, 京兆尹曹氏葬茂陵, 民謂其道爲京兆仟. 涉慕之, 迺買地開道, 立表署曰南陽仟. 人不肯從, 謂之原氏仟.〕"라고 하였다.

124 문사(文史)는……전해지지만 : 문사를 익히는 데 한 해의 겨울이면 충분하다는 말이다. 삼동(三冬)은 겨울철 3개월의 농한기를 말한다. 한 무제(漢武帝) 때 동방삭(東方朔)이 처음 무제에게 상서(上書)하여 말하기를 "신은 어려서 부모를 여의고 형수에게서 양육되었습니다. 13세에 글을 배웠는데 삼동에 배운 문사만으로도 쓰기에 넉넉합니다.〔臣朔少失父母, 長養兄嫂, 年十三學書, 三冬文史足用.〕"라고 했던 고사가 전한다. 《漢書 卷65 東方朔傳》

125 양자(養子) : 명령(螟蛉)은 벌레의 유충으로, 양자를 의미한다. 《시경》 〈소완(小宛)〉에 "명령의 새끼를 과라가 업어가서 키우니, 그대도 아들을 잘 가르쳐서 좋은 방향으로 닮도록 하라.〔螟蛉有子, 蜾蠃負之. 教誨爾子, 式穀似之.〕"라고 하였다.

저녁 경치

夕望

미끄러진 신세로 위태한 길 가까이서 지내는데	蹉跎蹤跡傍危途
사방 벽에 스미는 풍상에 골수까지 마르네	四壁風霜骨髓枯
빠른 세월과 궁음이 밤낮을 재촉하고	急景窮陰催晝夜
두꺼운 얼음과 겹겹 눈이 강호에 가득하네	層氷疊雪滿江湖
서산의 봉화는 불빛 희미하고	西山烽火傳光小
북극성 별빛은 쌓인 기운 외롭구나	北極星辰積氣孤
누가 알랴 백빈주 가의 나그네	誰識白蘋洲上客
홀로 기러기 따라 줄과 부들 그리는 줄을	獨隨鴻雁戀菰蒲

기마대가 도로를 내달리니 다 관마라고 한다
馬隊馳驟道路 皆官馬云

태복시의 즐비한 열두 마구간	太僕翔麟十二閑
장추가 예로부터 동산 중간에 있었네[126]	長楸舊在苑中間
뛰어 오르는 군사들 구진의 대열에 속하고[127]	超乘只屬鉤陳列
봉인하는 신하들 모두 법종의 반열로 돌아가네[128]	奉引皆歸法從班

126 태복시(太僕寺)의……있었네 : 말을 사육하는 곳의 모습을 읊은 것이다. 당(唐)나라 초기에 돌궐의 말 2천 필과 수(隋)나라의 말 3천 필을 얻게 되자 태복이라는 관리를 두어 관리하도록 하였다. 또 상승(尙乘)으로 하여금 천자의 말을 관리하게 하면서 좌우(左右)에 비황(飛黃), 길량(吉良), 용매(龍媒), 도여(騊駼), 쾌제(駃騠), 천원(天苑) 등 6한(閑)을 두어 총 12한이었는데, 상린(祥麟)과 봉원(鳳苑)이라는 두 마구간을 만들었다고 한다. 《新唐書 卷50 兵志》 이것으로 보아 이 시의 상린(翔麟)은 상린(祥麟)을 가리키는 것으로 보인다. 장추(長楸)는 가래나무가 자란 길을 말한다. 조식(曹植)의 시에 "동교 길에서 닭싸움하고, 장추 사이에서 말 달리네.〔鬪鷄東郊道, 走馬長楸間.〕"라고 하였다. 《曹子建集 卷6 名都篇》

127 뛰어……속하고 : 말 타고 가는 무관들의 용맹한 모습을 읊은 것이다. 초승(超乘)은 말에 뛰어 올라 타는 것이다. 춘추 시대에 진(秦)나라 군사들이 주(周)나라 서울의 북문(北門)을 지날 때에, 전차의 좌우에 탔던 전사들이 투구를 벗고서 달리는 전차에서 내려 천자에게 경의(敬意)를 표하고는 다시 뛰어올라 탔는데, 그 전차의 수가 무려 삼백 승이나 되었다고 한다. 《春秋左氏傳 僖公33年》 구진(鉤陳)은 하늘의 자미원(紫微垣) 안에 위치하여 천제(天帝)의 호위를 맡는다는 별 이름으로, 여기서는 근위대를 가리킨다.

128 봉인(奉引)하는……돌아가네 : 임금을 호종하는 신하들의 모습을 묘사한 것이다. 봉인은 임금을 받들어 인도한다는 의미이다. 두보(杜甫)의 시에 "이 때에 어가의 앞을 인도하는 은혜 입었으니, 아름다운 기운이 주선하는 반열에 피어났네.〔此時霑奉

어찌 천리마 거듭 내려주기를 바라랴만 豈望再霑天驥錫
아직도 옥가 내려준 은혜 생각나누나[129] 尙思兼荷玉珂頒
　말과 말 장식을 하사받은 일이 기억났다.
용 갈기와 봉황 가슴으로 먼지바람 일으키며 龍鬐鳳臆風塵裏
많은 무관들 의기양양 돌아오네[130] 無數材官意氣還

引, 佳氣拂周旋.〕"라고 하였다.《杜少陵集 卷8 寄岳州賈司馬六丈巴州嚴八使君兩閣老五十韻》 법종(法從)은 왕을 호종하는 것이다.

129 어찌……생각나누나 : 말과 말 장식을 내려준 임금의 은혜가 떠오른다는 말이다. 옥가(玉珂)는 옥으로 만든 말장식이다. 두보(杜甫)의 시에 "잠들지 않고 궁궐 문소리 들으니, 바람결에 말방울 소리 떠오르네.〔不寢聽金鑰, 因風想玉珂.〕"라고 하였다.《杜少陵詩集 卷6 春宿左省》

130 용 갈기와……돌아오네 : 기마대가 먼지를 일으키며 돌아오는 모습을 읊은 것이다. 용기(龍鬐)와 봉억(鳳臆)은 모두 천리마를 형용하는 표현이다. 재관(材官)은 무관(武官)을 가리킨다.

선달그믐 밤에
除夜

깊은 밤 시간 알리는 소리 자주 울리는데	遙夜更籤報漏頻
집집마다 말소리 들리고 문신[131] 붙이네	家家人語帖門神
주막에 미리 도소주[132] 맞춰 놓고	壚中預點屠蘇酒
봄 알리는 닭 울기 기다리네	擬待鷄鳴答上春
사람들 늙는 게 두려워	常怪人情畏老頻
제야마다 상심하는 모습 괴이했지	每逢除夕輒傷神
나는 나이 드는 기쁨 있으니	吾心自有添年喜
덧없는 인생 예순 살이나 되었네	贏得浮生六十春

131 문신(門神) : 정월 초하루에 무병과 무탈을 기원하며 문 위에 붙이는 부적으로 악귀를 쫓는 힘이 있다고 여겼다.

132 도소주(屠蘇酒) : 설날에 마시는 약주의 한 가지로, 이 술을 마시면 사기(邪氣)와 질병을 물리친다고 한다.

동주집

시집 제13권

詩 시

무자년(1648, 인조26) 설날. 이때 임금께서 신궁으로 옮기셨다
戊子元日 時上移御新宮

금리의 공궁 북두 가까이에 있어	禁里公宮北斗邊
임금 수레 옮겨 가고 세시 바뀌네[1]	鑾輿移蹕歲時遷
새 양기 설날[2]에 비로소 돌고	新陽始轉三元日
성력이 응당 일만 년 드리우리[3]	聖曆應垂一萬年
두 대궐의 의관 새벽 시간 따르고	雙闕衣冠隨曉漏
거리의 등불 봄 연기 보내네[4]	九街燈火送春煙

1 금리(禁里)의……바뀌네 : 임금이 새 궁궐로 옮겼다는 말이다. 금리는 궁궐 주변을 말한다. 공궁(公宮)은 궁성(宮城)의 중앙에 위치한 곳으로, 옛날 중국 궁성의 제도는 뒤에 시장(市場), 중앙에 공궁, 앞에 조정(朝廷), 왼쪽에 종묘(宗廟), 오른쪽에 사직(社稷), 그 밖의 좌우에는 민전(民廛)이 있었다.

2 설날 : 삼원일(三元日)은 정월 초하루로, 연(年), 월(月), 일(日)이 시작하는 날이라는 의미이다.

3 성력(聖曆)이……드리우리 : 임금의 만수무강을 기원한 것이다. 성력은 임금의 나이, 또는 재위 기간을 의미한다.

외로운 신하 다행히 죽을 목숨 늦춰　　孤臣幸緩須臾死
도성 남쪽 지척의 거리에 살아가네[5]　　得近城南尺五天

4 두 ……보내네 : 백관들이 새벽에 의관을 갖추고 조정에 나오는 모습과 도성 거리에 등불이 밝혀져 있는 모습을 말한 것이다. 쌍궐(雙闕)은 궁전 앞 양쪽에 높이 세운 누관(樓觀)으로, 도성을 의미한다. 구가(九街)는 구규(九逵)와 같은 말로, 도성의 번화한 거리를 가리킨다.

5 외로운……살아가네 : 이민구가 죄를 지어 유배되기까지 했지만, 임금의 은혜로 죽지 않고 도성 가까이에서 산다는 말이다. 척오천(尺五天)은 임금과 가까운 곳을 의미한다. 번천(樊川)은 장안의 명승지로 위형(韋夐), 두목(杜牧) 등의 집이 모두 이곳에 있었으므로, 당(唐)나라 사람들이 "성남의 위씨와 두씨가 임금과 지척 떨어진 곳에 사네.〔城南韋杜, 去天尺五.〕"라고 했다고 한다. 《長安地圖 卷中 圖志雜說》

눈 수레를 타고 당산에 도착하여 짓다
乘雪車至棠山作

푸른 물결 유리처럼 얼어붙어	琉璃凍合碧瀾堆
언 땅을 수레타고 쌓인 눈 헤쳐 나가네	氷陸騰車積雪開
바닷가 신선 뗏목에서 부는 소리 달을 꿰뚫고	海上仙槎吹貫月
강 속 교인 집에 우레 소리 성하게 울리네[6]	江心鮫室殷鳴雷
창성과 죽리는 머리 돌리니 사라지고	倉城竹里回頭失
농석과 잠애가 눈에 들어오네[7]	籠石蠶崖觸眼來
지척에 보이는 선유봉 정상의 길	咫尺仙遊峯頂路
아득히 참된 기운 은대에 접했어라[8]	窅然眞氣接銀臺

6 강……울리네 : 강을 건너는 눈 수레 소리가 강 속에 사는 교인의 집에 우레 소리처럼 울릴 것이라는 말이다. 교실(鮫室)은 교인(鮫人)이 사는 집이다. 《술이기(述異記)》 권하에 "남쪽 바다 속에 교인이 사는 집이 있는데, 고기와 같이 물에서 살고 베를 짜는 일을 그만두지 않는다.〔南海中有鮫人室, 水居如魚, 不廢機織. 其眼泣則出珠.〕"라고 하였다.

7 창성(倉城)과……들어오네 : 눈 수레를 타고 가면서 뒤로 지나가는 곳과 앞에 다가오는 곳을 읊은 것인데, 각 지점은 정확히 고증할 수 없다. 다만 창성은 창고를 보호할 목적으로 쌓은 성으로, 여기서는 서울시 강서구 염창동에 있는 창성을 가리키는 것으로 보이고, 잠애(蠶崖)는 서울시 마포구 한강가에 있는 잠두봉(蠶頭峰)을 가리키는 것으로 보인다. 《신증동국여지승람(新增東國輿地勝覽)》 〈한성부(漢城府)〉에 "잠두봉은 도성 밖 서쪽 10리, 양화도(楊花渡) 동쪽 언덕에 있는데, 민간에서 가을두(加乙頭)라고 부르며, 또 용두봉(龍頭峯)이라 이름하기도 한다."라고 하였다.

8 지척(咫尺)에……접했어라 : 선유봉(仙遊峰)의 아름다운 모습을 읊은 것이다. 선유봉은 서울의 양화진 근처에 있는 작은 산봉우리로, 신선들이 놀던 곳이라고 하여

지어진 이름이라고 한다. 은대(銀臺)는 신선이 사는 곳이다. 장형(張衡)의 〈사현부(思玄賦)〉에 "은대로 서왕모를 찾아가다.〔聘王母於銀臺兮〕"라고 하였는데, 그 주에 "은대는 신선이 사는 곳이다.〔銀臺, 仙人所居也.〕"라고 하였다. 《後漢書 卷89 張衡列傳》

1월 7일의 청명한 날씨가 좋았다

喜人日淸明

정월 초이레 청명한 날씨 좋으니	王春人日好淸明
세도와 천심이 태평해지네[9]	世道天心向太平
보잘것없는 이 몸도 도리어 다행이니	草芥小臣還自幸
늘그막의 안락을 백성들과 함께하네	暮年安樂共編甿

9 정월(正月)……태평해지네 : 태평시대의 조짐이 보인다는 말이다. 인일(人日)은 1월 7일이다. 《동방삭점서(東方朔占書)》에 "정월 초하루를 닭의 날, 이틀을 개의 날, 사흘을 돼지의 날, 나흘을 양의 날, 닷새를 소의 날, 엿새를 말의 날, 이레를 사람의 날, 여드레를 곡식의 날이라 하는데, 그 날이 맑으면 생육(生育)에 좋고 흐리면 재앙(災殃)이 든다."라고 하였다.

이웃사람과 쑥국을 끓여 함께 술을 마시기로 약속하다

約隣人煮艾會飮

이른 봄 날씨가 따뜻해지니	早春天氣發新陽
기러기 나란히 벌써 북으로 날아가네	鴻雁聯翩已北翔
눈 녹은 뭇 산에 고운 색 돌아오고	雪盡群山回秀色
얼음 풀린 강에 맑은 빛 일렁인다	氷開積水漾晴光
늙은 얼굴은 해마다 바뀌고	衰顔每逐年時改
백발은 물시계 따라 자라네	華髮空隨刻漏長
이웃 사람과 강가의 술자리 마다하랴	敢拒隣人沙際飮
새밭의 어린 쑥 참으로 향기로우리	畬田嫩艾正芬芳

사촌 누이 이 부인 만사

從姊李婦挽詞

헤어지고 나서 삼십오 년 동안 星離三十五寒暄
수많은 세상일 이루 말할 수 없네 世故千般不可論
북쪽 관산으로 달아나 말갈과 이웃하고 北走關山隣靺鞨
남쪽 고향에서 자손 길렀지 南依桑梓長兒孫
비록 친척들 많았지만 누가 남았나 雖多骨肉人誰在
아직 목숨 보존한 나만 남았네 尙保形骸我獨存
서호의 두 곳 봄물로 이어졌으니 兩地西湖春水接
그 물결에 눈물 떨궈 보내노라 臨流欲寄淚河翻

술자리에서 여주 목사 이정오[10]를 전송하다

酒次送李静吾牧黃驪

아득한 청심루[11]	渺渺淸心樓
안개 낀 물결 건널 수 없는데	煙波不可渡
외로운 배로 돌아가는 사람 보내니	獨帆送歸人
새들이 뜬 구름 사이로 사라지네	鳥沒浮雲去

2

마호에서 부포 바라보니[12]	麻湖望釜浦
십리 아득한 물결에 날 저무네	十里冥波暮
여강은 어디인가	何處是驪江
강가 언덕 정자에 또 안개 낀 나무 있네	亭皐又煙樹

10 이정오(李靜吾) : 이지정(李志定, 1588~1650)으로, 본관은 여주(驪州), 자는 정오, 호는 청선(聽蟬)이다. 황려(黃驪)는 경기도 여주의 옛 이름이다. 《승정원일기》 인조 25년 10월 26일 기사에 이지정을 여주 목사로 삼았다는 기록이 있다.

11 청심루(淸心樓) : 경기도 여주시 여주읍 창리에 있는 누각이다.

12 마호(麻湖)에서 부포(釜浦) 바라보니 : 마호는 지금의 마포인데, 부포는 미상이다.

이른 봄에 많은 비가 내리다
早春多雨

봄 구름이 긴 그늘 만들더니	春雲構長陰
처마 밑 빗소리 밤새 울리네	簷雨終夜鳴
그윽한 집에서 꿈자리 사납고	幽居感危夢
바람과 파도소리 귀 가득 들린다	滿耳風濤聲
시간 지날수록 더욱 세차게 내려	日晏愈滂濞
정오 지나도 갤 줄 모르네	過午澁不晴
씻어낸 듯 기름진 땅 다 떠내려가	滌滌土膏盡
평평한 밭이 물살에 파이네	田夷波水傾
보리는 무성하게 먼저 자라지만	麰麥先自茂
벼는 아직 심지도 못했네	黍稻早未耕
생각해 보니 두 해 전에	憶昨兩歲前
장마가 한 달이나 내렸지	淫霖彌月正
하늘이 이미 헛된 은혜를 내리고	上天旣虛惠
이어서 가뭄까지 함께 이르렀네	繼以枯旱幷
해로운 날씨가 교대로 찾아와	害氣遞相錯
우리 농사 망치네	損我穡事成
지금 한 사람도 배부른 이 드물고	至今鮮一飽
나라 창고도 백성 창고도 차지 않았네	公私俱靡盈
굶주린 나머지에	所憂餓孚餘
다시 도적떼 들끓을까 걱정일세	復中賊盜驚

백성들 곤궁해 살 길 막막하고	民窮寡生理
세상은 혼란해 떳떳한 법도 무너지네	世亂壞常程
마을에서 고향 생각에 이끌리고	鄉閭牽土思
구렁에서 사람들 슬퍼하네	溝壑傷人情
어디가 낙교인가	何方爲樂郊
가고자 해도 움츠러들기만 하네	欲往且屛營

수명정으로 거처를 옮기다

水明亭移居

긴 강의 경치 날개처럼 기둥 양 옆에 펼쳐지고	長湖雲物翼曾楹
깊은 물은 높은 섬돌에 밤새 밝구나	積水浮階永夜明
매번 하늘빛 받아 위와 아래 모르겠는데	每挹天光迷上下
어찌 달빛 따라 어둡고 밝음 다르랴	寧隨月色異陰晴
외로운 뗏목은 새벽에 밝은 은하에 닿고	孤槎曉接星河白
한 기운이 가을에 맑은 이슬[13] 머금은 듯	一氣秋涵沆瀣淸
늘그막에 머문 곳에 도리어 이런 경치 있으니	棲泊暮年還有此
세상 어디가 봉영이란 말인가[14]	世間何處是蓬瀛

13 맑은 이슬 : 항해(沆瀣)는 깊은 밤중에 내리는 이슬인데, 도가(道家)에서는 이것을 수명(修命)의 약으로 먹는다. 《열선전(列仙傳)》에 "봄철에는 조하(朝霞)를, 여름철에는 항해를 복식(服食)한다."라고 하였다.

14 세상……말인가 : 이처럼 아름다운 경치를 갖추고 있으니, 여기 말고 신선 세계가 다시 어디에 있겠느냐는 말이다. 봉영(蓬瀛)은 봉래(蓬萊)와 영주(瀛洲)의 병칭으로, 방장(方丈)과 함께 바다 가운데 있다고 전하는 삼신산(三神山)을 가리키며, 신선이 산다고 한다.

수명정에서 연구체로 짓다

水明亭聯句體

높다랗게 언덕에 자리 잡아	岧嵉據曾阿
광활하게 먼 강물 내려다보네	曠豁臨遙浸
멀어서 세 번 쉬어야 오를 수 있고	邃可步三休
높아서 천지 사방 바라볼 수 있네[15]	高宜望六祲
벌어진 골짝 따라 물은 북으로 내닫고	峽呀川北奔
울퉁불퉁 산은 봉우리가 서쪽으로 내밀었네	山巑峯西闖
윤기 나는 물가에 아침 조수 불어나고	渚潤早潮肥
빈 백사장에 봄비 스미누나	沙虛春雨滲
맑은 밤에 흰 아지랑이 걷히고	澄宵素靄褰
갠 저녁에 붉은 노을 스며드네	霽夕彤霞沁
조잡한 그림 단청과 어우러지고	村畫雜丹青
배들이 다투어 종횡으로 오간다	舟梭競織紝
잠두봉[16]이 선인장처럼 버텨서고	蠶崖仙掌撐

15 멀어서……있네 : 수명정이 높은 곳에 있어서 오르기가 어렵지만, 조망이 좋다는 말이다. 삼휴(三休)는 세 번 쉰다는 말인데, 춘추 시대 초(楚)나라의 영왕(靈王)이 스스로 왕위에 오른 뒤에 별궁을 지으면서 가운데에 높이가 30여 인(仞)이나 되는 장화대(章華臺)를 지었는데, 이 누각에 오르려면 세 번 쉬어야 한다고 해서 삼휴대(三休臺)라는 이명(異名)으로 불리었다. 육침(六祲)은 미상인데, 상하(上下)와 사방(四方)을 가리키는 것으로 보인다.

16 잠두봉(蠶頭峯) : 서울 양화(楊花) 나루 동쪽에 있는 언덕을 가리킨다. 335쪽 각주7 참조.

공석[17]이 억센 어금니처럼 막아섰네	孔石獰牙噤
힘찬 모습 거령의 위엄이고[18]	奰贔巨靈威
높이 솟은 것은 두터운 땅의 짐이네	嶪峨厚載任
거듭된 효가 습감의 상으로	重爻象習坎
지척에 궁궐과 이웃했네[19]	尺五隣嚴禁
지세는 긴 강과 닿았고	地紀控長源
하늘빛은 아래 그늘로 이어받네	天光承下廕
얽힌 뽕나무 옛 도서에 기록되었고[20]	苞桑記往圖
오얏 심은 일 옛 도참설에서 들었네[21]	種李聞前讖

17 공석(孔石) : 잠애(蠶崖)와 대를 이루는 것으로 보아 지명이 분명한데, 어디를 가리키는지 미상이다.

18 힘찬……위엄이고 : 수명정 주위의 빼어난 지형을 읊은 것이다. 거령(巨靈)은 황하(黃河)의 신 이름이다. 황하의 물줄기가 화산에 가로막혀 휘돌아 갈 수밖에 없자, 거령이 손을 들어 산의 머리를 쳐서 둘로 쪼갠 다음에 그 사이로 직진해서 흘러가게 했다는 거령비희(巨靈贔屭)의 전설이 후한(後漢) 장형(張衡)이 지은 〈서경부(西京賦)〉의 주(註)에 나온다.

19 거듭된……이웃했네 : 수명정 주위의 지형이 험난하면서 궁궐과 가깝다는 말이다. 습감(習坎)은 《주역》 감괘(坎卦)를 말하는데, 감(坎 ☵)이 중복되었기 때문에 습감이라고 한다. 〈감괘 단(彖)〉에 "하늘의 험함은 올라갈 수 없고, 땅의 험함은 산천과 구릉이다. 그래서 왕공이 시설을 험하게 해서 나라를 지키나니, 험한 이치를 때에 맞게 이용하는 것이야말로 그 뜻이 크다고 할 것이다.〔天險, 不可升也, 地險, 山川丘陵也. 王公設險, 以守其國, 險之時用, 大矣哉.〕"라고 하였다.

20 얽힌……기록되었고 : 수명정 근처에 뽕나무가 많이 심겨 있는 것을 말한 것이다. 포상(苞桑)은 본래 《주역》 〈비괘(否卦) 구오(九五)〉에 "망할까, 망할까 하고 두려워하여야 무더기로 난 뽕나무에 매어놓은 것처럼 안정될 것이다.〔其亡其亡, 繫于苞桑.〕"라고 한 데서 온 말이다.

21 오얏……들었네 : 수명정 주변에 오얏나무가 많이 심어져 있다는 말이다. 이수광

십년 만에 고향 돌아와	故國十年歸
새 거처에 몇 달간 세 들어 지내네	新居數月賃
방과 창 나그네 거처로 넉넉하고	房櫳旅次寬
물과 불을 벗들에게 부탁하네	水火朋情諗
떠오르는 햇살 새벽 사립문에 빛나고	升旭晃晨扉
불어오는 바람 낮잠 자리에 서늘하네	流颸凊午枕
풀싹 돋아나 푸른빛 돌아오고	翠蘇草膓抽
꽃망울 터져 붉게 물드네	紅綻花胎肕
천지의 조화가 이미 만들어 냈으니	大造旣陶甄
남은 삶 먹고 마시며 살아야지	餘生且飯飮
미나리와 쑥을 물가에서 캐고	芹蒿采沼沚
맛난 술을 움막에서 얻네	醽醁取藏窨
마음 평안하니 유람 즐길 수 있고	心逸得浮游
찾아오는 발길 드무니 비방 면하네	跡疏違謗譖
비록 호탕하게 노는 갈매기와 친하지만	雖親浩蕩鷗
실로 연안의 짐독 두렵구나[22]	實懼宴安鴆
멋들어진 일 눈에 선해 잊을 수 없으니	勝事耿難忘
늘그막에 다행한 일이 또한 많구나	衰途幸亦甚

(李睟光)의 《지봉유설(芝峯類說)》 권2 〈제국부(諸國部) 국도(國都)〉에 "전 왕조 때에 《도선도참》에 의거하여 한양에 오얏나무를 심어서 그 기운을 눌렀으므로 종리촌이라고 한다.〔前朝時, 用道詵圖讖種李於漢陽以厭之, 故曰種李村.〕"라는 말이 있다.

22 비록……두렵구나 : 수명정 부근에서 자연을 벗 삼아 지내기에 좋지만, 안일에 빠질까 염려된다는 말이다. 짐새의 깃을 술에 담가 마시면 그 독이 사람을 죽이는데, 《춘추좌씨전》 민공(閔公) 원년 기사에 "안일에 빠지는 것은 짐독과 같은 것이니, 생각해서는 안 된다.〔宴安酖毒, 不可懷也.〕"라고 하였다.

판서 민성휘[23] 만사

閔判書 聖徽 挽詞

연경에 사신 갔다가 돌아오지 못했다.

이별가와 만가가 서로 이어지니[24]	驪駒薤露趁相尋
인간세상 덧없음을 고금의 일에서 보노라	人世悤悤見古今
사신 가다 추운 변방 멀리서 홀로 몸 상했지만	使節獨傷寒塞遠
돌아온 혼 옛 서울에서 그리 멀지 않네[25]	歸魂不隔舊京深

23 민성휘(閔聖徽) : 1592~1647. 본관은 여흥(驪興), 자는 사상(士尙), 호는 졸당(拙堂)·용졸(用拙)이다. 호조 판서와 형조 판서를 지냈으며, 1647년(인조25) 사은부사로 북경(北京)에 가다가 영평부(永平府)에 이르러 병이 났으나 사행(使行)을 강행하였고, 북경에 도착한 뒤 그곳에서 병사하였다. 시호는 숙민(肅敏)이다. 《宋子大全 卷184 戶曹判書閔公墓誌》

24 이별가와……이어지니 : 민성휘가 사신으로 떠날 때 이별가를 불러 주었는데, 이제 고인이 되어 만가(輓歌)를 부르게 되었다는 말이다. 이민구는 민성휘가 연경으로 떠날 때 전송하는 시를 지어 주었는데, 《동주집(東州集)》 시집(詩集) 권12의 〈송민경조사연(送閔京兆使燕)〉이 바로 그 작품이다. 여구(驪駒)는 〈여구곡(驪駒曲)〉이라는 일시(逸詩)로, 손님이 떠나려 하면서 이별의 정을 표시하는 노래이다. 《대대례(大戴禮)》에 "검정 망아지 문밖에 있고 마부 모두 대기하오. 검정 망아지 길 위에 있고 마부가 멍에 올리었소.〔驪驅在門, 僕夫具存, 驪驅在路, 僕夫整駕.〕"라고 하였다. 해로(薤露)는 부추 위에 맺힌 이슬처럼 덧없이 지는 인생을 슬퍼하는 노래로, 초상 때 부르던 만가이다. 한 고조(漢高祖)에게 반기를 들다 패망한 전횡(田橫)의 죽음을 두고, 그 무리가 지은 만가 2장 중 1장에 "부추 위에 맺힌 이슬 어이 쉽게 마르나. 이슬은 말라도 내일이면 다시 내리지만, 사람은 죽어 한번 가면 언제나 돌아오나.〔薤上朝露何易晞, 露晞明朝更復落, 人死一去何時歸.〕"라고 하였다. 《古今注 音樂》

25 돌아온……않네 : 민성휘의 묘소가 개성과 멀지 않은 곳에 있다는 말이다. 송시열(宋時烈)의 글에 "평산의 수월봉 남향의 등성이에 장사하였다.〔葬在平山水月峯負壬之

청운의 기업 저승으로 사라지고　　青雲器業淪黃壤
늘그막의 약속 본래 마음과 어긋났네[26]　　白首交期缺素心
다시는 조정에서 신 끄는 소리 들을 수 없으니[27]　　無復星辰聞曳履
수레에서 내리는 소리 궁문에 길이 그쳤네[28]　　宮門長輟下車音

原〕"라고 하였다. 《宋子大全 卷184 戶曹判書閔公墓誌》

26 청운(靑雲)의……어긋났네 : 민성휘가 자신의 뜻을 다 이루지 못한 채 고인이 되었고, 늘그막까지 변치 말자던 우의도 평소의 다짐과 어긋났다는 말이다.

27 다시는……없으니 : 민성휘가 고인이 되었으므로 조정에 나아가 임금께 직간할 수 없다는 말이다. 성신(星辰)은 조정을 의미한다. 예리(曳履)는 신을 끈다는 말로, 한(漢)나라 정숭(鄭崇)이 애제(哀帝) 때 상서복야(尙書僕射)로 있으면서 자주 직간(直諫)을 하여, 애제가 그의 가죽 신발 끄는 소리만 듣고도 "나는 정 상서(鄭尙書)의 신발 소리인 줄 알겠다."라고 하였다는 고사가 전한다. 《漢書 卷77 鄭崇傳》

28 수레에서……그쳤네 : 민성휘의 높은 절조(節操)를 다시는 볼 수 없게 되었다는 말이다. 하거(下車)는 수레에서 내린다는 말인데, 임금에게 예를 갖춤을 의미한다. 《소학(小學)》 〈계고(稽古)〉에 "영공이 밤에 부인과 함께 앉아 있는데, 수레 소리가 덜거덕거리다가 대궐 앞에 이르러 그치고, 대궐을 지나서 다시 소리가 나는 것을 들었다. 공이 부인에게 묻기를 '이것이 누구인 줄 알겠는가?' 하자, 부인이 대답하기를 '이는 거백옥입니다.' 하였다. 공이 '그것을 어떻게 아는가?' 하자, 부인은 '제가 들으니, 예법에 대궐 문 앞에서 내려 임금의 수레를 끄는 말에 예의를 표하는 것은 공경하는 마음을 넓힌 것이라 합니다. 대개 충신과 효자는 신의와 절조를 드러내지 않고, 으슥하고 어두운 데서도 행동을 게을리하지 않으니, 거백옥은 위나라의 어진 대부입니다. 그는 어질고 슬기로워서 윗사람을 섬기는 데 공손하니, 이 사람이라면 반드시 어둡다고 해서 예를 폐하는 일을 하지 않을 것입니다. 그러므로 그인 줄로 압니다.' 하였다. 공이 사람을 시켜 알아보았더니 과연 거백옥이었다.〔靈公與夫人夜坐, 聞車聲轔轔, 至闕而止, 過闕復有聲. 公問夫人曰, 知此謂誰. 夫人曰, 此蘧伯玉也. 公曰, 何以知之. 夫人曰, 妾聞禮下公門式路馬, 所以廣敬也. 夫忠臣與孝子, 不爲昭昭信節, 不爲冥冥惰行, 蘧伯玉, 衛之賢大夫也. 仁而有智, 敬於事上, 此其人必不以闇昧廢禮. 是以知之. 公使視之, 果伯玉也.〕"라는 내용이 보인다.

봄날

春事

늙은이 연래에 병든 몸으로	衰遲年事病相尋
서울 입구 진창 속에 묻혀 사노라[29]	京口塵泥任陸沈
한 조각 호수와 산이 자주 밤 꿈에 보이고	一片湖山頻夜夢
온갖 꽃과 새들이 저마다 봄 마음 품었구나	千般花鳥各春心
낚시터에서 그물 치려면 바람 자야 하고	磯頭設網須風定
모래톱에 밭 가꾸려니 깊은 물이 가로막네[30]	沙觜耕田阻水深
오직 줄 없는 거문고만 무릎에 있으니	唯有無絃琴在膝
어디에서 마음 알아주는 이 찾을까	欲從何處覓知音

29 서울……사노라 : 서울 입구의 시골에서 불우하게 지낸다는 말이다. 육침(陸沈)은 본래 은사(隱士)를 뜻하는 말인데, 뒤에 매몰(埋沒)되어 불우한 처지에 떨어진 인재를 가리키는 말로 쓰이게 되었다.

30 낚시터에서……가로막네 : 그물로 고기를 잡으려고 해도 바람이 불어 잡을 수 없고, 둔치에 밭을 일구려고 해도 물이 깊어 일굴 수 없다는 말로, 자신의 곤궁한 처지를 말한 것이다.

영흥으로 부임하는 신공보[31]를 전송하다

送申功甫赴永興

관산은 아득히 흰 구름 끝에 닿았고	關山杳接白雲端
하늘 가로지른 철령에 길이 구불구불	鐵嶺橫天路幾盤
먼 지역에 나누어 맡은 임무 무거운데	地遠正當分寄重
늙은 몸이라 이별하기 어렵구나	身衰更覺別離難
삼천리 밖 분유사[32]	三千里外枌榆社
십오 년 전에 해치관 쓴 이가 갔었으니[33]	十五年前獬豸冠

31 신공보(申功甫) : 신민일(申敏一, 1576~1650)로, 본관은 평산(平山), 자는 공보, 호는 화당(化堂)이다. 《知守齋集 卷8 成均館大司成申公神道碑銘》 1648년(인조26)에 신민일은 영흥 부사(永興府使)에 임명되었다. 《承政院日記 仁祖 26年 3月 7日》 이러한 사실로 볼 때 이 시는 당시 영흥으로 부임하는 신민일을 전송하며 지은 것으로 보인다. 영흥은 함경북도에 위치한 지역이다.

32 삼천리 밖 분유사(枌榆社) : 신민일이 부임하는 영흥이 태조 이성계(李成桂)의 고향이라는 말이다. 분유사는 본래 한 고조(漢高祖) 유방(劉邦)이 자기 고향인 풍(豐)에다 느릅나무 두 그루를 심어 토지(土地)의 신(神)으로 삼은 고사에서 온 말로, 왕조(王朝)의 발상지(發祥地), 또는 제왕의 고향을 가리킨다.

33 십오 년……갔었으니 : 원주(原註)의 내용과 같이 신민일이 강계로 유배 갔었던 사실을 말한 것이다. 해치관(獬豸冠)은 사헌부의 관원을 가리킨다. 해치는 뿔이 하나인 전설상의 동물로, 사람의 정사(正邪)와 곡직(曲直)을 능히 분별할 줄 알아, 사람들이 다투면 그중 그릇되고 사악한 자를 뿔로 들이받는다고 한다. 신민일이 원종(元宗)의 추숭 문제로 상소하여 강계로 유배되었다가 이듬해 풀려난 사실이 있다. 《知守齋集 卷8 成均館大司成申公神道碑銘》 또한 《인조실록》 12년 윤8월 18일 기사에도 신민일을 처음에는 영암에 유배했다가 곧 강계에 정배했다는 기록이 있다.

쫓겨난 신하 서쪽으로 유배 가던 날 何似逐臣西竄日
적유령 위에서 한양 바라보던 때와 어찌 같으랴 狄踰峯上望長安

신민일 군이 예전에 간관으로 있으면서 어떤 일에 대해 말했다가 강계로 유배되었는데, 적유령에 이르러 감개한 말이 있었다. 그러므로 시에서 언급하였다.

심 자 운으로 지어서 죽소 김광욱이 차운하여 보여준 시에 화답하다[34]

尋字韻 和金竹所次視 光煜

집 아래 푸른 비탈 열 길이나 높고	舍下青厓高十尋
강 사이에 고기와 새들 저마다 날고 헤엄치네	江間魚鳥各飛沈
산마다 봄 돌아오니 시름겨운 눈 뜨고	春還列岫開愁眼
저물녘 가는 구름에 멀리 가는 마음 펼치네	日暮行雲舒遠心
게으른 성격이라 못난 신세 달게 여기고	懶慢久甘身事拙
맑고 깨끗함 속에서 도기의 깊음 알겠지만	淸虛轉覺道機深
누가 따뜻한 음률을 찬 골짝에 불어주나[35]	誰將暖律吹寒谷
벙어리 종은 소리 나지 않음을 스스로 믿노라[36]	自信喑鍾不起音

34 죽소(竹所)……화답하다 : 죽소는 김광욱(金光煜, 1580~1656)으로, 본관은 안동(安東), 자는 회이(晦而), 호는 죽소, 시호는 문정(文貞)이다.《退憂堂集 卷10 左參贊金公墓誌銘》 김광욱의《죽소집(竹所集)》 권3에 〈동주 이자시가 부쳐온 시에 맞춰 짓다〔次東州李子時寄來韻〕〉라는 작품이 수록되어 있으므로, 이전에 이민구가 김광욱에게 시를 보냈었고, 그 시에 맞춰서 김광욱이 시를 지어 이민구에게 보낸 것으로 보인다.《죽소집》에는 사첩(四疊)까지 있다. 이민구가 김광욱에게 보낸 시는 정확히 알 수 없지만, 이 시보다 2수 앞에 수록된 〈춘사(春事)〉가 이 시와 같은 운자를 사용하고 있으므로, 이 시를 김광욱에게 보냈던 것으로 생각된다.

35 누가……불어주나 : 난율(暖律)은 추율(鄒律)이라고도 하는데, 따뜻한 봄기운을 말한다. 한곡(寒谷)은 연(燕)나라에 있는 골짜기 이름이다. 유향(劉向)의《별록(別錄)》에 "연나라의 한곡은 추워서 곡식이 자라지 못했는데, 추연(鄒衍)이 율(律)을 불어 양기(陽氣)를 불어넣자 따뜻한 기운이 이르렀다."라고 하였다. 여기서는 김광욱이 보내 준 시를 난율에, 이민구의 거처를 한곡에 비유하여 읊은 것이다.

삼첩[37] 三疊

지난 일 아득하여 생각나지 않는데	往事茫茫不可尋
풍운 속에 무슨 뜻으로 승침을 물으랴[38]	風雲何意問升沈
맑은 서리 빛 오래도록 천 가닥 머리에 둘렀고	淸霜久繞千莖髮
찬 이슬은 한 조각 마음에 늘 달렸네[39]	寒露常懸一段心
혼란한 세상에도 몸과 명예는 의연했고	亂世身名仍偃蹇
몽롱하게 취한 천지[40]는 스스로 높고 깊었어라	醉鄕天地自高深
거문고 갑의 먼지 시험삼아 털어내니	塵埃試拂瑤琴匣
산수의 노래 지금까지 그 소리 감상하네[41]	山水于今會賞音

36 벙어리……믿노라 : 이민구 자신을 벙어리 종에 비유하여 김광욱의 시에 화답할 수 없다고 읊은 겸사이다.

37 삼첩 : 앞의 〈춘사(春事)〉도 심(尋) 자를 운자로 삼았기 때문에 세 번 거듭 같은 운자로 지었다고 한 것으로 보인다.

38 풍운(風雲)……물으랴 : 혼란한 세상에서 일신(一身)의 성패(成敗)를 물을 필요가 없다는 말이다.

39 찬……달렸네 : 고향으로 돌아가 선영(先塋)을 돌볼 수 있게 되기를 바랐다는 말이다. 《예기》 〈제의(祭儀)〉에 "가을에 서리가 내려 낙엽이 지면, 군자는 이를 보고 다시 돌아올 수 없는 조상을 생각하며 놀라고 슬퍼한다."라고 하였다.

40 몽롱하게 취한 천지 : 취향(醉鄕)은 술에 취했을 때 온갖 걱정을 잊는 별천지의 경계를 이르는 말로, 당(唐)나라 왕적(王績)의 〈취향기(醉鄕記)〉에 보인다.

41 거문고……감상하네 : 이민구와 김광욱이 시를 주고받으며 서로의 마음을 이해한다는 말이다. 진(晉)나라 때 백아(伯牙)와 종자기(鍾子期)는 서로 뜻을 알아서 아주 절친하였는데, 종자기는 백아가 타는 거문고 소리만을 듣고도 백아의 뜻이 산수(山水)에 있다는 것을 알았다는 지음(知音)의 고사를 인용하여 읊은 것이다.

사첩 四疊

거적문에 찾아오는 수레 끊기고[42]	席門車轍斷來尋
궁벽한 마을에 봄 진창이 한 길이나 잠겼네	窮巷春泥一丈沈
빈천한 신세지만 타고난 분수 실로 달가우니	貧賤實甘依素分
생사 달리한들 어찌 처음 마음 저버릴까	死生那肯負初心
문장은 수부에서 명성 얻은 지 오래고[43]	文章水部聲名久
안색은 강담에서 세월 깊었구나[44]	顏色江潭歲月深
이미 높은 풍모를 말계에게 미루어 주었고	已掲高風推末契
도리어 대아에게서 드문 음 듣네[45]	還從大雅聽希音

42 거적문에……끊기고 : 집에 찾아오는 사람이 없다는 말이다. 석문(席門)은 거적을 친 문이라는 말로, 이민구의 집을 겸사로 일컬은 것이다. 한(漢)나라 진평(陳平)이 어렸을 때 가난해서 빈민가에 살았는데, 그때 해진 거적으로 문을 쳤는데도 문 밖에 장자(長者)의 수레바퀴 자국이 많이 나 있었다는 석문궁항(席門窮巷)의 고사가 전한다. 《史記 卷56 陳丞相世家》

43 문장은……오래고 : 김광욱의 문장이 공조(工曹)에서 명성을 얻었다는 말이다. 수부(水部)는 공조의 별칭인데, 김광욱이 공조 참판을 지냈으므로 그를 지칭하는 말이다. 김광욱의 〈사첩(四疊)〉에도 "수부의 늙은이 머리가 벌써 새하얗다.〔水部病翁頭已雪〕"라고 하였다.

44 안색(顏色)은……깊었구나 : 이민구가 오랫동안 유배생활을 했다는 말이다. 이민구는 1637년(인조15)부터 10년 동안 유배생활을 하였다.

45 이미……듣네 : 김광욱이 이민구를 벗으로 대해 주었을 뿐 아니라 좋은 시까지 보내주었다는 말이다. 말계(末契)는 장자(長者)와 후배와의 교의(交誼)를 말한다. 대아(大雅)는 상대방을 높여 부른 말로 김광욱을 가리킨다. 희음(希音)은 보통 사람이 귀로 듣지 못하는 위대한 연주라는 뜻으로, 여기서는 김광욱의 시를 말한다. 《노자(老子)》 41장에 "큰 소리는 소리가 들리지 않으며, 큰 형상은 모양이 없는 것처럼 보인다.〔大音希聲, 大象無形.〕"라고 하였다.

오첩 五疊

보내온 시에 존망을 생각하며 "당산에 노를 멈추다."[46]라는 말이 있었으므로 답하다.

형제가 유명 달리해 아득히 찾을 수 없고[47]	棣萼幽明杳莫尋
인간 세상의 남긴 자취 오래도록 사라졌네	人間遺跡久銷沈
가을 언덕 묵은 풀에 두 줄기 눈물만 흐르고	秋原宿草餘雙淚
밤비 내릴 때 함께 모였던 이 마음만 남았네	夜雨連床獨此心
동제의 풍류는 천고에 다하였는데[48]	東第風流千古盡
서호의 안개 낀 물은 한 봄에 깊구나	西湖煙水一春深
그대가 예전에 배 돌린 한 있었음을 아나니	知君舊有廻船恨
누가 빈 산에서 나무 찍는 소리 들을까[49]	誰聽空山伐木音

46 당산에 노를 멈추다 : 김광욱의 〈재첩(再疊)〉 수련(首聯)에 "당산에 노 멈췄던 때 추억해보니, 버들 드리운 문 앞에 석양 잠겼었지.〔棠山輟棹記追尋, 楊柳門前返照沉.〕"라고 하였다. 또한 제목의 아래에 "분상을 추도하다.〔追悼汾相〕"라고 하고, 분상(汾相)은 이성구(李聖求, 1584~1643) 즉 이민구의 형임을 밝혀 두었다. 따라서 김광욱이 이성구를 애도하며 쓴 시임을 알 수 있다. 이성구의 호가 분사(汾沙)이다.

47 형제가……없고 : 이민구의 형 이성구가 고인(故人)이 되어 만날 수 없다는 말이다. 체악(棣萼)은 형제를 의미한다. 《시경》 〈상체(常棣)〉에 "활짝 핀 아가위꽃, 얼마나 곱고 아름다운가. 이 세상에 누구라 해도, 형제만 한 이가 없나니.〔常棣之華, 鄂不韡韡. 凡今之人, 莫如兄弟.〕"라고 하였다.

48 동제(東第)의……다하였는데 : 형 이성구가 고인이 되어 그 풍류가 사라졌다는 말이다. 동제는 신분이 높은 사람의 집을 가리키는 말로, 여기서는 이성구를 가리킨다.

49 그대가……들을까 : 김광욱이 이성구를 애도하는 내용의 시를 지어 보내왔으므로, 그가 이성구를 그리워하는 마음을 읊은 것이다. 〈벌목(伐木)〉은 《시경》의 편명으로 벗의 우정을 읊은 것이다. 그 시에 "나무 찍는 소리 쩡쩡 울리고, 새들은 재잘재잘 즐겁게 노래하네. 깊은 골에서 훌쩍 날아서는, 높은 나무 위로 자리를 옮겨 앉네. 재잘재잘 즐겁게 노래하는 새들이여, 서로들 벗을 구하는 소리로다.〔伐木丁丁, 鳥鳴嚶嚶.

육첩 六疊

보내온 시에 행주의 새 집을 그리워했는데, 나도 가까운 곳에 작은 집을 지었기에 언급하였다.

그대가 거듭 초복을 찾으려 한다니[50] 聞君初服擬重尋
강과 바다가 트인 곳에 해와 달 잠기네 江海平臨日月沈
다행히 숲 언덕 가까우니 함께 모임 만들어 幸接林皐同結社
마땅히 대지팡이 짚고 같이 마음 논하리 應携竹杖竝論心
방공[51]은 세상 피해 살며 천기 고요했고 龐公避世天機靜
허연[52]은 신선처럼 노닐며 도기가 깊었지 許掾遊仙道氣深
저속한 곡조로 빼어난 노래에 답할 수 없지만[53] 里調不堪酬絶唱
붉은 거문고 줄은 스스로 남은 음 있다네 朱絃本自有遺音

出自幽谷, 遷于喬木. 嚶其鳴矣, 求其友聲.〕"라고 하였다.

50 그대가……한다니 : 김광욱이 초야로 돌아갈 생각을 가지고 있다는 말을 들었다는 뜻이다. 초복(初服)은 벼슬하기 전에 입던 옷이라는 뜻으로, 벼슬을 떠나 처음에 살던 곳으로 돌아가 은거함을 비유할 때 쓰는 말이다. 굴원(屈原)의 〈이소(離騷)〉에 "물러가 다시 나의 초복을 손질하리.〔退將復修吾初服〕"라고 하였다.

51 방공(龐公) : 후한(後漢)의 방덕공(龐德公)을 가리킨다. 그는 본래 남군(南郡)의 양양(襄陽)에 살았는데, 형주 자사(荊州刺史) 유표(劉表)가 초빙하자 나아가지 않고, 가솔을 모두 거느리고 녹문산(鹿門山)에 들어가 다시는 세상에 나오지 않았다고 한다. 《後漢書 卷83 逸民列傳 龐公》

52 허연(許掾) : 동진(東晉)의 허순(許詢)을 가리키며, 자는 현도(玄度)이다. 승려 지도림(支道林)과 교유하면서 청담(淸談)으로 일세를 풍미하였는데, 유윤(劉尹)이 그에 대해서 "맑은 바람과 밝은 달을 대하노라면, 문득 현도가 생각난다.〔淸風朗月, 輒思玄度〕"라고 평한 말이 유명하다. 《世說新語 言語》

53 저속한……없지만 : 김광욱의 훌륭한 시에 수창할 만한 능력이 되지 못한다는 겸사이다.

봄이 다하다

春盡

푸른 숲 사이 집집마다 고운 노을 물들고	碧樹千家散彩霞
봄이면 여기저기 화려하게 꽃 피지	春來無處不繁華
오늘 아침에야 비로소 봄 저무는 줄 알았으니	今朝始省韶年晩
동쪽 동산에 열 가지 꽃 두루 피었네	開遍東園十種花

승평부원군 김류[54] 만사

昇平府院君 金瑬 挽詞

한결같은 덕으로 황극을 붙들고	一德扶皇極
정승으로 임금 도왔네[55]	三階翊紫微
시대에 응해 탁약 조종했고[56]	應時操槖籥
능력 발휘해 형기 운용했지[57]	出力運衡機
기강 바로잡아 나라 보존했고[58]	改紀存經濟

54 김류(金瑬) : 1571~1648. 본관은 순천(順天), 자는 관옥(冠玉), 호는 북저(北渚), 시호는 문충(文忠)이다. 인조반정(仁祖反正)에 참여하여 정사 공신 1등에 책록되었다. 《潛谷遺稿 卷12 領議政昇平府院君贈謚文忠金公墓誌銘》

55 한결같은……도왔네 : 김류가 인조반정에 참여하고, 정승의 지위에 올라 임금을 도왔다는 말이다. 황극(皇極)은 제왕이 천하를 다스리는 중정(中正)한 도(道)를 의미한다. 《書經 洪範》 삼계(三階)는 삼태(三台)와 같은 말로, 정승의 지위를 말한다. 자미(紫微)는 천제좌(天帝座)인 자미성(紫微星)을 의미한다.

56 시대에……조종했고 : 시대의 요구에 응하여 능력을 발휘했다는 말이다. 탁약(槖籥)은 노자(老子)의 《도덕경(道德經)》에 나오는 말인데, 탁은 풀무의 바깥쪽 몸체이고 약은 안쪽에 있는 관(管)으로, 움직이면서 바람을 일으키는 작용을 한다. 《도덕경》 제5장에 "천지의 기운은 탁약과 같아서, 비어도 굽히지 않고 움직일수록 더욱 나온다.〔天地之間, 其猶槖籥, 虛而不屈, 動而愈出.〕"라고 하였다.

57 능력……운용했지 : 김류가 국정에 노력했다는 말이다. 형기(衡機)는 저울로, 판단과 사고를 의미한다.

58 기강……보존했고 : 김류가 인조반정에 참여하여 나라를 바로 세웠다는 말이다. 개기(改紀)는 정치를 변경하여 새롭게 한다는 말로, 여기서는 1623년(인조1) 인조반정을 가리킨다. 경제(經濟)는 경세제민(經世濟民)의 준말로, 나라의 통치를 의미한다.

어버이 높여 시비를 나누었네[59] 尊親辨是非
어려움 많으면 평안하게 만들어야 했고 難多須轉泰
계획 정할 때 반드시 기미를 먼저 알았네 謨定必先幾
형상은 대각에 임하고 形像臨臺閣
공명은 정기에 넘치네[60] 功名溢鼎旂
외로운 정성 하늘에 질정할 만한데 孤誠天可質
대질에 이슬이 끝내 말랐네[61] 大耋露終晞
창합문에 남긴 말 간절한데 閶闔遺言切
집에 옛 손님 드물구나[62] 門庭舊客稀
사람 돌아가니 진췌를 생각하고[63] 人亡懷殄瘁

59 어버이……나누었네 : 인목대비(仁穆大妃)의 서궁(西宮) 유폐에 반대하여 인조반정을 일으킨 사실을 말한다.

60 형상(形像)은……넘치네 : 김류의 공렬(功烈)이 후세에 길이 남을 것이라는 말이다. 한 선제(漢宣帝) 때 11인의 공신 상(像)을 기린각에 걸고, 당 태종(唐太宗) 때 능연각(凌煙閣)에 공신 상을 그려 건 일이 있다. 정기(鼎旂)는 정이(鼎彝)와 기상(旂常)이다. 정이는 종묘(宗廟)에 비치하는 솥인데, 옛날 국가에 공훈(功勳)이 있는 사람들의 사적을 여기에 새겼다. 기상의 기는 용을 그린 깃발이고, 상은 해와 달을 그린 깃발로 임금을 상징하는데, 국가에 공훈이 있는 사람의 이름도 그 기에 쓴다고 한다.

61 외로운……말랐네 : 김류의 공훈은 하늘도 알 만큼 혁혁하지만 끝내 운명하였다는 말이다. 대질(大耋)은 80세의 원로라는 말이며, 노종희(露終晞)는 이슬이 말랐다는 말로, 죽음을 의미한다. 한 고조(漢高祖)에게 반기를 들다 패망한 전횡(田橫)의 죽음을 두고, 그 무리가 지은 만가 2장 중 1장에 보인다. 347쪽 각주24 참조.

62 창합문(閶闔門)에……드물구나 : 창합문은 대궐의 문이니, 남긴 말 간절하다는 것은 임금에게 올린 바른 말이 간절했음을 의미하고, 옛 손님 드물다는 것은 김류가 돌아간 뒤에 집안이 쓸쓸하다는 뜻이다.

63 사람……생각하고 : 김류가 운명하여 나라에 어진 사람이 없어지는 것을 안타깝게

적이 남았으니 위엄 약해질까 염려하네 敵在慮輕威
참담해라 수레에 실려 慘惔軒車閟
처량하게 고향으로 돌아가네 凄涼部曲歸
서주에서 곡할 곳 몰라 하는데 西州迷哭處
지는 해에 황비[64] 닫혔어라 殘日閉黃扉

여긴다는 말이다. 진췌(殄瘁)는 현인이 죽어 나라가 쇠하게 되었다는 의미이다. 《시경》 〈첨앙(瞻卬)〉에 "현인이 사라져 나라가 쇠해지도다.〔人之云亡, 邦國殄瘁.〕"라고 하였다.

64 황비(黃扉) : 정승을 뜻한다. 옛날 승상이나 삼공(三公) 등 고관(高官)의 집 문에는 황색 칠을 하였다. 여기서는 김류의 집을 가리킨다.

정선 군수 박경응[65]을 전송하다

送朴旌善 慶應

옛 벗 만나니 백발 새로 자랐는데	故友相逢白髮新
산골의 원님 되어 청진한 성품 지키겠네	作官巖邑葆淸眞
관아의 공무 한가하여 인장 거칠고[66]	公庭務靜銅章澁
소작농에 사람 드물어 판잣집 가난하지[67]	佃戶人稀板屋貧
궁벽진 산에 호랑이 많다고 하지만	任說窮山多虎豹
오만한 관리 세속을 멀리하게 해야지[68]	從敎傲吏遠風塵

65 박경응(朴慶應) : 1584~1663. 본관은 밀양(密陽), 자는 덕후(德後), 호는 일옹(一翁)이다. 《승정원일기》 인조 26년 4월 22일 기사에 박경응이 정선 군수로 부임하기 위해 하직인사를 했다는 기록이 실려 있다.

66 관아의……거칠고 : 박경응이 부임하는 정선이 작은 고을이라 처리할 공무가 적으므로 인장이 닳지 않는다는 말이다. 동장(銅章)은 지방 관리가 몸에 지니고 다니는 구리로 만든 관인(官印)을 말한다.

67 소작농(小作農)에……가난하지 : 정선에 거주하는 백성들의 살림이 넉넉하지 못하다는 말이다. 전호(佃戶)는 지주(地主)이 땅을 빌려서 농사를 지은 후에 도조(賭租)를 내는 농민을 이른다. 한나라 때에 생겨서 당나라 말기부터 송나라 초기에 걸쳐 보편화되었으며, 우리나라에서는 고려 시대부터 있었다.

68 궁벽진……해야지 : 궁벽한 산골에 호표(虎豹)와 같은 탐관오리(貪官汚吏)가 많다고 하지만 박경응은 세태를 멀리하는 고결한 지방관이 되기를 바란다는 말이다. 오리(傲吏)는 낮은 벼슬에 있으면서 세상을 오시(傲視)하고 예법에 구애받지 않는 고사(高士)를 말한다. 전국 시대에 장주(莊周)가 몽(蒙) 땅 칠원(漆園)이란 곳의 관리로 있으면서 재상으로 초빙하는 초(楚)나라 위왕(威王)의 청을 거절하였다. 이에 대해 후대의 진(晉)나라 곽박(郭璞)이 〈유선(遊仙)〉에서 "칠원에는 오만한 관리가 있고, 노래자에

연래에 떨어져 지내며 오랫동안 마음 아팠는데	年來契闊傷心久
무단한 이별의 한 속에 또 한 봄 보내누나	離恨無端又一春

게는 은일의 아내가 있어라.〔漆園有傲吏, 萊氏有逸妻.〕"라고 하였다.《文選 卷21》

한욱재[69]가 술병을 들고 찾아와 준 것에 감사하다. 아울러 매계[70]에게 부치다

謝韓勖哉携壺臨枉 兼柬梅溪

조정의 높으신 여러 원로들[71]께서	朝中落落數耆英
돌길을 견여 타고 오시니 옛 정 볼 수 있네	石路肩輿見故情
늘그막에 떠도는 내 신세 가련하여	暮境漂零憐我在
흠뻑 취하도록 그대 위해 술잔 기울인다	深杯爛熳爲君傾
긴 강에 물 따뜻해 안개 빛깔 엷고	長湖水暖煙光薄
물가에 미풍 불어 작은 배 가볍게 가네	下渚風微艓子輕
다시 매옹 이끌어 함께 저기에 배 띄우리니	更拉梅翁同泛彼
양화나루 어귀에서 조수 일 때 기다리려네[72]	楊花渡口待潮生

69 한욱재(韓勖哉) : 한명욱(韓明勖, 1567~1652)으로, 본관은 청주(淸州), 자는 욱재, 호는 율헌(栗軒)이다. 1646년(인조24)에 자헌대부(資憲大夫)에 오르고 지돈녕부사(知敦寧府使)가 되어 기로소(耆老所)에 들어갔다. 《仁祖實錄 24年 7月 8日》

70 매계(梅溪) : 목서흠(睦敍欽, 1572~1652)으로, 본관은 사천(泗川), 자는 순경(舜卿), 호는 매계, 시호는 충정(忠貞)이다.

71 여러 원로들 : 기영(耆英)은 조선 시대에 나이가 많은 임금과 벼슬에서 물러난 70세 이상 정2품 이상 문관을 예우(禮遇)하기 위해 조직한 기로회(耆老會)를 가리킨다. 송(宋)나라 때 문언박(文彦博)이 서경 유수(西京留守)로 있으면서 당(唐)나라 백거이(白居易)의 구로회(九老會)를 모방하여 부필(富弼), 사마광(司馬光) 등 13인의 학덕(學德) 높은 노인들과 함께 즐겼던 모임을 낙양기영회(洛陽耆英會)라고 한 데서 유래하였다.

72 다시……기다리려네 : 목서흠과 함께 배를 타고 노닐고 싶다는 뜻을 전달한 것이다. 목서흠의 호가 매계이므로 매옹(梅翁)이라고 한 것이다.

비를 맞으며 배를 타고 당산을 지나가다
冒雨乘舟過棠山

날 잡아 배 타고 떠나	選日乘舟發
바다 어귀로 유람 나서네	浮遊極海門
풍진 속에서 흰 머리 되어	風塵扶白髮
한강에서 맑은 술 마주하네	江漢對淸尊
빼어난 경치에 무더위 사라지고	絶景消炎暑
높은 회포로 답답한 마음 씻어내네	高懷洗鬱煩
힘껏 노 저어서	應須轉鳴櫓
안개비 속에 서촌 지나가네	煙雨過西村

숭녕통보 동전[73]

崇寧通寶錢

새로 만든 푸른 동전에 어필 고운데[74]	新樣青錢御筆華
늙은 채 태사의 집에 먼저 나누어 주었네[75]	先頒老蔡太師家
누가 알랴 백성들의 피와 땀이	誰知赤子諸膏血
서생의 한 치아도 채우지 못하는 줄을	未滿書生一齒牙
청묘와 조역이 백성의 살림 고갈시켜[76]	青苗助役竭民藏
이 물건이 사해 백성을 병들게 했는데	是物能成四海瘡
다만 동전 한 닢이 오래도록 남아	只把一文留永久
천년토록 흥망의 본보기 되는구나	足令千載鑑興亡

73 숭녕통보(崇寧通寶) 동전 : 송(宋)나라 휘종(徽宗)의 재위 기간 중에서 숭녕이라는 연호를 사용한 1102~1106년에 만들어진 주화이다.

74 새로……고운데 : 송나라 휘종이 자신의 독특한 필체인 수금체(瘦金體)로 쓴 글씨가 숭녕통보에 새겨졌다.

75 늙은……주었네 : 송나라 휘종이 숭녕통보를 주조하여 채 태사(蔡太師), 즉 채경(蔡京, 1047~1126)에게 우선 나누어 주었다는 말이다. 채경은 자가 원장(元長)으로, 휘종 때에 16년간 태사의 지위에 있으면서 권력을 행사하였다.

76 청묘(青苗)와……고갈시켜 : 왕안석(王安石)이 제창한 신법(新法)인 청묘와 조역(助役)이 시행되자, 백성들의 살림이 더욱 어려워졌다는 말이다. 청묘법은 민간의 고리(高利)를 없애고 정부의 세입을 증가시키기 위하여 매년 봄과 가을에 관(官)에서 백성에게 2분(分)의 이식(利息)으로 전곡(錢穀)을 대여해 주던 제도이고, 조역법은 부역에 나갈 만한 사람이 없는 집에서 대신 돈을 내고 부역을 면제받던 제도이다.

참판 변삼근[77] 만사

卞參判 三近 挽詞

조균을 슬퍼할 겨를도 없는데	不暇哀朝菌
어찌 팽조를 부러워하랴[78]	何由慕大彭
늙으면 다 죽는 법	彫零俱一死
초라하게 나 홀로 살아남았네	汨沒獨餘生
아직도 좋았던 젊은 시절 떠오르는데	尙憶靑陽好
끝내 백발 얽힌 모습 보았지	終看素髮縈
교분 맺어 오롯이 인정해 주었으니	論交專許與
환난에 처한들 어찌 흔들렸으랴	處患肯撓攖
간간이 현가 울리는 고을 다스렸고[79]	間道絃歌邑

77 변삼근(卞三近) : 1579~1648. 본관은 밀양(密陽), 자는 성지(誠之), 호는 오정(梧亭)이다.

78 조균(朝菌)을……부러워하랴 : 천수(天壽)를 누리지 못하고 죽는 사람도 있으므로 장수를 바라지 않는다는 말이다. 조균은 두엄더미 위에 피는 버섯으로, 아침에 생겼다가 저녁에 스러져 극히 연약하고 생명력이 짧은 것을 비유한다. 《장자(莊子)》 〈소요유(逍遙遊)〉에 "조균은 밤과 새벽을 모르고 씽씽매미는 봄과 가을을 모른다. 이것은 수명이 짧은 것들이다.〔朝菌不知晦朔, 蟪蛄不知春秋, 此小年也.〕"라고 하였다. 대팽(大彭)은 상고 시대 선인(仙人)으로 800세의 장수(長壽)를 누렸다는 팽조(彭祖)를 가리킨다.

79 간간이……다스렸고 : 변삼근이 지방관이 되어 백성들을 예악(禮樂)으로 다스렸다는 말이다. 현가(絃歌)는 거문고를 타며 시가를 읊조리는 것을 가리킨다. 공자가 일찍이 무성(武城)에 가서 현가 소리를 듣고 빙그레 웃으면서, 당시 무성의 원님이었던

표기영에서 군사를 나누었네[80] 分兵驃騎營
다급한 격서 때문에 말 달리고 揚鑣羽書急
맑은 눈서리 속에 눈물 뿌렸지 洒涕雪霜淸
전후로 슬픈 일도 기쁜 일도 많았고 前後悲懽劇
들쭉날쭉 만나고 헤어질 때도 있었네 參差合散幷
떠돌며 〈복조부〉 짓는 신세 가련히 여겼으니 棲遑憐鵩賦
그 정다움 우는 소리에서 알 수 있었네[81] 款曲感嚶鳴
수레 타고 먼 변방까지 와서 軒蓋臨遙障
술 마시며 옛 성에서 마주했었지[82] 尊罍對古城

자유(子游)에게 농담으로 이르기를 "닭 잡는 데에 어찌 소 잡는 칼을 쓰겠는가."라고 한 데서 유래하였다. 《論語 陽貨》

80 표기영(驃騎營)에서 군사를 나누었네 : 변삼근이 군무(軍務)를 맡아 보았다는 말이다. 표기영은 한대(漢代)의 명장 곽거병(霍去病)의 군영으로, 곽거병이 표기장군(驃騎將軍)이었기 때문에 이렇게 말하는데, 명장의 군영을 뜻한다.

81 떠돌며……있었네 : 이민구가 유배지에 있을 때 변삼근이 진심으로 걱정해 주었다는 말이다. 복부(鵩賦)는 올빼미에 대한 노래를 말한다. 한나라 때 가의(賈誼)가 장사왕 태부(長沙王太傅)가 된 지 3년 만에 올빼미가 날아와서 가의의 곁에 앉았는데, 올빼미는 불길한 조짐의 새였다. 이에 가의는 자신이 오래 살지 못할 것이라고 여겨 슬퍼하면서 〈복조부(鵩鳥賦)〉를 지었다. 후대에는 문인(文人)이 불행한 일을 당한다는 의미로 쓰였다. 《史記 卷84 屈原賈生列傳》 앵명(嚶鳴)은 《시경》 〈벌목(伐木)〉의 "재잘재잘 즐겁게 노래하는 새들이여, 서로들 벗을 구하는 소리로다.〔嚶其鳴矣, 求其友聲.〕"라고 한 데서 유래한 것으로, 친구 사이에 서로 마음이 통함을 의미한다.

82 수레……마주했었지 : 1642년(인조20) 변삼근이 청나라에 사신으로 갔다가 돌아오는 길에 영변에 들러 유배 생활하는 이민구와 함께 술을 마셨던 사실을 가리킨다. 그 당시 이민구가 지은 시가 《동주집(東州集)》 시집 권6에 〈증변성지부심회원(贈卞誠之赴瀋回轅)〉이라는 제목으로 실려 있다. 명나라의 조대수(祖大壽)가 지키고 있던 금주(錦州)를 청나라가 공격하여 함락시키자 조대수가 청에 항복하였다. 이 일을 축하하

십년이나 약물에 의지하다가	十年沈藥餌
온종일 풍진 세상 잊었네	盡日釋塵嬰
또렷이 남았네 친한 벗의 의리[83]	耿耿同袍義
슬프구나 나무 베는 소리여[84]	悽悽伐木聲
사신 갔다가 궁궐로 돌아오니	使星回紫極
경월이 금경에 떠올랐지[85]	卿月上金莖
세상일로 어명에 달려가느라 지치고	世故疲奔命

기 위해 변삼근은 진하 부사(進賀副使)의 직책을 맡아 진하사(進賀使) 인평대군(麟坪大君) 이요(李㴭), 서장관 홍처량(洪處亮)과 함께 5월에 심양에 갔다가 8월 18일에 돌아왔다. 《仁祖實錄 20年 8月 18日》

83 친한 벗의 의리 : 동포(同袍)는 의리를 지키면서 형제처럼 지내는 벗을 뜻하는 말이다. 《시경》 〈무의(無衣)〉에 "내가 어찌 입을 옷이 없다고 해서 그대와 솜옷을 나눠 입겠는가.〔豈曰無衣, 與子同袍.〕"라는 말이 있다.

84 나무 베는 소리여 : 변삼근이 그립다는 말이다. 〈벌목(伐木)〉은 《시경》의 편명으로 벗의 우정을 읊은 것이다. 355쪽 각주49 참조.

85 사신(使臣)……떠올랐지 : 변삼근이 사신의 임무를 마치고 돌아와서 임금으로부터 노고를 치하 받았다는 말이다. 사성(使星)은 사신(使臣)을 가리킨다. 후한 화제(後漢和帝)가 즉위하여 각 주현(州縣)에 미복(微服) 차림으로 사자(使者)를 파견해서 풍요(風謠)를 채집할 적에, 두 사자는 익주(益州)에 당도하여 이합(李郃)의 후사(候舍)에 투숙했는데, 그날 밤에 이합이 두 사자에게 별을 가리켜 보이면서 말하기를 "두 사성이 익주의 분야로 향하였다.〔有二使星, 向益州分野.〕"라고 했다는 데서 온 말이다. 《後漢書 卷112上 李郃列傳》 경월(卿月)은 《서경》 〈홍범(洪範)〉에 "왕이 살필 것은 해이고, 경사는 달이고, 사윤은 날이다.〔王省惟歲, 卿士惟月, 師尹惟日.〕"라고 한 데서 유래하여 귀족과 대신들을 가리킨다. 금경은 한 무제(漢武帝)가 세웠던 승로반(承露盤)의 동주(銅柱)를 가리킨다. 한 무제가 일찍이 신선을 사모한 나머지, 건장궁(建章宮)에 동(銅)으로 선인장(仙人掌)을 만들어 세운 다음, 승로반을 받쳐 들고 이슬을 받게 하여 그 이슬을 옥가루에 타서 마셨던 데서 온 말이다.

물시계가 여정 헤아리는 데 말랐네	郵籤渴計程
힘이 부쳐 거친 말에서 지치고	力稀荒乘倦
추위 매서운데 낡은 갖옷 가벼웠네	寒重敝裘輕
피로 쌓여 일어나기 어려웠으니	積瘁仍難起
늙은 나이에 쉬 쓰러졌네	頹齡欻易傾
친한 이들 말세의 운수 만나	親知遭末運
차례차례 새 무덤으로 들어가네	次第赴新塋
알기 어려운 생사의 이치이며	錯莫存亡理
아득하여 짐작할 수 없는 조물주의 마음이네	蒼茫造化情
이미 늙어 늘 서글픈데	已衰常惻愴
이 이별은 더구나 유명을 달리함에랴	此別復幽明
헤어졌다 다시 만났을 때	契闊簪初盍
생각해 보니 한 해가 막 바뀌었지[86]	思量歲始更
곤궁한 생활로 야윈 모습 가슴 아팠고	羈窮傷瘠貌
떠돌이 신세로 괴로워하는 마음 애석해했지	漂泊惜勞精
석양에 돌아가는 수레 멈추고	夕景淹歸轄
가을 숲에서 떨어진 꽃잎 주웠네[87]	秋林采落英

86 헤어졌다……바뀌었지 : 두 사람이 헤어졌다가 한 해가 지난 뒤에 만났다는 말인데, 정확한 시기는 고증할 수 없다. 잠초합(簪初盍)은 벗들이 만나는 것을 의미한다. 《주역》 〈예괘(豫卦) 구사(九四)〉에 "말미암아 즐거워하므로 크게 얻음이 있으리니, 의심하지 않으면 벗들이 모여들리라.〔由豫, 大有得, 勿疑, 朋盍簪.〕"라고 하였다.

87 석양에……주웠네 : 두 사람의 고상한 만남을 추억한 것이다. 굴원의 〈이소(離騷)〉에 "아침에는 목란에 내린 이슬을 마시고, 저녁에는 국화의 떨어진 꽃잎을 먹는다.〔朝飮木蘭之墜露兮, 夕餐秋菊之落英.〕"라고 하였다.

이제 멋진 모임 쓸쓸해졌는데	卽今高會闃
저물녘 강물은 예전처럼 평온하네	依舊暮江平
끈끈한 우정 나누던 거문고 줄 끊어져[88]	膠漆琴絃斷
등성이에 무덤 만들어졌네	丘原隧路成
마포의 외진 셋집에서	僑居麻浦僻
비낀 계산[89]을 서글피 바라보네	悵望桂山橫
날 뜨거워 찜통더위 심하고	天熱歊蒸盛
긴 강은 장맛비로 가득 찼네	川長水潦盈
이 늙은이 닭과 술 올리지만	老人鷄酒奠
깊은 정성을 저버릴까 매우 두렵구나[90]	多恐負深誠

88 끈끈한……끊어져 : 이민구와 변삼근이 다정한 우정을 나눈 사이였는데, 변삼근이 세상을 떠났다는 말이다. 교칠(膠漆)은 아교와 옻칠을 말하는데, 벗들의 끈끈한 우정을 비유한다. 고시(古詩)에 "아교를 옻칠 가운데 던져 놓으면, 누가 능히 이것을 분리시키랴.〔以膠投漆中, 誰能別離此.〕"라고 하였다.

89 계산(桂山) : 현재 변삼근의 묘지가 있는 경기도 부천시 오정구 고강동 능골산을 가리키는 것으로 보인다. 가까운 곳으로 인천광역시 계양구(桂陽區)에 계양산(桂陽山)이 있다.

90 이……두렵구나 : 변삼근의 장지에 가지 못하고 사람을 시켜 그의 영전에 조촐한 제수만을 보내지만 실제 정성은 매우 크다는 말이다.

호남을 안찰하러 가는 유 감사[91]를 전송하다

送兪監司按湖南

그의 아우는 경기 관찰사이다.[92]

한나라 때의 관풍사로	漢代觀風使
나누어 가는 사람 고작 여덟[93]	分行只八人
방기는 삼보의 중요한 곳이고[94]	邦畿三輔劇
호남의 부세는 태창을 채우지[95]	湖賦太倉陳
임금께서 조정의 뛰어난 인재 선발하니	聖簡推朝傑
형제가 나란히 귀한 자리에 앉았네[96]	天倫竝席珍

91 유 감사(兪監司) : 전라 감사(全羅監司) 유황(兪榥, 1599~1655)을 가리키는 것으로 보인다. 그의 본관은 기계(杞溪), 자는 전숙(典叔), 호는 봉주(鳳洲)이다. 1648년(인조26)에 전라 감사에 임명되었다. 《寒水齋集 卷29 觀察使兪公墓誌銘 幷序》

92 그의……관찰사이다 : 유황의 아우 유철(兪櫶, 1606~1671)의 자는 방숙(方叔), 호는 취옹(醉翁)이다. 1648년에 경기 감사가 되었다. 《農巖集 卷28 司憲府大司憲兪公行狀》

93 한(漢)나라……여덟 : 8도에 관찰사가 한 사람씩 파견되므로 그 수가 8명뿐이라는 말이다. 관풍사(觀風使)는 왕명을 받들어 지방을 순시하며 풍속과 기강을 살펴 처치하는 관원으로, 일명 채방사(採訪使) 또는 관찰처치사(觀察處置使)라고도 하였다.

94 방기(邦畿)는……곳이고 : 유철이 관찰사로 있는 경기 지역은 아주 중요한 곳이라는 말이다. 한대(漢代)에 장안(長安)을 경조(京兆), 풍익(馮翊), 부풍(扶風) 세 구역으로 나누어 삼보(三輔)라 하였다.

95 호남의……채우지 : 유황이 관찰사로 부임하는 호남은 물산이 풍부하므로 세수(稅收)가 많아 태창(太倉)을 채우는 데 크게 기여한다는 말이다. 태창은 옛날 수도에 있던 큰 곡식 창고이다.

영광스럽게 잇달아 인끈 차니　榮光聯組紱
성대한 일 교서에 지극히 나타났네　盛事極絲綸
고각 소리 울리며 의장 밀치고 나가고　鼓角排門戟
휘장 수레 타고 도로의 먼지 뚫고 가네　襜帷辟路塵
땅은 금마의 경계를 포함하고　地包金馬界
별자리는 두우성과 이웃했네[97]　星接斗牛隣
드넓은 변방 끼고 있으며　控扼邊隅闊
바닷가에서 자주 세금 징수하지　征輸海岱頻
오두막의 천한 백성들 불쌍히 여겨　須矜白屋賤
잠시 새 색동옷 벗었네[98]　暫釋綵衣新
공적인 의리 다할 것을 생각하니　公義思當盡
사사로운 감회 펴지 못해 한스럽다　私懷恨莫伸
수레를 돌림과 마부를 재촉함이　回車與叱馭

96 임금께서……앉았네 : 유황과 유철 형제가 나란히 전라도와 경기도 관찰사에 임명되었다는 말이다. 석진(席珍)은 자리 위의 보배라는 뜻으로, 뛰어난 학덕을 소유한 유자(儒者)를 비유하는 표현이다. 춘추 시대 노(魯)나라 애공(哀公)이 공자에게 자리를 권하자, 공자가 모시고 앉아서 "유자는 자리 위에 귀한 보배를 준비해 놓고서 초빙해 주기를 기다리는 사람이다.〔儒有席上之珍以待聘〕"라고 말한 고사에서 유래하였다. 《禮記 儒行》

97 땅은……이웃했네 : 전라도의 경계와 그 지역의 방위를 말한 것이다. 금마(金馬)는 전라북도 익산의 옛 이름이며, 두우(斗牛)는 두성(斗星)과 우성(牛星)이다.

98 오두막의……벗었네 : 유황이 늙은 부모가 있음에도 불구하고 백성들을 돌보기 위해 지방관으로 나간다는 말이다. 《한수재집(寒水齋集)》 권29 〈관찰사유공묘지명 병서(觀察使兪公墓誌銘 幷序)〉에 "전라도 관찰사와 승지에 임명되었으나, 모두 부모님의 병환 때문에 체직을 청하였다.〔除湖南伯承旨, 皆以親癠辭遞.〕"라는 기록이 보인다.

경중 다르다고 왕의 신하를 권면하네[99] 輕重勉王臣

99 수레를…… 권면하네 : 유황에게 노부모가 있지만 나랏일이 더 중요하다는 말로 권면한다는 뜻이다. 회거(回車)는 수레를 돌린다는 말로, 부모님을 생각해서 몸을 온전히 지키는 것을 의미하고, 질어(叱馭)는 마부를 재촉한다는 말로, 나랏일을 위해 몸을 돌보지 않고 험한 길을 가는 것을 말한다. 한(漢)나라 왕양(王陽)이 험난한 구절판(九折阪)을 넘으면서 혹시 몸을 상해 어버이에게 누를 끼칠까 염려하여 그냥 돌아왔는데, 뒤에 왕존(王尊)이 이 고개를 넘으면서 마부를 꾸짖어 말하기를 "빨리 몰아라. 왕양은 효자이고, 나 왕존은 충신이니라.〔王陽爲孝子, 王尊爲忠臣.〕"라고 했던 고사가 전한다. 《漢書 卷76 王尊傳》

높은 곳에 올라

登高

푸른 모래톱 멀리 돌아	蒼蒼洲渚莽倏廻
지팡이 짚고 높이 오르니 천지가 확 트이네	拄杖登高天地開
수세는 두 섬-율도와 잉외도-이 떠가는 듯	水勢欲漂雙島-栗島芿外島-去
조수 소리 이산-산 이름-을 흔드는구나	潮聲還撼二山-山名-來
늙은이 목마르고 삼복더위라	衰年肺渴仍三伏
석양에 상심하며 술 한 잔 기울이네	落日神傷强一杯
세상은 몇 번이나 능곡이 변했던가[100]	宇宙幾回陵谷變
홀로 시름에 젖어 누대에 기댔어라	獨扶愁疾倚樓臺

100 세상은……변했던가 : 세상이 몇 번이나 심한 변화를 겪었느냐는 말이다. 능곡(陵谷)은 상전벽해(桑田碧海)와 같은 말로, 심한 변화를 의미한다. 《시경》〈시월지교(十月之交)〉에 "높은 언덕은 골짜기로 뒤바뀌고, 깊은 골짜기는 언덕으로 변했도다.〔高岸爲谷, 深谷爲陵.〕"라고 하였다.

멀리 바라보며

臨眺篇

여름날 찌는 더위 괴로워	朱夏苦炎熱
남쪽 마루에서 졸았어라	欹睡在南軒
오래 앉아 있자니 허리와 다리 저리고	坐久腰脚痺
한참 누워 있으니 정신이 멍하다	臥多神氣昏
아침에 작심하여	朝來故作意
지팡이 짚고 동산에 오르기로 했네	杖策上山園
누추한 집 막 나섰는데	始辭屋宇庳
시끄러운 저잣거리 벌써 멀어지네	已絶闤闠喧
구불구불 오솔길 걸어올라	行依細徑蟠
내달리는 강줄기 굽어보니	俯視大江奔
큰 물줄기 밤낮으로 달려	洪流競晝夜
깊은 물이 천지에 넘쳐나네	積浸浮乾坤
올해는 거듭 장마 찾아와	今年荐淫雨
거센 물결이 세차게 일렁이네	駭浪屢崩翻
소용돌이에 양쪽 언덕 터져	盤渦兩岸坼
흙탕물이 백 길이나 쏟아졌지	穢濁百丈渾
교룡도 어찌하지 못하는데	蛟龍亦狼狽
하물며 자라와 거북이랴	況爾鼈與黿
우뚝 솟은 잠두석[101]	嵯峨蠶頭石
힘껏 버텨내고 있구나	極力捍蔽存

모든 사물의 이치 자세히 살펴보니　細看造凡情
관건은 그 근본이 튼튼해야 하는구나　關鍵壯其根
긴 물가는 바다까지 뻗어 있고　長干控潮海
땅은 번화한 도회지와 가깝네　地迮都會繁
흉년이라 소금과 쌀값 치솟으니　凶歲鹽米湧
이문 남기려 추도 다투고[102]　拾利錐刀煩
서민들 이익 바라며　小人慕奇贏
날마다 나가 시장 내달리네　日出走市門
여기서 사는 방도 알 수 있으니　卽此悟生理
빈천함을 어찌 따지랴　貧賤曷足論
눈 돌려 멀리까지 바라보니　游目赴萬里
석양이 서산으로 넘어가네　返照頹崑崙
시원스레 시름과 고통 씻어버리니　曠然洗愁辛
원추리 심는 것을 대신하건만[103]　可以代樹萱
오직 가는 세월 한탄스러워　唯有歎逝感
강물 굽어보며 마음 아파하노라　臨川傷我魂

101 잠두석(蠶頭石) : 서울 양화(楊花) 나루 동쪽에 있는 잠두봉(蠶頭峯)을 가리킨다. 잠두봉은 가을두(加乙頭), 또는 용두봉(龍頭峯)이라고도 한다.

102 이문……다투고 : 사람들이 이익을 남기기 위해 다툰다는 말이다. 추도(錐刀)는 본래 아전들이 장부(帳簿)를 기재할 때 사용하는 도필(刀筆)을 가리키는데, 여기서는 자잘한 이익을 뜻하는 말로 사용되었다.

103 시원스레……대신하건만 : 훤초(萱草)는 원추리로, 근심을 잊게 한다고 하여 망우초(忘憂草)로도 불린다. 《시경》 〈백혜(伯兮)〉에 "어떻게 하면 훤초를 얻어 이것을 북당에 심을까.〔焉得諼草, 言樹之背.〕"라고 하였다. 여기서는 높은 곳에 올라 경관을 바라보니 시름과 고통을 모두 잊게 되어 원추리를 심을 필요가 없다는 말이다.

옥과 현감[104]이 부채를 보내 주고 시를 써 달라고 하였다
玉果宰惠扇索詩

제일 고마운 호남의 현감	最荷湖南宰
호숫가에 사는 나를 멀리서 가여워했지	遙憐澤畔居
어촌에서 일찍이 술 샀었는데	漁村曾貰酒
기러기 발에 편지 묶어 보냈네	雁足又傳書
장맛비가 한 달 넘게 내리는데	積雨三旬外
빈 집에서 병 앓으며 지내오	虛堂一病餘
인풍이 멀리까지 퍼져서	仁風蒙遠播
은혜로운 사랑이 궁한 마을에까지 미쳤네[105]	惠愛及窮閭

104 옥과 현감(玉果縣監) : 옥과는 현재의 전라남도 곡성군 옥과면 지역이다. 당시의 옥과 현감은 신득홍(申得洪, 1608~1653)으로, 본관은 고령(高靈), 자는 대오(大吾), 호는 지담(芷潭)이다. 《승정원일기》 인조 26년 2월 25일 기사에 신득홍을 옥과 현감에 임명한다는 기록이 보인다.

105 인풍(仁風)이……미쳤네 : 옥과 현감의 선정(善政)이 이민구 자신에게까지 미쳤다는 말이다. 인풍은 지방 장관이 선정을 베푸는 것을 뜻한다. 진(晉)나라 원굉(袁宏)이 동양 군수(東陽郡守)로 부임할 때, 사안(謝安)이 부채 하나를 선물로 주자, 원굉이 "인애의 바람을 불러일으켜 저 백성들을 위로하겠다.〔當奉揚仁風, 慰彼黎庶.〕"라고 대답한 고사가 전한다. 《世說新語 言語》

종형 이 단양[106]에게 부치다

寄從兄李丹陽

오동잎 떨어지는 가을 다시 오니	高梧零葉又新秋
헤어지고 나서 온통 백발이 되었네	別後形容盡白頭
서글피 십 년이나 남쪽 바라보지만	怊悵十年南望眼
부연 물결에 강 내려오는 배 보이지 않는구려	煙波不見下江舟

106 종형(從兄) 이 단양 : 단양 군수(丹陽郡守)를 지낸 이민구의 6촌형 이후근(李厚根, 1572~1650)으로, 본관은 전주(全州), 자는 중회(仲晦)이다.《東州集 文集 卷10 丹陽郡守李公墓碣銘 幷序》

채백창[107]이 남곽의 우사를 방문하여 "성 밖 청산에 벌써 석양 기우네"라고 입으로 읊었으나 술에 취해 시를 완성하지 못하고 내게 마무리해 달라고 요청하였다

蔡伯昌訪南郭寓舍 口號郭外青山已夕陽 醉未成章 請余終篇

성 밖 청산에 벌써 석양 기우는데	郭外青山已夕陽
작은 집 바람과 이슬 속에 처량히 앉았노라	小軒風露坐凄涼
어찌 일산 기울일 귀한 손님 없으랴[108]	那無上客能傾蓋
게다가 뛰어난 글로 문단 주름잡지	更有高文獨擅場
진나라 도연명처럼 자유롭고	晉代淵明堪嘯傲
한나라 동방삭처럼 방탕하네	漢廷方朔任淸狂
술동이 앞에서 재주 부족하다 스스로 한하나니	尊前自恨才情少
병 많아 새 가을에 술 끊었다오	多病新秋廢酒觴

107 채백창(蔡伯昌) : 채유후(蔡裕後, 1599~1660)로, 본관은 평강(平康), 자는 백창, 호는 호주(湖洲)이다. 《希菴集 卷29 從祖祖父湖洲先生集後遺事》

108 어찌……없으랴 : 반갑게 만난 귀한 손님이 있다는 말로, 자신을 찾아와 준 채백창을 가리켜 한 말이다. 경개(傾蓋)는 길가에서 서로 만나 수레를 잠깐 세우고 이야기를 한다는 말로, 한 번 보고 바로 지기(知己)로 받아들이는 것을 뜻한다. 《사기(史記)》 권83 〈추양열전(鄒陽列傳)〉에 "속어에 '백발이 되도록 오래 사귀어도 처음 사귄 듯하고, 수레를 멈추고 잠깐 만났어도 오래 사귄 듯하다.' 하였으니, 그 까닭은 무엇인가? 서로를 아느냐 모르느냐에 달려 있다.〔諺曰, 白頭如新, 傾蓋如故, 何則. 知與不知也.〕"라고 하였다.

도성 남쪽 의원과 가까운 곳으로 가서 지내다가 강가 집으로 돌아와 입으로 불러 짓다

就城南近醫 旣還江舍口占

예전 나갈 때는 산 도랑에 물 많았는데	昔出山渠漲
오늘 돌아오니 들 오솔길 말랐구나	今歸野徑乾
가을바람이 여문 벼에 불어오고	秋風吹稻熟
저녁 이슬이 차가운 숲에 내리네	夕露洒林寒
돛 그림자 앞 포구에 아른대고	帆影依前浦
파도 소리가 옛 여울에서 울린다	濤聲響舊灘
얹혀사는 집 진실로 외지고 멀지만	僑居誠僻遠
편안히 누워 나그네 마음 한가롭네	高枕旅懷寬

연경으로 사신 가는 판서 오여완[109]을 전송하다

送吳判書 汝完 使燕

높다란 백하문[110]	峨峨白下門
연경으로 가는 길에 있지	是走燕京道
연경은 제왕이 사는 곳	燕京帝王宅
대대로 산하의 보배였네	百代山河寶
사신들이 만방에서 모여드니	冠蓋萬方會
조종하는 모습 풍호에 짝하네[111]	朝宗配豐鎬
흥망성쇠가 반복되어	興衰相反覆
예악이 공토로 바뀌고	禮樂化攻討

109 오여완(吳汝完) : 오준(吳竣, 1587~1666)으로, 본관은 동복(同福), 자는 여완, 호는 죽남(竹南)이다. 《藥山漫稿 卷18 高祖輔國崇祿大夫……世子左賓客府君墓誌銘》 오준은 1648년(인조26) 동지정사(冬至正使)로 연경에 간 일이 있다. 《承政院日記 仁祖 26年 10月 25日》

110 백하문(白下門) : 어디인지 미상이다. 《동주집(東州集)》 시집(詩集) 권2의 〈사위 한오상에게 부치다〔寄韓郎五相〕〉에 "백하문에서 유숙했다.〔宿留白下門〕"라는 구절이 있다.

111 사신들이……짝하네 : 각국의 사신들이 연경으로 와서 천자에게 조회(朝會)한다는 말이다. 조종(朝宗)은 보통 온갖 물줄기가 바다로 흘러 들어가는 것을 말하는데, 제후와 백관이 제왕(帝王)을 찾아가서 조회하는 것을 의미한다. 《서경》 〈우공(禹貢)〉에 "강한이 바다에 조종한다.〔江漢朝宗于海〕"라고 하였다. 풍호(豐鎬)는 지금의 섬서(陝西) 서안(西岸) 서남쪽의 지명으로, 주(周)나라의 옛 도읍지이다. 본래는 풍과 호 두 곳인데 합칭한 것이다.

헌장이 한 번 사라지자	憲章一淪沒
교화와 문명이 다 없어졌네	聲明俱電掃
지축 울리며 군마 내달리는 전장에	崩騰戎馬場
살기가 하늘을 찔렀지	殺氣盪穹昊
상서가 사신의 부절 잡고	尙書擁使節
멀리 가니 매우 어수선하네	適遠殊草草
세상 혼란하니 어찌 편한 일 고르랴	世亂豈擇便
나라의 운명 겨우 다시 살아났어라	國步初再造
이번 행차에 황금과 비단 바치니	此行致金繒
관문에 서둘러 도착해야지	到關須及早
산 넘고 물 건너며 봉화 질리게 보고	跋涉倦烽候
옷 입고 허둥지둥 내달리겠지	衣裳任顚倒
무력 사용하는 땅으로 가니	偪側用武地
혼자 응대하며[112] 삼가 자신을 지켜야지	專對愼自保
물정에는 귀천이 있어	物情有貴賤
일에 따라 취향 다르다네	觸事異趣好
움츠린 손 두 소매 속에 있으니[113]	縮手兩袖內

112 혼자 응대하며 : 전대(專對)는 외국에 사신으로 가서 독단적으로 잘 대응하는 것을 뜻한다. 공자(孔子)가 "《시경》 300편을 외더라도 정사를 맡겨 줌에 제대로 하지 못하며, 사방으로 사신을 가서 독단적으로 대응하지 못한다면 비록 많이 외운들 또한 어디에 쓰겠는가.〔誦詩三百, 授之以政, 不達, 使於四方, 不能專對, 雖多亦奚以爲.〕"라고 하였다. 《論語 子路》

113 움츠린……있으니 : 오여완의 문장 솜씨가 훌륭하다는 말이다. 축수(縮手)는 움츠린 손이라는 말인데, 재능이 뛰어난 사람이 능력을 다 발휘하지 못함을 의미한다.

맑은 문장이 화려한 수사 덮으리라	淸文掩麗藻
예부터 전쟁 뒤에는	古來戰爭餘
시내와 골짝에 시신 즐비하였지	川谷厭肝腦
호젓하던 옛 땅에	隱畛舊封疆
쓸쓸하게 무너진 성들만 남았으리	牢落殘城堡
황폐한 고을에서 명문세가 기억하고	廢邑記喬木
황량한 터전에서 남은 늙은이에게 묻겠지	荒墟訊遺老
온종일 가시덤불 길 지나며	竟日歷蓁莽
만나는 사람마다 안색 초췌하리	所遇色枯槁
추운 날씨라 싸락눈 내리고	天寒霰雪集
요택에 가을장마 개리라	遼澤霽秋潦
먼 길 떠나가니 벌써 그리움 사무치고	征邁旣嬰懷
이별하려니 마침내 가슴 아파오네	離別終傷抱
돌아오는 때 어기지 마시게	歸期莫蹉跎
내 머리털 이미 희다네	余髮已華皓

한유(韓愈)의 글에 "다른 사람들은 나무를 잘 깎지 못하여 손가락을 다쳐 피가 흐르고 얼굴에는 땀을 뻘뻘 흘리는데, 뛰어난 장인은 도리어 소매 속에 손을 넣고 곁에서 구경만 하고 있다.〔不善爲斲, 血指汗顔, 巧匠旁觀, 縮手袖間.〕"라고 하였다. 《韓昌黎集 卷23 祭柳子厚文》

임백무[114]가 향시에 합격하여 서울에 왔다가 시험을 앞두고 병에 걸려 돌아가므로 시를 지어 권면하다

林生栢茂發解入洛 臨試遇疾而歸 詩以勖之

병 앓는 가운데 가을 저물어	疾病淸秋暮
풍상으로 여관마저 춥구나	風霜旅店寒
마음은 세 잉어의 계단 간절한데[115]	心懸三鯉級
꿈은 장대에서 한 메기 떨어졌네[116]	夢落一鮎竿

114 임백무(林栢茂) : 자세한 인적 사항은 미상이다. 박천(博川)에 사는 사람으로, 이민구가 영변 적소(謫所)에 있을 때 찾아와서 가르침을 받은 인물로 보인다. 《동주집(東州集)》 시집(詩集) 권3에 〈임백무에게 주다〔贈林栢茂〕〉라는 작품이 있다.

115 마음은……간절한데 : 임백무가 과거에 급제하려는 마음이 간절하다는 말이다. 삼리급(三鯉級)은 세 계단으로 된 황하 상류의 용문(龍門)을 가리킨다. 이곳은 급류가 흐르는 폭포인데, 그 밑에 다다른 강해(江海)의 수천 마리 물고기 가운데 그곳을 뛰어 올라가는 놈만 용이 된다는 고사가 전한다. 전하여 과거에 급제하는 것을 가리킨다. 《三秦記》

116 꿈은……떨어졌네 : 임백무가 병 때문에 과거에 응시하지 못하여 관직에 나가지 못하게 되었다는 말이다. 매성유(梅聖兪)가 시(詩)를 잘 지어서 명성이 널리 알려졌지만, 끝내 관직에 나가지 못하고 만년(晩年)에 《당서(唐書)》를 짓고 운명하였다. 처음에 그가 《당서》를 지으면서 부인 조씨(刁氏)에게 말하기를 "내가 이 책을 쓰는 것은 호손이 포대에 들어가는 것과 같다고 할 수 있다.〔吾之修書, 可謂猢猻入布袋.〕"라고 하였다. 그러자 부인이 "당신께서 관직에 나가지 못하는 것이 메기가 대나무에 오르는 것과 무엇이 다르겠습니까.〔君於仕宦, 何異鮎魚上竹竿耶.〕"라고 답했다고 한다. 《古今事文類聚 前集 卷39 技藝部》 한편 《송자대전수차(宋子大典隨箚)》 권12에서 점간(鮎竿)을 설명하면서 "승진하기 어려운 것이 마치 메기가 대나무에 오르는 것과 같다는 말이다. 〔謂難進, 如鮎魚之上竹竿.〕"라고 하였고, 그 아래에 "메기는 비늘이 없어 몸이 미끄럽기

길 재촉하여 처음 수레 돌리면서	促路初回駕
지난밤 거듭 편지를 보내왔네	曾霄再整翰
그래도 추방당한 사람이	寧同被放者
눈물 머금고 서울 떠남과 어찌 같으랴	含淚出長安

때문에 대나무에 오르지 못한다.〔鮎無鱗身滑, 故不能進於竹竿.〕"라는 설명이 있다.

단양의 종형[117]이 화운한 부채 머리의 시에 차운하다

次丹陽兄和扇頭詩

늙은이 일흔일곱 나이에도 翁年八十少三秋
풍운 몰아 붓 끝에 올랐어라 驅使風雲上筆頭
학 뼈처럼 여윈 몸 봄에 더욱 건강해져 鶴骨春來應更健
푸른 물결에 탈 없이 낚싯배 띄우리 滄浪無恙釣魚舟

형제와 이별한 한으로 맑은 가을에 서글퍼[118] 連枝別恨感淸秋
애써 새 시를 부채 머리에 부쳤어라 强把新詩寄扇頭
늘그막에 살아가는 마음 묻는다면 倘問暮年棲泊意
아득한 강호에 뜬 하나의 빈 배라오 眇然湖海一虛舟

풍상이 밤낮으로 불어 온 산에 가을 찾아오니 風霜日夜萬峯秋
누암[119] 정상에 올랐던 일 떠오르네 憶上樓巖最上頭
돌아가는 꿈 멀리 외로운 객점 찾으려는데 歸夢欲尋孤店遠
강 가득 차가운 달빛만 떠가는 배 비추누나 滿江寒月照行舟

117 단양(丹陽)의 종형(從兄) : 단양 군수(丹陽郡守)를 지낸 이민구의 6촌형 이후근(李厚根, 1572~1650)으로, 본관은 전주(全州), 자는 중회(仲晦)이다.《東州集 文集 卷10 丹陽郡守李公墓碣銘 并序》

118 형제와……서글퍼 : 이민구의 종형 이후근이 이민구와 헤어져 지내는 것을 서글퍼한다는 의미이다. 연지(連枝)는 한 뿌리로 이어진 가지로, 형제나 자매를 비유하는데, 여기서는 이민구와 이후근을 가리킨다.

119 누암(樓巖) : 충북 충주시 가금면의 남한강변에 있는 다락바위의 이름이다.

팔일에 비바람이 불다

八日風雨

강 언덕에 저녁 비 내리고 중양절 앞두니	江皐暮雨接重陽
나그네의 가을 회포 더욱 서글퍼라	旅客秋懷益自傷
술 거르니 어찌 시름 달래지 못하랴만	灑酒豈無愁可遣
높이 오르려니 실로 병이 방해하네	登高實有病相妨
울 밑의 국화 향기 그윽할 때	侵籬菊蕊寒香靜
수유주머니 차는 전통 오래되었는데[120]	綴佩茱囊故事長
내일 서풍이 모자에 차갑게 불어오면	明日西風吹帽冷
늙은이가 좋은 시절 즐기기에 알맞지 않으리	不宜衰老翫年芳

120 울 밑의……오래되었는데 : 중양절(重陽節)의 오랜 풍습을 말한 것이다. 수낭(茱囊)은 수유(茱萸)를 담은 주머니이다. 중양절에 수낭을 허리에 차고 높은 산에 올라가 국화주를 마시며 사기(邪氣)를 물리치는 풍습이 있었다. 《續齊諧記》

구월 보름에 달을 마주하니 옛적 양진에서 놀던 때가 떠올랐다. 도장과 극보는 모두 이미 운명하고 오직 유선만 나와 함께 마포에서 지내고 있으니 대단히 서글프다. 앞의 운에 맞춰 짓다[121]

九月望 對月懷養珍舊遊時 道章克甫俱已下世 獨惟善同在麻浦 感慨甚焉 次前韻

역관에 가을 저물어갈 때	驛館秋將盡
달은 둥글고 차가웠지	蟾輪滿更寒
노래하며 이별의 슬픔 일어났고	歌催離思發
술잔 들어 나그네 마음 달랬지	杯引旅懷寬
푸른 바닷가의 이 유람 마치고서	碧海玆遊散
생사 갈렸으니 이 길 다시 가기 어렵구나	黃泉此路難
오직 가엾게도 현도만 남아	唯憐玄度在
마주하고 하염없이 눈물 흘리네[122]	相對淚闌干

121 구월……짓다 : 이민구가 금강산을 유람할 때 양진에서 도장(道章) 이소한(李昭漢, 1598~1645), 극보(克甫) 이경인(李敬仁, 1575~1642), 유선(惟善) 허보(許寀, 1585~1659)와 함께 했던 때를 생각하며 지은 시이다. 이민구가 차운하고 있는 시는 《동주집(東州集)》 전집(前集) 권6의 〈양진역에서 구월 보름날……〔養珍驛九月望日……〕〉이라는 작품이다.

122 오직……흘리네 : 같이 놀던 벗들은 다 죽고 살아남은 허보와 마주앉아 눈물을 흘린다는 말이다. 현도(玄度)는 동진(東晉) 사람 허순(許詢)의 자로, 지둔(支遁), 왕희지(王羲之), 사안(謝安) 등과 교류하며 산수를 즐긴 인물이다. 여기서는 허보를 가리킨다.

좌의정 남이웅[123] 만사

南左相 以雄 挽詞

조정의 훌륭한 인재	朝署靑雲器
관문에 자기 드리운 신선이었네[124]	關門紫氣仙
벼슬길에 늦게 올랐지만[125]	騫飛乘晩際
맑고 깨끗한 그 기상 당시를 비추었네	洒落映當年
우연히 나와 높은 벼슬 하였지만	偶出操魁柄
무슨 마음으로 권력 휘두르랴	何心擅化權
오랑캐 조정에서 일찍이 분개하였고	虜庭曾忼慨
진악이 재빨리 잇따라 나왔지[126]	晉幄倏聯翩

123 남이웅(南以雄) : 1575～1648. 본관은 의령(宜寧), 자는 적만(敵萬), 호는 시북(市北), 시호는 문정(文貞)이다. 1647년(인조25)에 좌의정이 되었다. 《星湖全集 卷65 左議政春城府院君南公墓誌銘》

124 조정(朝廷)의……신선이었네 : 남이웅이 조정에서는 훌륭한 인재였고, 출사하기 전에는 신선 같은 생활을 했다는 말이다. 자기선(紫氣仙)은 노자(老子)를 가리킨다. 노자가 서쪽으로 떠날 때 함곡관(函谷關)의 관령(關令) 윤희(尹喜)가 먼저 그 기운을 보고 진인(眞人)임을 알았다는 고사가 전한다. 《列仙傳 卷上 關令尹》

125 벼슬길에 늦게 올랐지만 : 남이웅은 1606년(선조39) 31세의 나이로 진사시(進士試)에 합격하였고, 이듬해 왕자 사부(王子師傅)에 임명되었다.

126 오랑캐……나왔지 : 정묘호란 당시 동지사(冬至使)로 연경(燕京)에 가 있던 남이웅이 전란 소식을 듣고 후금을 치기 위해 명나라에 청병한 일을 가리키는 것으로 보인다. 조경(趙絅)의 글에 "정묘년 봄에 이르러 공은 여전히 연경에 계셨는데, 오랑캐가 우리나라를 유린했다는 소식을 들었다. 공은 눈물을 줄줄 흘리면서 마침내 옛날 초의 대부 신포서가 진나라에서 3일 밤낮을 통곡하며 청병한 것과 같이 하니, 명나라의

임우로 재상의 자리에 올라　霖雨陞台席
경륜 펼쳐 임금 도왔네[127]　經綸拱御筵
임금은 순박한 풍조로 돌이키라 명하시고　睿情垂返樸
사람들은 위태한 국운 부지하길 갈망했지　輿望渴扶顚
일에는 해결하기 어려운 것도 있으니　事有難平者
내 장차 자연에 맡기리라 하였지　吾將任自然
홀로 남다른 청정함 지켜　獨持淸淨細
특별한 성은에 보답하려 하였지　庶答渥恩偏
정의로 못난 이 사람 받아 주고　風誼容疏慢
이끌어 주시니 뒤에서 앞에서　提携辱後先
그 걸음 따라가니　追攀隨步武
정성스레 주선해 주셨지　宴款挹周旋
나이는 몸 밖의 것이라 제쳐 두고　甲子形骸外

병부가 의롭게 여겨 허락하였다. 군사들이 출발할 날짜가 다가왔는데, 화의가 이루어졌다는 말을 듣고 그쳤다.〔至丁卯春, 公猶在燕, 聞虜猾我. 公洒泣被面, 遂申申胥之請, 兵部義而許之. 指期出師, 聞和報而止.〕"라고 하였다. 《龍洲遺稿 卷21 左議政春城府院君市北南公神道碑銘 幷序》 진악(晉幄)은 황제가 하루에 세 번 불렀다는 말로, 여기서는 남이웅을 임금이 자주 접견했다는 말이다. 《주역》 〈진괘(晉卦)〉에 "진은 나라를 편안하게 하는 제후에게 말을 주어 여러 번 사용하게 하고 하루에 세 번씩 접견하도다.〔晉, 康侯, 用錫馬蕃庶, 晝日三接.〕"라고 한 데서 인용하였다.

127 임우(霖雨)로……도왔네 : 남이웅이 삼공(三公)의 지위에 올라 임금을 도왔다는 말이다. 임우는 임금을 보필하여 나라의 어려움을 해결하는 신하를 가리킨다. 《서경》 〈열명(說命)〉에 "큰 강을 건너게 되면 그대를 배와 노로 삼을 것이며, 큰 가뭄을 당하게 되면 그대를 단비로 삼을 것이다.〔若濟巨川, 用汝作舟楫. 若歲大旱, 用汝作霖雨.〕"라고 하였다.

마음으로 허여하셨지	襟懷許與前
어느덧 늙어 백발 보게 되니	已衰看白髮
마주하면 붉은 현 애석해하였네[128]	相對惜朱絃
서쪽 변방으로 종군할 때 반가웠고[129]	西塞從軍樂
동대에서 〈복조부〉 지을 때 가여워하셨지[130]	東臺賦服憐
풍진 속에서 이별 아파하고	塵埃傷契闊
진흙 길에서 병세 물었었지	泥滓問沈綿
곤경에도 교유하는 정 있었으니	急難交期在
쉬 변하는 세태 볼 수 없었네	炎涼俗態捐
상유에 석양 바삐 가니	桑楡催末景
기재가 황천에 가리었네[131]	杞梓掩重泉
나라 병듦은 시운이겠지만	國瘁疑時運

128 어느덧……애석해하였네 : 남이웅의 노쇠해 가는 모습을 보고 나라의 훌륭한 인재가 사라지게 되는 것을 안타깝게 생각했다는 말이다. 주현(朱絃)은 《예기》 〈악기(樂記)〉에 "청묘의 거문고, 붉은 현에 소리 느릿하여, 한 사람이 선창하면 세 사람이 화답하여 여음이 있다.〔淸廟之瑟, 朱絃而疏越, 壹倡而三嘆, 有遺音者矣.〕"라고 한 데서 유래한 말로 뛰어난 시문(詩文)이나 훌륭한 재주를 지닌 신하를 가리킨다.

129 서쪽……반가웠고 : 1624년(인조2) 이괄(李适)의 난 때 이민구와 남이웅이 함께 토벌에 나섰던 것을 말한 것이다. 당시 이민구는 도원수(都元帥) 장만(張晩)의 종사관(從事官)이었고, 남이웅은 장만의 명령에 따라 황주성(黃州城)을 수비하고, 군량을 보급하여 공(功)을 세웠다. 《星湖全集 卷65 左議政春城府院君南公墓誌銘 幷序》

130 동대(東臺)에서……가여워하셨지 : 이민구가 영변으로 유배되었을 때 남이웅이 안타깝게 생각해 주었다는 말이다. 부복(賦服)은 〈복조부(鵩鳥賦)〉를 짓는다는 말로, 유배 생활이나 죽음의 예견을 의미한다. 367쪽 각주81 참조.

131 상유(桑楡)에……가리었네 : 남이웅이 운명했다는 말이다. 상유는 해가 지는 곳이다. 기재(杞梓)는 좋은 재목으로, 여기서는 남이웅을 비유하였다.

이름은 남아 역사에 넘쳐나리　名留溢簡編
궁도에 살아남은 이 사람　窮途餘此物
어디에서 새 무덤에 곡할까　幾處哭新阡
우주 안에서 이 몸 어디로 갈까　宇宙身奚適
당신과 나 꿈에서 여러 번 만났네　幽明夢屢圓

공이 죽은 후 여러 번 꿈을 꾸었는데 마치 살아 있는 듯하였다.

젊어서는 잦은 이별 서글펐는데　少來悲易散
늙어서는 한이 더욱 맺히네　老去恨彌纏
물 차가워져 얼음 막 얼고　水冷氷初結
하늘 비어 달 둥실 걸렸구나　天虛月正懸
황로에 옛 자취 남았건만[132]　黃壚遺舊跡
가을 풍경 속에 눈물 흘리오　秋色淚痕邊

132 황로(黃壚)에……남았건만 : 남이웅과 교유하던 당시의 모습이 기억에 남았다는 말이다. 황로는 황공주로(黃公酒壚)의 준말로, 위진 시대 죽림칠현(竹林七賢)들이 모여서 놀던 술집이다. 진(晉)의 왕융(王戎)이 상서령(尙書令)이 되어 공복(公服)을 입고 수레를 타고 황공주로 앞을 지나다가 뒷수레에 탄 사람을 돌아보면서 "내가 옛날 혜강, 완적 등과 함께 이 주점에서 술을 마시면서 죽림의 놀이에도 그 말석에 참여했었다. 혜강과 완적이 세상을 떠난 후로 시무에 묶여 지내다가 오늘 이곳을 보니, 거리는 비록 가까우나 아득하기가 산하가 가로놓인 듯하다.〔吾昔與嵇叔夜阮嗣宗, 酣飮於此, 竹林之游, 亦預其末. 自嵇阮云亡, 吾便爲時之所羈紲, 今日視之, 雖近邈若山河.〕"라고 하였다는 고사가 전한다. 《晉書 卷43 王戎列傳》

참의 조경진[133] 만사

趙參議 景禛 挽詞

세상에 마음 아는 벗들 줄어들고 海內知音少
산등성이에 묻힌 이 늘어가네 山阿托體多
서로 바라보면 모두들 멀리 있으니 相看俱落落
어찌 반드시 모두가 백발 되도록 살랴 豈必盡皤皤
나도 이미 노쇠한 몸 걱정인데[134] 我已憂蒲柳
그대 먼저 벽라덩굴에 묻혔구나 君先葬薜蘿
사귀던 우정 이제 아득해지니 交期今緬邈
세상살이 날로 어긋나네 世路日蹉跎
지난날 두터운 우의 맺고서 夙昔同心利
내달려 어느덧 사기의 세월 흘렀네[135] 飛騰四紀俄

133 조경진(趙景禛) : 1579~1648. 본관은 평양(平壤), 자는 수지(綏之), 호는 의루(倚樓)이다. 《東州集 文集 卷9 刑曹參議趙公墓碣銘 幷序》

134 나도……걱정인데 : 이민구가 이미 늙고 쇠하였다는 말이다. 포류(蒲柳)는 창포와 갯버들로, 허약하여 일찍 늙은 몸을 비유한다. 《세설신어(世說新語)》 〈언어(言語)〉에 "고열지는 간문제와 동갑인데도 불구하고 머리칼이 일찍 하얗게 세었다. 간문제가 말하기를 '경은 어찌하여 머리가 먼저 세었는가?' 하니 고열지가 대답하기를 '저는 포류와 같은 체질이라서 가을이 가까워지기만 해도 벌써 낙엽이 지고 맙니다.' 하였다.〔顧悅與簡文同年而髮蚤白. 簡文曰, 卿何以先白. 對曰, 蒲柳之姿, 望秋而落.〕"라는 내용이 보인다.

135 지난날……흘렀네 : 이민구와 조경진이 오랫동안 친한 벗으로 지냈다는 말이다. 동심리(同心利)는 《주역》 〈계사전 상(繫辭傳上)〉에 "두 사람이 마음을 함께하면 그

마루에 올라 색동옷 입고 춤추고[136]	升堂携舞綵
술 마주하면 한껏 마셨지	對酒挹傾蠡
의리는 훈지의 화합과 나란했고[137]	義列塤箎合
공은 옥석을 가는 것보다 나았네[138]	功逾玉石磋
좋을 때나 나쁠 때나 보살펴 주는 정 깊어	榮枯深顧遇
환난에도 으레 들러 주었지	患難慣經過
성에 올라서는 어택을 가여워하고	乘障憐魚澤
연못에 임해서는 멱라를 슬퍼했지[139]	臨淵泣汨羅

예리함이 쇠를 자를 만하고, 마음을 함께한 말은 그 향기가 난초와 같다.〔二人同心, 其利斷金. 同心之言, 其臭如蘭.〕"라고 한 데서 온 말이다. 일기(一紀)는 세성(歲星)이 한 바퀴 도는 12년을 뜻하므로, 사기(四紀)는 48년이다.

136 마루에……춤추고 : 친구들이 서로 모여 어머니 앞에서 색동옷을 입고 춤을 추었다는 말로, 조경진의 효성이 지극했음을 읊은 것이다. 무채(舞綵)는 색동옷을 입고 춤을 추는 것으로, 춘추 시대 초(楚)나라의 노래자(老萊子)가 부모를 기쁘게 하려고 나이 70에도 색동옷을 입고 춤을 추었다는 고사가 전한다.《初學記 卷17》 이민구의 글에 "어머니 성 부인을 극진한 효성으로 모셨다. 부인의 연세가 높아지자, 공이 홍서봉과 장유 두 상국 이하 장수하는 어머니를 모시는 십수 명과 약속하여 춘추로 연회를 열어 술잔을 올리며 축수하니, 사람들이 모두 모여 구경하였다.〔奉母成夫人盡孝, 夫人旣大耋, 公約洪張兩相國以下侍壽母者十數公, 春秋宴會, 稱觴上壽, 都人皆聚觀.〕"라고 하였다.《東州集 文集 卷九 刑曹參議趙公墓碣銘》

137 의리는……나란했고 : 이민구와 조경진의 의리가 형제와 같았다는 말이다. 훈지(塤箎)는《시경》〈하인사(何人斯)〉에 "백씨가 질나팔을 불거든 중씨는 젓대를 분다.〔伯氏吹塤, 仲氏吹箎.〕"라고 한 데서 유래하여 형제간의 우애를 의미한다.

138 공은……나았네 : 조경진과 서로 절차탁마(切磋琢磨)했다는 말이다.《시경》〈기욱(淇奧)〉에 "절단해 놓은 듯하고 다시 간 듯하며, 쪼아 놓은 듯하고 다시 간 듯하다.〔如切如磋, 如琢如磨.〕"라고 하였다.

139 성에……슬퍼했지 : 이민구가 유배지에 있을 때 조경진이 염려해 주었다는 말로

황량한 성에 역마 세우고　荒城淹馹騎
차가운 밤에 시간 물었네　寒夜問更鼉
한 번 이별에도 뼈가 놀랐는데　一別還驚骨
다시 만나니 병들어 누웠었지　重逢政寢痾
처음에 폐가 상했는가 걱정했는데　始虞傷肺氣
결국은 원기 손상된 걸 알았네　終覺損天和
친구들 다 복 없어 돌아가니　故友皆無祿
남은 인생 홀로 어이할까　餘生獨奈何
지는 해 서둘러 고개 넘어가고　頹陽催下嶺
떨어지는 잎 일찍 가지를 떠나네　零葉早辭柯
빠른 계절 속에 가는 사물 사라지고　急節淪徂物
흐르는 세월 가는 물결과 섞이네　流年混逝波
황천에 빼어난 인재 묻히니　窮泉埋俊傑
재앙의 해 용사를 의심하네[140]　災歲訝龍蛇
횅하니 먼지 엉긴 방에　虛白塵凝室
울부짖으니 강물 터진 듯 눈물 흐르네　啼號淚決河

이해되는데, 그 시점과 내용은 고증할 수 없다. 멱라(汨羅)는 굴원(屈原)이 투신하여 죽은 물 이름으로, 이민구의 유배 생활을 의미한다.

140 황천(黃泉)에……의심하네 : 조경진과 같이 빼어난 인재가 세상을 떠나니 재앙이 든 해인가 의심스럽다는 말이다. 용사(龍蛇)는 지지(地支)에서 용〔辰〕과 뱀〔巳〕이 든 해를 가리킨다. 후한(後漢)의 정현(鄭玄)이 꿈을 꾸었는데, 공자(孔子)가 나타나 "일어나라, 일어나라. 금년은 용의 해이고 내년은 뱀의 해이니라.〔起起, 今年歲在辰, 來年歲在巳.〕" 하므로, 잠에서 깨어나 따져 보니 비결과 합하여 죽음을 알았다는 고사가 전한다. 《後漢書 卷65 鄭玄列傳》 이로부터 용사지세(龍蛇之歲)는 전쟁이나 현인의 죽음을 의미하게 되었다.

부질없이 〈사구부〉 읊다가	空吟思舊賦
감히 문에 기대어 부르는 노래 짓노라[141]	敢作倚門歌

141 부질없이……짓노라 : 조경진을 애도하는 시를 짓는다는 말이다. 〈사구부(思舊賦)〉는 죽은 벗을 그리워하는 노래로 진(晉)나라 상수(向秀)가 지은 부이다. 《진서(晉書)》 권49 〈상수열전(向秀列傳)〉에 의하면, 혜강(嵇康)이 죽은 뒤에 상수가 산양(山陽)을 지나다가 이웃집에서 들려오는 피리 소리를 듣고 옛 추억을 생각하며 지었다고 한다. 의문가(倚門歌)는 문에 기대어 부르는 노래라는 뜻으로, 《예기》 〈단궁 하(檀弓下)〉에 계무자(季武子)가 죽었을 때 증점이 문상 가서 문에 기대어 노래를 불렀다는 내용이 보인다.

밀양 부사 나위소[142]에게 부치다

寄羅密陽

이별한 마음 시름겨울 뿐 조용히 기쁜 일 없어　離懷悄悄靜無懽
하늘가 뜬 구름만 홀로 앉아 보노라　天際浮雲獨坐看
서쪽 해는 먼 들판 지나는 사람 비추고　西日照人行野遠
북쪽 바람은 찬 강 건너는 기러기에 부네　北風吹雁過江寒
풍진세상 시월에 외로운 의자 걸었고　塵埃十月懸孤榻
문서 더미 속에서 만년을 한 관직에 부쳤구나[143]　簿領殘年寄一官
아마도 타향에서 나그네 한 달래려고　遙想異鄕爲客恨
영남루[144]에서 서울 바라보겠지　嶺南樓上望長安

142 나위소(羅緯素) : 1583~1667. 본관은 나주(羅州), 자는 계빈(季彬), 호는 송암(松巖)이다.《記言 別集 卷16 贈左參贊羅公神道碑銘》1648년(인조26) 밀양 부사에 임명되었다.《承政院日記 仁祖 26年 5月 19日》

143 풍진세상……부쳤구나 : 이민구는 찾아오는 사람도 없이 쓸쓸하게 지내고, 나위소는 관직 생활에 시달리고 있다는 말이다. 후한(後漢) 때 남창 태수(南昌太守) 진번(陳蕃)이 다른 손님은 접대하지 않았는데, 유독 서치(徐穉)가 오면 특별히 의자 하나를 내려놓고 맞았다가 돌아가면 다시 걸었다는 고사가 전한다.《後漢書 卷83 徐穉列傳》

144 영남루(嶺南樓) : 경남 밀양시 내일동에 있는 누각이다.

청선옹[145]이 간전을 탈루했다는 이유로 여주 목사에서 파직되어 돌아왔다. 말하는 사람이 고의로 범한 것이라고 하여 남은 논란이 있었다

聽蟬翁用墾田脫漏罷黃驪歸 言者認爲故犯 有餘論

졸렬한 성품 유유히 시끄러운 세상 싫어	拙性悠然厭世紛
돌아오는 자취 구름처럼 게으르네	歸來蹤跡懶如雲
어찌 아전이 진류의 편지 알랴[146]	寧知小吏陳留牘
다시 중대에서 주후의 법조문 야기하네[147]	更惹中臺柱後文
하택의 수레 한가해 길 나서기 좋을 터	下澤車閑宜命駕
서호의 궁벽한 곳에서 외로운 신세 한하네[148]	西湖地僻恨離群

145 청선옹(聽蟬翁) : 이지정(李志定, 1588~1650)으로, 본관은 여주(驪州), 자는 정오(靜吾), 호는 청선이다. 《松坡集 卷15 通政大夫永興府使聽蟬李公墓碣銘 幷敍》

146 어찌……알랴 : 하급 관리가 간전(墾田)을 정확히 파악하기 어려운 실정을 알기 어렵다는 말이다. 후한(後漢)의 건무(建武) 연간에 간전의 실상을 조사하라는 광무제(光武帝)의 명령에 따라 모든 주군에서 보고서를 올렸는데, 진류(陳留)에서 올라온 서류 중에 포함된 편지에 "영천과 홍농에서는 물을 수 있지만, 하남과 남양에서는 물을 수 없습니다.〔潁川弘農可問, 河南南陽不可問.〕"라는 내용이 있었다. 광무제가 관리에게 힐문(詰問)하자, 당시 12세였던 명제(明帝)가 "하남은 황제가 계시는 곳이라 근신이 많이 살고, 남양은 황제의 고향이라 근친들이 많이 살고 있어서 규정을 넘는 농지나 주택이 있어도 제대로 보고할 수 없습니다.〔河南帝城多近臣, 南陽帝鄕多近親, 田宅踰制, 不可爲准.〕"라고 대답하였다는 고사가 전한다. 《後漢書 卷52 劉隆列傳》

147 다시……야기(惹起)하네 : 대간(臺諫)들이 이지정의 탈루에 대한 처벌 문제를 다시 거론하고 있다는 말이다. 주후(柱後)는 사헌부(司憲府)의 관원을 가리킨다.

148 하택(下澤)의……한하네 : 파직되어 돌아온 이지정이 고향에서 한가롭게 지내고

어여뻐라 그대 붓글씨 흥겨우니 憐君筆陣堪乘興
양흔의 하얀 바지에 새로 쓰시게나[149] 新製羊欣白練裙

있을 것이므로, 서호에서 외롭게 지내는 이민구 자신을 찾아와 주었으면 하는 바람을 읊은 것이다. 하택거(下澤車)는 질퍽거리는 습지도 통과할 수 있는 가벼운 수레를 말한다. 후한(後漢)의 마원(馬援)이 고생스럽게 남방을 정벌하면서 "선비가 한 세상에 태어나 입고 먹을 것을 취할 수 있으면 충분하니, 하택거를 타고 조랑말을 몰며, 고을의 하급 관리가 되고 선영을 지키면서, 향리의 사람들이 좋은 사람이라고 말해 준다면 그만이다.〔士生一世, 但取衣食裁足, 乘下澤車, 御款段馬, 爲郡掾吏, 守墳墓, 鄕里稱善人, 斯可矣.〕"라고 말한 고사가 전한다.《後漢書 卷54 馬援列傳》

149 어여뻐라……쓰시게나 : 이지정이 이민구에게 찾아와 주기를 바란 말이다. 양흔(羊欣)은 남조(南朝)의 유명한 서예가이다. 어느 날 하얀 바지를 입고 낮잠을 자고 있었는데 평소 그를 아끼던 서예의 대가 왕헌지(王獻之)가 와서 보고는 하의에 글씨 몇 폭을 써 주고 갔다. 양흔이 잠에서 깨어 그 글씨를 보고 서법을 익혀 글씨가 더욱 정교해졌다고 한다.《宋書 卷62 羊欣列傳》 이서우(李瑞雨)의 글에 "동방에 오래도록 초성이 없었다. 우리 조정에 이르러 고산 황기로 공이 있었고, 뒤를 이어 청선 이지정 공이 나왔는데, 두 분에 대해 세상에서는 우열을 가릴 수 없다고 한다.〔東方舊無草聖, 至我朝有孤山黃公, 繼而有聽蟬李公, 而二公者, 世莫能左右袒云.〕"라는 내용이 있다.《松坡集 卷15 通政大夫永興府使聽蟬李公墓碣銘 幷敍》 그러므로 이지정을 왕헌지에, 이민구 자신을 양흔에 비유하여 읊은 것이다.

청송 부사 최유연[150]을 전송하다
送崔青松

서호의 늙고 병든 몸 맞이하고 보내는 일 없는데	西湖衰疾廢將迎
얼음 얼고 서리 내린 영남으로 가는 이 전송하네	南嶠氷霜却送行
사십 년 전 함께 합격한 의리 있어[151]	四十年前同榜義
삼천 리 밖 타향으로 보내는 마음 슬프오	三千里外異鄕情
추운 날 장작불 지펴 방은 따뜻하고	寒燒榾柮房櫳煖
조용한 절간에 공기도 맑구나	靜愛招提塔宇淸
벗이 세밑을 맞아	誰念故人當歲暮
풍설에 문 닫고 늘그막 보냄을 누가 염려하랴	閉門風雪養殘生

150 최유연(崔有淵) : 1587~? 본관은 해주(海州), 자는 성지(聖止), 호는 현암(玄巖)이다. 《승정원일기》 인조 26년 10월 26일 기사에 최유연을 청송 부사로 임명한다는 기록이 있다.

151 사십 년……있어 : 최유연은 1609년(광해군1)에 실시된 증광시(增廣試)에서 갑과 3등으로 합격하였고, 이민구는 갑과 1등으로 합격하였다.

울산 부사 노준명[152]을 전송하다

送盧蔚山

노 부사는 빼어난 사람으로	盧侯生民秀
실상 명공의 손자이지[153]	實惟名公孫
빛나는 옥수의 자태	英英玉樹姿
그 아름다움 곤륜에서 나왔네[154]	鍾美自崑崙
그대 집안 불후의 업적을	君家不朽業
승상[155]으로부터 말해 보겠네	請從丞相論
아아 돌아가신 승상이여	嗚呼先丞相
성대한 재주로 문장력 빼어났지	盛才極詞源
훌륭한 문장으로 기우는 국운 일으키니	高文起頹運
선조 원년의 일이었네[156]	粤在宣廟元

152 노준명(盧峻命) : 1596~1652. 본관은 광주(光州), 자는 정이(正而)이다. 영의정을 지낸 노수신(盧守愼, 1515~1590)의 증손이다. 《인조실록》 26년 10월 13일 기사에 노준명을 울산 부사로 임명한 기록이 보인다.

153 노 부사(盧府使)는……손자이지 : 울산 부사 노준명은 노수신의 증손으로, 훌륭한 자질을 갖추었다는 말이다.

154 빛나는……나왔네 : 노준명의 훌륭한 자질을 옥(玉)에 비유하여 읊은 것이다. 옥수(王樹)는 옥수경지(玉樹瓊枝)의 준말로, 고귀한 가문의 자제를 일컫는 말이다. 곤륜(崑崙)은 곤륜산으로 좋은 옥이 많이 나는 산이다.

155 승상(丞相) : 노준명의 증조부 노수신을 말한다. 본관은 광주(光州), 자는 과회(寡悔), 호는 소재(蘇齋)이다. 《記言 別集 卷16 穌齋先生神道碑銘》

156 훌륭한……일이었네 : 노수신은 1545년(인종1) 사간원 정언(司諫院正言)에 임

처음 공이 먼 지방으로 유배 갔을 때 始公竄荒裔
종일 조심하여 도가 더욱 높아졌지[157] 夕惕道彌尊
많은 생각으로 분개한 마음 표현하니 積慮發孤憤
세상에 드문 좋은 말 기약하였네[158] 曠代期立言
그윽한 근심에 장대한 생각 엮어서 幽憂綴壯思
만 리 풍운 속을 내달렸으니 萬里風雲奔
지금도 시 읊고 글 쓰던 곳에 到今吟灑地
파도가 세차게 출렁이네 海濤鬱崩黐
떨쳐 일어나 등용되는 날에 이르러 及夫奮庸辰
우뚝한 공적 세상에 드리웠지 踔厲垂乾坤
좋은 솜씨 자세히 살펴보니 細看哲匠意
음률이 고르게 연주되는 것 같았네[159] 金石諧懸軒

명되어 이기(李芑)를 탄핵했는데, 명종(明宗)이 즉위하자 윤원형(尹元衡)과 이기가 권력을 잡고 사화를 일으켜 노수신을 파직하였다. 노수신은 1547년(명종2)에 순천(順天)으로 유배되었고, 곧이어 진도(珍島)로 이배되었다. 1567년 선조(宣祖)가 즉위하자 해배되어 홍문관 교리(弘文館校理)로 부름을 받았으나 부모 봉양을 위해 귀향하였다. 이듬해에 조정으로 돌아와 홍문관 직제학(弘文館直提學)과 예문관 응교(禮文館應教) 등으로 본격적인 관리 생활을 시작하였다.《蒼石集 卷18 穌齋盧先生行狀》이러한 사실에 근거하여 이민구가 위와 같이 읊고 있는 것이다.

157 처음……높아졌지 : 노수신이 진도에서 19년간 유배 생활을 하였는데, 항상 조심하고 두려워하는 자세를 견지하였다는 말이다. 석척(夕惕)은 《주역》〈건괘(乾卦) 구삼(九三)〉의 "군자가 종일토록 부지런히 힘쓰고 저녁까지도 두려워하면, 위태로우나 허물이 없다.〔君子終日乾乾, 夕惕若, 厲無咎.〕"라는 말에서 유래하였다.

158 많은……기약하였네 : 노수신이 진도에서 훌륭한 작품을 많이 남겼다는 말인데, 그 중에서도 《소재집(穌齋集)》 권2의 〈옥주이천언(沃州二千言)〉이라는 시를 가리키는 것으로 보인다.

노쇠한 이 사람 세상일에 걸려　　吾衰嬰世累
십 년간 변방에서 지냈지[160]　　十年臥塞垣
궁한 시름 선배에게 부끄러워라　　窮愁愧前脩
서글피 바라보니 오솔길 변방 헤맸도다　　悵望迷蹊藩
슬프다 살아남은 사람의 마음　　惻愴後死情
밤 꿈에 정혼과 사귀었네　　夜夢交精魂
말세에 전형을 본받을 수 있었고　　末路得典刑
가업 계승할 후손도 만났네　　克家見後昆
나에게 멀리 벼슬살이 간다고 말하니　　告我遠行役
다섯 마리 말이 붉은 휘장의 수레를 끄는구나[161]　　五馬朱其轓
부절 차고 고향 마을 지나리니　　佩符歷鄉井
향불을 무덤에 올리겠지[162]　　香火上丘原

159 좋은……같았네 : 노수신의 사고와 처신이 잘 조화된 음악처럼 훌륭했다는 말이다. 철장(哲匠)은 문장과 재능이 출중한 사람을 가리킨다. 헌현(軒懸)은 현헌(懸軒)과 같은 말로, 옛날 제후(諸侯)가 종과 경쇠 등의 악기를 삼면(三面)에 매달아 놓았던 것을 가리킨다. 천자(天子)는 이들 악기를 사면(四面)에 모두 매다는데, 제후는 남면(南面)을 빼고 삼면에만 설치하였다.《周禮 春官 小胥》

160 노쇠한……지냈지 : 이민구가 1637년(인조15)부터 1647년까지 10년 동안 유배되었던 사실을 말한다.

161 다섯……끄는구나 : 노준명이 울산 부사로 부임하는 것을 말한다. 오마(五馬)는 옛날 태수(太守)의 수레를 다섯 필의 말이 끌었던 데서 유래하였는데, 전하여 태수의 행차를 가리킨다. 고관의 수레에 붉은 휘장을 쳤으므로 이렇게 읊은 것이다.

162 부절(符節)……올리겠지 : 노준명이 임지(任地)인 울산으로 부임하면서 고향에 들러 선영(先塋)에 참배할 것이라는 말이다. 이준(李埈)이 지은 노수신의 행장(行狀)을 살펴보면, 노수신을 원천(遠川)에 장사 지냈다고 하였는데, 현재의 경상북도 상주시 화서면 일대로 파악된다.

세 번 탄식하며 선현의 업적 말하니	三歎話遺緖
격한 마음에 눈물도 흐르네	激烈兼淚痕
잣나무도 추워하는 이때를 만나	時當栝柏寒
눈서리에 신령한 뿌리 파리하네	霜雪悴靈根
이별의 즈음에 감회 일어나니	感動別離際
옛 사람 잊지 못하노라	古人不可諼

거듭 최성지[163]에게 보내다

再柬崔聖止

동지에 양이 생기고 소세[164] 돌아오니	冬至陽生小歲回
모진 추위와 빠른 계절 둘 다 재촉하네	嚴寒急節兩相催
조수 소리 밤에 일어 쌓인 물 갈라지고	潮聲夜蹴層水坼
햇빛 아침에 나뉘어 만 집 열린다	日色朝分萬戶開
궁벽한 골목에서 늘 누워 지내는 신세	窮巷尋常淹伏枕
이별하는 정자 지척인데 술잔 나누지 못하네	離亭咫尺阻傳杯
남쪽 지방에 매화가 막 피었을 터	遙知南國梅初發
서호에 기러기 오지 않을까 두렵구나[165]	只恐西湖雁不來

163 최성지(崔聖止) : 최유연(崔有淵, 1587~?)으로, 본관은 해주(海州), 자는 성지, 호는 현암(玄巖)이다.

164 소세(小歲) : 동지(冬至) 뒤 세 번째 무일(戊日)에 지내는 제사를 납제(臘祭)라고 하는데, 소세는 납제의 이튿날을 일컫는 말이다.

165 남쪽……두렵구나 : 남쪽으로 떠나더라도 잊지 말고 소식을 전해 달라는 말이다.

이징[166]이 그린 산수화 열 첩

李澄畫山水十帖

하얀 비가 시내를 스쳐 가고	白雨捎溪去
푸른 산이 골짜기 돌자 다가오네	蒼山轉壑來
사공은 무슨 마음인가	舟人何意緖
노 멈추고 돌아갈 줄 모르누나	弭棹不知回

2

높은 소나무가 그윽한 골짝에 드리우니	長松偃幽壑
다리 쭉 펴고 하염없이 앉아	久坐伸吾脚
방초 사이에 나귀 풀어놓고	放驢芳草間
맑은 마음으로 산수 감상하네	澄懷翫水石

3

평생 홀로 가기 바라면서	平生獨往願
푸른 숲의 저녁 풍경 무척 아꼈는데	絶愛靑林晩
하물며 불어난 폭포 마주했으니	況對川瀑肥
그대로 머물러 돌아가지 않노라	淹留不復返

166 이징(李澄) : 1581~? 조선 중기의 화가로, 자는 자함(子涵), 호는 허주(虛舟)이다.

4

봉우리마다 비가 막 걷히고　　群峯雨乍收
골짝마다 구름 올라가네　　衆壑雲俱上
거문고 가져다 타면서　　欲取鳴琴彈
산수의 뜻 유유히 완상하노라　　悠然山水賞

5

시냇가 바위에 술자리 마련하니　　命酒溪頭石
옷 적시며 이슬 마르지 않네　　沾衣露未晞
다만 산 위에 달 있다면　　但令山月在
마주한 채 담담히 돌아갈 줄 모르리　　相對澹忘歸

6

펄렁펄렁 주막집 깃발에 바람 일고　　颭颺酒旗風
마루가 아스라이 열리네　　曾軒啓縹緲
숲 안개가 저물도록 걷히지 않고　　林霏晩不收
산마저 멀어 나그네 드물구나　　山遠行人小

7

외로운 노가 물빛 흔들고　　孤棹亂波光
물새들 날았다 내렸다 하네　　水禽翔復下
누가 알랴 술 실은 사람　　誰知載酒人
밤에 산음의 집에 오려는지[167]　　夜到山陰舍

8

기러기 떼가 저물녘에 내려앉고　連雁下將夕
가을 숲에 낙엽 제법 쌓였네　秋林落葉深
가련하다 나귀 등의 나그네　可憐驢背客
부질없이 길 겁내는 마음 있구나　空有畏途心

9

날 저문 산에 절[168] 아담하고　山晩招提小
빈 뜰에 외로운 학 시름겹다　庭虛獨鶴愁
앞 시내에 밤사이 눈 내렸으니　前溪夜來雪
나그네가 배 돌린 줄을 아노라[169]　知有客回舟

10

다리에 눈 쌓여 말 타고 연달아 갈 수 없어　橋雪妨連騎

167 누가……오려는지 : 친구를 찾아가는 사람이 있음을 어찌 알겠느냐는 말이다. 진(晉)나라 때 산음(山陰)에 살던 왕휘지(王徽之)가 어느 날 밤에 눈이 막 개고 달빛이 청랑하자 갑자기 섬계(剡溪)에 사는 친구 대규(戴逵)가 생각나, 그날 밤에 바로 조그마한 배를 타고 밤새도록 가서 대규의 집 문 앞에 당도했다가 들어가지는 않고 다시 돌아왔다. 누가 그 까닭을 물으니, 왕휘지가 대답하기를 "내가 본래 흥에 겨워 왔다가 흥이 다하여 돌아가는 것이니, 어찌 반드시 대안도를 보겠는가.〔吾本乘興而行, 興盡而返, 何必見戴.〕"라고 했다는 고사가 전한다. 《世說新語 任誕》

168 절 : 초제(招提)는 범어(梵語) catur-diśa의 음역(音譯)으로, 사원(寺院)의 별칭이다.

169 앞……아노라 : 찾아왔던 친구가 돌아간 줄을 안다는 말이다. 눈 내리는 밤에 왕휘지가 대규를 찾아갔다가 흥이 식어 그냥 돌아온 고사가 전한다. 위의 각주 참조.

채찍 멈추고 뒷사람 기다리네　　　停鞭待後人
험한 길 따라 산사 내려와　　　崎嶇下山寺
지나가며 매화 감상하네　　　去賞小梅春

동짓달 그믐밤에 일어나서

至月晦日夜起

눈 내린 뒤에 섬돌 차가운데	雪後階闥寒
서리 매섭고 바람 냉랭하다	霜厲風冷冷
문 나서니 동쪽 산 저 높이	出戶東山高
소나무 숲 사이로 성긴 별빛 보이네	松林見疏星
백호는 반쯤 낮고 높게 올라[170]	白虎半低昴
찬란하게 반짝이네	爛然舒光熒
서남쪽에 기색 달라지더니	西南氣色殊
하늘과 땅이 갑자기 나눠지네	二儀忽分形
붉은 빛이 하늘에 퍼져	赤輝彗空宇
어두운 호수를 밝게 비춘다	照映湖水冥
어이해 만물 폐장하는 겨울철에	奈何閉藏月
재앙의 기운이 천도를 어지럽힐까	沴祲亂天經
중국에 전투 벌어져	中原正格鬪
살벌한 기운이 사해에 이어졌네	殺伐連四溟
백 대 제왕의 고을에	百代帝王州

170 백호(白虎)는……올라 : 동지에 보이는 남쪽 하늘의 모습을 읊은 것이다. 백호는 28수(宿) 가운데 서쪽에 있는 규(奎), 루(婁), 위(胃), 묘(昴), 필(畢), 자(觜), 삼(參)의 일곱 별을 통틀어 가리키는 말이며, 서쪽 하늘을 주관하는 신(神)이기도 하다. 동짓날 묘성이 정남쪽 하늘에 나타난다.

십 년간 피비린내 흘러 넘쳤지 十年流血腥
구복이 이미 뒤집히니[171] 九服既反覆
천문이 어찌 항상 평안하랴만 乾文豈常寧
우리나라가 다행히 무사한 것은 東國幸無事
종묘사직의 위령 덕분이지 廟社實威靈
이내 삶 얼마나 남았나 吾生詎幾何
마시고 먹으며 남은 인생 살아가리 飲啄保餘齡

이듬해 인조대왕께서 승하하셨다.

171 구복(九服)이 이미 뒤집히니 : 중국에 복속(服屬)되었던 지역이 반발하였다는 말로, 청나라가 중국을 차지한 것을 의미한다. 구복은 주(周)나라 때 왕기(王畿) 밖을 5백 리마다 9등급으로 구분한 지역을 말하는데, 후복(侯服), 전복(甸服), 남복(男服), 채복(采服), 위복(衛服), 만복(蠻服), 이복(夷服), 진복(鎭服), 번복(藩服) 등이다.

회갑이 되는 해 입춘에 동갑내기 가운데 살아 있는 이가 대단히 적은 것을 보고 가장 일찍 죽은 사람과 최근에 죽은 사람을 우선 기록하여 나의 감회를 적는다

回年立春 見同甲在世眇然甚尠 姑紀最早亡者與新逝者 以志吾感

문득 예조의 권 좌랑[172] 떠올려 보니	忽憶南宮權佐郎
내가 조금 일찍 태어났지	生時月日我差强
회갑 되는 해에 홀로 새봄 마주하니	回年獨對新春候
황천에 간 삼기 동안 무덤가 나무 자랐네[173]	三紀窮泉拱木長

이상은 권척을 읊은 것이다.

남쪽 고을 동쪽 들판에 살던 동갑내기	南州東野齊年友
늘그막에 부추 이슬 말라 깜짝 놀랐네[174]	投老新驚薤露凋

172 예조(禮曹)의 권 좌랑(權佐郎) : 예조 좌랑(禮曹佐郎)을 역임한 권척(權倜, 1589～1615)을 가리킨다. 본관은 안동(安東), 자는 불기(不羈)이다. 《東州集 文集 卷8 禮曹佐郎權公墓誌銘》

173 황천(黃泉)에……자랐네 : 권척이 운명한 뒤로 많은 세월이 흘러 무덤가의 나무가 울창하게 자랐다는 말이다. 일기(一紀)는 12년이므로, 삼기(三紀)는 36년이다. 권척이 1615년(광해군7)에 운명하였으므로, 이 시를 쓴 1648년(인조26)은 그가 운명한 지 34년째가 되는데, 대략 삼기라고 읊은 것이다.

174 늘그막에……놀랐네 : 임련(林堜)의 운명에 놀랐다는 말이다. 해로(薤露)는 부추 위에 맺힌 이슬로, 초상 때 부르던 만가(輓歌)의 내용이다. 한 고조(漢高祖)에게 반기를 들다 패망한 전횡(田橫)의 죽음을 두고, 그 무리가 지은 만가에 보인다. 347쪽 각주24 참조.

덧없는 인생 조금 더 머물러　肯爲浮生淹短局
잠시 남은 눈으로 오늘 아침 보노라　暫時留眼見今朝

이상은 임련[175]을 읊은 것이다.

175 임련(林堜) : 1589~? 본관은 나주(羅州), 자는 동야(東野), 호는 한호옹(閑好翁)이다.

선달 그믐밤
除夜

회갑은 약속한 듯 찾아왔는데	回年來有約
지나간 날은 기약 없이 돌아갔네	往日歸無期
옛 친구들 비록 만나더라도	故人雖相見
만나자마자 곧바로 이별이네	相見卽相離
덧없는 인생들이야 혹 만난다지만	浮生倘會合
이 이별은 언제 다시 만날까	此別當何時
묻노라 먼 길 가는데	借問適遠道
수레 멈출 곳 어디라던가	稅駕安所之
날마다 큰 강물 따라	日隨大江水
거침없이 동쪽으로 가서	東逝不肯遲
푸른 바다 밑에 이르러서는	及到滄海底
다만 달리는 육룡을 보내네[176]	但送六龍馳
속절없이 흘러 어찌하려는가	荏苒欲如何
나를 늙고 쇠하게 하였구나	成我老與衰
힘써 새벽까지 마셔서	努力達曙飮
내 바람 이루어 보리	庶以遂吾私

176 푸른……보내네 : 달이 지고 해가 뜨게 한다는 말이다. 육룡(六龍)은 태양을 가리킨다. 전설에 의하면, 태양의 신이 타는 수레를 용 여섯 마리가 끄는데, 희화(羲和)가 그 수레를 몬다고 한다.

동주집

시집 제14권

詩시

기축년(1649, 인조27) 설날
己丑元日

푸른 등과 흰 머리 담담히 서로 친해지고	靑燈白髮淡相親
전례 따라 마시는 도소주도 자주 돌아와 싫구나[1]	隨例屠蘇亦厭頻
육순 회갑이라 오래된 노인인데	六袠回年猶故物
오경 새벽녘은 새로운 봄이로구나	五更殘夜是新春
천 집의 기색 황도에 밀려 열리고[2]	千門氣色排黃道
궁궐의 신하들 임금을 모시겠지	雙闕衣冠扈紫宸
다행히 상유에 마지막 시간 남아[3]	自幸桑楡餘末景
쓸쓸히 늙어서 태평 시대의 백성 되었네	蕭條老作太平民

1 전례(前例)……싫구나 : 해가 바뀌어 나이 먹는 것이 싫다는 말이다. 도소(屠蘇)는 설날에 사기(邪氣)를 물리치기 위해 마셨다는 술 이름이다.

2 천 집의……열리고 : 아침 해가 떠올라 도성의 번화가가 밝아지는 모습을 읊은 것이다. 황도(黃道)는 태양이 지구를 중심으로 회전한다고 생각했던 둥근 궤도이다.

3 다행히……남아 : 노년을 맞이했다는 말이다. 상유(桑楡)는 해가 지는 곳으로, 인생의 노년을 의미한다.

16일에 허보의 정자에서 생일 술을 마시다[4]

十六日 飮許亭初度

한가한 정원에 늙은 몸 지팡이 짚고 와서	閑園暫攝扶衰杖
이웃집에서 경하하는 술 나누네	比舍初傳行慶杯
봄기운은 섬돌 옆 풀에서 생동하고	春意欲蘇階上草
풍광은 누각 안의 매화를 온전히 빌렸어라	風光全借閣中梅
즐겁게 술잔 잡으니 무슨 시름 있으랴만	歡娛到手愁何有
세월에 속아 어느새 늙었구나	歲月欺人老自催
오늘 금오위에서 통금 풀었으니[5]	今日金吾仍放夜
서로 흠뻑 취해 돌아갈 줄 모르네	相携爛熳不知廻

4 16일에……마시다 : 초도(初度)는 생일을 의미한다. 이민구의 생일은 1월 14일인데, 시의 내용으로 보아 허보의 집에 갔을 때 이민구의 회갑을 축하하기 위한 술자리가 마련된 것으로 보인다.

5 오늘……풀었으니 : 야간 통행이 허용되었다는 말이다. 방야(放夜)는 성문을 열어 놓고 통행금지를 풀어서 사람들이 마음대로 다니게 하는 것을 말한다.

감사 유성증[6] 만사
兪監司 省曾 挽詞

맑고 깨끗한 참된 기운 흉금에 간직해　清虛眞氣襲沖襟
평생 나눈 우의 진솔한 마음이었네　交誼平生只素心
변방에 비단옷 보내 준 일 어찌 잊으랴[7]　關塞豈忘端綺贈
강호에 작은 수레로 찾아 주어 고마웠네　江湖更感小車尋
자제들 부절 잡아 가문 번성하고[8]　諸郎挾節門闌盛
칠십에 기성 오르니 세월 깊었네[9]　七袠乘箕歲月深
일찍이 자손들 늦게 본다 탄식했지만　曾歎兒孫遲眼見
남전에서 예부터 좋은 옥 나왔지[10]　藍田終古產球琳

6 유성증(兪省曾) : 1576~1649. 본관은 기계(杞溪), 자는 자수(子修), 호는 우곡(愚谷)·요곡(拗谷)이다. 《市南集 卷23 禮曹參議兪公墓誌銘》 1638년(인조16) 강원 감사 유성증이 하직했다는 기록이 있다. 《承政院日記 仁祖 16年 9月 19日》

7 변방에……잊으랴 : 이민구가 영변에 유배되었을 때 유성증이 옷을 보내 준 일을 잊을 수 없다는 말이다. 《동주집(東州集)》 시집(詩集) 권3에 〈관동 감사 유성증이 멀리서 옷가지를 보내 준 것에 사례하다〔謝關東兪監司省曾遠遺衣資〕〉라는 작품이 수록되어 있다.

8 자제들……번성하고 : 유성증의 장남 유황(兪榥)은 전라도 관찰사, 차남 유철(兪撤)은 경기 관찰사였으므로 이렇게 읊은 것이다. 《市南集 卷23 禮曹參議兪公墓誌銘》

9 칠십에……깊었네 : 유성증이 장수를 누리고 운명했다는 말이다. 승기(乘箕)는 기성(箕星)에 오른다는 말로, 어진 신하의 죽음을 의미한다. 은 고종(殷高宗)의 현상(賢相)인 부열(傅說)이 죽자, 그 정신이 기성(箕星)과 미성(尾星) 사이의 별자리가 되었다는 데서 온 말이다. 《莊子 大宗師》

10 일찍이……나왔지 : 유성증이 늦게 자손을 보았지만 결국 그 자손들이 훌륭하게

성장했다는 말이다. 중국 남전현(藍田縣)은 미옥(美玉)의 생산지로 유명한데, 삼국시대 오(吳)나라 손권(孫權)이 제갈근(諸葛瑾)의 아들 제갈각(諸葛恪)을 보고서 "남전에서 옥이 나온다더니, 정말 빈말이 아니다.〔藍田生玉, 眞不虛也.〕"라고 탄식했다는 고사가 전한다.《天中記 卷39 生辰》

잠두봉[11] 유람

鵟頭游覽

맑은 강 따사로워 오리들 떠다니고	晴江日暖散鳧鷖
푸른 물결 안개와 어우러져 버들 둑에 넘실대네	碧浪和煙漾柳堤
나루터 관리는 노인과 젊은이 잘도 알아보고	津吏自知人老少
고깃배는 동서로 흐르는 물 공연히 따라가네	漁舟空逐水東西
기슭마다 미나리 진흙을 봄 제비가 물어가고[12]	芹泥岸岸纔春燕
집집마다 대숲에서 낮닭이 울어대네	竹塢家家盡午鷄
다시 짚신 신고 정상에 올라	更躡芒鞋淩絶頂
평평한 숲 굽어보니 석양 저물어 간다	俯看平楚夕陽低

11 잠두봉(蠶頭峰) : 서울특별시 마포구 합정동 일대의 한강변에 있는 언덕이다. 봉우리가 누에의 머리를 닮았다고 하여 잠두봉이라 하였다.

12 기슭마다……물어가고 : 제비가 집을 짓기 위해 진흙을 물어 나르는 모습을 읊은 것이다. 참고로 두보(杜甫)의 〈서보(徐步)〉에 "진흙은 제비 부리를 따라가고, 꽃가루는 벌 수염에 올라가네.〔芹泥隨燕觜, 蘂粉上蜂鬚.〕"라는 구절이 있다.

태안 군수 김중문[13]에게 부쳐 사례하다
寄謝泰安守金仲文

하늘 끝의 서신 두 물고기가 가져오니[14]	天涯書信帶雙魚
봄날 호수의 배가 처음 올라온 때라네	春日湖船上水初
오랫동안 칠원의 오만한 관리인 줄 알았는데[15]	久識漆園爲傲吏
듣자니 율리에서 한가롭게 산다네[16]	還聞栗里擬閑居

13 김중문(金仲文) : 김익희(金益熙, 1610~1656)로, 본관은 광산(光山), 자는 중문, 호는 창주(滄洲), 시호는 문정(文貞)이다. 문집으로 《창주유고(滄洲遺稿)》가 전한다. 《승정원일기》 인조 26년 2월 25일 기사에 김익희를 태안 군수에 임명한 내용이 실려 있다.

14 하늘……가져오니 : 김익희가 이민구에게 편지를 보내왔다는 말이다. 쌍어(雙魚)는 두 마리의 잉어로, 서신(書信)을 의미한다. 고악부(古樂府)인 〈음마장성굴행(飮馬長城窟行)〉에 "나그네가 먼 곳에서 와서는, 두 마리의 잉어를 내게 주었네. 아이 불러 잉어를 삶게 했더니, 뱃속에 비단에 쓴 편지 들었네.〔客從遠方來, 遺我雙鯉魚. 呼兒烹鯉魚, 中有尺素書.〕"라고 하였다. 《樂府詩集 卷38 相和歌辭》

15 오랫동안……알았는데 : 김익희가 예법에 구애받지 않는 관리로 지낼 줄 알았다는 말이다. 오리(傲吏)는 낮은 벼슬에 있으면서 세상을 오시(傲視)하고 예법에 구애받지 않는 고사(高士)를 말한다. 전국 시대에 장주(莊周)가 몽(蒙) 땅 칠원(漆園)의 관리로 있으면서 재상으로 초빙하는 초(楚)나라 위왕(威王)의 청을 거절하였는데, 이에 대해 후대의 진(晉)나라 곽박(郭璞)이 〈유선(遊仙)〉에서 "칠원에는 오만한 관리가 있고, 노래자에게는 은일의 아내가 있어라.〔漆園有傲吏, 萊氏有逸妻.〕"라고 하였다. 《文選 卷21 遊仙詩七首 郭景純》

16 듣자니……산다네 : 김익희가 벼슬을 버리고 낙향했다는 소식을 들었다는 말이다. 율리(栗里)는 중국 강서성(江西省) 구강현(九江縣)에 있는 지명으로, 도잠(陶潛)이 은거한 곳이다.

외로운 성 좁은 땅에 요역이 많을 테지만　孤城地迮征徭重
세 오솔길[17]에 재물 없어 생계 엉성하리　三徑資空活計疏
난세에 행하고 감춤[18] 더욱 쓸쓸한데　亂世行藏轉蕭瑟
하물며 이별의 한이 갈대에 가득함에랴　況兼離恨滿菰蘆

17 세 오솔길 : 삼경(三徑)은 은자가 사는 집을 말한다. 한(漢)나라 장후(蔣詡)는 자가 원경(元卿)으로, 왕망(王莽)이 집권하자 벼슬에서 물러나 향리인 두릉(杜陵)에 은거하였다. 그 뒤로 집의 대밭 아래에 세 개의 오솔길을 내고, 벗 구중(求仲)과 양중(羊仲) 두 사람하고만 교유하였다.《蒙求 卷上 蔣詡三逕》 도잠(陶潛)도 〈귀거래사(歸去來辭)〉에서 이 고사를 인용하여 "삼경은 황폐해졌어도, 솔과 국화는 그대로 남아 있네.〔三徑就荒, 松菊猶存.〕"라고 하였다.

18 행하고 감춤 : 사람의 출처(出處)를 의미한다.《논어》〈술이(述而)〉에 "써 주면 나의 도를 행하고 써 주지 않으면 숨는다.〔用之則行, 舍之則藏.〕"라고 하였다.

강행

江行

문 나서니 봄풀은 벌써 끝없이 펼쳐졌고	出門春草已無際
비 갠 후 꽃은 십 리에 만발해 강산 아름답다	晴花十里湖山麗
하늘 멀리 안개는 옅었다 짙었다 하고	天虛遙靄淡還濃
따스한 날 잔잔한 물살은 부드럽고 고와라	日暖微波膩更細
강기슭 돌아가니 스쳐가는 물새들만 보이고	岸轉唯看沙鳥過
노 저으니 장오[19]가 가는 줄도 모르네	櫓搖不覺檣烏逝
어찌 세속 일로 남은 삶 누가 되게 하랴	那將俗事累殘年
그저 미친 듯 노래하며 봄 풍경에 취하노라	但把狂歌醉芳歲

19 장오(檣烏) : 돛 위에 매단 까마귀 모양의 풍향계(風向計)를 말하는데, 여기서는 배를 의미하는 말로 사용되었다.

현옹[20]의 시에 맞춰 지어 보내다

次弦翁韻却寄

그대 같은 은자의 무리 참 좋아하나니　絶愛君侯靜者流
혜강과 유령처럼 죽림의 놀이 마다하지 않지[21]　嵇劉不厭竹林遊
어찌 세상 향해 두 눈을 돌릴까　寧從世路開雙眼
일찍이 문단에서 우두머리 양보했네　曾向詞壇讓一頭
초야로 돌아와 고사의 전기를 찾고[22]　初服却尋高士傳
고향에서 늙은 농부들과 어울리네　故園還與老農儔
봄날 율리에 술 있을 터　春來栗里壺觴在
항아리에 새로운 향기 은은히 풍기겠지[23]　甕面新香細細浮

20 현옹(弦翁) : 김효건(金孝建, 1584~1666)으로, 본관은 안동(安東), 자는 선술(善述), 호는 경현옹(警弦翁) 또는 경옹(警翁)이다. 《海隱遺稿 卷18 贈大冢宰金公墓碑銘》

21 그대……않지 : 김효건의 은자적 삶을 좋아한다는 말이다. 정자(靜者)는 청정한 도를 깊이 터득하여 세상에 초연한 사람으로, 보통 은사(隱士)나 승려를 가리킨다. 《여씨춘추(呂氏春秋)》 권17 〈심분람군수(審分覽君守)〉에 "도를 얻은 자는 반드시 고요하게 되고, 고요하게 되면 알음알이를 내지 않는다.〔得道者必靜, 靜者無知.〕"라는 말이 있다. 혜류(嵇劉)는 진(晉)나라 죽림칠현(竹林七賢) 가운데 혜강(嵇康)과 유령(劉伶)의 병칭이다. 두 사람은 모두 술을 좋아하였다.

22 초야(草野)로……찾고 : 김효건이 벼슬을 그만두고 돌아와 지내면서 고사(高士)들의 전기를 읽으며 본받으려 한다는 말이다. 초복(初服)은 처음에 입던 옷으로, 곧 벼슬을 떠나 처음 있던 곳으로 돌아가는 것을 의미한다. 굴원(屈原)의 〈이소(離騷)〉에 "물러가 다시 나의 초복을 손질하리.〔退將復修吾初服〕"라고 하였다.

23 봄날……풍기겠지 : 김효건이 새로 빚은 술을 마시고 있을 것이라는 말이다. 율리(栗里)는 본래 도잠(陶潛)의 고향인데, 여기서는 김효건의 고향을 의미한다.

김선술에 대해 읊은 것이다.

한강의 외로운 배 거슬러 올라가지 못하는데	江漢孤舟阻上流
꽃피는 삼월에 함께 놀던 때 떠오르네	煙花三月憶同遊
가련하다 늘그막 삶 산기슭에 의지하여	遙憐暮境依山足
홀로 봄 술에 취해 돌머리 베고 있겠지	獨醉春杯枕石頭
물 고요하니 물고기와 짝할 만하고	水靜魚蝦堪作侶
숲 깊어 사슴들과 잘 어울리리	林深麋鹿好爲儔
그대가 전원의 즐거움 한껏 차지한 줄 아노니	知君飽占田園樂
보리는 바람 머금어 푸른빛 일렁이겠지	麥氣含風翠欲浮

계언[24]에 대해 읊은 것이다.

24 계언(季彦) : 조빈(趙贇, 1587~?)으로, 본관은 한양(漢陽), 자는 계언, 호는 은성(隱星)이다.

가는 세월

徂歲

늙어 보니 지나온 세월이	衰老經歲月
마치 구르는 수레바퀴 같구나	一似車輪轉
수레바퀴 쉼 없이 굴러	車輪轉未已
몽사에 곧 다다르지[25]	濛汜行卽踐
계절 늦춰 천천히 달리게 해도	弭節以徐驅
이 길은 진정 면하기 어려운데	斯路定難免
하물며 참마 채찍질하여	況可鞭其驂
수레 엎어질 듯 헐떡이며 재촉하랴	傾輈促餘喘
사람들은 화려한 명성만 추구하니	物情逐紛華
예부터 이런 이치 아는 사람 드물었네	從古識者鮮
안일과 놀이로 화순한 천성 손상시키고	逸豫損天和
음란과 사치로 날마다 황음에 빠지지	淫侈日荒湎
노래와 곡소리 밤낮으로 갈마드니	歌哭遞昏晝
부질없는 기쁨 몹시 한스럽네	苦恨浮懽淺
예부터 호리[26]의 무덤을	宿昔蒿里墟

25 몽사(濛汜)에 곧 다다르지 : 세월이 쉬지 않고 흘러 금세 만년(晩年)이 된다는 말이다. 몽사는 해가 진다는 곳으로, 인생의 만년을 비유하는 말이다.

26 호리(蒿里) : 본래 태산(泰山) 남쪽에 있는 산 이름인데, 예부터 묘지(墓地)가 많았기 때문에 묘지의 뜻으로 쓰인다. 또 장송곡(葬送曲)을 〈호리곡(蒿里曲)〉이라고 표현하기도 하는데, 한(漢)나라 이연년(李延年)이 〈해로곡(薤露曲)〉을 왕공(王公)과

이슬이 살짝 적셔 주었지　風露隕微泫
짧은 시간을 누가 멈출 수 있으랴　短期誰可淹
원대한 뜻을 답답하게도 펼치지 못했네　長算鬱不展
부귀한 자제들에게 한 마디 부치노니　寄語紈綺子
젊어서 각자 노력하시게나　年少各自勉

귀인(貴人)의 장송곡으로, 〈호리곡〉을 사대부와 서민들의 장송곡으로 구별하였다고 한다. 진(晉)나라 최표(崔豹)의 《고금주(古今注)》 〈음악(音樂)〉에 "해로와 호리는 모두 초상 때 부르는 노래로, 전횡의 문인에게서 나왔다. 전횡이 자살하자 문인들이 상심하여 비가를 지었으니, 사람의 목숨은 부추에 맺힌 이슬이 쉬 마르는 것과 같다고 하였고, 또한 사람이 죽으면 혼백이 호리로 돌아간다고 하였다.〔薤露蒿里, 並喪歌也, 出田橫門人. 橫自殺, 門人傷之, 爲之悲歌. 言人命如薤上之露易晞滅也, 亦謂人死魂魄歸乎蒿里.〕"라고 하였다.

참봉 이괵[27] 만사

李參奉 澗 挽詞

능침과 고을에 벼슬자리 없지 않지만	陵邑非無仕
종산에 절로 신령 있었네[28]	鍾山自有靈
늙도록 알고 지냈는데	相知成老大
한 번 헤어진 뒤로 떠도는 신세 한스러웠네	一別恨漂零
옛 덕은 집안에 남아 있는데	舊德餘家世
새 무덤은 정원에서 가깝다네	新阡近戶庭
안타깝다 운무 속에	可憐雲霧裏
소미성 보이지 않네[29]	不見少微星

27 이괵(李澗) : 1575~? 본관은 경주(慶州), 자는 원중(源仲)으로 추정되나, 자세한 인적사항은 알 수 없다. 1609년(광해군1)에 이민구와 함께 생원시에 합격하였다.

28 능침(陵寢)과……있었네 : 이괵이 참봉에 임명되기는 했지만 나아가지 않고 은거했다는 말이다. 남제(南齊) 때 주옹(周顒)이 일찍이 종산(鍾山)에 은거하다가 조정의 부름을 받아 해염 현령(海鹽縣令)으로 나갔는데, 그가 임기를 마치고 도성(都城)으로 가는 길에 다시 종산에 들르려 하였다. 일찍이 그와 함께 은거했던 공치규(孔稚圭)가 그의 변절(變節)을 매우 못마땅하게 여긴 나머지, 산신령의 뜻을 가탁하여 그를 거절하는 뜻으로 〈북산이문(北山移文)〉을 지었다. 그 글에 "종산의 영령과 초당의 신령이 연기로 하여금 역로를 달려가서 산마루에 이문을 새기게 하였다.……어찌 꽃다운 두약으로 하여금 후안무치하게 하고, 향기로운 벽려로 하여금 부끄러움을 모르게 하며, 푸른 봉우리로 하여금 재차 욕되게 하고, 붉은 절벽으로 하여금 거듭 더럽혀지게 하리오.〔鍾山之英, 草堂之靈, 馳煙驛路, 勒移山庭.……豈可使芳杜厚顔, 薜荔蒙恥, 碧嶺再辱, 丹崖重滓.〕"라고 하였다.

29 소미성(少微星) 보이지 않네 : 이괵이 운명했다는 말이다. 소미성은 처사(處士),

즉 벼슬에 나아가지 않고 은거하는 덕망이 높은 선비를 뜻한다. 소미성이 빛나면 처사가 세상에 나오고 소미성이 빛을 잃으면 처사가 죽는다고 한다. 진(晉)나라 사부(謝敷)는 자가 경서(慶緒)인데, 성품이 맑고 욕심이 없어 벼슬길에 나가지 않고 태평산(太平山)에 10여 년 동안 은거하였다. 하루는 달이 소미성을 범하자, 점치는 사람이 "처사가 죽을 것이다."라고 하였는데, 당시 명망이 높았던 대규(戴逵)가 죽을 것이라는 예상과는 달리 사부가 죽었다고 한다. 《晉書 卷94 隱逸列傳 謝敷》

안개비
煙雨

안개비 부슬부슬 내리고 날은 저물어	煙雨霏微晩勢催
도성 거리의 거마들 먼지 씻어 내네	天街車馬洗塵埃
새로 낸 모가 물위로 삐져나와 온통 푸르고	新秧出水青如積
보리가 이어진 교외에 푸른빛 가득하네	宿麥連郊翠欲堆
난간 밖 뜬 구름이 천 봉우리와 합해지고	檻外浮雲千嶂合
문 앞의 아름다운 경치 두 강물이 흘러오네	門前秀色二江來
그윽한 집에 종일토록 빈 주렴 고요한데	幽軒盡日空簾静
어린 제비 비껴 날며 젖어도 돌아오지 않네	乳燕斜飛濕不廻

학사정의 운자에 맞춰서 김 응교를 위해 짓다[30]

次鶴沙亭韻 爲金應教賦

한 줄기 맑은 물굽이에 별빛 비추고	一水澄灣占落星
작은 정자가 높이 솟아 푸른 들판 굽어보네	小亭高壓野田青
학가산의 밝은 달빛 밤 휘장에 비추고	鶴岑皓月通宵幌
사천 가의 산들바람 저녁 창에 불어오네[31]	沙階微風到夕櫺
숲 언덕에 가려 해도 병마가 가로막으니	欲往林皐魔作障
어찌하면 그 풍경 그려 병풍 만들까	那將物色繪爲屛
그대에게 평천의 돌 있는 줄 아노니	知君亦有平泉石
혹 늙은 내게 반일의 깸 빌려 주려는가[32]	倘借衰翁半日醒

30 학사정(鶴沙亭)의……짓다 : 김 응교(金應教)는 김응조(金應祖, 1587~1667)로, 본관은 풍산(豐山), 자는 효징(孝徵), 호는 학사 또는 아헌(啞軒)이다.《訥隱集 卷17 鶴沙金先生行狀》이민구가 차운한 시는《학사집(鶴沙集)》권1의〈학사벽상운(鶴沙壁上韻)〉이다. 참고로 학사정은 김응조가 건립한 정자로 경상북도 영주시 문수면 조재리에 있었다.

31 학가산(鶴駕山)의……불어오네 : 학사정이 학가산과 사천(沙川)이 만나는 지점에 건립되었으므로 이렇게 읊은 것이다.《鶴沙集 卷5 鶴沙精舍記》

32 그대에게……주려는가 : 김응조의 별장을 구경할 수 있게 해달라는 말이다. 평천(平泉)은 당(唐)나라 때의 정승 이덕유(李德裕)가 세운 평천장(平泉莊)이라는 별장이다. 별장 안에 정자와 누대, 기화이초(奇花異草), 진귀한 소나무가 있어 그 경치가 완연히 선경(仙境)과 같았다고 한다.《劇談錄 卷下 李相國宅》

파주 목사 이공익[33] 만사

李坡州 公益 挽詞

마음 맞는 벗보다 더 즐거운 일 없으니	莫樂齊心契
항상 어려서 함께 놀던 때 떠올랐지	常懷總角游
일찍이 과장에 함께 갔었으니[34]	詞場曾竝轂
공부하며 몇 번이나 이불 함께 덮었던가	硏席幾同裯
속박된 몸 책에 의지하여	束縛依黃卷
즐거운 마음으로 백발에 이르렀네	懽娛到白頭
들쭉날쭉 세상일 변하며	參差人事變
겪어온 세월 빨리도 흘렀네	經閱歲時遒
비바람 맞으며 서문에서 이별할 때	風雨西門別
전란 때문에 임금을 근심하였지	干戈北極愁
곤궁한 길에서 뼈 녹이는 참소 한스러웠고[35]	窮途銷骨恨

33 이공익(李公益) : 1588~1649. 본관은 전주(全州), 자는 사선(士先)이다. 《승정원일기》 인조 24년 10월 8일 기사에 이공익을 파주 목사에 임명한다는 기록이 있다.

34 일찍이……갔었으니 : 1609년(광해군1)에 이공익과 이민구가 함께 진사시에 합격한 사실을 말한다.

35 곤궁한……한스러웠고 : 이공익이 모진 참소를 받았다는 말로 이해되지만 생애를 고증할 수 없어 정확한 내용은 알 수 없다. 소골(銷骨)은 뼈를 녹인다는 말로, 참소를 의미한다. 전국 시대 장의(張儀)가 위왕(魏王)에게 "뭇사람의 입은 무쇠도 녹일 수 있고, 참소가 쌓이면 뼈도 녹일 수 있습니다.〔衆口鑠金, 積毁銷骨.〕"라고 하였다. 《史記 卷70 張儀列傳》

작은 고을에서 허리 굽히기 부끄러웠지[36] 下邑折腰羞
저녁에 한 쌍 오리 길 끊겼고[37] 路絶雙鳧夕
가을에 한 기러기 하늘이 멀었네[38] 天長一雁秋
돌아오자 법망에 걸렸지만 及歸仍網罟
서로 마주하고 더욱 친밀했네 相對更綢繆
술 때문에 몸에 병들어 麴蘗身爲患
고황을 귀신이 도모하였네[39] 膏肓鬼與謀
거친 파도에 물거품이 쉬 사라지고 驚波泡易滅

36 작은……부끄러웠지 : 이공익이 작은 고을의 수령으로 나가는 것을 부끄럽게 여겼다는 말이다. 절요(折腰)는 낮은 자리에 있으면서 높은 자리에 있는 사람에게 허리를 굽혀 인사하는 것을 말한다. 진(晉)나라 도잠(陶潛)이 팽택 현령(彭澤縣令)으로 있을 때, 군(郡)에서 파견한 독우(督郵)의 시찰을 받게 되었다. 아전이 도잠에게 의관을 갖추고 독우에게 인사해야 한다고 하자, 도잠이 탄식하면서 "내가 쌀 다섯 말 때문에 허리를 꺾어 향리의 애송이에게 굽실거릴 수는 없다.〔我不能爲五斗米, 折腰向鄕里小兒.〕"라고 하고는 고향으로 돌아갔던 고사가 전한다. 《宋書 卷94 隱逸列傳 陶潛》

37 저녁에……끊겼고 : 이공익이 고을 수령에서 해임되었다는 의미로 보인다. 쌍부(雙鳧)는 두 마리의 오리로, 지방관을 뜻한다. 후한(後漢)의 왕교(王喬)가 섭현(葉縣)의 현령으로 있으면서 경사(京師)에 올 때마다 한 쌍의 오리를 타고 왔다는 고사에서 유래하였다. 《後漢書 卷112 方術列傳 王喬》

38 가을에……멀었네 : 이공익과 멀리 떨어져 살아 소식을 주고받지 못했다는 말이다.

39 술……도모하였네 : 이공익이 술을 좋아하다가 불치병에 걸렸다는 말이다. 고황(膏肓)은 치료할 수 없는 깊은 병을 말한다. 춘추 시대 진 경공(晉景公)이 병이 들어 진(秦)의 명의를 불렀다. 의사가 도착하기 전에 경공이 꿈을 꾸니, 두 아이가 말하기를 "내일 명의가 우리를 처치할 것인데, 우리가 고(膏)의 밑과 황(肓)의 위로 들어가면 명의라도 어찌하지 못할 것이다." 하였다. 이튿날 명의가 진찰하더니 병이 고황에 깊이 숨어 고칠 수 없다고 하였다. 《春秋左氏傳 成公10年》

시원한 바람은 이슬도 거둬들이지[40]	爽氣露兼收
칼 잡으면 걸고픈 생각만 떠오르고[41]	把劍徒思掛
술잔 들면 문득 내던지고 싶어라	持杯忽欲投
허물없이 지낸 많은 친구들	忘形多執友
모두 돌아가 산언덕에 몸 맡겼네	托體盡山丘
남은 인생 슬픔 심할 테고	慟爲餘生劇
그 슬픔 죽어야 그치겠지	悲應抵死休
새벽녘 오동나무 서늘한 잎 떨어지고	晨梧涼葉隕
가을의 측백나무 옛 숲에 그윽하네	秋柏故林幽
늙고 병든 몸은 도리어 이와 같으니	衰病還如許
생사를 마음대로 할 수 있으랴	存亡可自由
저승에서 만날 날 가까운 줄 알지만	極知冥會近
흐르는 눈물이 벌써 비껴 흐르오	失涕已橫流

40 거친……거둬들이지 : 물거품이 쉬 사라지고 이슬이 마르듯이 이공익이 갑자기 세상을 떠났다는 말이다.

41 칼……떠오르고 : 이공익의 무덤을 찾아가 조문하고 싶다는 말이다. 오(吳)나라 계찰(季札)이 서군(徐君)의 무덤을 찾아가서 평소 서군이 갖고 싶어 했던 자신의 패검(佩劍)을 무덤 앞의 나무에 걸어 놓고 갔던 고사가 전한다.《史記 卷31 吳太伯世家》

현옹[42]이 내 시 두 편을 소매 속에 넣고 한강을 건너다가 물에 떨어뜨려 잃어버리고 근체시를 지어 내게 주었는데, 왕영로가 강을 건너다가 황노직이 쓴 위 소주의 "시냇가의 그윽한 풀 홀로 어여쁘고"라는 시를 강의 신에게 바쳤던 고사를 인용하여 비유하였으니[43] 시인은 이처럼 사연이 많다. 내가 최신명의 일[44]을 들어 답하였다

弦翁袖余二詩　渡漢落水失去　作近體詩遺余　引王榮老濟江以黃魯直書韋蘇州獨憐幽草澗邊生一絶獻江神事爲比　詩人之多事如此　余擧崔信明事答之

42 현옹(弦翁) : 김효건(金孝建, 1584~1666)으로, 본관은 안동(安東), 자는 선술(善述), 호는 경현옹(警弦翁) 또는 경옹(警翁)이다. 《海隱遺稿 卷18 贈大冢宰金公墓碑銘》

43 왕영로(王榮老)가……비유하였으니 : 노직(魯直)은 황정견(黃庭堅)의 자(字)이고, 위 소주(韋蘇州)는 소주 자사(蘇州刺史)를 지낸 위응물(韋應物)을 가리킨다. 왕영로가 관주(觀州)에서 벼슬을 하고 있었는데, 하루는 관강(觀江)을 건너려고 하자 7일 동안이나 바람이 불어 건널 수가 없었다. 그 고을의 원로가 "공께서는 상자 속에 반드시 보물을 감추고 계실 것입니다. 이 강의 신은 지극히 신령하니 마땅히 그것을 바쳐야 건널 수 있을 것입니다." 하였다. 왕영로는 특별히 갖고 있는 보물이 없었지만 옥과 벼루 등을 바쳤는데 바람은 그치지 않았다. 그러다가 황정견의 글씨로 위응물의 〈저주서간(滁州西澗)〉을 쓴 부채가 있음을 알고 그것을 바쳤더니, 바람이 멎어서 강을 건널 수 있었다고 한다. 《冷齋夜話 卷1 江神嗜黃魯直書韋詩》

44 최신명(崔信明)의 일 : 최신명은 당나라 때의 청주(青州) 익도(益都) 사람이다. 그의 시 가운데 "단풍잎 지니 오강이 차갑구나.〔楓落吳江冷〕"라는 구절이 있는데, 정세익(鄭世益)이 그 묘사가 빼어나다고 높이 평가하였다. 하루는 정세익이 최신명과 시에 관해 논하다가 새로 쓴 작품이 없느냐고 물었다. 최신명이 기쁨을 감추지 못하고 작품들을 보여 주자, 정세익은 몇 장을 들춰 보았으나 흥취를 느끼지 못하였다. 정세익은 급기야 "본 것이 들은 것에 미치지 못하는구나.〔所見不逮所聞〕"라고 하고는 그 작품들을 강물에 던지고 뒤도 돌아보지 않은 채 떠났다고 한다. 《新唐書 卷201 文藝列傳 崔信明》

거친 글 쓰느라 채색 종이 허비해 부끄러운데　自愧荒詞費彩牋
그대 덕에 맑은 물결에 졸작 감추었네　荷君藏拙付淸漣
물결에 강가 단풍 시 던질 만하지만　波心合擲江楓詠
용궁에서는 시냇가 풀 노래만 탐하리[45]　水府唯耽澗草篇
어찌 찬란한 빛이 환하게 비추랴만　豈有光芒堪照灼
이리저리 전해져 비웃음 살 일은 없으리[46]　應無嗤點謾流傳
정성스레 두 잉어의 소식 찾기 위함이니[47]　殷勤爲覓雙魚信
서로 그리는 그 마음 가엾다　只是相思也可憐

45 물결에……탐하리 : 한강에 떨어뜨린 자신의 시가 졸작에 불과하다는 겸사이다. 강풍영(江楓詠)은 최신명의 시를 말하고, 간초편(澗草篇)은 위응물의 시를 가리킨다. 위의 각주 참조.

46 어찌……없으리 : 자신의 시가 졸렬하여 세상에 환히 드러날 일이 없는데, 다행히 물에 빠져 사라짐으로써 사람들이 돌려 보고 비웃는 일이 없게 되었다는 말이다.

47 정성스레……위함이니 : 김효건이 이민구의 시를 강물에 빠뜨린 것을 핑계 삼아 소식을 주고받는 기회를 만들었다는 말이다. 쌍어신(雙魚信)은 잉어의 뱃속에서 편지가 나왔다는 고사에서 유래한 말로, 편지를 의미한다. 422쪽 각주14 참조.

한낮 정경을 바라보며
午望

동남풍 불어와	風從東南來
책상 위 책장 어지러이 날리고	亂我床上書
서늘한 기운 허공에 가득하여	浮涼滿空宇
산들산들 옷깃에 불어오네	颯颯灑衣裾
상쾌히 낮잠에서 깨어	爽然警晝眠
천천히 일어나 마을 바라보니	徐起視村墟
소슬히 나무들은 빼어나고	蕭蕭群木秀
아득히 큰 강은 트였어라	淼淼大江虛
중류에 떠 있는 만 곡들이 배	中流萬斛舡
그 그림자 강물에 일렁이네[48]	動影陽侯居
백성은 곡식을 먹으며	齊民食土毛
부세로 창고를 채운다[49]	厥賦供倉儲
서울에는 호구가 수없이 많아	京師戶盈億
서민들도 쌀밥 먹으니	玉食及臺輿
어찌 알랴 농부들이	豈知荷鋤夫

48 중류(中流)에……일렁이네 : 강 가운데로 곡식을 실은 배가 떠가며, 배 그림자가 물결 따라 일렁이는 모양을 묘사하였다. 양후(陽侯)는 파도 귀신이다.

49 백성(百姓)은……채운다 : 백성들은 땅에 농사를 지어 먹고 살며, 그 세금으로 창고를 채운다는 말이다. 토모(土毛)는 땅에서 돋는 털이란 의미로, 여러 곡식을 가리킨다. 제민(齊民)은 일반 백성으로, 서민(庶民)과 같은 말이다.

온갖 노역에 시달려 침탈당해 죽는 줄을	百役死侵漁
유월이라 천지는 뜨거운데	六月天地熱
등 그을리며 묵정밭 가꾸네	炙背服菑畬
관가에선 날마다 채찍질로 재촉하니	公門日鞭扑
곡식 한 톨인들 어찌 남으랴	一粒寧見餘
떨어진 이삭까지 다 주워 모아	掇拾至遺穗
실어 나르느라 배와 수레 낡는구나	委輸敝舟車
사공들이 큰 파도에 배 몰아가다	篙師駕洪濤
왕왕 고래에게 먹히지	往往飽鯨魚
농사 맡은 관리가 국가의 계책 생각해야	司農念國計
애써 고생하는 신세 면하리	得免事拮据
자고로 현자의 마음은	自古賢者心
재정 운영에 낭비[50] 경계했지	用財戒尾閭

50 낭비 : 미려(尾閭)는 바닷물이 한없이 새는 곳으로, 《장자(莊子)》 〈추수(秋水)〉에 "천하의 물은 바다보다 큰 것이 없으니, ……미려에서 새어 언제 그칠지 모르는데도 텅 비는 일이 없소.〔天下之水, 莫大於海, ……尾閭泄之, 不知何時已而不虛.〕"라고 한 데서 유래하였다.

밤에 앉아서

夜坐

빈 집에 가을밤 쓸쓸히 고요하고	虛齋秋夜靜蕭條
네 벽의 서늘함에 취기 가신다	四壁新涼酒氣消
외로운 잠자리 애처로워 잠 못 드는데	孤枕悄然無夢寐
오경에 산비가 파초에 지나가는구나	五更山雨過芭蕉

야정 팔영

野亭八詠

행촌[51]의 옛 자취 杏村遺躅

도 있어 누가 먼저 전하는가 道在孰先傳
때가 온다면 구차히 숨지 않으리 時來非苟隱
작은 시내 참 근원에 닿았으니 涓流控眞源
화담[52]을 가까이해서지 爲接花潭近

원수의 큰 비석[53] 元帥穹碑

구름 위 새는 외로운 봉우리 너머에 날고 雲鳥孤峯表
황량한 성엔 성벽이 위태롭네 荒城獸角危
해마다 비바람 치는 저녁에 年年風雨夕
도깨비도 장군의 비는 피하리라 魑魅避穹碑

51 행촌(杏村) : 민순(閔純, 1519~1591)으로, 본관은 여흥(驪興), 자는 경초(景初), 호는 행촌·습정(習靜)이다. 그의 묘갈명에 "화담 서경덕 선생을 찾아가 가르침을 청하여 주정의 설을 듣고 깊이 음미하여, 서재를 습정이라 명명하였다.〔往謁花潭徐先生請業, 聞主靜之說而深味之, 名其齋曰習靜.〕"라는 내용이 있다.《晩全集 卷5 右通禮習靜閔先生墓碣銘》

52 화담(花潭) : 서경덕(徐敬德, 1489~1546)으로, 본관은 당성(唐城), 자는 가구(可久), 호는 복재(復齋)·화담, 시호는 문강(文康)이다.

53 원수의 큰 비석 : 행주대첩을 이끈 권율 장군의 비석으로 여겨진다.

압도의 풀밭[54] 鴨島平蕪

긴 강이 바다로 달려가매　　長江赴海門
뭇 산들도 함께 가려 하는데　　欲倂群山逝
홀로 푸른 풀 펼쳐진 모래톱은　　獨有靑草洲
의연히 저 멀리 떠 있구나　　依然浮遠勢

파릉[55]의 푸른 안개 巴陵翠靄

물 건너 파릉현　　隔水巴陵縣
저녁 안개 사이로 아득하구나　　蒼茫暮靄間
어디선가 기러기 소리 들려오니　　冥冥鴻雁響
가을 정취 강가에 가득하다　　秋意滿江關

해문의 저녁 조수 海門晩潮

저물녘에 밀물 밀려와　　潮頭日暮生
점차 멀리 금릉까지 들어가네[56]　　稍入金陵遠

54 압도(鴨島)의 풀밭 : 압도는 서울시 마포구 상암동에 있던 섬으로, 물 위에 떠 있는 오리와 같다고 해서 붙여진 이름이다. 《광해군일기》 2년 6월 15일 기사에 "압도에서는 매년 군인을 많이 뽑아 한 달 정도의 부역으로 억새풀을 베어 수시로 필요한 대소사에 사용하였다."라는 기록이 있을 정도로 억새가 많았다.

55 파릉(巴陵) : 서울특별시 양천구(陽川區) 일대의 옛 이름이다. 파산(巴山)이라고도 한다. 삼국 시대에 파릉을 제차파의(齊次巴衣)라고 한 데서 유래하였다. 제차는 갯가, 파의는 바위란 뜻으로, 갯가에 바위가 있는 곳이라는 의미이다.

56 저물녘에……들어가네 : 저녁에는 밀물이 금릉(金陵)에 들어온다는 말이다. 금릉은 김포의 옛 이름이다.

이대로 한밤중 되면　直到夜分時
밝은 달이 강섬에 가득하리　月明洲渚滿

강어귀의 봄 배 江口春帆

술 파는 저 사람 뉘 집 여인인가　賣酒誰家女
〈자야가〉[57] 잘도 부르네　能爲子夜歌
지난해에 풍년 들어　前年秋事好
바람결에 미곡선 많이 보내누나　風送米舡多

앞 시내에 뜬 가을 달 前溪秋月

시내 길에 달빛 길이 비추고　溪路金波永
갈대꽃에 맑은 이슬 남았네　蘆花玉露殘
밤에도 다니는 배들 그치지 않아　舟行夜未已
사람들 말소리가 차가운 강 따라 내려간다　人語下江寒

후포의 비 갠 풍경 後浦霽雨

간밤에 내리던 비 봉우리마다 개어　宿雨千峯霽
정자 언덕에 오르니 사방이 훤히 보이네　亭皐四望通
몇 집에서 피어나는 연기 너머로　幾家煙火外
저녁노을 속에서 어부들 그물질하네　漁網夕陽中

57 자야가(子夜歌) : 진(晉)나라 때 악곡 이름이다. 《천중기(天中記)》 권43 〈가(歌)〉에 "자야는 진나라 노래이다. 진나라에 자야라는 여인이 있어 이 노래를 만들었는데, 소리가 매우 애절하였다.〔子夜晉曲也. 晉有女子名子夜, 造此聲, 聲遇哀苦.〕"라고 하였다.

상촌과 월사 두 공이 수창한 여섯 수.[58] 그 글을 보니 눈물이 흘러 운에 맞춰 감회를 적다

象村月沙二公酬唱六篇 淚灑遺墨 次韻紀感

비 맑게 개고 나니 날씨 서늘해지고	凄淸一雨餉虛涼
궁성의 밤도 점차 길어지네	稍覺嚴城夜漏長
늘그막에 시간은 하루를 재촉하는데	歲暮陰陽催日紀
구름 걷힌 은하수에 별빛 맑구나	雲消河漢湛天章
연못에 연꽃은 물 말라 푸른 잎 시들고	池荷醮水拋靑蓋
숲 속 열매도 서리 맞아 자줏빛 송이 터지네	林果迎霜坼紫房
병 앓고 난 후 쇠한 기력에 겹옷 입기 싫어	病後氣衰嫌御裌
홀로 서책 끼고 방 깊숙이 문 닫고 지낸다	獨携經卷閉深堂

동쪽에 맑은 아침 해 떠올라	東方初日澹滄涼
나무 그림자 어지럽게 집보다 길게 드리웠네	樹影闌干過屋長
감기는 겨우내 늙은이를 떠나지 않는데	瘧癘三冬淹暮齒
진흙길에서 십 년 동안 조정을 떠나 있었네	泥塗十載間朝章

58 상촌(象村)과……여섯 수 : 상촌은 신흠(申欽, 1566~1628)으로, 본관은 평산(平山), 자는 경숙(敬叔), 호는 현헌(玄軒)·상촌·현옹(玄翁)·방옹(放翁), 시호는 문정(文貞)이다. 월사(月沙)는 이정귀(李廷龜, 1564~1635)로, 본관은 연안(延安), 자는 성징(聖徵), 호는 월사·보만당(保晩堂)·치암(癡菴)·추애(秋崖)·습정(習靜), 시호는 문충(文忠)이다. 《상촌집(象村集)》 권14에 〈월사의 운자에 맞춰 지은 여섯 수〔次月沙韻六首〕〉가 실려 있다.

오랫동안 난초 차고 연옷 입다가	久將蘭佩兼荷製
초가집 새로 엮어 약방을 바꾸었네[59]	新結茅廬替葯房
다만 한스럽게도 세월은 무정하여	只恨流光無意緖
잡아도 머물지 않고 잘도 가는구나	相留不住去堂堂

네 벽에 묻힌 생애 의자 하나 서늘한데	四壁生涯一榻涼
귀뚜라미 소리 끊어지려 하고 기러기 길게 운다	蛩音欲斷雁聲長
난초 언덕에서 이미 시인의 패물 엮었고	蘭皐已綴騷人佩
붉은 인끈 학사의 인장 일찍이 불살랐네	朱紱曾焚學士章
삼경[60]에 해마다 피는 국화 어여쁘고	三徑年華憐菊蕊
구월의 가을 풍광 수유 주머니 정겹구나	九秋風物感萸房
젊은 날의 높이 오르던 흥취도 시들하여	蕭條少日登高興
쇠잔한 몸으로 시절 보내며 마루 내려가지 않네	衰病經時不下堂

진흙길 자취는 본래 쓸쓸하니	泥塗蹤跡本涼涼
세상살이 일찍이 어떤 좋은 재주 가졌던가	涉世何曾有才長
전란 후에 호걸들 대부분 변해가고	亂後英豪多豹變

59 오랫동안……바꾸었네 : 오랜 유배 생활 후에 돌아와 초가집을 새로 엮었다는 말이다. 난패(蘭佩)와 하제(荷製)는 유배 생활을 비유하는 말이다. 초(楚)나라의 유배객 굴원(屈原)의 〈이소(離騷)〉에 "강리와 벽지를 몸에 걸치고, 가을 난초를 꿰어 허리에 찬다.〔扈江離與辟芷兮, 紉秋蘭以爲佩.〕"라고 하였다.

60 삼경(三徑) : 은자의 거처를 말한다. 한(漢)나라 때 왕망(王莽)이 섭정을 하자, 장후(蔣詡)가 벼슬을 버리고 두릉(杜陵)에 은거하여 집의 대밭 아래에 오솔길 세 개를 내고, 오직 구중(求仲)과 양중(羊仲) 두 벗하고만 놀았다고 한다. 《蒙求 蔣詡三逕》

지난날 조정에도 용장은 다했도다[61]　　向來朝序盡龍章
시서의 구업 금궤에서 뽑아내고　　詩書舊業抽金匱
연홍의 신공 옥방에서 여노라[62]　　鉛汞新功啓玉房
적막한 집 백각에 이웃했는데　　寂寞幽居隣白閣
주렴에 가득한 가을빛이 빈 집 감싸네　　滿簾秋色擁虛堂

천지 사이 세월 흘러 또 서늘한데[63]　　天地乘除又一涼
백 년 인생은 어찌 짧고 뜻은 어찌 긴가　　百年何短意何長
신명은 풍운의 만남에서 길이 저버리고[64]　　身名永負風雲會
한묵은 월로의 문장 되어 부질없이 부끄럽다[65]　　翰墨空慙月露章

61 전란(戰亂)……다했도다 : 세월이 흘러 난세의 영웅호걸들도 사라지고, 조정의 문장가들도 다 죽었다는 말이다. 난세의 영웅호걸은 신흠과 이정귀를 지칭하는 것으로 여겨진다. 용장(龍章)은 임금의 교서(教書)나 칙령(勅令)을 가리키는 말인데, 여기서는 신흠과 이정귀가 조정에서 지은 여러 문장을 가리키는 것으로 이해된다.

62 시서(詩書)의……여노라 : 종래 종사하던 유업(儒業)을 그만두고 신선술을 익힌다는 말이다. 연홍(鉛汞)은 도가(道家)에서 단약(丹藥)을 만드는 흑연(黑鉛)과 수은(水銀)을 가리키는 말로, 여기서는 단약을 의미한다.

63 천지(天地)……서늘한데 : 한서장단(寒暑長短)이 더하고 덜하다가 다시 가을이 되었다는 말이다. 승제(乘除)는 곱셈과 나눗셈으로, 대개 득실(得失)을 의미한다.

64 신명(身名)은……저버리고 : 임금의 신뢰를 저버리고 명예를 오래도록 잃었다는 말이다. 풍운회(風雲會)는 훌륭한 군주와 신하의 만남을 의미한다. 《주역》 〈건괘(乾卦) 문언(文言)〉에 "구름은 용을 따르고 바람은 범을 따른다.〔雲從龍, 風從虎.〕"라고 한 데서 유래하였다.

65 한묵(翰墨)은……부끄럽다 : 자신의 문장이 보잘것없다는 말이다. 한묵은 문한(文翰)과 필묵(筆墨)이라는 뜻으로, 문장을 의미한다. 월로(月露)는 월로풍운(月露風雲)의 준말로, 문장을 지으며 월로풍운이나 읊고 있다는 뜻이다. 쓸데없는 문장을 가리

오악의 참모습 동부에 희미하고　　五嶽眞形迷洞府
구하의 가을빛도 선방궁에 아득하네[66]　　九河秋色渺宣房
쓸쓸하구나 훗날 글 지을 때　　蕭條異日成書托
더불어 집터 닦을 이 없을까 하노라[67]　　只恐無人與肯堂

서늘한 밤 입 안에 바람서리 이는데　　牙頰風霜挾夜涼
두 공의 불꽃같은 글 예부터 우열 다투었네　　二公文焰舊爭長
일대의 청운 천거하여 함께 걷고　　青雲一代推聯步
천 년의 백벽 빛나는 보장일세[68]　　白璧千秋煥報章
이미 성조의 수장막 바라보니　　已向熙朝瞻藻繡
도리어 청묘의 〈지방가〉 들리는 듯[69]　　還從淸廟聽芝房

키는 말이다.

66 오악(五嶽)의……아득하네 : 이민구 자신이 지은 문장들이 당시 문단의 세태를 벗어나지 못했다는 말이다. 신흠이 시문(時文)을 논하며 "산에는 오악이 있으나 형질이 모두 다르고, 강에는 구하가 있으나 그 근원이 각각 다르다.〔山有五岳, 而形質俱殊, 水有九河, 而派源各異.〕"라고 하며, 차이를 이해 못하는 세태를 비판하였다.《象村集 卷52 春城錄》동부(洞府)는 신선들이 사는 계곡을 가리키는 말이다. 선방궁(宣房宮)은 한 무제 때 황하가 터지자 그 입구를 막고 위에 세웠던 궁전이다.

67 쓸쓸하구나……하노라 : 자신의 문장을 이어갈 제자가 없다는 말이다. 긍당(肯堂)은 집터를 닦는다는 의미로, 여기서는 이민구의 문장을 이어갈 제자를 가리킨다.《서경》〈대고(大誥)〉에 "아버지가 집을 지으려고 모든 방법을 강구해 놓았는데, 아들이 집터를 닦으려고도 하지 않는다면, 나아가 집을 얽어 만들 수 있겠는가.〔若考作室, 旣底法, 厥子乃不肯堂, 矧肯構.〕"라고 하였다.

68 일대의……보장(報章)일세 : 신흠과 이정귀의 천거로 함께 조정에서 일하게 되었고, 두 공이 보내 준 시는 찬란히 빛나는 글이라는 말이다. 백벽(白璧)은 티 하나 없는 옥으로, 상대가 보내 준 시를 높여 부르는 말이다. 보장은 수답하는 글이다.

당년에 혹시 취허력 아꼈더라면	當年倘惜吹噓力
연명이 당에 오르도록 누가 허락했으리오[70]	誰許然明得上堂

69 이미……들리는 듯 : 두 공이 활동하던 조정에서 지어진 아름다운 글들을 보니 종묘의 안녕을 기원하는 상서로운 노래가 들리는 듯하다는 말이다. 수장막〔藻繡〕은 아름답게 수놓은 장막으로, 여기서는 신흠과 이정귀의 글을 가리킨다. 〈지방가(芝房歌)〉는 상서(祥瑞)를 축원하는 노래로, 〈재방가(齋房歌)〉라고도 한다. 한 무제 때에 감천궁(甘泉宮) 재방에서 지초가 났는데, 아홉 줄기에 연이은 잎이 나 있어 이를 상서로운 일이라 여겨 〈재방가〉를 지었다고 한다. 《漢書 卷22 禮樂志》

70 당년에……허락했으리오 : 신흠과 이정귀 두 공의 보살핌이 없었다면 조정에 오르지 못했을 것이라는 말이다. 취허(吹噓)는 입김을 불어넣어 준다는 뜻으로, 잘못은 덮어 주고 잘한 것은 치켜세우며 천거하는 것을 말한다. 연명(然明)은 춘추 시대 정(鄭)나라 대부 종멸(鬷蔑)의 자로, 종명(鬷明)이라고도 한다. 숙향(叔向)이 정나라에 왔을 때, 종멸이 숙향을 만나 보기 위해 술대접하는 심부름꾼을 따라 들어가 당(堂) 아래에 서서 한 마디 훌륭한 말을 하였다. 숙향이 마침 술을 마시려다가 그 소리를 듣고 "반드시 종멸일 것이다." 하고는 당 아래로 내려가서 그의 손을 잡고 자신의 자리로 올라가 서로 친하게 이야기를 나누었다는 고사가 전한다. 《春秋左氏傳 昭公28年》

대행대왕의 대행산릉[71]에서 삼가 곡하며 불러 짓다 장릉

大行大王大幸山陵 奉哭口占 長陵

요순이 전한 정일함 계승하여[72]	精一遙承二帝傳
명성은 높이 백왕의 앞에 기록되었네	聲明高紀百王前
어찌 소백에게 천명 빌게 하지 않으시고	寧違召伯祈天命
홀로 은나라 삼종보다 재위를 적게 하시었나[73]	獨少殷宗享國年
달 나와도 의관은 놀러 나가 돌아오지 않고[74]	月出衣冠遊不返

71 대행대왕(大行大王)의 대행산릉(大幸山陵) : 대행대왕은 승하(昇遐)한 지 얼마 안 되어 시호(諡號)가 아직 없는 전왕(前王)을 높여 부르는 말이고, 대행산릉은 임금의 큰 장례 행차를 가리킨다. 여기서는 인조(仁祖)의 장례를 가리킨다. 장릉(長陵)은 인조의 능으로 경기도 파주시(坡州市) 탄현면(炭縣面) 갈현리(葛峴里)에 있다.

72 요순(堯舜)이……계승하여 : 인조가 제왕의 정통을 이었다는 말이다. 정일(精一)은 《서경》 〈대우모(大禹謨)〉에 "인심은 위태하고 도심은 은미하니, 오직 정밀하고 오직 순일하게 하여 진실로 그 중을 잡아라.〔人心惟危, 道心惟微, 惟精惟一, 允執厥中.〕"라고 한 데서 유래하였다. 이 구절은 순 임금이 우(禹)에게 제위(帝位)를 선양(禪讓)하며 해 준 말인데, 치도(治道)의 요체로서 도통연원(道統淵源)의 근거로 인식되어 왔다.

73 어찌……하시었나 : 소백(召伯)으로 하여금 천명을 빌어 은나라 세 명의 훌륭한 왕처럼 오래 재위하지 않았느냐는 말이다. 소백은 주(周)나라의 소공(召公)이다. 소공은 낙읍(洛邑)으로의 천도(遷都) 임무를 완수하고 성왕(成王)의 장수를 빌었다. 《서경》 〈소고(召誥)〉에 "새 도읍에 머무시어 왕께서는 속히 덕을 공경하소서. 왕께서 덕을 쓰는 것이 하늘의 영원한 명을 비는 것입니다.〔宅新邑, 肆惟王, 其疾敬德. 王其德之用, 祈天永命.〕"라고 하였다. 은종(殷宗)은 은나라의 훌륭한 세 왕으로, 중종(中宗), 고종(高宗), 조갑(祖甲)을 가리킨다. 이들은 각각 75년, 59년, 33년 동안 재위(在位)하였다. 향국(享國)은 왕위를 누린다는 말로, 재위를 가리킨다. 《書經 無逸》

74 달……않고 : 인조가 승하하였다는 말이다. 월출의관(月出衣冠)은 임금이 입던

용이 날아가니 궁검 떨어져 아득하구나[75] 龍飛弓劍墮茫然
미천한 신하 예전에 조정의 끝자리에 있었는데 微臣舊玷鵷鴻後
보잘것없는 이 목숨 먼저 가지 못해 부끄럽네[76] 畢命空慙螻蟻先

서리 이슬 내린 도성문에 별들이 낮게 드리우고 霜露都門列宿低
하늘에 노니는 향기로운 수레 난새가 끄네 天遊香輅引鸞鷖
맑은 먼지 새벽에 둘러 도성 사람들 오열하고 淸塵曉匝重城咽
엄한 밤 희게 번득이는 무기 칠교[77]가 가지런하다 素仗宵嚴七校齊
오월 남순은 푸른 들판으로 멀어지고 五月南巡蒼野遠
서쪽 제향엔 흰 구름 희미하네[78] 帝鄕西望白雲迷

의관을 가리킨다. 《시경》〈계명(鷄鳴)〉에 "동방이 밝아 조정에 신하들 모였다는데, 동방이 밝은 게 아니라 달이 떠 달빛 빛남일세.〔東方明矣, 朝旣昌矣. 匪東方則明, 月出之光.〕"라고 하였다. 이 시는 어진 왕비가 임금을 자신의 처소에서 모시고 있으면서, 동이 트려고 할 때 임금에게 빨리 나아가 조회를 보라고 채근하는 내용이다.

75 용이……아득하구나 : 인조의 죽음을 의미한다. 황제(黃帝)가 형산(荊山) 아래에서 솥을 주조하고 나서, 용을 타고 승천할 적에 신하와 후궁 70여 명을 함께 데리고 갔는데, 여기에 참여하지 못한 소신(小臣)들이 용의 수염을 잡고 있다가 용의 수염이 빠지는 바람에 모두 떨어졌다. 이때 황제의 활도 함께 떨어졌으므로, 백성들이 그 활을 안고 울부짖었다고 하여 그 활을 오호궁(嗚呼弓)이라고 했다는 전설이 전한다. 《史記 卷28 封禪書》

76 미천한……부끄럽네 : 이민구가 인조조(仁祖朝)에 출사하여 신하 노릇을 했는데, 이제 인조가 승하했음에도 저승에 가서 모시지 못해 부끄럽다는 말이다.

77 칠교(七校) : 한 무제(漢武帝)가 백월(白粵)을 평정하고 나서 증설한 7교위(校尉)를 말한다. 《漢書 卷23 刑法志》

78 오월……희미하네 : 5월에 인조가 승하하였다는 말이다. 《예기》〈왕제(王制)〉에 "5월에 남쪽으로 순수하여 남악에 이른다.〔五月南巡守, 至于南嶽.〕"라고 하였다. 제향

톰방톰방 물시계 소리 차갑게 울릴 때	丁東玉漏催寒警
마치 옷을 구해 자규를 기다리는 것 같구나[79]	猶想求衣待刺閨

(帝鄕)은 상제의 나라, 즉 하늘나라이다. 《장자(莊子)》 〈천지(天地)〉에 "저 흰 구름을 타고 제향에 이른다.〔乘彼白雲, 至於帝鄕.〕"라고 하였다.

79 톰방톰방……같구나 : 아직도 인조가 살아 있는 것 같다는 말이다. 구의(求衣)는 왕이 정사(政事)에 부지런한 것을 표현한 말이다. 한 문제(漢文帝)가 처음 즉위해서 물시계 소리가 끝나갈 때, 즉 날이 밝기도 전에 일어나 옷을 걸치고 정사에 임했다고 한다. 《漢書 卷51 鄒陽傳》 자규(刺閨)는 나라의 급한 일을 임금에게 아뢰는 신하로 여겨진다. 《홍재전서(弘齋全書)》 권116 〈진문제(陳文帝)〉에 "《강목(綱目)》에서 '자규가 바깥일을 가져와 재가를 받았다.' 하였는데, 이른바 자규라는 것은 과연 어떤 관직인가?"라고 묻자, 유학 정문진(鄭文晉)이 "자규라는 이름으로 명명하게 된 이유에 대하여 상세히 논할 수는 없으나, 문맥으로 보건대 아마도 이것은 군국(軍國)의 급무(急務)를 규중에서 입수하여 임금에게 아뢰는 관직인 듯합니다."라고 대답한 기록이 있다.

교외로 나가 연서[80]에서 묵다

出郊宿延曙

이미 날 저물고 가을 기운 개었으니　　既夕秋氛霽
먼 하늘에 기러기 떼 날아간다　　遙空度雁群
사람들 강가에 살아가고　　人家臨水住
관로는 다리에서 갈라지네　　官路到橋分
물가의 국화는 맑은 이슬 머금었고　　菊溢含清露
산기슭 단풍은 하얀 구름 둘렀어라　　楓崖帶白雲
처량하게 늘그막 한하며　　凄涼遲暮恨
쇠한 귀밑털로 석양에 섰노라　　衰鬢倚斜曛

2

기러기는 흰 백사장 너머에 있고　　鴻雁雲沙外
하늘은 넓으며 들은 깨끗하다　　天虛野氣澄
맑은 서리에 초목은 차갑게 시드는데　　清霜凄卉木
찬 햇살이 산릉[81]을 밝게 비추누나　　寒日澹山陵
세월 금세 지나가니　　歲月俄今古

80 연서(延曙) : 서울특별시 은평구 연신내 지역으로 연서역이 있던 곳이다.

81 산릉(山陵) : 이 시의 앞에 〈대행대왕의 대행산릉에서 삼가 곡하며 불러 짓다〔大行大王大幸山陵奉哭口占〕〉라는 작품이 있는 것으로 보아 여기의 산릉은 인조의 능인 장릉(長陵)을 가리키는 것으로 보인다.

천지 사이에서 몇 번이나 자고 깨려는지 乾坤幾寢興
인간 세상의 감회로 欲將人代感
끝없는 세월 이치를 승려에게 물으려네 灰劫問胡僧

3
외로운 숲 정자 언덕이 저 멀리 보이고 獨樹亭皐逈
고즈넉한 마을 향해 오솔길 굽이졌네 孤村徑路縈
막 피었다가 꽃은 시들려는데 始開花欲老
수확 끝난 논에 벼가 도리어 자라네 已穫稻還生
생활 형편이 이야깃거리 되고 水火供人語
술과 밥에서 나그네의 마음 알 수 있지 壺簞見客情
시든 풀 사이로 저녁 풍경 맞이하니 寒蕪延夕望
서리 내린 한 봉우리 맑구나 霜露一峯淸

4
버팀목 치워 내니 동산 썰렁하고 除架園場冷
안배한 울타리에 초목 시들었네 排籬草木衰
늘어진 오이 덩굴에 초록빛 가셨고 綠拖瓜蔓引
드리운 버들가지에 푸른빛 사라졌네 靑斷柳絲垂
외나무다리가 낮아진 시내에 열리고 徑彴開渠淺
수레로 늦게야 벼 거두는구나 田車納稼遲
힘들게 일하는 소리 들리니 還聞疲力役
초가집에서 편히 쉬지 못하겠네 不敢偃茅茨

5

오래된 역에서 꾸는 가을 꿈　古驛三秋夢
한밤에 그윽한 창 마주한 마음이네　幽窓半夜心
서리 내린 뒤에 전원 깨끗하고　田園霜後淨
빗속에 등불 그윽하다　燈火雨中深
복토는 예전 제도를 따랐지만　復土功因舊
하늘 무너지니 지금까지도 슬프네[82]　崩天慟至今
이웃 닭이 들판의 통곡 재촉할 제　隣鷄催野哭
시름겨운 빛깔이 서쪽 숲에 가득하다　愁色滿西林

82 복토(復土)는……슬프네 : 이 시가 1649년(인조27)에 지어졌고, 앞에 〈대행대왕의 대행산릉에서 삼가 곡하며 불러 짓다〔大行大王大幸山陵奉哭口占〕〉라는 시가 있는 것으로 보아, 인조의 승하에 대한 슬픔을 읊은 것으로 보인다.

여덟 폭 그림에 쓰다
題畫八幅

봄 골짝에 뭇 봉우리 솟았으니	春壑群峯起
봄 물결은 몇 척이나 깊을까	春波幾尺深
노 멈추고 주막 바라보니	停橈望酒店
고작 푸른 숲 너머에 있네	只隔一青林

2

꽃나무 늘어선 맑은 시내 나루	花木淸溪渡
배 당겨 건너니 한 잎처럼 가벼워라	挐舟一葉輕
산길에 앞서 가던 벗	山蹊有前侶
기다렸다 함께 가려 하네	且住與同行

3

연기와 비에 푸른 숲 흐릿해도	煙雨暗青林
절간이 멀지 않은 줄 알겠는데	招提知近遠
누런 진흙탕 정강이까지 빠져	黃泥沒脛深
점심때 맞추지 못하겠네	不及齋時飯

4

비 기운이 긴 숲에 가득하고	雨氣長林偃
구름이 낮은 산 덮었어라	雲陰短嶽埋

시내 다리에서 나귀 헛디딜까 봐　　谿橋驢失脚
어린 동자의 재촉 받지 않누나　　不受小童催

5
비단 단풍잎 산길에 쌓이고　　錦葉堆山徑
가을 기러기 물가 밭에 내려앉네　　霜鴻下渚田
조용히 지내며 세월 잊었더니　　幽居忘歲月
어느덧 가을도 저무누나　　定是九秋天

6
강물은 하늘빛과 함께 멀리 뻗었는데　　水與天光永
돛배는 기러기 그림자와 외롭구나　　帆將雁影孤
뉘 알까 오회의 나그네　　誰知吳會客
순채와 농어 때문만은 아니었음을[83]　　未必爲蓴鱸

83 뉘……아니었음을 : 진(晉)나라 장한(張翰)이 벼슬을 버리고 고향으로 돌아온 것은 단순히 순챗국과 농어회가 먹고 싶어서가 아니라, 명리(名利)를 추구하는 마음이 전혀 없었기 때문이라는 말이다. 오회(吳會)는 중국 회계군(會稽郡)의 오현(吳縣)과 회현(會縣)의 병칭이다. 장한이 낙양(洛陽)에 들어가서 대사마(大司馬) 벼슬을 하다가, 가을바람이 불어와 고향인 오중(吳中)의 순채국과 농어회가 생각나자 "인생은 자기 뜻에 맞게 사는 것이 중요한데, 어찌 몇 천 리 밖에서 벼슬살이에 얽매어 좋은 관작을 바라겠는가.〔人生貴得適志, 何能羈宦數千里, 以要名爵乎.〕"라고 말하고, 고향으로 돌아간 고사가 전한다.《晉書 卷92 文苑列傳 張翰》

7

먼 산이라 나무꾼도 드물어　山遠樵人少
돌아가려니 오솔길 험하구나　歸來徑路難
삭풍이 해진 솜옷에 불어와　北風吹敗絮
얼음과 눈 속에 다리 건너려니 춥구나　氷雪過橋寒

8

서호의 눈이야 두렵지 않건만　不怕西湖雪
아슬아슬 다리가 골짜기 옆에 비꼈어라　危橋傍壑斜
한가로이 외로운 학에 이끌려　閑隨孤鶴引
잠시 매화 구경 가누나　暫去就梅花

학 그림
畫鶴

높은 집에 흰 병풍 펼치니	高堂展素屛
대단히 맑아 구고[84]에서 노닐 자질이네	淸逈九皐質
깃털이 더없이 깨끗하여	羽毛淨皎潔
요대의 눈처럼 희구나[85]	皭然瑤臺雪
영험한 탄생 조화에 의탁하여	靈胎托造化
참모습 검게 물들지 않았네	未肯淄眞骨
사뿐사뿐 야윈 두 신선인 양	蹁躚兩臞仙
우뚝 서니 모두 빼어나네	卓立俱敻絶
휙휙 큰 소나무 그늘에서 날개 치며	翛翛長松陰
길게 목 빼고 외로운 달 향해 우는구나	引吭唳孤月
헝클어진 긴 깃털 문지르며	氃氋刷脩翮
서리 견디는 대나무의 절조 깔보누나	傲睨霜筠節
저마다 하늘 높이 날아갈 뜻 있어	各自具霄漢
방호[86] 뛰어넘을 듯	方壺超彷彿

84 구고(九皐) : 수택(水澤)의 깊은 곳을 말하는데, 《시경》 〈학명(鶴鳴)〉에 "학이 구고에서 울면 소리가 하늘에까지 들린다.〔鶴鳴于九皐, 聲聞于天.〕"라고 하였다.

85 깃털이……희구나 : 학의 깃털이 눈처럼 희다는 말이다. 요대(瑤臺)는 옥으로 장식한 누대로, 신선이 거처하는 곳을 가리킨다.

86 방호(方壺) : 신선이 산다는 섬으로, 일명 방장(方丈)이라고도 한다. 발해(渤海)의 동쪽에 다섯 섬이 있다는데, 첫째는 대여(岱輿), 둘째는 원교(員嶠), 셋째는 방호,

어렴풋이 들리는 생황 소리	怳怳笙簫音
난새와 봉새 짝할 만하네	鸞鳳可儔匹
경성의 번화한 십자 거리	京城十字街
자욱하게 먼지에 잠겼지	澒洞塵埃沒
이런 연무의 자태 마주하니	對此煙霧姿
인간 세상도 쓸쓸하기만	人寰亦蕭瑟
가을날 밤도 깊어	時秋夜向分
흰 이슬이 하늘 끝까지 씻어 주네	白露洗天末
그물에 걸리지 마라	不離羅網間
천지는 아득히 드넓단다	乾坤眇空闊

넷째는 영주(瀛洲), 다섯째는 봉래(蓬萊)라 한다. 《列子 湯問》

영흥으로 부임하는 이정오[87]를 전송하다

送李靜吾赴永興

북쪽 큰 고을 돌아보니 성군 일어난 곳이라　北顧名藩聖迹基
예전부터 고을 수령 뛰어난 이로 뽑았지[88]　從來州吏選高資
분유가 천 년 사직을 오래도록 둘렀으니　枌楡舊擁千年社
서직을 백세의 사당에서 새로 받드네[89]　黍稷新承百世祠
이미 현가로 다스리는 방법 삼았는데　已遣絃歌歸政術
또 들으니 절제사로 군사 지휘한다지[90]　還聞節制總旌麾
남아의 마음 이별이야 대수롭지 않건만　男兒快意輕離別
한스럽게도 우리 모두 젊은이 아니구나　只恨俱非少壯時

87 이정오(李靜吾) : 이지정(李志定, 1588~1650)으로, 본관은 여주(驪州), 자는 정오, 호는 청선(聽蟬)이다. 영흥 부사(永興府使)를 역임하였다.《松坡集 卷15 通政大夫永興府使聽蟬李公墓碣銘 幷敍》

88 북쪽……뽑았지 : 영흥이 태조 이성계(李成桂)의 고향이기 때문에, 조정에서 영흥 부사를 임명할 때 신중을 기하여 뛰어난 인재로 선발했다는 말이다.

89 분유(枌楡)가……받드네 : 이지정이 영흥 부사로 부임하여 태조 이성계의 제사를 받든다는 말이다. 분유는 느릅나무로, 한 고조(漢高祖) 유방(劉邦)이 자기 고향인 풍(豐)에다 느릅나무 두 그루를 심어 토지(土地)의 신(神)으로 삼은 고사에서 유래하여, 왕조(王朝)의 발상지(發祥地), 또는 제왕의 고향을 가리킨다. 함경남도 영흥군 순녕면(順寧面) 흑석리(黑石里)에는 태조의 영정을 봉안한 준원전(濬源殿)이 있다.

90 이미……지휘한다지 : 이지정이 예악(禮樂)으로 고을을 잘 다스리고, 군사를 지휘하는 임무도 맡았다는 말이다. 현가(絃歌)는 춘추 시대 노(魯)나라의 자유(子遊)가 무성의 수령으로 있으면서 예악으로 가르쳐, 고을 사람들이 모두 현(絃)을 뜯으면서 노래하였다는 고사에서 유래한 말이다.《論語 陽貨》

오여완[91]에게 부치다. 청나라 사신을 전송하려고 용만에 있었다

寄吳汝完 伴送北使在龍灣

먼지 날리는 길에 괴롭게도 한가할 틈 없는데	塵埃道路苦無閑
늘그막에도 머리 세지 않아 이상했지	每怪衰年鬢未斑
어찌 마음이 외물에 부림 받을까	豈以胸懷供物役
오직 종적을 조정 반열에 부쳤다네[92]	唯將蹤跡寄朝班
황룡새 너머로 전거 돌아가니[93]	黃龍塞外氈車返
백마성 가에 옥절 가지고 돌아왔네[94]	白馬城邊玉節還
노력하여 잦은 발섭 마다하지 마라	努力莫辭頻跋涉
한가에서 오늘 관문 막을 걸 의논한다네[95]	漢家今日議封關

91 오여완(吳汝完) : 오준(吳竣, 1587～1666)으로, 본관은 동복(同福), 자는 여완, 호는 죽남(竹南)이다. 《藥山漫稿 卷18 高祖輔國崇祿……世子左賓客府君墓誌銘》

92 어찌……부쳤다네 : 오준이 조정에 출사한 관리이기 때문에, 마음은 내키지 않지만 청나라 사신을 전송하는 일을 맡았다는 말이다.

93 황룡새(黃龍塞)……돌아가니 : 청나라 사신이 본국으로 돌아간다는 말이다. 황룡새는 황룡부(黃龍府)라고도 부르며, 길림성(吉林省) 농안현(農安縣)에 있다. 본래 발해(渤海)의 부여부(扶餘府)였는데 요(遼)의 태조가 이곳에서 황룡(黃龍)을 만났다 하여 이름을 이렇게 고쳤다. 전거(氈車)는 모전(毛氈)으로 장식한 수레를 말한다.

94 백마성(白馬城)……돌아왔네 : 오준이 청나라 사신을 전송하기 위해 의주에 왔다는 말이다. 백마성은 의주에 있던 성이다. 옥절(玉節)은 옥으로 만든 부절(符節)로, 천자의 사신을 의미하는데, 여기서는 반송사(伴送使)의 임무를 띤 오준을 가리킨다.

95 노력하여……의논한다네 : 조정에서 국경을 단단히 지키기 위한 방안을 마련하고

있으므로, 나랏일을 위해 부지런히 힘쓰라는 말인 듯하다. 발섭(跋涉)은 산을 넘고 물을 건너 험한 길을 간다는 말이다. 한가(漢家)는 본래 한나라 왕실을 말하는데, 여기서는 조선 왕실을 말하는 것으로 보인다.

동래 부사 유심[96]을 전송하다

送柳東萊淰

모진 바람이 동쪽 끝에 휘몰아쳐	疾風破東極
푸른 바다에 높은 파도 일렁이지	碧海生層濤
짙은 구름은 서리 기운 띠었고	積陰帶霜氣
새벽빛에 자라 잠기지[97]	曙色沈雲鼇
삐쭉삐쭉 뻗은 산호 가지	杈枒珊瑚枝
그림자 일렁이며 아침 해 높이 오른다네	影動初日高
그대가 비로소 수레 몰고 나가니	君侯始出車
절제사 그 목소리 우렁차네	節制聲嗷嘈
위풍당당 타향으로 달려가니	威稜駕殊域
신령들이 깃발을 옹호하네	百靈擁旌旄
묻노니 성정의 초기에	借問聖政初
유악의 훌륭한 인재 다 쓰시는가[98]	帷幄渴雋髦

96 유심(柳淰) : 1608~1667. 본관은 전주(全州), 자는 징보(澄甫), 호는 도계(道溪)이다. 동래 부사를 역임하였다. 《雪峯遺稿 卷27 贈資憲大夫……柳公墓碣銘》

97 새벽빛에 자라 잠기지 : 새벽 햇살이 올라오면 삼신산(三神山)을 이고 있다는 거북이 바다에 잠긴다는 말이다. 운오(雲鰲)는 바다에 있는 삼신산을 머리에 이고 있다는 자라를 가리킨다. 《당시품휘(唐詩品彙)》 권51 〈궁사십이수(宮詞十二首)〉에 "봉래의 정전이 운오를 압도하고, 붉은 해가 푸른 파도에서 막 솟아나네.〔蓬萊正殿壓雲鼇, 紅日初生碧海濤.〕"라고 하였다.

98 묻노니……쓰시는가 : 이 시는 효종(孝宗)이 즉위한 1649년에 지어졌으므로, 이

인재 등용하는 것이 어찌 다르랴 用才曷異宜

당당하게 서리들 거느리게나 偃蹇領簿曹

섬나라 오랑캐들 자주 태도 바꾸는데 島夷數反覆

한스러움은 작은 일로 인연한다네 爭恨緣秋毫

변방의 안정과 나라의 체통 邊和與國體

그 완급이 조절하는 바에 달렸으며 緩急在所操

안과 밖이 서로 경중이 되니 內外互輕重

훌륭한 인재가 수고를 마다하랴[99] 利器得辭勞

금비가 청춘에 빛났으니 金緋照青春

오래전에 삼공의 칼을 찼네[100] 舊佩三公刀

시끌시끌한 큰 도회지 喧喧名都會

기 세운 호위군 숲 밀치고 나가네 樹羽排林皐

구절은 효종이 즉위하여 훌륭한 인재들을 두루 등용하고 있는지 물은 것으로 보인다. 유악(帷幄)은 군중의 장막이다.

99 안과……마다하랴 : 유심이 내직(內職)에 있으면 나라의 인재 비중이 내직으로 기울고, 유심이 외직(外職)에 있으면 그 비중이 외직으로 기울 만큼, 유심이 뛰어난 인재이지만 외직으로 나가는 수고를 마다하지 않는다는 말이다.

100 금비(金緋)가……찼네 : 유심이 삼공(三公)의 지위에 오를 만한 인재라는 말이다. 금비는 금 인장과 붉은 도포로 관복(官服)을 의미한다. 삼공도(三公刀)는 왕상(王祥)의 고사에서 유래한 말로, 재상의 지위에 오를 자질이 있는 사람을 의미한다. 삼국시대 위(魏)나라 서주 자사(徐州刺史) 여건(呂虔)이 허리에 칼을 차고 있었는데, 칼을 감정하는 사람이 삼공(三公)에 오를 사람이 찰 칼이라고 하였다. 이에 여건이 별가(別駕) 왕상에게 "자격 있는 사람이 아니면 이 칼이 해를 끼칠 수도 있는데, 경은 공보의 도량이 있으므로 그대에게 준다.〔苟非其人, 刀或爲害, 卿有公輔之量, 故以相與.〕"라고 하면서 패도를 넘겨주었다. 왕상은 그 뒤에 실제로 삼공의 지위에 올랐다고 한다.《晉書 卷33 王祥列傳》

때까치 소리가 시끌시끌하게 변하여	鴂舌變嘐音
꿇어앉은 추호들 많기도 하네[101]	拜跪羅酋豪
이미 충분하게 회유하였으니	懷柔道已優
기강 세워 다스림 삼가시라[102]	網紀愼爬搔
맑은 법규로 변방 비추어	淸規映方隅
종들도 기름진 혜택으로 씻어 주오	僕隷洗脂膏
남아가 공업 많이 세운다면	男兒富勳業
어찌 큰 은혜를 입을 뿐이랴	豈惟沐恩褒
내가 그대와 교분 나누며[103]	鄙夫奉末契
예전부터 마음에 굳게 담았지	夙昔佩服牢
한참 늙은 나이에 멀리 이별하니	窮老且遠別
늘그막 흰머리[104]가 바람에 날리네	暮景颯二毛

101 때까치……하네 : 일본인들의 요구가 많다는 말로 이해된다. 격설(鴂舌)은 때까치 소리로, 《맹자》〈등문공 상(滕文公上)〉에 "지금 남만의 때까치 소리를 하는 사람의 말이 선왕의 도가 아니다.〔今也南蠻鴃舌之人, 非先王之道.〕"라고 하였는데, 여기서는 일본을 가리키는 말로 사용된 듯하다. 추호(酋豪)는 야인(野人)의 두목을 가리키는 말인데, 여기서는 동래에서 가까운 일본 사람들을 가리키는 것으로 보인다.

102 기강(紀綱)……삼가시라 : 임지에 가서 바른 기강으로 다스리라는 말이다. 파소(爬搔)는 긁는다는 뜻으로, 다스림을 의미한다. 한유(韓愈)의 〈송정상서서(送鄭尙書序)〉에 "벌집 같고 개미떼 같으니 긁어낼 수 없다.〔蜂屯蟻雜, 不可爬梳.〕"라고 하였다.

103 내가……나누며 : 이민구가 유심과 교유했다는 말이다. 말계(末契)는 하교(下交)와 같은 말로, 나이 많은 사람이 나이 적은 사람과 사귐을 뜻하는데, 서로 교제하는 사이에 상대방을 높여 표현하는 말이다.

104 흰머리 : 이모(二毛)는 흰머리를 의미한다. 진(晉)나라 반악(潘岳)의 〈추흥부(秋興賦)〉 서(序)에 "나는 32세에 흰머리가 나기 시작했다.〔余春秋三十有二, 始見二毛.〕"라고 하였다. 여기에서 유래하여 32세를 이모라고도 한다.

서글프다 지난날 노닐던 곳[105] 惻愴曩游地

묵은 자취가 모두 쑥대밭 되었겠지 陳迹遍蓬蒿

찬 하늘 붕새의 길 바라보다[106] 寒空望鵬路

문 닫으니 마음 울적하다 閉關中鬱陶

105 지난날 노닐던 곳 : 이민구가 1622년(광해군14)에 선위사(宣慰使)로 동래에 다녀온 일이 있으므로 이렇게 읊은 것이다.

106 찬……바라보다 : 유심이 동래로 부임해 가는 길을 바라본다는 말이다. 붕로(鵬路)는 붕새의 여정이라는 말로, 《장자(莊子)》 〈소요유(逍遙遊)〉에 "붕새가 남쪽 바다로 옮겨 갈 때에는 물결을 치는 것이 삼천리요, 회오리바람을 타고 구만리를 올라가 여섯 달을 가서야 쉰다.〔鵬之徙於南冥也, 水擊三千里, 搏扶搖而上者九萬里, 去以六月息者也.〕"라고 한 데서 유래하여, 웅대한 포부를 펴는 것에 비유한다.

농사

爲農

높이 있는 밭 땅도 척박한데 高田土壤疏
가뭄 들고 메뚜기마저 날뛰기에 歲旱蝗螟起
시냇가 모래밭에 기장 심었더니 種黍就溪沙
올해는 또 홍수가 쓸어갔네 今年又大水

2

동쪽 비탈 넓고 길어 東陂廣且長
단오 뒤에 벼 심었더니 種稻端陽後
백로에 이르자 及至白露天
잡초만 한가득 化爲稂與莠

조카 동규[107]가 지어 올린 50운 시에 맞춰 짓다

次家姪同揆獻詩五十韻

우리 가문 이을 조카[108]	承家惟令姪
선대로부터 덕 쌓았네	種德自先門
문사를 겨우내 일삼아	文史三冬業
공후의 관작 백대 후손까지 이어지겠지만	公侯百代孫
예전부터 소광과 소수 따랐으니[109]	由來追廣受
양진과 원안에 떨어지지 않으리[110]	未肯墜楊袁

107 동규(同揆) : 1623~1677. 이민구의 형 이성구(李聖求)의 둘째 아들로, 자는 조연(祖然), 호는 혼천(混泉)이다.《息山集 續集 卷6 外王考贈嘉善大夫……混泉先生墓誌銘 幷序》

108 우리……조카 : 이성구는 슬하에 5남 2녀를 두었는데, 장남인 이상규(李尙揆)가 병자호란 당시 강화도에서 죽었으므로, 이동규가 가문을 이을 적자(嫡子)가 되었다.《東州集 文集 卷7 伯氏領議政分沙李公神道碑銘 幷序》

109 예전부터……따랐으니 : 집안이 전통적으로 관직에 연연하지 않았다는 말이다. 광수(廣受)는 한나라 선제(宣帝) 때의 명신(名臣)인 소광(疏廣)과 그의 조카 소수(疏受)를 가리킨다. 소광은 태부(太傅)가 되고 소수는 소부(少傅)가 되었는데, 소광이 소수에게 "만족할 줄 아는 사람은 욕을 당하지 않고, 멈출 줄 아는 사람은 험난한 지경에 처하지 않는다. 공을 이룬 뒤에는 떠나가는 것이 천도에 합당하다."라고 말하고는, 두 사람이 동시에 치사(致仕)를 청하였다. 그러자 당시 사람들이 모두 어질게 여겨 그들이 시골로 돌아가는 날 전송하러 온 자들의 수레가 수백 대나 되었으며, 황제가 많은 황금을 하사해 주었다. 이들 두 사람은 그 뒤에 고향으로 내려가서 황제에게서 받은 황금을 사람들에게 다 나누어 주었다.《漢書 卷71 疏廣傳》

110 양진(楊震)과……않으리 : 이동규가 벼슬에 연연하다가 불행한 일을 당하지는

실상 말하자면 주나라 박옥 버릴 만하고[111] 語實遺周璞
보배라 칭한다면 노나라 번옥 넘어서지[112] 稱珍越魯璠
돌봐 줄 이 늙은이 남았고 扶携餘此老
빼어난 여러 형제들 있구나 挺拔各諸昆
좋은 집 있는 도성 떠나 甲第違城郭
오막살이 바닷가에 정했네 蝸廬占海村
가벼운 배에는 무거운 짐도 없어 輕舟無重載
거친 물결에 미친 듯 흔들리네 駭浪有狂掀

않을 것이라는 말이다. 양원(楊袁)은 후한 때의 명신인 양진과 원안(袁安)을 가리킨다. 양진은 나이 오십에 처음으로 벼슬하여 외방에서 태수로 전전하다가 안제(安帝) 원초(元初) 연간에 부름을 받고 조정에 들어와 태복(太僕)과 태상(太常)이 되었으며, 영녕(永寧) 원년(120)에 사도(司徒)가 되고, 연광(延光) 2년(123)에 태위(太尉)가 되었다. 외척과 환관의 발호를 막기 위해 애를 쓰다가, 오히려 참소를 받고 면직되자 분개하여 음독자살하였다.《後漢書 卷84 楊震列傳》후한 화제(和帝) 때의 사도 원안이 "공경들과 국가의 일에 대해서 이야기할 때마다 탄식하며 눈물을 흘리지 않은 적이 없었으므로, 천자로부터 대신들에 이르기까지 모두가 그를 믿고 의지하였다.〔及與公卿言國家事, 未嘗不噫嗚流涕, 自天子及大臣皆恃賴之.〕"라고 하였다.《後漢書 卷75 袁安列傳》

111 실상……만하고 : 관직의 실상을 들여다보면 별로 중요하지 않다는 말이다.《전국책(戰國策)》권5〈진책(秦策)〉에 "정나라 사람들은 연마하지 않은 옥을 박이라 하고, 주나라 사람들은 아직 포로 만들지 않은 쥐를 박이라 한다. 주나라 사람이 박을 가지고 길을 가다가 장사꾼을 만나 말하기를 '박을 사겠는가?' 하니, 정나라 상인이 말하기를 '사겠다.' 하였다. 주나라 사람이 박을 꺼냈는데, 그것이 쥐였으므로 사양하고 사지 않았다.〔鄭人謂玉未理者璞, 周人謂鼠未睹者璞. 周人懷璞過遇賈曰, 欲買璞乎. 鄭賈曰, 欲之. 出璞乃鼠也, 因謝不取.〕"라는 내용이 보인다.

112 보배라……넘어서지 : 관직을 중요하게 생각한다면 질 좋은 옥보다도 더 귀하다고 할 수 있다는 말이다. 노번(魯璠)은 노나라에서 생산되는 여번(璵璠)으로, 질이 좋은 옥을 말한다.

안과 밖에 시냇물 흐르고 表裏川流渙
서남방에 지세 순하지[113] 西南地勢坤
경기 지역에 사람들 몰려들어 邦畿民走集
고을마다 기운 넘치는데 陵邑氣騰奔
점치는 군평과 자취 섞고 跡混君平卜
머리 깎은 계포와 모습 같게 하네[114] 形偕季布髡
다만 편안히 지내려는 것인데 秖緣便偃仰
겸하여 어수선한 세상도 피하게 되었구나 兼得避囂煩
산골이라 그윽한 기약에 충분하고 丘壑幽期足
상마 길러 생계도 해결할 수 있겠지 桑麻活計存
청빈한 삶 경사 쌓는 줄 아는데[115] 淸貧知積慶

113 서남방에 지세(地勢) 순하지 : 곤괘(坤卦)의 괘덕(卦德)을 빌려 이동규가 사는 지역의 특성을 말한 것이다. 《주역》〈곤괘 단(彖)〉에 "서남쪽은 벗을 얻는다.〔西南得朋〕" 하였고, 《주역》〈곤괘 상(象)〉에는 "땅의 형세가 순한 것이 곤이니, 군자가 이것을 인하여 후한 덕으로 만물을 싣는다.〔地勢坤, 君子以, 厚德載物.〕" 하였다.

114 점치는……하네 : 이동규가 자취를 감추고 은자(隱者)의 삶을 살아가려고 한다는 말이다. 군평(君平)은 전한(前漢)의 은사(隱士) 엄준(嚴遵)의 자(字)이다. 그는 촉(蜀) 땅에 은거하여 성도(成都)의 저잣거리에서 점치는 것으로 생업을 삼았는데, 하루에 100전(錢)만 벌면 가게 문을 닫고 발을 내리고서 저술을 일삼았다고 한다. 《高士傳 卷中》 계포(季布)는 본디 항우(項羽)의 장수로, 여러 번 한 고조(漢高祖) 유방(劉邦)을 곤경에 몰아넣었다. 유방이 항우를 멸하고 천하를 평정하자 계포가 도망쳤는데, 유방이 계포를 잡기 위해 현상금을 내걸었다. 이에 계포는 머리를 깎고 숨었던 고사가 전한다. 《史記 卷100 季布列傳》

115 청빈(淸貧)한……아는데 : 청빈한 삶으로 음덕(陰德)을 쌓는다는 말이다. 적경(積慶)은 《주역》〈곤괘(坤卦) 문언(文言)〉에 "선을 쌓은 집안에는 반드시 남은 경사가 있다.〔積善之家, 必有餘慶.〕"라고 한 데서 온 말이다.

떠도는 삶 참으로 원망 품겠지 漂轉信銜冤
사마로 높은 수레 끌기를 멈추고 駟馬休高駕
소로 작은 수레를 끌어야 하니 牛驂繫短轅
주목의 논의 헛되이 전하지만[116] 虛傳朱穆論
숙오의 말을 누가 본받을까[117] 孰效叔敖言
지극한 성품으로 거친 밥을 먹고 至性茹疏糲
깨끗한 제사에 정갈한 술 올려야지 明禋奉潔樽
솔과 대는 그 가지 굳세고 松篁枝幹勁
난새와 고니는 그 날개 아름답지 鸞鵠羽儀繁

116 주목(朱穆)의……전하지만 : 주목은 후한(後漢) 때 사람으로, 시어사(侍御史)가 되어 당시 경박한 풍속에 격분하여 가슴을 치고 〈절교론(絶交論)〉을 지었다. 《後漢書 卷73 朱暉列傳 朱穆》

117 숙오(叔敖)의……본받을까 : 숙오는 춘추 시대 초(楚)나라의 처사(處士) 손숙오(孫叔敖)를 가리킨다. 초 장왕(楚莊王) 때 우구(虞丘)를 대신하여 영윤, 즉 정승이 되었는데, 세 번이나 정승이 되었어도 기뻐하지 않았고, 세 번 정승의 직책을 떠났어도 괘념하지 않았다 한다. 《史記 卷119 循吏列傳 孫叔敖》 손숙오가 호구장인(狐丘丈人)을 만났는데, 호구장인이 "제가 들으니 세 가지 이로운 점이 있으면 반드시 세 가지 근심거리가 있다고 하는데, 당신은 그것에 대해 아십니까?〔僕聞之, 有三利, 必有三患, 子知之乎.〕"라고 하였다. 손숙오가 모른다고 하면서 설명을 부탁하자 "작위가 높은 사람을 사람들이 시기하고, 관직이 높은 사람을 임금이 미워하고, 복록이 두터운 사람에게는 원망이 돌아온다고 하니, 이것을 말하는 것입니다.〔夫爵高者人妬之, 官大者主惡之, 祿厚者怨歸之, 此之謂也.〕"라고 하였다. 이에 손숙오가 대답하기를 "그렇지 않다. 나의 관작이 더욱 높아질수록 나의 뜻을 더욱 낮게 내렸고, 나의 관직이 더욱 높아질수록 나의 마음은 더욱 소심하게 조심하였고, 나의 복록이 더욱 두터워질수록 나의 베풂은 더욱 넓어졌다. 따라서 이 세 가지 근심을 면할 수 있을 것이다.〔不然. 吾爵益高, 吾志益下, 吾官益大, 吾心益小, 吾祿益厚, 吾施益博, 可以免於患乎.〕"라고 하였다는 고사가 전한다. 《韓詩外傳 卷7》

온 집안이 겹겹의 험난한 길 넘어	盡室逾重險
띠풀 자르고 사방 울타리 걷어냈네	誅茅斥四樊
모래톱 합쳐져 진흙이 부리 모양 만들고	汀交泥作觜
벼랑이 막아서 물이 어귀를 이루네	崖壅水成亹
식량 찾아 자식 이끌고 멀리 갔으니	菽粟將雛遠
호장 담아 이웃과 돈독히 지내야지	壺漿應俗敦
시골에서 하택거 타며	鄉閭仍下澤
세월을 옛 동쪽 들판에서 보내리[118]	歲月古東屯
일찍이 아이들의 즐거움 알았으니	早覺兒童樂
어찌 부자의 은혜 잊으랴	寧忘父子恩
주머니 비어 배불리 먹을 일 드물고	空囊稀宿飽
솜옷 낡아 따뜻할 날 적으리	敗絮尠朝溫
괴로운 삶 진실로 일어나기 어렵지만	孤苦誠難起

118 시골에서……보내리 : 이동규가 시골에서 한가한 삶을 살 것이라는 말이다. 하택(下澤)은 하택거(下澤車)를 의미한다. 이는 질퍽거리는 습지도 통과할 수 있는 가벼운 수레로, 고향에서 편안히 지내는 생활을 뜻한다. 후한(後漢)의 마원(馬援)이 고생스럽게 남방을 정벌하면서 "선비가 한 세상에 태어나 입고 먹을 것을 취할 수 있으면 충분하니, 하택거를 타고 조랑말을 몰며, 고을의 하급 관리가 되고 선영을 지키면서 향리의 사람들이 좋은 사람이라고 말해 준다면 그만이다.〔士生一世, 但取衣食裁足, 乘下澤車, 御款段馬, 爲郡掾吏, 守墳墓, 鄉里稱善人, 斯可矣.〕"라고 말한 고사가 전한다.《後漢書 卷54 馬援列傳》 동둔(東屯)은 이동규가 거처하는 곳의 실제 지명인지의 여부를 확인할 수 없는데, 다만 두보(杜甫)의 시에 "동둔에서 다시 양서로, 한결같이 시냇가에 머물다 보니, 오거나 가거나 모두가 띳집인데, 머무름은 농사를 짓기 위함일세.〔東屯復瀼西, 一種住淸溪. 來往皆茅屋, 淹留爲稻畦.〕"라고 하였으므로, 이동규의 처지와 유사한 점이 있다. 동둔은 두보가 56세 때 머물던 기주(夔州)의 지역 이름이다.《杜少陵詩集 卷20 自瀼西荊扉且移居東屯茅屋》

화려한 생활 어찌 감히 말하랴　芬華詎敢論

산골에서 경작하느라 양 팔꿈치 구멍 나고　耕巖穿兩肘

물가에서 고기 잡느라 두 발꿈치 닳겠지　釣渚隱雙跟

들녘 해오라기 조용히 백사장에 의지하고　野鷺依沙靜

숲속 까마귀 이리저리 수풀 날아다니리니　林鴉繞樹翻

노래 읊조려 침묵 속에 소일하고　謳謠消嘿嘿

경치 감상하며 답답한 마음 달래야지　眺賞豁惛惛

개펄의 조개 도리어 대나무 조개라 이름 짓고　浦蛤還名竹

산의 꽃도 산반화라 부르지　山花亦號礬

사람들 순박해 물건 빌려 주고　甿淳通假借

풍속이 진솔해 손님맞이와 혼례 간략하네　俗愿簡賓婚

제 힘으로 먹고 사느라 황소 힘 빌려　食力資黃犢

농사짓노라면 공밥 먹는 삶 부끄러우리　爲農恥素飧

봄날에는 장끼 소리 듣고　方春聞雊雉

긴긴 밤에 닭 울기 기다리네　長夜候鳴鵾

우애 잘라 내어 한 이불 마다하니[119]　割愛辭同被

마음 아파하며 언덕에서 읊조리네[120]　傷心詠在原

119 우애(友愛)……마다하니 : 이동규가 형제들과 헤어져 시골로 내려갔다는 말이다. 동피(同被)는 한 이불을 덮는다는 말로, 형제의 우애를 의미한다. 강굉(姜肱)은 후한(後漢) 사람으로 자가 백회(伯淮)인데, 두 아우인 중해(仲海)·계강(季江)과 우애가 돈독하여 항상 한 이불을 덮고 잤다고 한다.《後漢書 卷83 姜肱列傳》이동규에게는 아우 이당규(李堂揆), 이석규(李碩揆), 이태규(李台揆)가 있었다.《東州集 文集 卷7 伯氏領議政分沙李公神道碑銘 幷序》

120 마음……읊조리네 : 이동규가 시골에서 형제들을 염려하고 그리워한다는 말이

편지를 가을 기러기 편에 부치고는　書憑秋雁寄
처마에서 저물녘 울어대는 새 마주하네　簷對暮禽喧
산 바라보니 구름이 시커멓게 엉겨 있고　望嶽雲凝黛
조수 쳐다보니 언덕에 흔적 바뀌었네　觀潮岸改痕
무릇 인정은 다 근본으로 돌아오고　凡情皆反本
만물은 반드시 뿌리로 돌아가지　萬物必歸根
오랑캐가 나라를 넘보니　雜虜窺宗國
누군들 고향 지킬 수 있으랴　何人守故園
너는 표범 편히 쉬는 골짜기에 숨고　爾藏安豹谷
나는 양도 힘겨운 울타리로 쫓겨났네[121]　余逐困羝藩
그물에 걸려 비록 헤어날 길 없어도　罘網雖迷路
물결만은 근원을 거슬러 올라가네　波瀾獨泝源
처량한 신세 굴원과 가의도 가련하고[122]　凄涼憐屈賈

다. 《시경》 〈상체(常棣)〉에 "저 할미새 들판에서 호들갑을 떨 듯, 급할 때는 형제들이 서로 돕는 법이라오. 항상 좋은 벗이 있다고 해도, 그저 길게 탄식만을 늘어놓을 뿐이라오.〔鶺鴒在原, 兄弟急難. 每有良朋, 況也永歎.〕"라고 하였다.

121 너는……쫓겨났네 : 이동규는 먼 타향으로 이사하고, 이민구는 관직에서 쫓겨나 재야에서 생활하고 있다는 말이다. 저번(羝藩)은 《주역》 〈대장괘(大壯卦) 상육(上六)〉의 "숫양의 뿔이 울타리에 걸려, 물러가지도 못하고 나아가지도 못한다.〔羝羊觸藩, 不能退, 不能遂.〕"라는 구절에서 인용한 말로, 곤경에 처해서 앞으로 가지도 못하고 뒤로 물러나지도 못하는 상황을 뜻하는데, 여기서는 이민구의 처지를 가리킨다.

122 처량한……가련하고 : 이민구 자신의 처지를 비유적으로 읊은 것이다. 굴가(屈賈)는 초(楚)나라 굴원(屈原)과 한(漢)나라 가의(賈誼)를 가리킨다. 두 사람 모두 뛰어난 자질을 지녔지만, 평생 참소와 시기에 시달리며 조정에서 내쫓긴 채 불행한 일생을 보냈다.

어긋난 짓은 전저와 맹분을 버려야지[123] 拂戾捨諸賁
꼬리 자른 닭 동경하노니[124] 更慕鷄捐尾
발 끊은 범과 같아야 하리[125] 眞如虎絶蹯
서로 만나 서글픈 마음 그지없는데 相逢饒慘戚
오래 헤어져 안부도 궁금하네 久別感寒暄

123 어긋난……버려야지 : 이동규에게 무모한 일을 하지 말라고 당부한 말이다. 저분(諸賁)은 전저(專諸)와 맹분(孟賁)을 가리킨다. 전저는 춘추 시대 오(吳)나라 사람이다. 오의 공자(公子) 광(光)을 위하여 왕료(王僚)를 죽이고자 비수를 고기 뱃속에 숨겨 가지고 들어가 그를 찔러 죽였으나 자기도 그 자리에서 잡혀 죽었다.《史記 卷86 刺客列傳 專諸》 맹분은 전국 시대의 용사(勇士)로, 물속에서는 교룡(蛟龍)을 피하지 않았고, 육지에서는 호랑이를 피하지 않았으며, 노성(怒聲)을 발하면 하늘까지 울렸다고 한다. 《제왕세기(帝王世紀)》에 "진 무왕(秦武王)이 용사를 좋아하여 제 나라 맹분의 무리가 갔는데, 맹분은 소뿔을 산 채로 뽑을 수 있었다."라고 하였다.

124 꼬리……동경하노니 : 시골로 내려가는 이동규를 꼬리 자른 닭에 비유하여 읊은 것이다. 춘추 시대 빈맹(賓孟)이 교외에 나갔다가 자신의 꼬리를 물어뜯는 수탉을 보고서 그 까닭을 시자(侍者)에게 물었다. 그러자 시자는 제대로 된 고운 깃털을 그대로 가지고 있으면 장차 종묘(宗廟) 제사에 희생(犧牲)으로 쓰일 것이기 때문에, 그것을 면하기 위한 것이라고 대답하였다.《春秋左氏傳 昭公22年》

125 발……하리 : 이동규가 시골로 내려가 생활하는 것을 작은 것을 희생하여 큰 것을 지키는 범에 비유하여 읊은 것이다.《전국책(戰國策)》 권20 〈조책(趙策)〉에 위개(魏魀)가 건신군(建信君)에게 "어떤 사람이 덫을 놓았는데 호랑이가 걸려들었습니다. 호랑이는 화가 나서 걸린 발을 끊고 달아났습니다. 호랑이의 사정은 발을 아끼지 않은 것은 아니지만 덫에 걸린 발 때문에 일곱 척의 몸을 해치지 않은 것이니, 이것은 그 상황에 맞게 행동한 것입니다. 지금 나라는 일곱 척의 몸뚱이가 아닙니다. 그대는 왕에게 있어서 한 마디의 발과 같지 못하니, 원컨대 공께서는 깊이 헤아려야 합니다.〔人有置係蹄者而得虎, 虎怒決蹯而去. 虎之情非不愛其蹯也, 然而不以環寸之蹯, 害七尺之軀者, 權也. 今有國非直七尺軀也, 而君之身於王, 非環寸之蹯也, 願公之熟圖之也.〕"라고 말한 내용이 보인다.

늘그막에 아융의 집에 의탁하니 晩托阿戎宅
일찍이 형님의 질나팔 불었었지[126] 曾吹伯氏塤
몇 년이나 〈복조부〉 읊었던가[127] 幾年吟鵩鳥
훗날에 곤붕을 보리라[128] 他日看鵬鯤
자취 감춰 와룡 달게 여기니[129] 汨沒甘龍臥

126 늘그막에……불었었지 : 이민구가 조카 이동규를 마치 형님 이성구처럼 의지하며 다정하게 지냈다는 말이다. 아융(阿戎)은 남의 아들을 칭찬해 부르는 말로, 여기서는 이동규를 가리킨다. 진(晉)나라의 왕융(王戎)이 어려서 매우 영특했는데, 완적(阮籍)이 동료인 왕혼(王渾)의 집을 찾아갈 때마다 "그대와 이야기하는 것보다 아융과 대화하는 것이 낫다.〔共卿言, 不如共阿戎談.〕"라고 하고는 해가 질 때까지 왕융과 허교(許交)하며 노닐다가 가곤 하였다. 이때 왕혼은 나이 15세로 완적보다 20년 연하였다고 한다.《晉書 卷43 王戎列傳》 백씨훈(伯氏塤)은 백씨가 불던 질나팔이라는 말인데,《시경》〈하인사(何人斯)〉에 "형은 질나팔을 불고, 아우는 젓대를 부는도다.〔伯氏吹塤, 仲氏吹篪.〕"라고 하였다. 이는 형제가 서로 화목함을 의미한다.

127 몇……읊었던가 : 이민구가 자신의 삶이 얼마 남지 않았음을 느낀다는 말이다. 한 문제(漢文帝) 때 가의(賈誼)가 권신의 배척을 받아 장사왕 태부(長沙王太傅)로 좌천되어 귀양 갔을 때에, 불길한 새로 여겨지는 올빼미 한 마리가 집으로 날아든 것을 보고 자신의 수명이 길지 않을 것이라는 예감을 느끼면서 〈복조부(鵩鳥賦)〉를 지었다.《史記 卷84 賈生列傳》

128 훗날에 곤붕(鯤鵬)을 보리라 : 이동규가 훌륭한 인물이 되기를 바란다는 말이다.《장자(莊子)》〈소요유(逍遙遊)〉에 "북쪽 바다에는 곤(鯤)이라는 물고기가 있어 그 크기가 몇천 리나 되는지 알 수 없고, 이 고기가 변화하여 붕(鵬)이라는 새가 되는데, 붕새의 등 넓이는 또 몇천 리나 되는지 알 수 없다."라고 하였다.

129 자취……여기니 : 이동규가 시골에서 사는 것을 와룡(臥龍)에 비유하여 읊음으로써 장차 더 큰 성취가 있기를 바란 말이다. 와룡은 운우(雲雨)를 얻지 못한 용처럼 시운(時運)을 만나지 못한 영웅호걸을 말한다. 후한 말기에 제갈량(諸葛亮)이 일찍이 남양(南陽)의 초려(草廬)에 은거하고 있을 적에 서서(徐庶)가 "제갈공명은 와룡이다.〔諸葛孔明者, 臥龍也.〕"라고 유비(劉備)에게 추천하면서 한 번 찾아가 보기를 권했다는

우뚝하게 봉황이 날기를 기다리네	魁梧佇鳳騫
집안 명성 욕보이지 않으니	家聲當不忝
유술은 과연 누가 더 높을까	儒術果誰尊
훌륭한 재목이 깊은 골목에서 황폐해지는데	杞梓荒深巷
가시덤불이 무너진 담장을 덮었네	荊榛蔽壞垣
술로 아픈 가슴 달래고	杯觴寬疾肺
눈은 시혼을 맑게 해 주네	氷雪淨詩魂
초나라 화씨벽은 낀 먼지 털고 나오나니	楚璧披塵翳
이웃집 등불 벽의 어둠을 밝혀 주네	隣燈破壁昏
새로 지은 글 나와 나란하여	新詞唯我竝
오래된 붓을 그대 위해 잡았네	舊筆爲渠援
머리 돌려 큰 강물 바라보니	回首江湖大
이별의 시름 커서 삼키지 못하겠네	離愁壯莫呑

고사가 전한다.《三國志 卷35 蜀書 諸葛亮傳》

함경 감사로 가는 판서 정세규[130]를 전송하다

送鄭判書 世規 按關北

찬란한 감사의 수레	煌煌使者車
부절 지니고 동성 밖으로 나간다	出節東城外
떠나는 길[131] 백성들이 에워쌌고	祖道擁邦人
아침 바람이 나부끼는 깃발을 흔든다	晨飆卷飛旆
대부가 세운 공로 많기에	大夫富事業
조정의 논의 그에게 맡기기로 했지	廷議勤倚賴
임금의 대우 늦었다 한하지 않지만	遭逢未恨晚
늙어서야 정사를 맡게 되었네[132]	服政在耆艾
변방 중에도 북쪽이 중요하니	藩維北顧重
산과 바다가 아득히 금대처럼 둘러 있네[133]	山海莽襟帶

130 정세규(鄭世規) : 1583~1661. 본관은 동래(東萊), 자는 군칙(君則), 호는 동리(東里)이다. 1649년(효종 즉위년)에 함경 감사(咸鏡監司)에 임명되었다. 《歸鹿集 卷17 吏曹判書鄭公諡狀》

131 떠나는 길 : 조도(祖道)는 먼 여행길에 무사하기를 도신(道神)에게 비는 제사를 말하는데, 여기서는 정세규의 부임 행차를 의미한다.

132 임금의……되었네 : 정세규가 뒤늦게라도 자신을 알아주는 임금을 만났으니 한할 것은 없지만, 너무 늙은 나이에 외직으로 나감을 안타깝게 여긴 것이다. 기애(耆艾)는 60대의 나이를 말하는데, 당시 정세규는 67세였다.

133 변방……있네 : 번유(藩維)는 《시경》 〈판(板)〉에 "큰 덕을 갖춘 사람은 나라의 울타리이며, 많은 무리는 나라의 담이다.〔价人維藩, 大師維垣.〕"라고 한 데서 온 말로, 국가의 울타리를 뜻한다. 금대(襟帶)의 금(襟)은 험한 산이 옷자락처럼 펼쳐진 것이고,

시끌벅적한 용흥부는　　喧闐龍興府
실로 한나라 풍패와 같은 곳이라[134]　　實惟漢豐沛
국가에서 넉넉히 물자 공급하여　　國家盛供給
음식이 유랑민에게도 미치고　　壺飧及流丐
식량과 비단 실은 수레가 관령으로 달려가니　　粟帛走關嶺
번화하기가 팔도에서 으뜸인데　　繁華八路最
근자에 들으니 홍수와 가뭄 끝에　　近聞水旱餘
피폐한 백성들 도랑에서 죽었다 하네　　疲甿死畎澮
물자 수송이 동남쪽에서 막혔으니　　轉輸阻東南
창고의 비축물자 고갈되어서지[135]　　儲胥渴倉廥
군자의 측은한 마음이 있다 한들　　惻隱君子心
이들을 무슨 수로 구제할까　　蘇膏計何奈
게다가 국경 수비도 염려되니　　況當疆域虞
오랑캐가 요해처에 접해 있네　　戎夷接要害
회유하는 정책이 과거와 달라[136]　　懷柔異往時

대(帶)는 강물이 띠처럼 둘러진 것으로, 요충지를 의미한다. 함경도가 지세가 험한 군사상 요충지여서 북방을 지키는 울타리 역할을 하므로 이렇게 말하였다.

134 시끌벅적한……곳이라 : 용흥부(龍興府)는 용이 일어난 고을이라는 뜻으로, 이성계(李成桂)가 태어난 함경도 영흥(永興)을 가리킨다. 영흥은 이성계의 아버지인 이자춘(李子春, 1315~1360)이 터를 잡은 함흥(咸興)과 함께 조선 건국 이후 풍패지향(豐沛之鄕)으로 불리는 곳이었다. 풍패는 한 고조(漢高祖) 유방(劉邦)이 패군(沛郡) 풍현(豐縣) 사람이었으므로 건국 시조, 또는 제왕의 고향을 지칭하는 말이 되었다.

135 물자……고갈되어서지 : 홍수와 가뭄으로 피해가 심하여 나라의 창고가 비었기 때문에 서울에서 함경도로 물자 수송이 어렵다는 말이다.

136 회유(懷柔)하는……달라 : 회유책을 선호하여 오랑캐를 응징하지 못했기 때문에

귀문이 날로 어두워지네[137]	鬼門日幽昧
오랑캐의 풍속이 엿보기를 좋아하고	虜俗喜窺窬
변방 백성들 양쪽에 붙어 이득을 취하려 하니[138]	邊民慕駔儈
어찌하면 변경 안정시켜	曷以靖方隅
임금의 큰 은혜에 보답할까	上報洪恩霈
아득히 먼 변방으로 가는 길	悠悠塞垣行
답답하게 풍운의 때를 만났구나	鬱鬱風雲會
지사여 맡은 일 그르치지 마시길	志士莫蹉跎
졸렬한 사람은 그럭저럭 세월만 보내지	拙者聊玩愒
이토록 어려운 때 그대에게 의지해야 하지만	艱危仗樹立
이별하려니 늙은 처지 가슴 아프다오	離別傷老大
한 해가 다 저물어 골짜기 썰렁하고	歲窮寒峽長
눈보라와 서릿발이 멀리까지 자욱한데	雪霜沈遠靄

염려하는 말이다. 《중용장구》 제20장에 "먼 지방의 사람들을 어루만지고 제후들을 회유한다.〔柔遠人也, 懷諸侯也.〕"라고 하였다.

137 귀문(鬼門)이 날로 어두워지네 : 오랑캐와 인접한 국경의 정세가 밝지 않다는 말이다. 귀문은 옛날 중국의 관문 이름으로, 오늘날 광서(廣西)의 북류(北流)와 옥림(玉林) 사이에 있는데, 지형이 매우 험준하다고 한다. 《구당서(舊唐書)》 권41 〈지리지(地理志)〉에 "귀문관 남쪽에는 특히 장기(瘴氣)와 풍토가 나쁘기 때문에 가서 살아 돌아오는 사람이 드물다."라고 하였다.

138 오랑캐의……하니 : 오랑캐는 호시탐탐(虎視耽耽) 쳐들어오려 하고, 변방 백성들은 양쪽을 오고 가며 이득이나 취하려 한다는 말이다. 장쾌(駔儈)는 《운회(韻會)》에 "장(駔)은 시장에서 모이는 것을 뜻하며, 쾌(儈)는 시장 사람들을 모으는 거간꾼이다."라고 하였으며, 《사기(史記)》 권129 〈화식열전(貨殖列傳)〉의 주에 "장쾌는 두 집안을 모이게 해서 물품을 교역시키는 자이다."라고 하였다.

기운이 쇠하여 눈물 쉽게 흐르니	氣衰易涕淚
어떻게 먼 길 가는 수레를 바라보랴	奚由望征蓋

가묘를 옮긴 후에 조카의 시에 맞춰 짓다
家廟奉遷後 次家姪韻

우리 조카 정성스레 제사 받들어	吾宗姪子奉精禋
세실에서 명절마다 희생 올리네	世室牲牢令節陳
마원이 처음에 비록 고향 떠났지만	馬援始雖辭故土
위현은 끝내 조상에게 부끄럽지 않았지[139]	韋賢終不愧先人
집 둘러싼 농토는 벼농사에 마땅하고	田渠繞屋宜嘗稻
울 밑까지 이른 도랑물에서 마름 뜯을 수 있네	澗水侵籬可采蘋
부모 여의고 제사 못 지냄 스스로 슬퍼하며	孤露自憐香火隔
텅 비어 적막한 묘문에서 홀로 마음 아파하네	廟門虛寂獨傷神

139 마원(馬援)이……않았지 : 이민구가 처음에는 조카들을 걱정하였는데, 조카들이 훌륭하게 성장하여 조상에게 부끄럽지 않게 되었다는 말이다. 후한(後漢)의 복파장군(伏波將軍) 마원이 조카 마돈(馬敦)에게 글을 보내어 "용술(龍述)은 신중하고 위엄 있는 사람이다. 따라서 그를 본받으면 행검(行檢) 있는 선비는 될 수 있으니, 이른바 '고니를 새기다가 완성을 못하더라도 집오리처럼은 될 수 있다.〔刻鵠不成, 尙類鶩.〕'라는 것이다. 하지만 두보(杜保)는 호협(豪俠)한 사람이다. 따라서 그를 본받다가는 천하의 경박한 사람이 될 것이니, 이른바 '범을 그리다가 완성하지 못하면 도리어 개같이 되어 버린다.〔畫虎不成, 反類狗.〕'라는 것이다."라고 경계한 고사가 전한다. 《後漢書 卷54 馬援列傳》 한나라 때 추로(鄒魯)의 대유(大儒)라고 일컬어졌던 위현(韋賢)이 네 아들을 잘 가르쳐 모두 현달(顯達)하였으므로, 당시에 "황금이 가득한 상자를 자식에게 물려주기보다는 경서 한 권을 제대로 가르치는 것이 훨씬 낫다.〔遺子黃金滿籯, 不如一經.〕"라고 했다는 고사가 전한다. 《漢書 卷73 韋賢傳》

낙성 안에 이웃하고 있는 교목들	連墻喬木洛城中
모두 조상의 은혜 입어 묘궁 세우는데[140]	幷荷推恩立廟宮
홀로 황야 밖에 새 사당을 모셨으니	獨奉新祠荒野外
동산 동쪽에 부질없이 빈 사당만 남았네	空餘虛寢小園東
춘추로 선조 제사에 술을 올리고	春秋酒醴供先祀
이랑의 상마로 일 년 농사 분주하네	壟畝桑麻逐歲功
생계는 실로 가문의 일과 관련 있지만	生計實關門戶事
감히 반악을 따라 가풍을 노래할까[141]	敢從潘岳賦家風

140 낙성(洛城)……세우는데 : 서울에 있는 수많은 명문귀족들이 조상의 은혜를 입어 사묘(私廟)를 두었다는 말이다. 교목(喬木)은 가지가 무성하게 뻗고 곧게 자란 큰 나무로, 여러 대에 걸쳐 중요한 자리에 있으면서 국가와 운명을 함께하는 집안을 말한다.

141 감히……노래할까 : 반악(潘岳)은 진(晉)나라 중모(中牟) 사람으로, 자(字)는 안인(安仁)이다. 《세설신어(世說新語)》〈문학(文學)〉에 "하후담이 〈주시(周詩)〉를 지어 보여 주자, 반악이 '이 글은 단지 온아(溫雅)할 뿐만 아니라 특별히 효제(孝悌)의 성정을 나타낸 것이다.' 하였다. 반악이 이로 인해 마침내 〈가풍시(家風詩)〉를 지었다. 반악의 〈가풍시〉는 조상의 덕을 노래하고 자신을 경계한 것이다."라고 하였다. 반악은 석숭(石崇)과 함께 부호(富豪)로 일컬어지는 인물이므로, 여기서는 그와 같은 부유함에는 관심이 없다는 의미를 담고 있다.

선달 그믐밤의 노래

除夜行

지루한 겨울밤 벽에 서릿발 가득한데	冬夜漫漫霜滿壁
그윽한 걱정에 홀로 누우니 온갖 상념 일어나네	幽憂獨臥百慮作
담장 머리에 닭 울자 사람 소리 들려와	墻頭鷄鳴人語起
나도 비로소 잠 깨어 기지개 켠다	我方睡覺一伸脚
아득한 우주에 세월[142] 빨라	宇宙茫茫烏兎疾
늘그막에 섣달 만나 한해가 저무네	暮律窮陰歲行畢
번개와 물거품처럼 붙어사는 덧없는 인생인데	浮生客寓電泡內
머리털이 무슨 수로 옻처럼 검으랴	鬢髮何由黑如漆
어긋난 인생 늘그막에 병마저 걸려	蹉跎抵老羸瘵嬰
몸은 마르고 눈곱 끼며 정신도 흐릿하네	肉銷目眵昏無精
한밤에 이 몸 생각하니 모두 잃은 듯	中宵撫己超若失
강개하고 억울하여 놀랍기만 하다	忼慨抑塞心魂驚
지난날 시 읊으며 술 마실 때 생각해 보니	憶昔文字醉酒壚
고래가 바닷물 마시고 용이 구슬 토하듯 하였지	鯨吸長川龍吐珠

이것은 정기옹[143]이 내게 준 시어이다.

142 세월 : 오토(烏兎)는 해 속에는 세 발 달린 까마귀가 있고 달 속에는 옥토끼가 있다고 하여 해와 달을 가리키는 말로 쓰이는데, 여기서는 세월을 의미한다.

143 정기옹(鄭畸翁) : 정홍명(鄭弘溟, 1592~1650)으로, 본관은 연일(延日), 자는 자용(子容), 호는 기암이다. 《愼獨齋遺稿 卷10 大司憲鄭公墓表》

스스로 생각건대 만사는 티끌과 같으니 自計萬事等塵土
어찌 하루라도 즐겁게 살 것을 잊으랴만 豈忘一日爲懽娛
이제는 근력도 이미 쇠하고 卽今筋力已摧折
조정의 옛 벗들 예우가 끊어졌으니 朝廷故舊禮數絶
등불 앞에서 아이들과 어울려 쌍륙이나 치며 燈前博塞任兒曹
창문 아래 빙설의 추위 속에 이불 끌어안네 牖下衾裯抱氷雪
모래톱의 늙은 기러기 봄에도 더욱 굶주리고 沙洲老雁春更饑
들녘 나무의 찬 올빼미 얼어서 날지도 못하네 野樹寒鴟凍不飛
새해의 염원 또한 쉬 채울 만한 것이니 新年良願亦易足
밥그릇 죽사발이나 끝내 어긋나지 말았으면 飯盂粥鉢終莫違

선달 그믐밤에 입으로 불러 짓다

除夜口占

젊은 날에야 어찌 병을 알았으랴	少日那知病
예전에는 이처럼 가난하지도 않았지	前年未是貧
침상 아래에서 개미 싸우는 소리 들리고[144]	下床聞鬪蟻
거친 베옷 입으니 메추라기를 달아놓은 듯하네[145]	披褐見懸鶉
예악을 익힐 여력 없어 부끄럽고	禮樂慙餘力
수레는 이 몸을 저버렸네	軒車負此身
다만 밤새도록 술 마시며	秖須終夜飮
흠뻑 취해 새봄 맞이하노라	爛醉接新春

144 침상……들리고 : 이민구가 병으로 신음하며 잠자는 것을 표현한 말이다. 투의(鬪蟻)는 개미 싸우는 소리라는 뜻으로, 병들어 신음하는 것을 의미한다. 옛날 진(晉)나라 은중감(殷仲堪)의 아버지 은사(殷師)가 일찍이 귓병을 앓았는데, 누워 있을 때 침상 아래로 개미가 기어가는 소리를 듣고, 소가 싸우는 소리가 들린다고 말했다고 한다. 《世說新語 紕漏》《晉書 卷84 殷仲堪列傳》

145 거친……듯하네 : 가난한 삶을 표현한 말이다. 현순(懸鶉)은 옷이 해어져 너덜너덜함을 비유하는 말로 쓰인다. 메추라기는 꼬리 부분에 유독 털이 없어 마치 옷이 짧거나 갈갈이 찢어진 것과 같으므로, 해진 옷을 현순이라 한다.

시집 제15권

詩 시

경인년(1650, 효종1) 설날
庚寅元日

닭 울어 다시 새해 되었건만	鷄鳴歲律一回新
여전히 풍진에 던져진 신세	依舊風塵七尺身
덧없이 부침하는 세상사 겪으며	草草升沈浮世事
처량한 예순두 살 되었네	悽悽六十二年人
새벽 재촉하는 시계를 어찌 싫어할까	寧嫌刻漏催殘夜
마침 술잔에 의지하여 정월 맞노라	偶托杯觴接上春
젊은 날 물처럼 흘러가고 즐거움 얻기 어려우니	少壯如流樂難得
잠시 읊조려 진심 담아 보네	暫時吟嘯任吾眞

홍양으로 부임하는 참지 목행선[1]을 전송하다

送睦參知 行善 赴洪陽

호서의 큰 도회지는　湖西都會雄

실상 홍양부라네　實惟洪陽府

홍양은 십만 호나 되어　洪陽十萬戶

판적에 기록된 인구 넘쳐나네　版籍溢生聚

내와 벌판이 개펄까지 뻗었으니　川原控浦漵

농사지을 땅 끝이 없네　耕鑿不盡土

운송하는 물자로 태창 채워지니　太倉仗委輸

양후가 배를 바닷길로 보내네[2]　陽侯送飛艣

치란이 반복되어　理亂事反覆

고금의 성쇠 다른데　衰盛異今古

게다가 홍수와 가뭄까지 겹쳐　況兼水旱虞

마침내 들판이 황폐해졌네　郊野竟榛莽

1 홍양(洪陽)으로……목행선(睦行善) : 홍양은 홍주(洪州)의 다른 이름으로, 지금의 충남 홍성군의 옛 이름이다. 목행선(1609~1663)의 본관은 사천(泗川), 자는 행지(行之), 호는 남간(南磵)이다. 1649년(효종 즉위년)에 홍주 목사(洪州牧使)에 임명되었다. 《記言 別集 卷25 大司諫睦公墓碣銘》

2 운송하는……보내네 : 홍양에서 생산된 물산을 바다를 통해 서울로 운송한다는 말이다. 양후(陽侯)는 물귀신의 이름으로, 큰 파도를 뜻한다. 《초사(楚辭)》〈애영(哀郢)〉에 "양후의 범람을 겁내지 않는다.〔淩陽侯之氾濫兮〕"라고 하였고, 그 주에 "양국의 후가 익사하였는데, 그 신이 큰 파도가 되었다.〔陽國之侯溺死, 其神爲大波.〕"라고 하였다.

위로하고 오게 함은 어진 목사의 몫이니[3] 勞來藉良牧

훌륭한 정치는 하기에 달렸지 佳政在所樹

임금은 소부에게 맡기려 하시고[4] 聖意屬蕭傅

백성은 소부를 생각하네[5] 民情懷召父

진운의 임무 그만두고 亟輟縉雲司

이번 행차에 위무의 일 맡았네[6] 此行任存撫

3 위로하고……몫이니 : 곤경에 처한 백성들을 위로하고 잘 살게 하는 것은 지방관이 하기에 달렸다는 말이다. 《맹자》〈등문공 상(滕文公上)〉에 "방훈이 말씀하기를 '위로하고 오게 하며, 바로잡아 주고 펴 주며, 도와주고 도와주어 스스로 본성을 얻게 하고, 또 따라서 진작하고 은혜를 베풀어 준다.' 하셨다. 성인이 백성을 걱정함이 이와 같으시니, 어느 겨를에 밭을 갈겠는가.〔放勳曰, 勞之來之, 匡之直之, 輔之翼之, 使自得之, 又從而振德之, 聖人之憂民如此, 而暇耕乎.〕"라고 하였다.

4 임금은……하시고 : 임금이 훌륭한 인재를 뽑아 홍양을 맡기려 한다는 말인데, 여기서는 목행선이 바로 그 적임자라는 의미이다. 소부(蕭傅)는 한 선제(漢宣帝) 때 태자태부(太子太傅)였던 소망지(蕭望之)를 말한다. 소망지는 선제 때 중앙 정부에 있다가 삼보(三輔)의 지방관으로 나갔으며, 뒤에 태자태부로 유조(遺詔)를 받아 어린 임금 원제(元帝)를 보필하다가, 석현(石顯) 등의 모함을 받아 음독자살하였다. 《漢書 卷78 蕭望之傳》

5 백성은 소부(召父)를 생각하네 : 홍양의 백성들이 선정을 베푸는 지방관의 부임을 기대한다는 말이다. 소부는 한(漢)나라의 소신신(召信臣)을 말한다. 소신신이 아버지처럼 백성을 보살펴 주었기 때문에, 두시(杜詩)와 함께 지방 장관의 선정(善政)을 뜻하는 말로 쓰인다. 전한(前漢)의 소신신과 후한(後漢)의 두시가 남양 태수(南陽太守)가 되어 다 같이 덕정(德政)을 베풀었으므로, 남양 백성들이 "앞에는 소부가 있고 뒤에는 두모가 있다.〔前有召父, 後有杜母.〕"라고 칭송한 고사가 전한다. 《漢書 卷89 循吏傳 召信臣》《後漢書 卷61 杜詩列傳》

6 진운(縉雲)의……맡았네 : 목행선이 병조 참지(兵曹參知)에서 홍주 목사로 관직을 옮겨 백성들을 위로하고 어루만지는 일을 하게 되었다는 말이다. 진운사(縉雲司)는 병부(兵部)의 다른 이름이다. 진운은 황제(黃帝) 때의 하관(夏官)을 이르는 말인데,

간관은 조정을 안타까워하지만　　諫官惜中朝
경중이 어찌 항상 일정하랴　　輕重豈常主
측근에서 마조까지 검토했지만　　偪側記馬曹
지친 백성 살리는 것이 진실로 더 중요하지[7]　　蘇殘諒爲愈
간절한 임금의 말씀에 감격하여　　感激絲綸切
백성의 세금 내는 고통을 덜어줘야겠네[8]　　哀矜征稅苦
자수가 주번에 비치고　　紫綬映朱轓
반조가 봄비처럼 미치리[9]　　班條及春雨

당대(唐代)에는 병부의 별칭이었다. 《승정원일기》 효종 즉위년 11월 8일 기사에 목행선을 병조 참지에 임명한다는 기록이 있다.

7 간관(諫官)은……중요하지 : 간관은 목행선처럼 유능한 인재가 내직(內職)에 있어야 한다고 말하지만, 아무리 검토해 보아도 목행선 만한 적임자가 없으며, 백성들을 살리는 일이 더 중요하다고 임금이 말했다는 의미이다. 마조(馬曹)는 동진(東晉) 왕휘지(王徽之)의 별칭이다. 왕휘지가 환충(桓沖)의 기병대 병참군(兵參軍)이 되었는데, 환충이 "경은 어느 부서에 있는가?"라고 묻자, 왕휘지가 "마조(馬曹)인 것 같습니다." 하였다. 흔히 한직(閑職)이나 하급 관리를 이르는 말로 쓰인다. 《晉書 卷80 王羲之列傳 徽之》

8 간절한……덜어줘야겠네 : 백성을 살리는 것이 중요하다는 임금의 간절한 말씀에 감격하고, 백성들의 고충을 헤아려 선정을 베풀어야겠다는 말이다. 사륜(絲綸)은 임금의 조서(詔書)를 뜻하는 말이다. 《예기》 〈치의(緇衣)〉에 "왕의 말은 처음엔 실오라기 같다가도 일단 나오면 굵은 명주실처럼 되고, 왕의 말은 처음엔 굵은 명주실 같다가도 일단 나오면 밧줄과 같이 된다.〔王言如絲, 其出如綸, 王言如綸, 其出如綍.〕"라는 말에서 유래하였다.

9 자수(紫綬)가……미치리 : 목행선이 수레를 타고 임지로 가서 봄비가 만물을 소생시키듯 백성을 살릴 것이라는 말이다. 자수는 고관이 차는 보라색 인끈이다. 한나라 때에는 공후(公侯)와 구경(九卿)이 각각 자수와 청수(靑綬)를 찼다고 한다. 주번(朱轓)은 수레 양쪽에 진흙이 튀지 않도록 붉은색의 장니(障泥)를 설치한 수레로, 연봉

젊은이여 공업에 힘쓸지어다 年少勉勳業
송백은 기둥이 되어야지 松柏須作柱
그대는 건장하여 먼 길 내달리는데 子健騖長途
나는야 노쇠하여 담 안에 누웠네 吾衰臥環堵
예전 그대 집에 들렀을 때를 떠올리니 憶昔過庭地
정자가 연못에 비쳤었지 池塘照亭宇
지금은 수많은 연들이 秖今萬柄荷
짙푸른 잎을 얼음 속에 묻고 있겠지 淸氷埋翠羽
탄식하며 이별을 생각하니 歎息念睽離
부앙하는 사이에 눈물 콧물 쏟아지네 涕唾隨仰俯
마음속에 한이 있으나 飮恨心腑內
소리 삼키며 토해 내지 못하네 呑聲未可吐

대간이 여러 차례 소장을 올려 유임을 청하였으나, 임금께서 백성을 다스리는 일이 더 절실하다고 하여 마침내 홍주로 보내셨다.

2천 석 이상의 고관이 타는 수레이다. 반조(班條)는 조교(條敎)를 만들어 부로(父老), 사수(師帥), 오장(伍長) 등이 있는 곳에 두어 민간에 시행하게 하는 것을 말한다. 한나라 때의 순리(循吏)인 황패(黃霸)가 영천 태수(潁川太守)로 있으면서 황제가 백성들을 잘 살게 하려는 뜻을 받들어 반조하였다. 《漢書 卷89 循吏傳 黃霸》

처마 밑을 거닐며

步檐

빈 뜨락 천천히 걷노라니	步屧虛庭畔
옷과 두건이 저녁 이슬 살짝 젖네	衣巾夕露微
성긴 별빛은 추위에 더욱 반짝이고	疏星寒更潤
이지러진 달은 가늘어도 오히려 빛나네	缺月細猶輝
오랑캐들은 자주 맹약을 요구하는데	虜牒要盟數
변방의 계책은 이길 방법 드물구나	邊籌決勝稀
남쪽 가지에 깃든 까치 있어	南枝有棲鵲
지팡이 짚고 서서 잠시 서로 의지하네	拄杖暫相依

이 좌랑[10] 만사

李佐郎挽詞

생각나네 인척으로 어려서 함께 지내며 憶從姻戚少相依
어진 그대 색동옷 입고 춤추는 모습 보았지[11] 及見賢郎舞綵衣
사당의 상수리나무 천수 누리듯 나는 살았는데 社櫟天年吾尙在
연못가 난초에 앉은 이슬처럼 그대 먼저 가네[12] 澤蘭風露爾先歸
홀어머니와 아들 사이에 사랑 지극했는데 偏親弱息慈情極
지부와 뇌봉에는 벼슬하던 흔적 희미하구나[13] 地部雷封宦跡微

10 이 좌랑(李佐郎) : 좌랑은 조선 시대 육조(六曹)에 딸린 정5품 벼슬이다. 이 좌랑이 누구인지는 미상이지만, 시의 내용상 이민구의 고모 집안 인물로 여겨진다. 이민구의 고모는 이인가(李仁可)에게 시집가서 이언눌(李言訥)과 이언액(李言詻)을 낳았다. 《象村稿 卷26 贈大匡輔國崇祿大夫……李公神道碑銘幷序》

11 어진……보았지 : 이 좌랑이 지극한 효자였다는 말이다. 70세의 노래자(老萊子)가 부모를 기쁘게 해드리려고 색동옷을 입고 어린아이처럼 춤을 추었다는 고사가 전한다. 《初學記 卷17 孝子傳》

12 사단(社壇)의……가네 : 상수리나무처럼 아무 쓸모없는 이민구는 아직 살아 있는데, 난초처럼 훌륭한 이 좌랑은 먼저 세상을 떠났다는 말이다. 사력(社櫟)은 쓸모없어서 천수를 다한 나무로, 이민구 자신을 비유한다. 《장자(莊子)》 〈인간세(人間世)〉에 장석(匠石)이란 목수가 제(齊)나라에 갔다가 엄청나게 크기만 할뿐 쓸데없는 사단의 나무를 보았는데, 꿈에 그 나무가 나타나 자신은 쓸모가 없어서 오래 산다고 말하였다는 우화가 나온다.

13 홀어머니와……희미하구나 : 이 좌랑이 어머니와 모자의 정이 지극했는데, 역임한 관직은 높지 않았다는 말이다. 지부(地部)는 호조(戶曹)의 별칭이며, 뇌봉(雷封)은 작은 고을의 수령을 뜻한다. 현(縣)은 보통 사방 100리 정도 되는 고을인데, 천둥이

양세의 죽음에 한없이 눈물 흐르니[14]	兩世存亡無限淚
내내 적삼 소매 마르지 않는구나	向來衫袖未曾晞

치면 그 소리가 100리쯤 진동한다 하여 현령(縣令)을 뇌봉이라 하였다. 이 좌랑이 생전에 호조 좌랑과 현감을 지낸 것으로 여겨지지만 자세한 내용은 알 수 없다.

14 양세(兩世)의……흐르니 : 이민구가 이 좌랑의 아버지와 이 좌랑의 상사를 모두 겪었기에 한 말이다.

즉흥적으로 읊다
卽事

호성이 자미성 에워싼 이래[15]	一自胡星帶紫微
오랑캐 사신이 임금 뵈었다는 말 자주 듣네	頻聞虜使覲彤闈
왕소군의 그림 부질없이 원망하고[16]	昭君粉繪空哀怨
누경의 화친 시비가 정해졌네[17]	婁敬和親定是非
묘당의 책략으로 어찌 국체를 보존하랴	廟略豈能存國體
장군이 총융의 기틀에 합당하도다[18]	將軍端合摠戎機

15 호성(胡星)이……이래 : 병자호란 이후의 상황을 말한 것이다. 호성은 오랑캐 별로 청(淸)나라를, 자미(紫微)는 자미성(紫微星)으로 임금을 가리킨다.

16 왕소군(王昭君)의……원망하고 : 왕소군은 한(漢)나라 원제(元帝)의 후궁이었다. 원제는 화공(畫工)에게 궁인(宮人)의 초상화를 그리게 하여 그림을 보고 마음에 든 궁인의 처소에서 자곤 하였는데, 이 때문에 많은 궁인들이 화공에게 뇌물을 주어 자기 초상을 예쁘게 그려달라고 하였다. 그러나 왕소군은 뇌물을 주지 않았기 때문에, 화공 모연수(毛延壽)가 밉게 그려 원제의 사랑을 받지 못하다가 흉노(匈奴)의 선우(單于)에게 보내졌다는 고사가 전한다.《漢書 卷94 匈奴傳》 여기서는 병자호란 뒤에 우리나라에서 처녀들을 청나라에 조공으로 보내게 된 사실을 지적한 것이다.

17 누경(婁敬)의……정해졌네 : 누경은 한(漢)나라 고제(高帝)에게 흉노와의 전쟁을 반대하다가 유배된 인물이다. 그는 유배에서 풀려난 이후에 화친 정책을 강력히 건의하였다. 후에 유씨(劉氏) 성을 하사받아 유경(劉敬)이라 하였다.《史記 卷99 劉敬列傳》 여기서는 병자호란 당시 청나라에 항복하고 화친한 것이 잘못되었다는 말이다.

18 묘당(廟堂)의……합당하도다 : 의정부(議政府)의 화친 정책으로는 국체를 유지할 수 없고, 군사력을 강화해야 한다는 말이다. 묘당은 의정부를 가리킨다. 총융(摠戎)은 군대를 가리키는 말이다.

모름지기 알아야지 〈유월〉의 경양 승첩은	須知六月涇陽捷
다만 선왕의 위엄 있는 결단에 있었음을[19]	只在宣王決勝威

19 모름지기……있었음을 : 임금의 결단이 승리의 원동력이라는 말이다. 주(周)나라의 여왕(厲王)이 실정(失政)으로 체(彘) 땅으로 쫓겨나자, 험윤(玁狁)이 침략하여 수도에까지 이르렀다. 여왕이 죽자 아들 선왕(宣王)이 즉위하여 장군 윤길보(尹吉甫)에게 명하여 험윤을 정벌하였다. 《시경》〈유월(六月)〉에 "험윤이 힘을 헤아리지 않고서, 초 땅과 호 땅에 정연하게 거처하여, 호와 삭방을 침략하여, 경양에 이르렀다.〔玁狁匪茹, 整居焦穫. 侵鎬及方, 至于涇陽.〕"라고 하여 당시 상황을 묘사하였다.

만흥

漫興

앓는 중이라 고요한 천기가 좋고 病喜天機靜
늙은 몸이라 복잡한 세상사 잊노라 衰忘世事兼
기 혼미하니 쉬 잠들고 氣昏眠易愜
속 편안하니 밥 더 먹네 腸緩飯能添
푸른 못에 순채는 미끈하고 碧沼蓴絲滑
남새밭에 푸성귀 가늘구나 青畦菜縷纖
봄이 와 흥취 넉넉하니 春來饒漫興
갈수록 술 생각 더 난다 轉覺酒須拈

원주 목사 이침[20]과 헤어지다

別李原州椮

한강물 날마다 길게 흘러가니	漢水日長流
원주는 그 상류에 있다네	北原在上游
사다리 걸린 이백 리 길	棧懸二百里
관동과 관서의 경계 접해 있지	境接東西州
땅 척박하여 관리와 백성 적고	土薄吏人少
골짜기 깊어 승냥이와 호랑이 우글대네	峽深豺虎稠
어진 목사 재주 많아	循良富才術
우거진 잡풀 일찍이 없앴지	蕪蔓早鋤耰
오래된 종 음운에 맞고	鍾古徹音韻
차가운 검 두우를 가르네[21]	劍寒衝斗牛
관직을 훌륭한 인재에게 맡기니	官方屬利器
임금의 마음 근심 나누기를 갈망했네[22]	主意渴分憂

20 이침(李椮) : 1592～1661. 본관은 덕수(德水), 자는 중목(仲木)이다. 그의 묘지명에 "경인년(1650, 효종1) 4월에 군기시 첨정에서 원주 목사로 발탁되었다.〔庚寅四月, 由軍器寺僉正, 擢拜原州牧使.〕"라고 하였다.《畏齋集 卷8 原州牧使李公墓碣銘》

21 오래된……가르네 : 이침이 일을 조화롭게 잘 처리하여 훌륭한 자질이 밝게 드러났다는 말이다.《진서(晉書)》 권36 〈장화열전(張華列傳)〉에 땅에 묻혀 있던 용천(龍泉)과 태아(太阿) 두 보검이 밤마다 북두성과 견우성 사이에서 자기(紫氣)를 발산하였다는 고사가 전한다.

22 관직을……갈망했네 : 임금이 이침과 같이 훌륭한 인재를 발탁하여 원주 목사로 임명함으로써 근심을 나눈다는 말이다. 이기(利器)는 훌륭한 인재로, 여기서는 이침을

백성들의 생계 다급한데 白屋旣云急
공밥을 감히 스스로 꾀하랴[23] 素飡敢自謀
더구나 외진 지역이라 況兼下色地
허리 꺾는 수치 면할 수 있지[24] 得免折腰羞
그대의 외로운 심사 생각하니 念子抱孤介
떠나고 머무는 회포 먹먹하구나 惘然懷去留
오로지 삼생으로 봉양하려고 할 뿐 專牲須待養
격문 받들며 다시 무엇을 구하랴[25] 奉檄更何求
진정 부모 사랑에 보답하고[26] 政爲春暉報

가리킨다. 분우(分憂)는 임금의 근심을 나눈다는 뜻으로, 지방관을 뜻한다.

23 백성들의……꾀하랴 : 백성들을 돌보는 일이 다급하므로, 지방관으로 나가 최선을 다해야 한다는 말이다. 백옥(白屋)은 초가집으로, 가난한 살림을 의미하는데, 여기서는 백성들의 삶을 의미한다. 소찬(素餐)은 하는 일 없이 녹봉만 축내는 것을 비유한 말이다. 《시경》〈벌단(伐檀)〉에 "저 군자여, 공밥 먹지 않네.〔彼君子兮, 不素餐兮.〕"라고 한 데서 유래하였다.

24 허리……있지 : 목사로 나가기 때문에 고관의 눈치를 살필 필요가 없다는 말이다. 절요수(折腰羞)는 고관에게 허리를 숙여야 하는 수치를 가리킨다. 진나라 도잠(陶潛)이 현령(縣令)으로 있을 때 "쌀 다섯 말 때문에 허리를 꺾을 수는 없다.〔不能爲五斗米折腰〕"라고 하며 벼슬을 그만두었다는 고사가 전한다.《晉書 卷94 隱逸列傳 陶潛》

25 오로지……구하랴 : 지방관이 되어 부모 봉양을 지극히 하고자 할 뿐, 다른 무엇을 바라지 않는다는 말이다. 생(牲)은 삼생(三牲)으로, 소고기, 양고기, 돼지고기를 가리키는데, 이것으로 부모에게 공양하는 것을 지극한 효도로 여겼다. 봉격(奉檄)은 봉격색희(奉檄色喜)의 준말로, 부모를 봉양하기 위해 벼슬길에 나감을 의미한다. 후한(後漢)의 모의(毛義)가 가난하여 노모를 봉양하기 어려웠는데, 효행이 널리 알려져 수령에 제수한다는 격문이 오자 "격문을 받들며 기뻐하는 것은 부모를 위해 굽히는 것이다.〔奉檄而喜, 爲親屈也.〕"라고 하였다는 고사에서 유래하였다.《後漢書 卷69 劉趙淳于江劉周趙列傳序》

임금의 큰 은혜도 갚아야지	亦思天渥酬
인끈 차고 떠나가는 목사의 행렬	行行綰章紱
아스라이 숲 언덕 달려가네	眇眇馳林丘
병든 몸에 슬픈 일 많은데	病懶足悲緒
떠나보내려 큰 길에 나섰네	別離臨道周
현인을 아끼지만 도울 길은 없고[27]	高賢愛莫助
다시 만날 기약 없어 서글퍼라	後會悵無由
지난날 실컷 노닐었던 일 생각하니	憶昔旅遊倦
이제는 묵은 자취만 시름겹네[28]	至今陳跡愁
연꽃은 푸른 못에 그림자 드리우고	荷華碧沼影
초목은 황량한 누대에 가을빛 물들였네	草樹荒臺秋
꿈 깨니 즐거움 사라진 듯하고	夢罷樂如失
기 쇠하니 인생은 뜬구름 같구나	氣衰生若浮
슬프도다 손 마주 잡을 제	悽悽摻手際
떨어지는 눈물 누가 거두겠는가	涕下誰能收

26 진정……보답하고 : 부모를 잘 봉양하여 은혜에 보답하라는 말이다. 춘휘보(春暉報)는 봄날의 햇살 같은 사랑에 보답한다는 의미이다. 당(唐)나라 맹교(孟郊)의 〈유자음(游子吟)〉에 "한 치의 풀과 같은 마음으로, 봄날의 햇살 같은 사랑에 보답하기 어렵네.〔難將寸草心, 報得三春暉.〕"라고 하였다.

27 현인을……없고 : 이침을 아끼지만 현재 이민구의 처지에서 도울 길이 없어 안타깝다는 말이다. 《시경》 〈증민(烝民)〉에 중산보(仲山甫)의 덕을 기려 "사랑해도 도와줄 수가 없다.〔愛莫助之〕"라고 하였다.

28 지난날……시름겹네 : 이민구가 강원도 관찰사로 있을 때를 회상하며 읊은 것이다. 《동주집(東州集)》 전집(前集) 권7 〈관동록(關東錄)〉에 실린 시는 이민구가 강원도 관찰사 재임 중에 지은 것이다.

김생 만사

金生挽詞

천도는 자고로 아득하여 알 수 없으니	天道冥茫自古今
바람이 좋은 나무 꺾어 숲 이루지 못했네	風摧秀木未成林
고아는 실로 예전의 얼굴 모를 테고	孤兒實昧他年面
아낙은 부질없이 밝은 해의 마음 간직하리[29]	匹婦空懸皦日心
홀연 뜬세상 재촉하여 영원히 가버리니	忽去永違浮世促
무슨 말로 자식 잃은 마음 위로할까	何辭可慰割慈深
아득히 멀리 가서 돌아오지 않으니	遊方杳杳歸無路
황천에 옥 묻는 그 한을 금할 수 없어라[30]	埋玉重泉恨不禁

29 고아는……간직하리 : 홀로 된 김생의 아이는 아버지의 얼굴을 기억하지 못할 것이고, 김생의 부인은 미망인의 바른 길을 가겠다는 의지를 피력한다는 말이다. 교일심(皦日心)은 정도를 지키겠다는 다짐을 가리킨다. 《시경》 〈대거(大車)〉에 "나를 믿지 못한다면, 저 환히 밝은 해를 두고 맹세하리라.〔謂予不信, 有如皦日.〕"라고 하였다.

30 아득히……없어라 : 김생이 고인이 되어 그 부모가 장례를 치르니 한이 크다는 말이다. 유방(遊方)은 유필유방(遊必有方)의 준말로 《논어》 〈이인(里仁)〉에 "부모가 생존해 계시거든 먼 데 나가 놀지 말며, 놀더라도 반드시 일정한 소재가 있어야 한다.〔父母在, 不遠遊, 遊必有方.〕"라고 한 데서 유래하였다. 매옥(埋玉)은 옥을 묻는다는 말로, 재주 있는 사람을 묻는다는 뜻이다. 진(晉)나라 유량(庾亮)이 죽어 땅에 묻힐 즈음에 하충(何充)이 "옥수를 땅속에 묻으니, 사람의 슬픈 정을 어찌 억제할 수 있으랴.〔埋玉樹箸土中, 使人情何能已已.〕"라고 하였다. 《世說新語 傷逝》

현오[31]의 시축에서 오봉[32]의 운에 맞춰 짓다

玄悟軸 次五峯韻

모든 생각이 망념임을 오래 전에 알았고	久識諸觀妄
일만 게송도 잘못임을 깊이 깨달았다	深知萬偈非
푸른 산에 묵은 빚 남았는데	碧山餘宿債
백발에 새 시마저 저버렸네	華髮負新詩
화롯불은 세월 갈수록 가까이하는데	爐鼎流年逼
연하 속에서 이별의 꿈 어긋났네	煙霞別夢違
오직 두 눈으로	唯將雙眼膜
고요히 백호와 마주하고 있노라[33]	靜對白毫眉

31 현오(玄悟) : 조선 중기의 승려로서 목불(木佛)의 장인(匠人)이며 목수로 여겨진다. 경기도 장단군의 심복사(心腹寺), 충남 논산시 쌍계사의 대웅전과 목조여래좌상 등 여러 불사에 그 이름이 전하지만, 이력은 상세하지 않다.

32 오봉(五峯) : 이호민(李好閔, 1553~1634)으로, 본관은 연안(延安), 자는 효언(孝彦), 호는 오봉·남곽(南郭)·수와(睡窩), 시호는 문희(文僖)이다.

33 고요히……있노라 : 말없이 부처 앞에 앉아 있다는 말이다. 백호(白毫)는 부처의 32상(相) 중 하나로, 미간 사이에 있는 백옥과 같은 흰 털이다.

소나기

快雨

소나기 내려 무더위 가시고	快雨消煩暑
빈 집에 한 줄기 서늘한 바람	虛堂颯一涼
책 덮으며 얻고 잃음 묻어 버리고	抛書埋得喪
베개 높이 베며 한가함과 바쁨도 잊네	高枕混閑忙
개미는 홰나무 뿌리로 옮겨 가고	行蟻槐根徙
벌들은 나뭇잎 아래로 숨어드네	遊蜂葉底藏
쑥대와 명아주도 계절 따라	蓬藜隨節序
푸릇푸릇 담장 넘게 자랐구나	碧色過墻長

메뚜기 시에 맞춰 짓다
次蝗詩

메뚜기야 너는 이름이 넷이지만	蝗兮具四名
하나의 기운으로 이어지는구나	一氣所鍾胤
네 몸은 지극히 작아도	爾形極幺麽
네 입은 칼날보다 날카롭지	爾口甚芒刃
극심한 가뭄에 번성하여[34]	亢陽資亭育
가뭄 귀신과 함께 떼 지어 날아드니	旱魃與驅趁
그 삶은 허점을 파고들고	其生類蹈瑕
그 움직임은 틈새를 엿보는 듯	其動似覰釁
주둥이 세워 등으로 능히 기어 다니고	拄喙脊能行
몸뚱이 구부린 채 날갯짓 못하다가	句身羽未振
오얏 붉어질 때 문득 성충 되어	淹成朱李辰
매실 노랗게 익을 때 재앙 만드네	孽作黃梅信
탐욕스런 식성 풀 실컷 먹고	饞腸飫土毛
날카로운 촉수 반딧불 삼키네	利觜含螢燐
썩은 흙에 서식하며	居依朽壤枯
습한 강에 모여드네	聚傍洪河潤

34 극심한 가뭄에 번성하여 : 항양(亢陽)은 매우 심한 가뭄을 가리킨다. 정육(亭育)은 기르고 번성하는 것이다. 《노자(老子)》 제51장에 "기르고 자라게 하며, 이루어 주고 익게 한다.〔長之育之, 亭之毒之.〕"라고 하였다.

방죽 따라 떼 지어 날다가 緣堨赴長圍
들판에 팔진을 펼치누나 包原排八陣
밭 짓밟으니 노나라에서 연이라 썼고 籍畝蝝書魯
경계 침범하니 진나라 잠식하는 듯[35] 侵疆蠶食晉
밤에 불 꺼지자 땅을 온통 뒤덮는데 宵熸旣塗地
무슨 힘으로 불탄 나머지에서 거둘까 餘力寧收燼
집은 텅 비어 부녀자의 탄식만 들리고 室空有歎婦
밭은 황폐하니 농부의 기쁨 사라지네 田抛無喜畯
창망히 사막 번지듯 蒼茫沙幷流
넘실넘실 조수 밀려오듯 瀰漫潮俱進
너의 방자한 탐욕에 爲汝恣饕餮
백성들은 굶주려 죽어 간다 令民斃饑饉
미물의 창자 채우느라 物微腹肚盈
우리의 곡식 빼앗기네[36] 我迫脂膏浚
꽹과리와 북소리 듣는지 마는지 金鼓聽猶聳
향다 피워도 바람대로 따르지 않네[37] 香茶禱莫徇

35 밭……듯 : 메뚜기가 곡물에 끼치는 폐해를 비유적으로 읊은 것이다. 《춘추좌씨전》 선공(宣公) 15년 기사에 "겨울에 메뚜기 새끼들이 나타났다.〔冬, 蝝生.〕"라는 기사가 있다. 연(蝝)은 메뚜기 새끼를 가리킨다. 《사기(史記)》 권72 〈양후열전(穰侯列傳)〉에 "진나라는 탐욕스럽고 잔인한 나라여서 친선을 도모하지 않습니다. 위나라를 잠식하고, 또 진나라 땅을 다 잠식하였습니다.〔秦貪戾之國也而毋親, 蠶食魏氏, 又盡晉國.〕"라고 하였다.

36 미물(微物)의……빼앗기네 : 메뚜기가 백성들이 가꾼 곡식을 먹어 치운다는 말이다. 지고(脂膏)는 기름진 것이라는 의미로, 농부들이 피땀 흘려 이룬 재물을 가리킨다.

처음엔 논밭에 두루 퍼지더니	始遍町畦平
어느새 깊은 도랑 가득 메우네	俄塡溝澮濬
요원숭이 묻을 때 감히 재앙 꺼렸으랴[38]	姚埋敢憚殃
황제는 잡아서 아이 열병 치료했네[39]	帝掇求嬰疢
인자가 보살펴 기르는 데 힘쓰면	仁者務封殖
사람들은 마땅히 피부로 체감하지	人情宜體認
파릇파릇한 저 꽃과 열매	青蔥彼華實
낭자하게 짓밟혔네	狼藉經蹂躪

37 꽹과리와……않네 : 메뚜기를 쫓으려고 꽹과리와 북을 두드리면 놀라는 듯하지만, 향다(香茶)를 태워 달아나기를 바라도 달아나지 않는다는 뜻이다.

38 요원숭(姚元崇)이……꺼렸으랴 : 당(唐)나라 개원(開元) 초에 산동(山東)에 메뚜기 떼가 큰 피해를 끼치자, 재상 요원숭이 각 도에 메뚜기를 잡아 재앙을 막을 것을 주청하였는데, 황제가 "메뚜기의 피해는 하늘이 내리는 재앙이다. 진실로 나의 부덕함에서 비롯된 것인데, 경이 메뚜기를 잡아야 한다고 요청하니, 하늘의 뜻을 어겨 의를 손상시키는 점이 없겠는가.〔蝗天災也, 誠由不德而致焉. 卿請捕蝗, 得無違而傷義乎.〕" 하였다. 요원숭이 "〈대전〉 시에 나오는 '이것을 잡아 불 속에 던질지어다.'라는 말은 메뚜기를 잡는 방법입니다. 옛사람들이 이미 행한 방법을 폐하께서 후대에 사용하시는 것입니다. 옛사람이 행한 것은 농사를 안정시키려는 것이었고, 폐하께서 사용하시는 것은 해로움을 제거하려는 것입니다. 저는 들으니 농사를 안정시키는 것은 의를 손상시키는 것이 아니니, 농사를 안정시키면 물산이 많아지고, 해로움을 제거하면 사람이 많아집니다. 기꺼이 농사를 일으키고 해로움을 제거하는 것은 나라의 큰일입니다. 폐하께서는 심사숙고하소서.〔大田詩曰, 秉畀炎火者, 捕蝗之術也. 古人行之於前, 陛下用之於後, 古人行之, 所以安農, 陛下用之, 所以除害. 臣聞安農非傷義也. 農安則物豐, 除害則人豐, 樂興農去害, 有國家之大事也. 幸陛下熟思之.〕"라고 말한 사실이 있다. 《御定淵鑑類函 卷450 蝗》《新唐書 卷118 張韋韓宋辛二李裴》

39 황제는……치료했네 : 메뚜기를 열병 치료에 사용했다는 말인데, 근거는 알 수 없다.

올 때는 운무 엉긴 듯	來如雲霧凝
갈 때는 광풍 몰아치는 듯	過若風飆迅
먼저 삼과 보리 망쳐 놓고	翦滅先麻麥
비름과 골풀도 다 죽이네	虔劉及莧藺
어린잎 남김없이 쓸어버리고	苗葉蕩靡贏
줄기와 뿌리만 겨우 남았으니	節根存亦僅
아아 이 땅의 백성들아	嗟哉域中甿
누군들 길가에서 굶어 죽는 신세 면하랴	孰免道邊殣
성스러운 임금께서 다스림에 힘써	聖哲懋時乂
우뚝 그 덕이 날마다 높아지네	巍峨德日峻
제단에 오르니 모든 요기 사라지고	登臺群祲消
동산에는 사령이 가득한데	在囿四靈牣
하늘이 내리는 재앙 잇따르니	降厲荐相仍
밝은 징험 그 이치 묻기 어렵구나[40]	明徵理難訊
향기는 곡식에서 나는 게 아니니	馨香非黍稷
임금의 덕화가 어찌 훼손되랴[41]	王化肯淄磷

40 성스러운……어렵구나 : 효종이 즉위하여 성덕을 베푸는데도 불구하고 재앙이 잇따라 발생하니, 그 이치를 이해할 수 없다는 말이다. 이 시가 쓰인 1650년(효종1)에는 가뭄과 메뚜기의 피해가 극심했다. 《효종실록》 1년 6월 27일 기사에 "이번 가뭄이 갈수록 더욱 심해지고, 황충(蝗蟲)의 재해마저 없는 곳 없이 발생하고 있는데,……기도(祈禱)가 비록 말절이기는 하지만 이것 역시 소홀히 할 수 없으니, 해조(該曹)로 하여금 마땅히 행해야 할 기도를 미처 행하지 못한 것이 있으면 즉시 거행하게 하라."라는 효종의 교서가 실려 있다. 이로 미루어 보면 이때에 효종이 제단을 만들고 천제를 지낸 것으로 여겨진다. 사령(四靈)은 신령스런 네 동물로, 기린, 봉황, 용, 거북을 가리킨다. 《禮記 禮運》

신마를 사른 불에 던져 넣어　　秉畀藉神麻
대지 적셔 줄 순한 비 기다리리[42]　　需濡待雨順
뜨거운 태양의 위세로 으르고　　懾之炎火威
요란한 우레 소리 울리기도 하며　　轟以雷霆震
서설 내려 추운 겨울 경계해 주고　　瑞雪戒冬寒
시원한 바람으로 여름 더위 씻어도 주네　　涼颸灑夏汎
곡식들이 옛 모습 회복하고　　嘉禾改宿昔
악한 종자들 금세 물리치리　　惡種屏俄瞬
밭 갈고 우물 파며 다들 요 임금 노래하고　　耕鑿盡歌堯
노래하며 함께 순 임금 떠받들리　　謳謠共戴舜
큰 언덕처럼 쌓인 노적가리 보노라면　　京陵瞻乃積
아녀자도 끝내 인색한 이 드물겠지　　婦子鮮終吝

41 향기는……훼손되랴 : 효종의 성덕이 훼손되지 않으리라는 말이다. 《서경》 〈군진(君陳)〉에 "지극한 정치는 향내가 풍기는 것 같아서 신명에게 감응하나니, 곡식이 향기로운 게 아니라 밝은 덕이 향기로운 것이다.〔至治馨香, 感于神明, 黍稷非馨, 明德惟馨.〕"라고 하였다. 《논어》 〈양화(陽貨)〉에 "단단하다 하지 않겠는가? 갈아도 얇아지지 않는다. 희다 하지 않겠는가? 물들여도 검어지지 않는다.〔不曰堅乎, 磨而不磷. 不曰白乎, 涅而不緇.〕"라고 하였다.

42 신마(神麻)를……기다리리 : 신마를 불살라 메뚜기를 제거하고, 때에 맞춰 비가 내리기를 기다리겠다는 말이다. 병비(秉畀)는 《시경》 〈대전(大田)〉에 "이것을 잡아 불속에 던질지어다.〔秉畀炎火〕"라고 한 데서 원용한 것이다.

박 은율[43]과 이별하다

別朴殷栗

근래 늙고 병들어 겨우겨우 살아가니 年來衰疾强支持
날마다 벼루에 먼지만 쌓여 간다 日遣塵埃鎖墨池
어찌 한 마디 말로 작별할 수 있으랴 豈有一言堪贈別
괜스레 오마 고생시켜 시 찾는구나[44] 空勞五馬索題詩
성이 푸른 바닷가에 있어 바람과 파도 거세고 城臨碧海風潮壯
경계가 금사에 접해 고을은 보잘것없지[45] 境接金沙縣邑卑
모두들 능력 뛰어나다 말하니 共道割鷄材力富
현가와 문사가 모두 마땅하겠지[46] 絃歌文史摠相宜

43 박 은율(朴殷栗) : 은율 현감(殷栗縣監) 박안기(朴安期, 1608~?)를 가리키는 것으로 보인다. 《효종실록》 1년 6월 28일 기사에 은율 현감 박안기가 사조(辭朝)했다는 기사가 있다. 은율은 현재의 황해남도 은율군 일대에 해당하는 지역이다.

44 괜스레……찾는구나 : 박안기가 임지(任地)로 가면서 시를 지어 달라고 요구하므로 이 시를 짓는다는 말이다. 오마(五馬)는 다섯 마리 말로, 태수(太守)를 의미한다. 한나라 때 태수의 수레를 다섯 필의 말이 끌었던 데서 온 말로, 여기서는 박안기가 은율 현감으로 부임하는 것을 의미한다.

45 경계가……보잘것없지 : 은율이 작은 고을이라는 말이다. 금사(金沙)는 미상인데, 은율과 경계가 닿아 있다고 하였으므로, 황해도 주변의 어느 지역을 가리키는 것으로 보인다. 이로 볼 때 황해도 장연(長淵) 해안방(海安坊)에 있는 금사사(金沙寺)를 가리키거나 금사산(金沙山)을 가리키는 것으로 추측된다.

46 모두들……마땅하겠지 : 박안기가 은율이라는 작은 고을을 다스리기에 충분한 능력이 있다는 평가를 받으므로, 그가 은율에 부임하여 선정(善政)과 교화(敎化)를 베풀 것이라는 말이다. 할계(割鷄)와 현가(絃歌)는 모두 《논어》에 보이는 말로, 자유(子游)

가 무성(武城)의 읍재(邑宰)가 되어 예악(禮樂)을 가르쳐, 고을 사람들이 모두 현악(弦樂)에 맞추어 노래를 불렀는데, 공자가 무성에 가서 그 소리를 듣고는 빙그레 웃으며 "닭을 잡는 데에 어찌 소 잡는 칼을 쓰느냐.〔割鷄焉用牛刀〕"라고 하였다.《論語 陽貨》 즉, 할계는 사소한 일을 가리키는 말로, 은율이라는 작은 고을을 의미하고, 현가는 지방관이 선정을 베풀어 고을 사람들이 교화됨을 의미한다. 문사(文史)는 문장과 역사로, 은율 사람들이 문장과 역사를 익혀 알게 될 것이라는 말이다.

죽소옹[47]이 소주를 보내오다

竹所翁惠燒酒

술자리가 갑자기 여름 이랑에 미쳤으니	觴政居然及夏畦
옥 술병에 새 술 담아 벗에게 보내 주었네	玉壺新醞落提携
이슬처럼 맑은 술 얼굴 달구고	清涵露液初薰面
산초보다 진하여 곧장 배꼽에 닿네[48]	烈比椒香直到臍
게으른 사람 오막살이에 조용히 지내며	懶拙只依蓬戶靜
쇠잔한 몸 갈건을 낮게 떨구었지	衰頹一任葛巾低
메마른 속이 넉넉한 은택 입어	枯腸正賴餘波潤
하삭의 풍류 오래도록 사라지지 않았네[49]	河朔風流舊不迷

47 죽소옹(竹所翁) : 김광욱(金光煜, 1580～1656)으로, 본관은 안동(安東), 자는 회이(晦而), 호는 죽소이다. 《退憂堂集 卷10 左參贊金公墓誌銘》

48 이슬처럼……닿네 : 술이 진하고 맛있다는 말이다. 진(晉)나라 환온(桓溫)이 술을 마실 때마다 품평을 잘하는 주부(主簿)가 먼저 술을 맛보고는, 좋은 술에 대해서는 청주 종사(青州從事)라 하고, 시원찮은 술에 대해서는 평원 독우(平原督郵)라 했다는데, 그 이유는 청주에 제군(齊郡)이 있고 평원(平原)에 격현(隔縣)이 있는 것에 빗대어, 좋은 술은 배꼽 아래에까지 이르고 나쁜 술은 그저 격막(膈膜) 근처까지만 간다는 뜻에서였다고 한다. 《山堂肆考 卷191 飮食》

49 하삭(河朔)의……않았네 : 김광욱이 술을 보내 준 덕분에 술자리를 마련하여 풍류(風流)를 즐긴다는 말이다. 하삭은 황하(黃河) 이북의 땅인 하북(河北)을 말한다. 후한(後漢) 말엽에 유송(劉松)이 하삭에 있으면서 삼복(三伏) 무렵이면 항상 원소(袁紹)의 자제(子弟)와 함께 연일 주야로 술을 마시면서 피서했다고 한다. 《初學記 歲時部上 夏避暑飮》

강가에 거주하는 청송 부사 최유연[50]에게 부치다

寄崔青松江居

군이 《장자(莊子)》와 육조(六朝)의 글을 즐겨 읽었으므로 농담 삼아 언급하였다.

저잣거리에 뜨거운 먼지 가득한데	城市炎塵滿
강호에는 더위 가셨겠지	江湖暑氣除
세속에 시달린 뒤로	自從疲俗累
교외의 삶 참 부러웠네	重爲羨郊居
지극한 도로 제물 논하고[51]	至道論齊物
고아한 문장 수초 지었네[52]	高文賦遂初
가을 햇살 칠석 다가오니	秋陽近七日
마땅히 배 속의 책을 말리리라[53]	應曬腹中書

50 최유연(崔有淵) : 최 청송(崔青松)은 뒤에 〈차최성지(次崔聖止)〉라는 작품이 있는 점을 고려할 때, 청송 부사(青松府使)를 역임한 최유연(1587~?)을 가리키는 것으로 보인다. 최유연의 본관은 해주(海州), 자는 성지(聖止)·지숙(止叔), 호는 현암(玄巖)이다.

51 지극한……논하고 : 최유연이 《장자(莊子)》를 즐겨 읽기에 한 말이다. 제물(齊物)은 만물이 평등하다는 뜻으로, 《장자》의 편명인 〈제물론(齊物論)〉을 가리킨다.

52 고아한……지었네 : 최유연이 육조의 문장을 즐겨 읽으므로 이렇게 읊은 것이다. 진(晉)나라 때에 손작(孫綽, 314~371)이 고양(高陽), 허순(許詢) 등과 함께 고상한 뜻을 품고 회계산(會稽山)에 은거하여 10여 년 동안 산수를 유람하면서 〈수초부(遂初賦)〉를 지었는데, 수초(遂初)란 벼슬을 사직하고 은거하여 그 초심을 이루어 즐겁다는 의미이다. 《世說新語 言語》

53 가을……말리리라 : 최유연의 풍부한 학식을 칭찬한 말이다. 《산서통지(山西通

志)》 권139 〈인물(人物)〉에 "학륭은 자가 좌치이며, 곽현 사람이다. 어려서부터 읽지 않은 책이 없을 정도로 박학하였는데, 칠석날 부잣집에서 옷을 햇볕에 말리는 것을 보고는 땡볕에 나가 하늘을 향해 배를 드러낸 채 누웠다. 어떤 사람이 그 까닭을 물으니 '나는 배 속의 책을 말리고 있다.' 하였다.〔郝隆字佐治崞縣人, 少博學, 無書不讀. 七月七日, 見富室曝衣, 乃出日中仰臥. 人問其故, 曰我曬腹中書耳.〕"라는 고사가 전한다.《世說新語 排調》

가뭄이 지속되자 임금께서 국사에서 제사하셨는데 이튿날 단비가 내리므로 시를 써서 기쁨을 기록하다 효종 원년

久旱 上禱祀國社 翌日澍雨 書以志喜 孝宗元年

국사에서 정결한 제사로 공경 표하니	國社明禋展敬將
하늘이 가만히 감응해 우리 왕께 답하셨네	上天冥應答吾王
검은 구름 낮게 드리워 더운 먼지 잦아들고	玄雲下壓炎埃靜
붉은 번개 몰아쳐 가뭄 귀신 급히 달아나네	紫電橫驅旱魃忙
푸른 바다 기울여 도랑에 댄 듯	屈注滄溟疏畎澮
평평히 펼쳐진 흰 물 방죽에 가득하다	平鋪白水滿陂塘
원년에 벌써 좋은 징조의 보답 얻었으니	初年已得休徵報
탕 임금의 육책보다 뛰어남을 알겠네[54]	還見成湯六責長

54 원년(元年)에……알겠네 : 효종(孝宗)의 정성이 탕(湯) 임금보다 낫다는 말이다. 육책(六責)은 여섯 가지 자책으로, 은(殷)나라 탕 임금이 7년 동안의 큰 가뭄을 당하여 상림(桑林)에서 기우제를 올리면서 자책한 일을 말한다. 여섯 가지는 정치에 절도가 없는 것, 백성을 병들게 하는 것, 궁궐을 사치스럽게 꾸미는 것, 여알(女謁)의 성행, 뇌물의 수수, 참소하는 자들의 창성 등이다.《呂氏春秋 順民》

현주 도위가 편지를 보내 "한 시대에 몇 안 되는 분 백 년에 몇 번이나 볼까."라는 말을 들어 탄식하였다. 우연히 감회가 있어서 드디어 한 수를 이루었다[55]

玄洲都尉書擧一代不數人 百年能幾見以爲歎 偶然感觸 遂成一篇

한 시대에 몇 안 되는 분 一代不數人
백 년 인생에 몇 번이나 볼까 百年能幾見
서글프다 선배의 이 말 悽然先達語
예나 지금이나 그 느낌 같구나 今古同感戀
젊어서는 두루 알기 어렵고 少壯識難周
늙어서는 마음 쉽게 변하지 晩暮情易變
뛰어난 인재들 불우한 시절 만나면 俊哲遭坎壈
진실로 당세에 천대받지 固爲當世賤
옥인지 돌인지 오랜 뒤에야 구분되니 璧礫久乃分
얻고 잃음이야 이치로 달랠 수 있지만[56] 得喪理堪遣

55 현주 도위(玄洲都尉)가……이루었다 : 현주 도위는 윤신지(尹新之, 1582~1657)로, 본관은 해평(海平), 자는 중우(仲又), 호는 연초재(燕超齋)이다. 1596년(선조29) 선조의 딸 정혜옹주와 혼인하여 해숭위(海嵩慰)에 봉해졌다.《畏齋集 卷10 海嵩尉尹公諡狀》"한 시대에 몇 안 되는 분, 백 년에 몇 번이나 볼까.〔一代不數人, 百年能幾見.〕"는 송나라 진사도(陳師道, 1053~1101)의《후산집(後山集)》권1 〈송소공지항주(送蘇公知杭州)〉에 보이는 내용이며, 윤신지의《현주집(玄洲集)》권6 〈차운봉화동주옹(次韻奉和東州翁)〉이라는 시의 첫 구가 이민구의 이 시와 동일하다.

56 얻고……있지만 : 인생의 득실과 성패는 이성적으로 사리를 살펴 이해함으로써 자신의 감정을 다스릴 수 있다는 말이다. 진(晉)나라 위개(衛玠)가 "사람이 미처 생각

한스럽게도 수명이 짧아　所恨壽命促
앞날이 서리와 눈 내리는 때에 다다랐네　前期抵霜霰
어이할까 마음에 있는 벗　奈何在心友
헤어져 지내며 만나지 못하네　隔手間英眄
쇠약하니 베개에 엎드려서 근심하고　衰多伏枕憂
늙은이라 맘대로 운신하기 어렵구나　老乏抽身便
이별하면 문득 그리우니　相離却相慕
어찌 책을 보는 것과 다른가　曷異對黃卷
적막한 천지 사이에　寂寞穹壤間
부질없는 기쁨 잠깐이지　浮歡等收電
온갖 걱정에 삼경까지 앉았노라니　百慮坐三更
맑은 달이 얼굴 비춘다　淸月照顔面

하지 못함이 있을 때는 마음으로 용서해 주어야 하고, 고의로 일으킨 일이 아니면 이치대로 순응해야 한다.〔人有不及, 可以情恕, 非意相干, 可以理遣.〕"라고 생각하였다는 고사가 전한다.《晉書 卷36 衛瓘列傳 衛玠》

차운하여 조계언[57]에게 주다

次贈趙季彦

쓸쓸히 찾아오는 수레 끊어졌는데	蕭條車轍斷相尋
칠월 선선한 바람이 푸른 숲에서 일어나네	七月新涼動碧林
이 세상 정다운 벗들 한밤에 꿈꾸며	海內情親三夜夢
산중에서 살아가는 백 년의 마음이네	山中偃仰百年心
비로소 임금 가까운 대궐 떠나	初辭鳳闕星辰逼
홀로 골짝 깊은 용문 지키겠지	獨保龍門洞壑深
가을 물에 사람 그려도 끝내 막막한데	秋水懷人終緬邈
부질없이 흰 이슬만 옷깃 가득 적신다	空霑白露滿衣襟

57 조계언(趙季彦) : 조빈(趙贇, 1587~?)으로, 본관은 한양(漢陽), 자는 계언(季彦), 호는 은성(隱星)이다.

송생 만사

宋生挽詞

오래구나 하늘의 뜻 알 수 없으니	久矣天難測
아아 재앙은 어디에서 오는가	嗟哉禍所從
사람들은 짧은 목숨 아파하고	人生傷命促
우리들은 깊은 정 근심하네[58]	我輩患情鍾
황천길 계수나무에 갈바람 불고	泉路秋風桂
빈소에는 귀뚜라미가 밤비 속에 우는구나	帷堂夜雨蛩
가련하다 영박의 땅	可憐嬴博土
무덤에 한 남겼네[59]	遺恨廣輪封

58 사람들은……근심하네 : 송생(宋生)이 단명한 것을 사람들은 아파하고, 이민구는 깊이 정든 이와의 사별을 슬퍼한다는 말이다. 정종(情鍾)은 감정이 모인다는 말이다. 진(晉)나라 때 왕융(王戎)이 일찍이 아들을 잃었는데, 산간(山簡)이 찾아가 보니 왕융이 비통함을 감당하지 못하였다. 산간이 말하기를 "어린애는 품 안의 물건이거늘, 어찌 이 지경에 이른단 말인가.〔孩抱中物, 何至於此.〕" 하자, 왕융이 말하기를 "성인은 정을 잊는 것이고, 가장 하등인은 정을 다하지 못하는 것이며, 정을 다 쏟을 수 있는 것은 바로 우리들에게 있다.〔聖人忘情, 最下不及情, 然則情之所鍾, 正在我輩.〕"라고 했다는 고사가 전한다.《天中記 卷39 生辰》

59 영박(嬴博)의……남겼네 : 송생의 아버지가 아들의 죽음에 한이 남았다는 말이다. 영박은 춘추 시대 제(齊)나라의 지명으로, 오(吳)나라 계찰(季札)이 제나라에서 돌아오다가 아들이 죽자 이곳에 장사한 일이 있다.《禮記 檀弓》광륜(廣輪) 역시《예기》〈단궁〉에 보이는 말로 "장사 지낸 뒤에 쌓은 봉분은 가로와 세로가 겨우 구덩이를 덮을 만하였고, 높이는 손으로 짚을 만하였다.〔既葬而封, 廣輪揜坎, 其高可隱也.〕"라고 하였다. 여기에 근거하여 광륜은 일반적으로 무덤을 의미하고, 가로와 세로를 뜻하는 말로

사용되는데, 이에 대해 이익(李瀷)은 "'광륜이 구덩이를 덮는다.'라는 말에 대해 주낸 사람은 횡과 직으로 해설하였으니 이는 잘못인 듯하다. 윤이란 것은 봉분을 바퀴처럼 둥글게 만든다는 뜻인데, 그 둘레가 족히 봉분 안에 광을 덮을 수 있는 까닭에 그렇게 이른 것이다.〔廣輪揜坎, 註者以橫直爲解, 恐非矣. 輪謂封土圓周, 其周足以庇封內之壙坎, 故云爾.〕"라고 하였다.《星湖僿說 卷20 經史門 馬鬣封》

서호의 가을 흥취

西湖秋興

저자와 골목에 땅 평평하고	市暨閭閻撲地平
풍진은 봉황성과 절로 막혔네[60]	風塵自隔鳳凰城
처음에는 법망에 걸려 내 성품대로 살았고	初緣網罟從吾性
만년까지 어초에 의지해 이 삶 얻었네[61]	晩托漁樵得此生
하늘 끝 노을은 푸른 바다에 잠기고	天際斷霞沈海碧
산꼭대기 지는 해는 맑은 강을 비춘다	峯頭落日映江淸
가을날 승사로를 한 번 바라보니	秋來一望乘槎路
은하수가 오늘밤 열 배는 더 밝구나[62]	銀漢今宵十倍明

60 풍진(風塵)은……막혔네 : 혼잡한 도성과 거리가 있다는 말이다. 봉황성(鳳凰城)은 도성을 의미하는 말로 사용되었다.

61 처음에는……얻었네 : 이민구가 유배에서 풀려난 뒤에 서호에 거주하였는데, 만년(晩年)까지 나무꾼이나 어부들과 어울리며 살게 되었다는 말이다.

62 가을날……밝구나 : 가을밤의 은하수가 더욱 밝다는 말이다. 승사로(乘槎路)는 뗏목을 타고 올라가는 길이라는 말로, 한(漢)나라 장건(張騫)이 무제(武帝)의 명을 받들고 황하(黃河)의 근원을 찾으러 배 타고 갔다가, 은하수 위로 올라가 하늘 궁궐을 구경했다는 전설이 있다.《天中記 卷2》

최성지의 시를 차운하다[63]

次崔聖止

버려진 채 늙어가니	棄擲仍衰謝
명예 얻기 글렀구나	身名却謬悠
사람 피해 도성 떠나	避人辭禁里
말 묶어 두고 강가 누대에 누웠어라	繫馬臥江樓
달 어두워도 가을 혼 남았으며	月晦餘秋魄
밤 늦어지면 새벽 오는구나	更殘遞曉籌
친한 벗이 건너편 포구에 있으니	親朋阻前浦
젊은 날 함께 놀던 때 그립다	空戀少時遊

63 최성지(崔聖止)의 시를 차운하다 : 최성지는 최유연(崔有淵, 1587~?)으로, 본관은 해주(海州), 자는 성지・지숙(止叔), 호는 현암(玄巖)이다. 이민구가 차운한 시는 《현암유고(玄巖遺稿)》 권1 〈견흥시동주이자시(遣興示東州李子時)〉이다.

시냇가 정자의 가을비
溪堂秋雨

온종일 시냇가 정자에 세상일 없는데	盡日溪堂絶世機
지루한 산비가 사립문에 뿌리네	移時山雨過巖扉
높은 숲에는 성 구름이 짙게 드리웠고	高林氣接城雲重
그늘진 골짝에는 폭포 소리 커져 간다	陰壑聲添瀑水肥
목메 우는 매미 소리는 이별 아쉬워하는데	催咽亂蟬還惜別
자주 나는 제비는 벌써 돌아갈 생각하는구나	數飛輕燕已思歸
이 비 개고 나면 서늘한 가을일 터	秋涼只在新晴後
저녁 이슬을 연잎에서 보아야지	須看池荷夕露微

가을날의 회포

秋懷

가을날 뜨거운데 모기와 파리 귀찮아	秋熱苦蚊蠅
종일 문 닫고 지냈어라	閉戶消永日
욕수가 늦게야 일하니	蓐收晩用事
상기가 비로소 맑게 일어나네[64]	商氣始淸發
병든 이 몸 생기 돌아	鄙夫病欲蘇
지팡이 짚고 넓은 들판 굽어보노라	杖藜俯空闊
하늘 맑고 시내 깨끗하며	天虛川靄澄
산과 들 아득히 고요하네	原野莽蕭瑟
훨훨 나는 구름 가의 기러기	肅肅雲際雁
흰 갈대 물가에 천천히 내리네	稍下蘆洲雪
사계절이 돌고 돌아	四序遞相乘
늙어 가니 근심과 질병만 더하누나	羸老轉愁疾
아득히 젊은 날의 즐거움 생각하니	緬懷少年樂
쌀쌀함 속에 성궐 나서면	微寒出城闕
붉은 비탈 단풍과 국화에 덮였고	紫厓被楓菊
산 위 누대에서 맑은 달 감상하였지	山樓鑑晴月

64 욕수(蓐收)가……일어나네 : 늦더위가 기승을 부려서 서늘한 가을 날씨가 늦게 찾아왔다는 말이다. 욕수는 오행 중에 금(金)의 운을 맡은 신으로 가을을 관장한다. 오음(五音) 가운데 상(商)이 가을에 속하므로, 상기(商氣)는 가을 기운을 의미한다.

술 마시며 새로운 시 다투고	飮酣鬪新詩
한껏 좋은 시절 즐겼지	爛熳酬佳節
이제는 당시의 일 꿈만 같아	到今事如夢
손 비틀어져 즐거움 잃었네[65]	捩手驩娛失
몸은 오막살이에 살아가고	戢影蓬蓽居
호협한 마음 식은 재 되었네	灰心游俠窟
바람은 높은 산 흔들고	曾飈振高嶽
흰 이슬만 차갑게 맺혔구나	皓露凄以結
큰 운수는 부침 있으니	大運有興沒
인생살이 가다 보면 장차 끝이 있으리	人生逝將畢
그대 보았나 무이동에	君看武夷洞
이끼 낀 신선의 몰골을	苔蝕神仙骨
허물 벗은들 무슨 소용이랴	委蛻亦何聊
다 잊은 채 주고 뺏는 천리 따르리라[66]	忘情徇予奪

65 이제는……잃었네 : 젊은 시절 즐기던 일들이 이제는 모두 꿈만 같고, 다시는 그런 즐거움을 때에 따라 누리지 못한다는 의미이다. 열수(捩手)는 한유(韓愈)의 〈송궁문(送窮文)〉에 "손을 비틀어 국을 엎게 하고 목청을 울리면 기휘하는 것을 저촉하게 하여, 나로 하여금 면목을 가증스럽게 하고 언어를 무미하게 하는 것이 모두 그대들의 뜻이다.〔捩手覆羹, 轉喉觸諱, 凡所以使吾面目可憎, 語言無味者, 皆子之志也.〕"라고 한 데서 인용한 것이다.

66 무이동(武夷洞)에……따르리라 : 운명에 순응하며 삶을 마치겠다는 말이다. 무이동은 중국 복건성(福建省) 숭안현(崇安縣) 남쪽에 있는 무이산을 가리키는데, 무군(武君)과 이군(夷君) 두 신인(神人)이 이곳에서 살았다고 한다. 위태(委蛻)는 허물을 벗는다는 말로, 신선이 됨을 의미한다. 여탈(予奪)은 생사여탈(生死予奪)을 주관하는 하늘의 이치를 가리킨다.

단양 군수 이후근[67] 만사

李丹陽 厚根 挽詞

쇠한 가문이라 세상과 멀어졌는데	衰宗世事屬疏蕪
골육들 떠돌며 상란마저 닥쳐오네	骨肉飄零喪亂俱
풍진세상에서 만나지 못해 자주 눈물 흘렸는데	契闊風塵頻涕淚
이 세상에서 생사 갈리니 통곡만 한다오	存亡宇宙却嗚呼
객지에서 별세해 외진 곳에 묻혔다 하니	空聞旅櫬埋窮壤
나 홀로 앙상한 몰골로 늘그막 보내네	獨保羸骸傍暮途
훗날 쓸쓸히 종형제들 모일 적에	他日蕭條群從會
술잔 가장 먼저 받으면 더욱 슬프겠네	偏傷壽酒最先吾

67 이후근(李厚根) : 1572~1650. 본관은 전주(全州), 자는 중회(仲晦)이다. 이민구의 6촌 형이다.《東州集 文集 卷10 丹陽郡守李公墓碣銘 幷序》이후근은 1632년(인조 10) 단양 군수에 임명되었다.《承政院日記 仁祖 10年 2月 27日》

영홍 부사 이지정[68] 만사

李永興 志定 挽詞

초연한 흉금 뭇사람보다 뛰어났으니	超然襟韻脫凡倫
끝내 풍진세상의 강직한 사람이었네	終是風塵骯髒身
온 세상이 오만한 마경이라 의심했어도[69]	擧世多疑馬卿慢
나만은 참된 무홍임을 알았지[70]	唯吾獨賞茂弘眞
만나서 술과 시 즐기던 일 꿈에서 깼는데	逢場酒賦初驚夢
늘그막에 생사 갈리니 마음 아프구나	抵老存亡却損神
상자 열자 청리의 필첩 볼 수 있으니	開篋尙看靑李帖
행간에 눈물을 몇 번이나 새로 흘리려나[71]	行間灑淚幾回新

68 이지정(李志定) : 1588~1650. 본관은 여흥(驪興), 자는 정오(靜吾), 호는 청선(聽蟬)이다. 《효종실록》 즉위년 10월 22일 기사에 이지정이 영홍 부사에 임명되어 하직 인사를 올리고 떠났다는 기록이 있다.

69 온……의심했어도 : 세상 사람들이 이지정을 오만한 사마상여(司馬相如)로 여겼다는 말이다. 마경(馬卿)은 한(漢)나라 때의 문장가로, 자가 장경(長卿)인 사마상여를 가리킨다. 남조 송(南朝宋)의 시인 사혜련(謝惠連)이 지은 〈추회(秋懷)〉에 "상여의 방달함은 좋아하지만, 장경의 오만함은 동의하지 못하겠네.〔雖好相如達, 不同長卿慢.〕"라는 구절이 있다. 《文選 卷23 詠懷》

70 나만은……알았지 : 이민구가 이지정의 참모습을 알았다는 말이다. 무홍(茂弘)은 동진(東晉) 때 사람인 왕도(王導)의 자이다. 원제(元帝) 때의 승상으로, 유조(遺詔)를 받들고 명제(明帝)와 성제(成帝)를 보좌한 사직지신(社稷之臣)이다.

71 상자……흘리려나 : 이민구가 이지정에게 받았던 글을 보면서 그리움의 눈물을 흘린다는 말이다. 청리첩(靑李帖)은 왕희지(王羲之)의 필첩인 내금첩(來禽帖)으로, 첫머리에 청리 두 글자가 선명하여 이렇게 부르는데, 여기서는 이지정의 글을 가리킨다.

서용된 뒤에 시의에 의해 막히다[72]

恩敍後 時議見阻

쇠한 얼굴로 끝까지 강호에 살려 했으니	衰容終擬付江湖
봄 햇살이 썩은 나무에 미칠 줄 믿지 않았지	未信陽春及朽株
먼 길 가려고 마구간의 말을 끌어내려 하지만	長路欲牽中廏馬
한 가지를 상림의 까마귀에게 어찌 빌려 줄까	一枝寧借上林烏
시름하는 창자 실컷 먹기에 거친 밥이면 넉넉하고	愁腸待飽餘麤糲
비쩍 마른 몸 추위 나기에 낡은 저고리면 족하네	瘦骨營寒足敝襦
등 쬐는 남쪽 담장에 아침 햇살 따사로우니	炙背南墻朝日暖
젊어서 받은 임금의 은혜 살갗에 배었다네	早時天渥浹肌膚

72 서용(敍用)된……막히다 : 《효종실록》 원년 7월 16일 기사에 의하면 김광욱(金光煜)이 이민구의 글재주를 아깝게 여겨 서용하여 등용시킬 것을 건의하고, 이경여(李敬輿)와 조익(趙翼)이 동조하여 이민구의 서용을 허락하였다. 그러나 4일 뒤인 7월 20일에 양사(兩司)의 격렬한 반대로 인해 취소되었다.

변 동지 만사

邊同知挽詞

붓 던지고[73] 공명 세워 스스로 출세하였고	投筆功名自立身
시서에 능한 극곡처럼 본래 공손하였지[74]	詩書郤縠本恂恂
서산에 장수로 나가 명성을 멀리까지 드날렸고	西山出將颺聲遠
북해에서 백성 잘 다스려 총애가 새로웠네	北海治民寵命新
덧없는 세상 끝이 있어 지나가는 물 같고[75]	浮世有涯川閱水

73 붓 던지고 : 변씨가 글공부를 그만두고 무관직에 종사했다는 말이다. 후한(後漢)의 명장 반초(班超)가 젊었을 때 집이 가난하여 항상 글씨를 써 주는 품팔이 생활을 하다가, 한 번은 붓을 던지면서 말하기를 "대장부가 별다른 지략이 없다면, 부개자나 장건이라도 본받아서 이역에 나아가 공을 세워 봉후가 되어야지, 어찌 오래도록 필연 사이에만 종사할 수 있겠는가.〔大丈夫無他志略, 猶當效傅介子張騫, 立功異域, 以取封侯, 安能久事筆硏間乎.〕"라고 하더니, 뒤에 과연 절부(節符)를 쥐고 서역(西域)에 나아가 공을 세워서 정원후(定遠侯)에 봉해진 고사가 전한다.《後漢書 卷77 班超列傳》 여기에서 유래하여 후세에 투필(投筆)은 종군(從軍)하는 것을 의미하게 되었다.

74 시서(詩書)에……공손하였지 : 변씨가 시서에 능하였고 성품이 공손하였다는 말이다. 극곡(郤縠)은 춘추 시대 진(晉)나라의 대장이다. 진 문공(晉文公) 4년에 군대를 피려(被廬)에 집결시켜 삼군(三軍)을 편성하고 나서 원수(元帥)를 뽑을 적에, 조최(趙衰)가 시(詩)・서(書)・예(禮)・악(樂)에 능하다고 소문난 극곡을 천거하였다. 그로 인해 문공이 극곡을 중군(中軍)의 대장에 임명했으므로, 보통 유장(儒將)의 대명사로 쓰인다.《春秋左氏傳 僖公27年》

75 덧없는……같고 : 인생은 유한(有限)하지만, 강은 무수한 강물을 떠내려 보내면서도 그대로 있다는 말로, 인생무상(人生無常)을 의미한다. 진(晉)나라 육기(陸機)가 나이 사십에 친구들 대부분이 세상을 떠난 허전함을 비탄조(悲嘆調)로 읊은 〈탄서부(歎逝賦)〉에서 "슬프다. 강물은 온갖 물줄기를 모아 큰 흐름을 이루는데, 그 물줄기는 날마

가문 잇는 문제 근심 없으니 불이 섶에 붙었네[76] 承家無慽火傳薪
훗날 난정의 모임처럼 계사를 행할 때 他年禊事蘭亭會
부질없이 조복 입고 나타날까 생각하겠지[77] 空想金緋映座春

다 도도하게 흘러가고, 세상은 온갖 사람들을 겪으면서 세대를 이루는데, 그 사람들은 하나둘씩 늙어서 사라지는구나.〔悲夫. 川閱水以成川, 水滔滔而日度, 世閱人而爲世, 人冉冉而行暮.〕"라고 하였다. 《文選 卷16》

76 가문(家門)……붙었네 : 가문의 전통을 이을 훌륭한 자손이 있다는 말이다. 《장자(莊子)》〈양생주(養生主)〉에 "손가락이 장작 지피는 일을 다 하면, 불은 번져서 결코 꺼질 줄을 알지 못한다.〔指窮於爲薪, 火傳也, 不知其盡也.〕"라고 하였다.

77 훗날……생각하겠지 : 이민구가 훗날에 계사(禊事)에서 변씨를 회상할 것이라는 말이다. 진(晉)나라 왕희지(王羲之)가 목제(穆帝) 영화(永和) 9년 삼월 삼짇날에 사안(謝安), 손작(孫綽) 등 당대의 명사 40여 명과 함께 회계산(會稽山) 북쪽의 난정(蘭亭)에 모여서 재앙을 쫓는 계사를 행하고, 곡수(曲水)에 술잔을 띄워 돌려 마시며 시를 지은 고사가 전하는데, 왕희지가 지은 〈난정기(蘭亭記)〉에 그 내용이 자세하다. 《古文眞寶 後集 卷1》

순양군[78] 만사

順陽君挽詞

모래바람 이는 대동강 남쪽 군막에서	風沙萬幕浿江陰
임금의 치욕 씻고자 같은 마음으로 말 달렸지[79]	主辱揚鑣共此心
한각에 초상 걸어 무략을 추숭하였고	漢閣觀圖推虎略
변방 맡겨 나라 지키게 했네[80]	周藩授鉞控鯷岑
늙도록 오랫동안 조정의 귀한 신분으로 살더니	高年舊擅朝中貴

78 순양군(順陽君) : 안몽윤(安夢尹, 1571~1650)으로, 본관은 순흥(順興), 자는 상경(商卿)이다. 1624년(인조2) 이괄(李适)의 난이 일어나자 도원수 장만(張晩)의 전부우협장(前部右協將)으로 군량 보급에 힘썼고, 서울 안현(鞍峴) 싸움에서 공을 세웠다. 이로 인해 진무 공신(振武功臣)에 책훈(策勳)되고 순양군에 봉해졌다.《白軒集 卷44 知中樞順陽君贈右議政安公神道碑銘》

79 모래바람……달렸지 : 1624년(인조2) 이괄의 난이 일어나자 안몽윤은 도원수 장만의 전부우협장으로 있었고, 이민구는 종사관(從事官)으로 있었으므로 이렇게 말하였다.

80 한각(漢閣)에……했네 : 안몽윤이 진무 공신에 책훈되고 순양군에 봉해진 뒤, 변방을 지켰다는 말이다. 한각은 한 무제(漢武帝)가 건립한 기린각(麒麟閣)으로, 선제(宣帝) 때에 이르러 곽광(霍光), 소무(蘇武) 등 공신(功臣) 11인의 초상화를 그려 이 누각 위에 걸어 기념하였다.《漢書 卷54 蘇建傳 蘇武》수월(授鉞)은 도끼를 준다는 말로, 옛날에 장수가 출정할 때에 임금이 장수에게 부월(斧鉞)을 내려 주어 병권(兵權)의 위임을 표시하였다. 제잠(鯷岑)은 우리나라의 별칭이다.《성호사설(星湖僿說)》권2〈천지문(天地門) 제잠〉에 "제잠은 우리나라를 가리켜 말한다."라고 하였다. 여기서는 안몽윤이 1625년(인조3)에 숙천 부사(肅川府使)에 임명된 일을 가리키는 것으로 보인다.《白軒集 卷44 知中樞順陽君贈右議政安公神道碑銘》

긴긴 밤 도리어 깊은 땅속으로 재촉하였네	長夜還催地底深
슬프다 동문 밖 향당의 모임에	惆悵靑門鄕黨會
고가세족 날로 쓸쓸해지네	故家喬木日蕭森

동규[81]가 오랫동안 병을 앓다가 좀 나아서 시험 삼아 방을 나왔다기에 기쁜 마음을 적다
同揆久病新愈 試出房戶 志喜

금릉에서 편지 오니 근심 걱정 덜었어라[82]	金陵書到減憂虞
청려장 짚고 처마 밑을 도니 병 나으려 한다지	藜杖巡簷病欲蘇
오래 앓기에 네가 죽지나 않을까 의심했는데	綿綴經時疑汝死
순박한 성품으로 선행 쌓아 신명이 도왔구나	純明積行仗神扶
초가에서 따사로운 아침 햇볕 쬐고	茅茨賴有朝陽暖
약 먹을 때는 저녁밥 꼭 챙겨 먹어라	藥餌須兼晩飯麤
몸이 아파 의원 다 된 채로 늙었으니	折臂成醫方得老
평생 불운했음을 어찌 싫어하랴[83]	何嫌甲子在泥塗

81 이동규(李同揆) : 1623~1677. 이민구의 형 이성구(李聖求)의 둘째 아들로, 자는 조연(祖然), 호는 혼천(混泉)이다. 《息山集 續集 卷6 外王考贈嘉善大夫……混泉先生墓誌銘 幷序》

82 금릉(金陵)에서……덜었어라 : 조카에게서 온 편지를 받고 걱정이 누그러졌다는 말이다. 금릉은 경기도 김포(金浦)의 옛 이름이다.

83 몸이……싫어하랴 : 이민구 자신이 평생 병치레하며 살다보니 의원이 다 되어, 조카의 병에 도움이 될 만한 말을 해 줄 수 있으므로, 평생 고생하며 산 것을 꺼릴 것 없다는 말이다. 절비(折臂)는 팔이 부러진다는 뜻으로, 《춘추좌씨전》 정공(定公) 13년 기사에 제(齊)나라의 고강(高彊)이 "세 차례 팔뚝이 부러지는 부상을 당하고 나서야 좋은 의사가 된다는 것을 알 수 있다.〔三折肱, 知爲良醫.〕"라고 말한 것을 원용하였다. 갑자(甲子)는 육십갑자(六十甲子)의 준말로 육십 년을 뜻하는데, 이 때 이민구의 나이가 62세였으므로 평생으로 풀이하였다.

죽소[84]가 부쳐온 시에 맞춰 짓다

次竹所寄詩

물가 마을 가을바람에 연잎 지누나	澤國秋風隕翠蓮
평생 〈채령〉의 경계에 마음 다했지[85]	平生意盡采苓篇
그 여파가 늘그막까지 미쳐	餘波末路還相及
좋은 시조차 늘 함부로 전하지 않았지	佳句常時莫浪傳
변변찮은 술이나마 홀로 마시는데	薄有壺觴供獨酌
찾아와 한가한 잠 깨우는 이 아무도 없어라	都無剝啄攪閑眠
알겠노라 그대의 못 말리는 강호의 흥취	知君不阻江湖興
다만 흰 이슬 내린 갈대숲에 있는 줄을[86]	只在蒹葭白露邊

84 죽소(竹所) : 김광욱(金光煜, 1580~1656)으로, 본관은 안동(安東), 자는 회이(晦而), 호는 죽소이다. 《退憂堂集 卷10 左參贊金公墓誌銘》

85 평생……다했지 : 다른 사람들의 참소를 평생 경계했다는 말이다. 채령(采苓)은 《시경》의 편명으로, 그 시에 "감초를 캐고 감초를 캐기를 수산 남쪽의 산마루에서 하려는가. 남이 하는 말을 진실로 또한 믿지 말지어다. 버려두고 버려두어 또한 옳게 여기지 않는다면, 참소하는 사람의 말이 어찌 먹혀들 수 있으리오.〔采苓采苓, 首陽之巓, 人之爲言, 苟亦無信, 舍旃舍旃, 苟亦無然, 人之爲言, 胡得焉.〕"라고 하였다.

86 알겠노라……줄을 : 김광욱이 보내온 시에서 가을에 만날 기약을 말하였기에 한 말이다.

그림 병풍 6언

畫屏 六言

골짜기에 소나무 녹나무 우거졌고　一壑松柟薈密
두 시냇가에 꽃들 무성하네　雙溪花木蒙茸
깨끗한 모래밭 한가롭게 거닐 제　依依步屧晴沙
그윽이 들려오는 사찰의 저녁 종소리　窅窅禪扉暮鍾

넘실넘실 물은 흐르는지 멈췄는지　洋洋水動還住
깎아지른 산은 웅크렸다 날려 하네　礫礫山蹲欲飛
안개 속에 꽃마을 가물거리고　霧裏花村遠近
백사장 가에 배가 정박했어라　沙邊桂棹因依

뭇 산에 비 개지 않았으니　雨壓群山不開
구름에 묻힌 숲 어찌 끝이 있으랴　雲埋雜樹何限
행인의 지팡이 키보다 긴데　行人拄杖過眉
저물녘 사찰이 눈에 들어오네　落日招提在眼

안개 낀 백사장은 세 물가에 아득히 펼쳐졌고　煙沙浩渺三洲
우뚝 솟은 나무는 한 언덕에 그늘 짙게 드리웠네　雲木陰深一丘
푸른 풀 우거진 호숫가에 가랑비 내리는데　青草湖邊細雨
백발노인은 꿈에 조각배 타네　白頭夢入扁舟

팔월의 맑고 쌀쌀한 날씨	八月凄淸氣候
숲마다 밤낮으로 바람 불고 서리 내리네	千林日夜風霜
은자는 바위 길을 홀로 가는데	幽人石路孤往
모래섬의 기러기들 몇 줄로 나는가	連雁沙洲幾行
구월이라 온갖 화초들 시드니	窮秋百卉俱腓
명철한 선비가 심오한 기미를 홀로 살피네	哲士深幾獨眺
외로운 배는 아득히 떠가는데	杳杳孤帆自征
외기러기 아스라이 더 높이 나는구나	冥冥一雁增矯
대설 내려 낚싯줄 적시지만	大雪從霑釣絲
미미한 양기 흐르는 물에 있네	微陽正在流水
유유히 삿갓 쓰고 앉은 낚시꾼	悠悠蒻笠漁翁
의젓하게 양 갖옷 입은 처사로다[87]	落落羊裘處士
동곽선생은 눈 위를 걷고[88]	東郭先生踏雪

87 유유히……처사로다 : 그림 속의 낚시꾼을 엄광(嚴光)의 고사에 비유하여 읊은 것이다. 엄광의 자는 자릉(子陵)인데, 어려서 뒷날 한(漢)나라를 중흥시키는 광무제(光武帝)와 함께 수학하였다. 광무제가 즉위하자 엄광은 이름과 성을 바꾸고 은거하였다. 광무제가 그의 어짊을 생각하여 초상을 그려 찾게 하였는데, 뒤에 제(齊)나라에서 올린 말에 “어떤 남자가 양가죽 옷을 입고 못가에서 낚시질하고 있다.〔有一男子, 披羊裘釣澤中.〕”라고 하므로, 광무제가 엄광이라 판단하여 불렀으나, 엄광은 물러나 일생을 부춘산(富春山)에서 은거하였다. 《後漢書 卷113 逸民列傳 嚴光》

88 동곽선생(東郭先生)은……걷고 : 동곽선생은 한 무제(漢武帝) 때 사람이다. 《사기(史記)》 권126 〈골계열전(滑稽列傳)〉에 “동곽선생은 오랫동안 공거에서 조서를 기다

서호처사는 매화를 찾네[89]	西湖處士尋梅
물 흐르는 시내 다리 위를 천천히 걸어	溪橋流水徐步
들판 기슭의 오솔길로 홀로 오네	野岸幽蹊獨來

리고 있으면서 매우 빈곤하여 굶주리며 추위에 떨었다. 옷은 해지고 신은 완전하지 못하여 눈길을 다닐 적에도 신이 위 덮개만 있고 밑창은 없어서 발로 땅을 다 밟고 다녔으므로, 길 가는 사람들이 그를 보고 웃었다.〔東郭先生久待詔公車, 貧困飢寒, 衣敝履不完, 行雪中, 履有上無下, 足盡踐地, 道中人笑之.〕"라는 기록이 있다.

89 서호처사(西湖處士)는 매화를 찾네 : 서호처사는 북송의 임포(林逋)로, 자는 군복(君復), 시호는 화정선생(和靖先生)이다. 서호의 고산(孤山)에 은거하여 20년 동안 성시(城市)에 발을 들여놓지 않았다. 행서와 시에 능하였는데, 특히 그가 매화를 읊은 〈산원소매(山園小梅)〉에 "맑고 얕은 물 위에 성긴 그림자 가로 비끼고, 황혼 녘 달빛 속에 은은한 향기 떠도누나.〔疏影橫斜水淸淺, 暗香浮動月黃昏.〕"라는 구가 유명하다. 장가를 들지 않아 처자 없이 매화를 심고 학을 기르며 즐기니, 당시에 매처학자(梅妻鶴子)라고 하였다.《宋史 卷457 隱逸列傳 林逋》

윤치규 만사
尹生 稚圭 挽詞

영화롭든 초췌하든 끝내 조화의 근원으로 가니	榮悴終歸造化鑪
안락이 궁도에 있음을 잘 알겠네	極知安樂在窮途
과명은 늦게 구덩이의 사슴에 부쳤고[90]	科名晩付隍中鹿
우정은 일찍이 지붕 위의 까마귀도 사랑했다[91]	交誼曾憐屋上烏
젊어서는 어울려 함께 공부했는데	少日追遊同硯席
늙어서는 멀리 떨어져 서로 그리웠지	暮年相憶阻江湖
눈 내리는 밤 만가 지었던 일 엊그제 같은데	哀歌雪夜還如昨
홀로 강물 쏟듯 늙은이 눈물 줄줄 흐르네	獨有傾河老淚俱

지난 을사년(1605, 선조38) 겨울, 눈 내리던 밤에 장난삼아 치규를 위해 만가를 지었는데, 그 후 치규가 진사 시험에 합격하였으나 취소되었다.

90 과명(科名)은……부쳤고 : 원주를 참고해 볼 때, 윤치규(尹稚圭)가 과거에 합격하였으나 취소되었다는 말로 보인다. 황중록(隍中鹿)은 인생에서 얻고 잃음의 무상함을 비유한 말이다. 정(鄭)나라의 나무꾼이 사슴을 잡아서 구덩이를 파고 그 위에 파초잎으로 덮어 두고 기뻐하였다. 이윽고 감추어 둔 장소를 잊고는 드디어 꿈이라고 여겼는데, 다른 사람이 그 말을 듣고 사슴을 찾아 가졌다는 고사가 전한다.《列子 周穆王》

91 우정은……사랑했다 : 이민구와 윤치규가 일찍이 매우 친한 사이였다는 말이다. 옥상오(屋上烏)는 지붕 위의 까마귀라는 말로, 강태공(姜太公)이 "사람을 사랑하는 경우 그 사랑이 지붕 위의 까마귀에까지 미치고, 사람을 미워하는 경우 그 미움이 마을 모퉁이의 바람벽에까지 미친다.〔愛人者, 兼其屋上之烏, 不愛人者, 及其胥餘.〕"라고 한 데서 유래하였다.《尙書大傳 大戰》 두보(杜甫)의 〈봉증사홍이사장(奉贈射洪李四丈)〉에도 "장인의 지붕 위에 까마귀가 있는데, 사람이 좋으니 까마귀도 좋네요.〔丈人屋上烏, 人好烏亦好.〕"라는 말이 있다.

요절한 아이를 매장하다

瘞夭

삭풍이 서산에 불고	北風吹西山
날마저 저물어 무덤 차갑기만 하다	日沒丘壠寒
눈서리 내린 땅 속으로 너를 보내니	送爾霜雪下
시들어 죽은 떨기 난초 묻은 듯	萎絶埋叢蘭
땅이 얕아 너의 뼈 상하리니	土淺傷爾骨
영혼이 놀라 편치 못하겠지	幽魄驚未安
세상 떠남을 두려워 마라	死去且勿懼
네 일가가 한 등성이에 있으니	爾宗同一巒
서로 의지해서 지낸다면	依倚以爲居
혼백이 외로운 신세 면하겠지	魂氣免羈單
삼 년 동안 부자의 정 나누었으니	三歲父子情
죽을 때까지 길이 괴롭고 슬프리라	畢命永辛酸
팽상이 어찌 같으랴[92]	彭殤詎可齊
그 처지 만나면 문득 슬프고 기쁘리라	造境輒悲懽

92 팽상(彭殤)이 어찌 같으랴 : 장수와 요절이 같지 않다는 말이다. 팽상은 800살을 살았다는 팽조(彭祖)와 성년이 되기 전에 일찍 죽은 아이라는 뜻의 상자(殤子)를 말한다. 《장자(莊子)》 〈제물론(齊物論)〉에 "상자보다 오래 산 사람이 없고 팽조보다 일찍 죽은 사람이 없다.〔莫壽於殤子, 而彭祖爲夭.〕"라고 하였으며, 왕희지(王羲之)의 〈난정기(蘭亭記)〉에 "죽음과 삶이 하나라는 것이 허황한 말이요, 팽조와 상자가 같다는 말이 망녕된 것임을 잘 알겠다.〔固知一死生爲虛誕, 齊彭殤爲妄作.〕"라고 하였다.

주옥이 내 품에 있어도	珠玉在懷抱
얻고 잃음은 모두 어쩔 수 없네	得失俱無端
눈물을 거두고 애써 담소하지만	收淚强笑語
심장에 칼날을 꽂은 것 같구나	心如刀刃攢
동문오의 말로 위로해 보지만	寄謝東門吳
이 마음 달래기 어려워라[93]	難爲中自寬

93 동문오(東門吳)의……어려워라 : 마음을 달래려 해도 잘 되지 않는다는 말이다. 동문오는 가까운 사람의 죽음에도 슬퍼하지 않고 잘 대처함을 이르는 말이다. 춘추시대 위(魏)나라의 동문오가 아들이 죽어도 슬퍼하지 않아 그 이유를 물었더니 "내가 일찍이 자식이 없었는데, 자식이 없던 때에는 근심하지 않았다. 지금 자식이 죽었으니, 이것은 바로 자식이 없던 때와 같게 된 것이다. 내가 왜 근심을 한단 말인가.〔吾嘗無子, 無子之時不憂, 今子死, 乃卽與無子時同也, 臣奚憂焉.〕"라고 대답했다는 기록이 보인다.《戰國策 秦策3》

정기옹[94] 만사

鄭畸翁挽詞

늙도록 형제[95]처럼 우정 나누며	抵老交期列友于
늘 서로 속마음을 털어놓았지	展懷肝肺慣相輸
늘그막에 병들어서 시만 주고받았고	衰年疾病添詩卷
말년에 불우하여 술자리도 함께 못했지	末路泥塗阻酒壚
조정이 혼란하여 돌아갈 희망 없어	北極風雲歸望隔
남쪽 고을의 빙설 속에 끊어진 혼 외롭구나	南州氷雪斷魂孤
문단에서 일세를 풍미했던 사람들 다 죽으니	騷壇一世俱磨滅
〈호당계사도〉 보며 눈물 뿌리네[96]	淚灑湖堂稧事圖

94 정기옹(鄭畸翁) : 정홍명(鄭弘溟, 1582~1650)으로, 본관은 연일(延日), 자는 자용(子容), 호는 기암(畸庵)이다. 송강 정철(鄭澈)의 아들이다. 1623년(인조1) 정홍명은 이민구와 함께 사가독서(賜暇讀書)하였으며, 인조가 죽은 뒤에 모든 관직을 간곡히 사양하고, 1650년(효종1)에 남쪽 고향으로 돌아가 집에서 사망하였다. 《愼獨齋遺稿 卷10 大司憲鄭公墓表》

95 형제 : 우우(友于)는 형제간의 우애를 가리키는 말로, 《서경》 〈군진(君陳)〉에 "형제에게 우애하여 능히 정사에 베푼다.〔友于兄弟, 克施有政.〕"라고 하였다.

96 호당계사도(湖堂稧事圖)……뿌리네 : 함께 사가독서하던 시절을 그리워하며 눈물을 흘린다는 말이다. 호당은 문신들에게 여가를 주어 글을 읽게 하던 곳으로, 1426년(세종8)에 대제학 변계량(卞季良)이 왕명에 따라 시작하였고 병자호란 후 폐지되었다. 〈호당계사도〉는 이민구와 함께 사가독서했던 사람들이 모임을 갖고, 당시의 모습을 그림으로 그린 것인데, 《동주집(東州集)》 문집(文集) 권2에 수록된 〈독서당계병후서(讀書堂稧屛後序)〉에서 당시 정황을 확인할 수 있다.

석규[97]의 편지를 받다

得碩揆書

가림의 땅은 넓고 백마강은 공활한데[98]	嘉林地闊白江虛
조카의 정원 마을과 인접했네	小姪田園接里閭
네가 보낸 몇 줄의 편지 고마운데	感汝封書數行至
환란 만나 홀로 남은 내 신세 가슴 아프다	傷吾遭亂一身餘
비록 약 먹고 병세 좋아졌다지만	雖聞藥餌沈痾健
울타리를 들판 향해 성글게 하지 마라[99]	莫遣藩籬向野疏
성시는 응당 따뜻한 봄에 있겠지만	省試政當春候暖
공명의 초려에서 그대로 지냄도 좋으리라[100]	可能堅臥孔明廬

97 석규(碩揆) : 이석규(李碩揆, 1626~1666)로, 본관은 전주(全州), 자는 거공(鉅公)이다. 《樊巖集 卷50 贈吏曹參判行戶曹佐郞李公墓碣銘》 이민구의 형 이성구의 넷째 아들이다.

98 가림(嘉林)의……공활한데 : 이석규가 생활하고 있던 가림 지역을 읊은 것이다. 가림은 부여의 옛 이름인데, 여기서는 이석규가 살았던 부여군 임천면을 가리킨다. 채제공(蔡濟恭)이 지은 이석규 묘갈명에 "1666년(현종7) 관직을 버리고 임천의 농장으로 돌아와 갑자기 병으로 죽었다.〔丙午, 爲棄官計, 還林川庄舍, 遽以疾卒.〕"라고 하였다. 《樊巖集 卷50 贈吏曹參判行戶曹佐郞李公墓碣銘》

99 비록……마라 : 이석규가 평소 병을 앓다가 약을 먹고 병세가 호전되었다는 소식을 보내왔지만 방심하지 말고 완치될 때까지 조심하라고 경계한 말이다.

100 성시(省試)는……좋으리라 : 봄에 과거가 있겠지만 이에 응하지 말고 집에 있으면서 건강에 유념하라는 말이다. 성시는 향시(鄕試)에 합격한 사람들을 모아 서울에서 보던 등용 시험이다. 공명려(孔明廬)는 촉한(蜀漢)의 제갈량(諸葛亮)이 고향에 은거하며 머물던 초려(草廬)인데, 여기서는 이석규가 머물던 가림의 집을 가리킨다.

단천 군수 이지천[101]을 전송하다

送李端川 志賤

의젓한 단천 군수	落落端川守
맑은 문장 근래 드날렸네	淸文近飛動
오묘한 생각 미양이 발하는 듯	妙思發微陽
그윽한 샘물 고요한 가운데 솟는 듯	幽泉靜猶湧
뛰어난 장인이 먹줄을 거두고	巧匠輟繩墨
천기 속에 번데기 화한 듯하네	天機化獨蛹
풍진에 깊이 묻혀 살면서도	沈埋風塵際
어지러운 세파 따르지 않았지	未肯隨氄毦
비록 늘그막에 군수로 나가지만	爲邦雖晩暮
험한 곳 맡았으니 한가한 자리 아니라오[102]	莅劇非散宂
세상일로 한 번 문을 나서니	世事一出門

101 이지천(李志賤) : 1589~1650. 본관은 여주(驪州), 자는 탄금(彈琴), 호는 사포(沙浦)이다. 저서로 《사포집(沙浦集)》이 있다. 《승정원일기》 효종 원년 윤11월 6일 기사에 단천 군수 이지천을 인견(引見)한다는 전교가 있다.

102 풍진(風塵)에……아니라오 : 오랫동안 관직에서 물러나 있다가 늘그막에 단천 군수로 나가게 되었지만, 결코 하찮은 관직이 아니라는 말이다. 이지천은 1630년(인조 8) 진주사(陳奏使)의 서장관(書狀官)으로 배에 올랐다가 병을 핑계로 내렸는데, 이 일로 탄핵되어 의금부에 갇혔다. 《인조실록》 8년 8월 18일 기사에 "진주사의 서장관 이지천이 병이 심하다고 하면서 배에 올랐다가 도로 내렸는데, 진주사가 이를 계문하였다."라고 하였다. 이후 오랫동안 초야에 있다가 효종 즉위 후에 군수에 임명되었는데, 관직에서 물러나 있던 기간을 이민구는 풍진에 깊이 묻혀 지내던 시기라고 읊은 것이다.

백발노인 바쁜 일과로 힘들리라 白髮倦倥偬
생기 없는 낯빛으로 변방 향하니 屈色向邊塞
옆에서 보는 눈 몇이나 되랴만 傍人幾眼孔
찬란한 인끈 찼으니 煌煌佩章綬
새로운 은총에 긍지 가질 만하네 亦足矜新寵
백 리의 고을 맡기니 百里民社寄
그대에게 의지함 크도다 得君倚爲重
마땅히 이치에 맞게 다스리고 當令理體靖
삼가 법령대로 시행하시게 兼謹科條奉
듣자니 금광마저 곤란에 빠져 況聞金穴艱
토석이 무너져 막힌 지 오래고 土石舊崩壅
세금은 해마다 일정액 있는데 貢輸歲有額
도망자가 연이어 나온다지 逋亡日相踵
이 길에 외로운 백성 어루만지리니 此行撫孤惸
어진 이 모름지기 전전긍긍해야지 仁者須戰恐
덧없는 인생 백 살 사는 이 드무니 浮生鮮百齡
이별의 한 많기도 하구나 離恨莽千種
길게 탄식하며 벗들 떠올리니 太息念友朋
죽어 모두 무덤에 묻혔어라 彫零盡丘壟
생일은 내가 조금 앞서지만 月日我差先
드날림은 그대가 더욱 용감하네 騫騰子彌勇
슬프구나 천리마 같은 기상 당당한데 悽然感騏驥
스스로 돌아보니 하루살이 같구나[103] 自顧等蠛蠓
날 추워 얼음과 눈 성한데 氣寒氷雪盛

두 골짜기 높이 솟았네　　雙峽正脩聳
아름다운 문장 수환에서 놀길 생각하는데　　藻繢戀游睢
헤어져 농서로 가니 마음 아프오[104]　　流離傷適隴
먼 이별에 슬픈 노래 격동하지만　　悲歌激遠別
굳센 마음으로 곡용을 생각하시게[105]　　烈心思曲踊

103 슬프구나……같구나 : 이지천을 천리마(千里馬)에, 자신을 하루살이에 비유하여 읊은 것이다.

104 아름다운……아프오 : 이지천이 뛰어난 문장력으로 임금 곁에 있길 바랐는데, 먼 변방으로 가게 되어 상심하고 있다는 말이다. 조궤(藻繢)는 아름다운 자수로, 훌륭한 문장을 가리킨다. 유수(游睢)는 수환(睢渙)에서 논다는 말이다. 진림(陳琳)이 조홍(曹洪)을 위해 위 문제(魏文帝)에게 보낸 편지에 "고당을 지나간 사람은 왕표의 노래를 본받고, 수환에 노니는 사람은 자수의 문채를 배운다.〔過高唐者, 効王豹之謳, 遊睢渙者, 學藻繢之綵.〕"라고 하였다. 이는 수환에 사는 사람들이 비단을 잘 짰기 때문에 한 말이다.《文選註 卷41》 적농(適隴)은 농서 지방으로 간다는 말인데, 여기서는 이지천이 단천으로 부임하는 것을 말한다.

105 굳센……생각하시게 : 마음 굳게 먹고 어려움을 이겨내며 건강에 유의하라는 당부이다. 곡용(曲踊)은 뛰뛰기를 하며 건재를 과시하는 것이다.《춘추좌씨전》 희공(僖公) 28년 기사에 진 문공(晉文公)의 신하 위주(魏犨)가 가슴에 부상을 입었는데, 앞으로 뛰며 손뼉을 세 번 치고, 위로 뛰며 손뼉을 세 번 쳐서 몸이 건재하다는 걸 보여줌으로써 죽음을 면했다는 고사가 전한다.

판서 조경의 부인 김씨[106] 만사

趙判書夫人金挽詞

판서가 청나라로부터 문책을 당해 용만에 유배 중이다.

위태한 세상일 말하지 않으려는데	艱危世事欲無言
천 겹 이별의 한 품고 죽으니 원통하구나[107]	別恨千重抵死冤
파경의 슬픔 안고 부질없이 하늘만 바라보니[108]	破鏡空懸天上望
이별의 거문고 곡 중에서 차마 논하랴	離絃忍就曲中論
해 저무는 문에 아이는 멀리서 돌아오는데	門閭日暮兒歸遠
서리 내린 변방에 나그네 꿈 괴로우리	關塞霜寒客夢煩
오직 무창산 아래의 돌만 남았으니	唯有武昌山下石

106 판서(判書)……김씨(金氏) : 조 판서(趙判書)는 조경(趙絅, 1586~1669)으로, 본관은 한양(漢陽), 자는 일장(日章), 호는 용주(龍洲), 시호는 문간(文簡)이다. 부인(夫人) 김씨(1584~1650)의 본관은 안동(安東)으로, 이조 판서(吏曹判書) 김찬(金瓚)의 딸이다. 《記言 卷40 龍洲神道碑》

107 천 겹……원통하구나 : 1650년(효종1) 조경이 예조 판서로 재직 중에 청나라 사문사(査問使)에 의해 척화신(斥和臣)으로 지목되어 영의정 이경석(李景奭)과 함께 의주의 백마산성(白馬山城)에 안치되어 있던 윤11월에 정경부인 김씨가 죽었으므로 이렇게 말한 것이다. 《記言 卷40 龍洲神道碑》

108 파경(破鏡)의……바라보니 : 조경 부부가 이별한 채 부질없이 하늘만 바라보았다는 말이다. 파경은 부부간의 이별을 의미한다. 《태평광기(太平廣記)》 권166 〈기의(氣義)〉에 진(陳)나라 때 태자 사인(太子舍人) 서덕언(徐德言)과 진 후주(陳後主)의 누이 낙창공주(樂昌公主)가 부부가 되었다가 헤어지면서 동경(銅鏡)을 쪼개어 서로 나누어 가졌다가, 후에 맞춰보고 다시 합하였다는 고사가 전한다. 이후 파경은 부부의 이별을 뜻하는 말이 되었다.

몇 년이나 비바람 맞아야 그윽한 혼 씻길까[109]　　　　幾年風雨洗幽魂

109 오직……씻길까 : 유배 간 남편을 그리다 죽은 부인의 한이 끝이 없을 것이라는 말이다. 중국 호북성(湖北省) 악성현(鄂城縣) 무창산(武昌山)에 망부석이 있는데, 전설에 의하면 한 부인이 아들과 함께 멀리 병역에 나가는 남편을 전송하며 바라보다가 돌로 변하였다고 한다. 여기서는 부인 김씨를 이 망부석에 비유하여 읊은 것이다.

상의원 정 송석윤[110] 만사
尙衣正宋錫胤挽詞

망망한 뜬 세상에서 거센 풍파 겪었으니	茫茫浮世閱驚瀾
영박의 새 봉분 땅도 마르지 않았네[111]	嬴博新封土未乾
뜻밖의 재앙이 부자에게 미쳐	奇禍向來仍父子
슬픔이 늙은이 가슴에 사무치네	一哀垂老耿心肝
서울로 운구하는데 된서리 몰아치고	京華旅櫬嚴霜逼
강 따라 돌아가는 명정에 석양이 차갑구나	江漢歸旌落日寒
상방에서 내려 주던 신발 끊기니	蕪絶尙方曾賜履
두 오리가 다시 장안에 돌아오지 못하리라[112]	雙鳧不復入長安

110 송석윤(宋錫胤) : 1590~1650. 본관은 은진(恩津), 자는 선뢰(善賚)이다.

111 영박(嬴博)의……않았네 : 송석윤의 아들이 죽어 땅에 묻힌 지 얼마 되지 않았다는 의미이다. 영박은 춘추 시대 제(齊)나라의 지명으로, 오(吳)나라 계찰(季札)이 제나라에서 돌아오다가 아들이 죽자 이곳에 장사한 일이 있다. 《禮記 檀弓》

112 상방(尙方)에서……못하리라 : 송석윤의 직책을 회상하며 그의 죽음을 애석해한 것이다. 상방은 상의원이다. 동한(東漢)의 왕교(王喬)가 섭 현령(葉縣令)에 부임한 뒤에 서울에 올 때마다 두 마리의 들오리를 타고 왔는데, 그 들오리를 잡고 보니 옛날 상서성(尙書省)에 있을 적에 하사받은 신발 한 짝만 남아 있었다는 고사가 전한다. 《後漢書 卷82上 方術列傳 王喬》

입춘에

立春

한 기운 비로소 펴져 낮 시간 길어지니　一氣初舒晝刻遲
청대의 해 그림자도 점차 옮겨 가네[113]　淸臺測景漸推移
집집마다 다투어 의춘 자 붙이고[114]　閭閻競帖宜春字
거리에선 서로 새해 인사 전하네　街巷爭傳獻歲詞
구름에는 한기 남아 눈 내려도　雲帶餘寒猶下雪
강물은 온기 머금어 얼음 풀리려 하네　江含微暖欲流澌
궁궐에서 하례 행사 해마다 열리니　天門箋賀年年事
늘어선 관리들 대궐 뜰에서 절하겠지　簇擁衣冠拜玉墀

113 청대(淸臺)의……가네 : 해 그림자의 길이가 점차 길어진다는 말이다. 청대는 관상감(觀象監)의 별칭이고, 측경(測景)은 측영(測影)과 같은 말로, 해 그림자의 길이를 측정하여 세시(歲時)와 절후(節候)를 재는 것이다.

114 집집마다……붙이고 : 집집마다 봄을 맞이하는 글자를 써 붙인다는 말이다. 의춘(宜春)은 옛날 입춘일(立春日)에 조그마한 종이를 오려서 이 두 글자의 모양을 만들거나 글씨를 쓰기도 하여, 창호와 기물 등에 붙여서 봄맞이를 하던 풍습에서 온 말이다. 당(唐)나라 최도융(崔道融)의 〈춘규(春閨)〉에 "의춘 두 글자를 오리려는데, 봄추위가 가위 속에 들어오네.〔欲剪宜春字, 春寒入剪刀.〕"라고 하였다. 《唐音 卷14》

선달 그믐밤에

除夜

바람 불어 물시계 소리 희미하고	風轉漏聲微
밤기운 추워 사람들 말소리도 드물다	夜寒人語稀
중년 이후로 즐거운 일 줄어드니	歡從中歲減
한도 묵은해와 함께 사라졌으면	恨與舊年違
고목에도 봄기운 돌아오고	古樹回春意
그윽한 창에 새벽 빛 비추누나	幽窓透曙暉
한가로운 삶 좋은 시절의 은혜려니[115]	端居荷耕鑿
몸과 그림자 조용히 서로 의지하네	形影靜相依

115 한가로운……은혜려니 : 태평 시절을 만나 한가롭게 살 수 있어 감사하다는 의미이다. 경착(耕鑿)은 밭을 갈고 우물을 판다는 말로, 요(堯) 임금 때 〈격양가(擊壤歌)〉에 "해 뜨면 일어나고 해 지면 쉬며, 샘을 파서 물 마시고 밭 갈아 밥 먹으니, 임금의 힘이 내게 무슨 상관이랴.〔日出而作, 日入而息, 鑿井而飮, 耕田而食, 帝力於我何有哉.〕"라고 한 데서 유래하였다.

지은이 **이민구(李敏求)**

1589(선조22)~1670(현종11). 지봉(芝峯) 이수광(李睟光)의 아들로, 본관은 전주(全州), 자는 자시(子時), 호는 동주(東州) 또는 관해도인(觀海道人)이다. 1612년 증광 문과에 장원하였다. 인조반정 이후 사가독서(賜暇讀書)하고, 이괄(李适)의 난에 도원수 장만(張晩)의 종사관이 되어 공을 세웠다. 내직(內職)으로 부제학, 대사성, 도승지 등을 역임하였고, 외직(外職)으로 경상도 관찰사, 강원도 관찰사, 임천 군수를 지냈다. 1636년 병자호란 당시 부검찰사의 직책으로 강화도에 있었는데, 강화도 함락의 책임을 지고 평안북도 영변에 유배되어 7년, 충청남도 아산으로 이배되어 3년 동안 지냈다. 1647년 4월에 해배되었으나 서용(敍用)되지 못하고 생을 마감하였다. 고문(古文)에 뛰어나다는 평가를 받았으며, 저서로 《동주집》, 《간언귀감(諫言龜鑑)》, 《독사수필(讀史隨筆)》, 《당률광선(唐律廣選)》이 있다.

옮긴이

강원모(姜元模)

1957년 충남 예산에서 태어났다. 공주사범대학, 한국교원대학교, 충남대학교에서 교육학을 전공하였다. 현재 충남대학교 한자문화연구소 선임연구원으로 재직 중이다. 공역으로 《기려수필》, 역해서로 《애야 논어를 읽었느냐》가 있다.

김문갑(金文甲)

1960년 충남 논산에서 태어났다. 한남대학교 대학원에서 동양철학 박사학위를 받고, 아당 이성우 선생에게 수학하였다. 현재 충남대학교 한자문화연구소에 선임연구원으로 재직 중이다. 번역서로 《전례문답》, 《고산유고》 예송 관련 부분이 있다.

오승준(吳承峻)

1979년 충북 청주에서 태어났다. 충남대학교에서 학사와 석사 과정을 마쳤으며, 박사과정을 수료하였다. 학산 조종업, 아당 이성우 선생에게서 한문을 배웠다. 《서고독사차기》, 《현산집》 번역에 참여하고 있다. 현재 한자문화연구소에서 연구보조원으로 재직 중이다.

정만호(鄭晩浩)

1971년 충남 부여에서 태어났다. 충남대학교와 단국대학교에서 한문학을 전공하였으며, 현재 충남대학교 한자문화연구소 선임연구원으로 재직 중이다. 번역서로는 《취암선생시집》과 공역으로 《기려수필》, 《승암시화》, 《지호집》, 《오재집》, 《옥오재집》, 《좌계부담》, 《해동사부》 등이 있다.

권역별거점연구소협동번역사업 연구진

연구책임자 **박우훈**(충남대학교 한문학과 교수)
공동연구원 **김선기**(충남대학교 국어국문학과 명예교수)
이향배(충남대학교 한문학과 교수)
자문위원 **이성우**(한국고전번역원 자문위원)
선임연구원 **강원모**
김문갑
정만호
연구보조원 **오승준**

동주집 4

이민구 지음 | 강원모 · 김문갑 · 오승준 · 정만호 옮김
2015년 12월 28일 초판 1쇄 발행
편집 · 발행 도서출판 문진 | 등록 2002. 5. 6. 제2006-000011호
주소 (34168) 대전광역시 유성구 대학로 31 한진리조트오피스텔 2004호
전화 042-933-6510 | 팩스 042-367-5510
인쇄 현대그래픽스 | 제본 은정제책사

값 30,000원
ISBN 978-89-92229-93-7 94810
978-89-92229-81-4 (세트)